카피라이팅의 정석

간다 마사노리,
절대·불변의·카피라이팅·공식·100가지

카피라이팅의 정석

간다 마사노리·기누타 준이치 지음 | 김지윤 옮김

현대
지성

| 일러두기 |

1. 본문에서 소개하는 사례 중 독자들에게 생소할 수 있는 일본 사례는, 가능한 한 국내 상황과 유사한 사례로 대체하거나 추가했다.
2. 본문에 표기된 엔화 금액은 이해를 돕기 위해 1엔=10원으로 환산해 고정 적용했다.

COPYWRITING GIJUTSUTAIZEN
by Masanori Kanda, Junichi Kinuta
Copyright ⓒ 2021 Masanori Kanda, Junichi Kinuta
Korean translation copyright ⓒ2025 by 翻訳テキストの権利者
All rights reserved.
Original Japanese language edition published by Diamond, Inc.
Korean translation rights arranged with Diamond, Inc.
through The English Agency (Japan) Ltd. and Danny Hong Agency

이 책의 한국어판 번역권은 대니홍 에이전시를 통한 저작권사와의 독점 계약으로 ㈜현대지성에 있습니다.
저작권법에 의해 한국 내에서 보호를 받는 저작물이므로 무단전재와 복제를 금합니다.

추천사

카피라이팅 마스터의
25년 노하우를 한 권의 책에

"똑같은 제품인데 왜 내 것만 안 팔릴까?"

이 질문 앞에서 막막함을 느껴본 적 있다면, 답은 분명합니다. 결국 매출을 갈라놓는 건 단 1%의 '카피 차이'입니다.

간다 마사노리는 25년 동안 수많은 사업을 카피라이팅의 힘으로 살려낸 일본 최고의 카피라이터입니다. 이 책은 그가 실제로 사용해 매출과 반응을 일으킨 100가지 공식과 사례를 집대성한 결정판입니다. 썸네일 한 줄로 조회수가 10배 뛰고, 기획서 제목 하나로 승진이 갈라지는 현실에서, 언어는 곧 커리어를 지탱하는 생존력입니다. 상세페이지 하나, 메시지 한 줄만 바꿨을 뿐인데 매출 곡선이 확연히 달라지는 경험을 당신도 하게 될 것입니다.

『카피라이팅의 정석』은 단순히 매출만 올려주는 기술서가 아닙니다. 하루하루 피 말리는 창의력 전쟁을 하고 있는 크리에이터는 물론 기획서·제안서·발표로 승부하는 직장인 모두에게 '설득하는 문장'을 만들어주는 확실한 길잡이가 될 것입니다.

저 역시 홈쇼핑에서 카피라이팅의 개선과 업그레이드가 수십억 매출을 만들어내는 장면을 수없이 지켜봤습니다. 코로나19 이후 소상공인과 1인 셀러들에게 솔루션을 제공하면서 늘 강조한 것도 '언어의 힘'이었습니다. 이 책을 읽고 지금 당장 카피를 업그레이드하십시오. 570페이지, 한 문장 한 문장이 곧 매출과 성과로 직결되는 인사이트로 당신을 찾아갈 것입니다.

장문정
『팔지 마라 사게 하라』 저자, 홈쇼핑 기네스 125억 신화

간다 마사노리 서문

불타는 들판에서도 이 기술만 있으면 살아남는다

카피라이팅, 펜 하나로 세상과 맞짱뜨는 힘

인생은 불합리의 연속이다.
미안한 말이지만, 이것은 피할 수 없는 현실이다.

'왜 저 사람은 나보다 노력도 덜하는데 더 많이 벌지?'
'왜 모두가 저 사람만 띄워주고 나는 무시하는 걸까?'
'왜 하필 내가 소중한 사람을 잃어야 했나?'
'왜 하필 나만 중병으로 고통받아야 하는 거지?'
'왜 정부는 이 심각한 빈부격차를 그냥 두는 거야?'

살다 보면 누구나 이런 원망을 하늘을 향해 던지고 싶을 때가 있다. 그런데 흥미롭게도 이런 불합리를 역으로 활용해 부를 만들어내고, 사회 변화를 이끌어내는 기술이 있다. 바로 이 책에서 전하고자 하는 '카피라이팅 기술'이다.

일반적으로 카피라이팅은 상품이나 서비스를 매력적으로 표현하는 문장 기술로 알려져 있다. 하지만 이 분야에서 25년을 지내온 나는 여기에 더 본질적인 무언가가 있다는 걸 깨달았다.

이 기술을 한 문장으로 요약하면 이렇다. "불타버린 들판 한가운데서도 종이 한 장, 펜 한 자루로 다시 일어설 수 있는 힘." 즉, 격변의 시대를 버텨내고 기회를 만들어내는 '언어 생존력'이며, 사회인이 갖춰야 할 진짜 국어 실력이다.

'국어라고? 초등학교 때부터 배웠으니 이제 충분해'라고 생각하는 사람이 많을 것이다. 하지만 여기엔 결정적인 착각이 있다. 우리가 학교에서 배운 국어는 대부분 '읽고 이해하는 법', 즉 독해력 훈련이 90%를 차지한다. 말하고, 써서 세상에 영향을 주는 기술은 정작 제대로 배운 적이 없다.

이것만으로는 100세 시대를 살아가기에 뭔가가 한참 부족하다. 독해력의 본질을 따져보면 이 사실은 더욱 분명해진다.

먹고사는 문제를 뛰어넘게 하는 '4가지 언어의 힘'

그렇다. 독해력의 본질은 지시를 이해하는 능력이다. 이는 상사의 지시를 정확히 수행하는 회사원을 양성하는 데는 효과적이었다. 하지만 지금은 그것만으로는 취업조차 어렵고, 설령 취업했다 해도 자리를 오래 지키기도 쉽지 않다. 앞으로 펼쳐질 긴 커리어에서 지속적인 가치를 창출하려면 독해력을 넘어선 4가지 핵심 역량이 필요하다.

- **판단력:** 정보를 제대로 읽어내는 법
- **사고력:** 자신만의 가치를 창조하는 법
- **표현력:** 그 가치를 상대에게 전하는 법
- **전달력:** 더 널리 퍼뜨리는 법

이런 판단·사고·표현·전달이라는 상호연결된 능력들, 즉 주체적으로 살아가는 힘은 그동안 그 가치가 무시되어 왔다.

■ 스스로 길을 만들어내는 언어의 기술

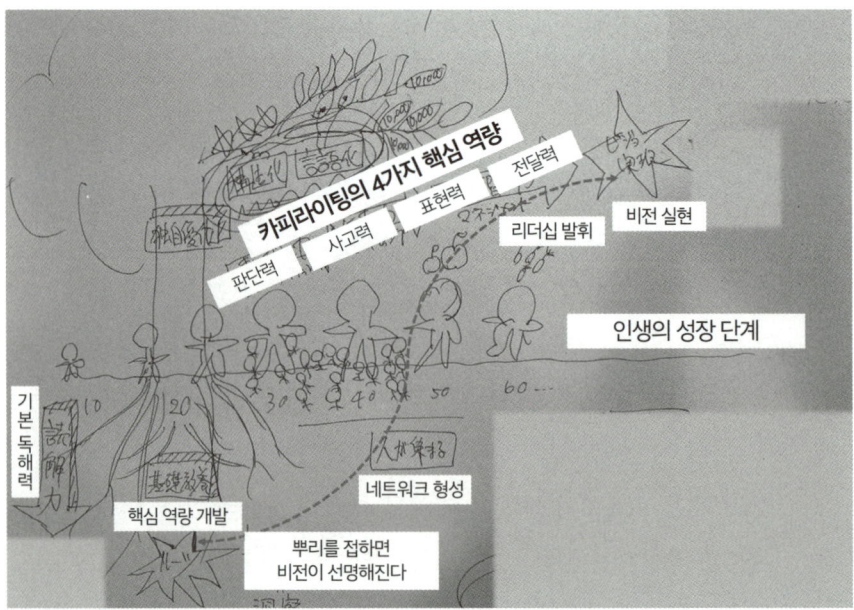

독해력은 뿌리를 깊이 내리게 하는 힘이다. 하지만 거기서 멈출 순 없다. 진짜 성장을 원한다면, 카피라이팅의 4가지 힘으로 가지를 뻗고 자신만의 비전이라는 열매를 맺어야 한다.

글쓰기가 돈이 된다:
스무 살부터 여든까지, 평생 써먹는 카피라이팅 원천 기술

만약 국어 수업에서 우리가 카피라이팅을 배웠다면 4가지 능력을 모두 연마하고, 다음과 같은 활동이 당연해졌을 것이다.

카피라이팅이 열어주는 새로운 가능성

학창 시절의 기회
- ☐ 원하는 학교 진학을 포기하지 않고, 장학금 지원서를 자신 있게 작성한다.
- ☐ 우리 학교와 지역의 매력을 발굴해 멀리 있는 이들에게도 제대로 알린다.
- ☐ 관심 있는 프로젝트를 위해 크라우드 펀딩으로 후원자를 모집할 수 있다.
- ☐ 면접에서 자신의 가치를 명확하게 어필할 수 있다.

직장인의 성장
- ☐ 브랜드 철학과 제품을 이해해, 고객을 끌어당기는 문장을 쓴다.
- ☐ 현재 프로젝트를 효과적으로 알리는 보도자료를 작성한다.
- ☐ 정부 지원금과 보조금 신청을 위한 설득력 있는 제안서를 작성한다.
- ☐ 스타트업 투자 유치를 위한 강력한 프레젠테이션 자료를 구성한다.
- ☐ 매혹적인 SNS 콘텐츠와 영상 대본을 써서 파급력을 극대화한다.

이런 실용적인 국어교육을 받았다면, 지금쯤 우리는 경제적 불안에서 벗어나 더 풍요롭고 창의적인 사회를 만들어냈을 것이다.

하지만 아직 늦지 않았다.

반가운 소식이 있다. 카피라이팅은 생각보다 쉽게 배울 수 있는 기술이다. 공인회계사, 변호사, 의사처럼 방대한 전문서적을 파고들 필요도 없고, 미용사나 물리치료사처럼 오랜 실습 시간이 없어도 된다. 프로그래밍이나 영어처럼 새로운 언어를 배우는 것도 아니다. 이미 익숙한 모국어를 깊이 있게 활용하는 것이므로 상당한 이점이 있다. 게다가 당신이 보유한 전문성과 기술이란 가치를 카피라이팅으로 선명하게 전달하면, 가격 경쟁에서 벗어나 고객 확보 걱정 없이 살아갈 수 있다.

다만 한 가지 어려움이 있다면, 노하우가 이곳저곳에 흩어져 있다는 점이다.

예컨대『광고, 이렇게 하면 성공한다』서해문집, 1998는 1932년 초판 이후 90년 넘게 회자된 전설적인 명저로, 지금도 프로 카피라이터들의 바이블로 통한다. 하지만 이 책만으로는 디지털 시대에 필요한 실전 감각을 채우기엔 부족하다.

일본에서는 수많은 카피라이팅 서적이 나오고 있는데, 과거 원칙을 현대에 맞게 적용하는 방법을 다룬 것이 많다. 나 역시『돈이 되는 말의 법칙』살림, 2016,『무조건 팔리는 카피 단어장』동양북스, 2021,『금단의 세일즈 카피라이팅』두드림미디어, 2023 등을 냈지만, 대부분 카피라이터와 블로거를 위한 입문서 수준이었다.

카피라이팅은 그 자체로도 놀라운 효과를 발휘해 독립된 분야로 발전해왔다. 하지만 디지털 시대에는 이런 '문장 기술자'로는 살아남을 수 없다. 효과적인 카피를 만들려면 상품 개발과 사업 전략까지 아우르는 통찰이 필요하다.

그래서 우리는 복잡한 디지털 환경 속에서 새로운 길을 개척하는 '언어 창조자', 즉 현대의 카피라이터를 위한 실전형 마스터 가이드가 필요하다고 생각했다. 그 결과물이 이 책, 『카피라이팅의 정석』이다.

카피라이팅의 힘으로 바뀐 인생

이 책의 제목을 '정석'이라 한 것은 결코 과장된 표현이 아니다. 원제는 "카피라이팅 대전(大全)"으로 어떤 분야의 지식과 기술을 총망라했다는 의미이다. 한글판은 '정석'으로 표현했다—편집주.

여기에 담긴 100가지 카피라이팅 기술은 그동안의 카피라이팅 교과서를 완전히 새로 쓰게 할 것이다. 사업 전략, 마케팅 전략은 물론 효과 측정·분석, 텍스트 디자인, 표현 기법과 발상법까지, 그야말로 모든 것을 망라했다.

이 방대한 100가지 기술을 실전에서 바로 사용할 수 있도록 체계화하는 작업은 쉽지 않았다. 하지만 우리에겐 이 작업을 끝까지 밀어붙일 특별한 이유가 있었다. 사실 저자들이 인생의 벽에 부딪혔을 때 카피라이팅의 힘으로 일어설 수 있었기 때문이다.

첫 아이가 태어났을 때 나는 외국계 기업의 일본 시장 진출을 맡은 상황이었다. 6개월 안에 성과를 내지 못하면 해고될 수도 있는 가혹한 시절이었고, 어떻게든 매출을 만들어내야 했다.

고객을 어떻게 찾아야 할까? MBA를 땄다고는 하지만, 맨손으로 고객을 모으기엔 한계가 분명했다. 그러다 해외 출장 중 들른 서점에서 우연히 발견한 비즈니스 잡지 한 구절이 눈에 들어왔다.

"사람을 움직이는 말의 법칙만 알면 작은 광고 하나로도 고객이 몰려온다."

반신반의하면서도 지푸라기라도 잡는 심정으로 소액 광고를 실어봤다. 처음 시도했을 때 결과는 참담했다. 하지만 몇 번의 시행착오 끝에, 마침내 폭발적인 반응을 이끌어냈다.

나는 이 노하우를 무기로 독립했고, 그 뒤로는 카피라이팅으로 사업마다 성공을 거듭했다. 창업 23년이 지난 지금, 중소기업 경영지표 평가인 고다토 식 《사장의 성적표®》*에서 2,405개 기업 중 유일하게 5점 만점을 받아 최고의 기업으로 인정받았다.

공저자 기누타 준이치 역시 카피라이팅으로 인생을 바꿨다. 대기업에서 승승장구하던 관리자였지만, 장애가 있는 아이를 위해 시간과 장소에 얽매이지 않는 새 직업이 필요했다.

하지만 자신의 경력을 살릴 길이 막막해 물리치료사나 쿠키 가게 창업까지 고려하던 참이었다. 그러다 그런 그가 '적은 자본, 빠른 습득, 어디서든 가능한 일'이라는 기준으로 선택한 것이 카피라이팅이었다. 처음엔 몰랐지만, 이 일은 그가 쌓아온 영업·기획 경험을 고스란히 녹여낼 수 있는 완벽한 무대였다.

---

* 일본의 중소기업 신용평가 기관인 고다토가 개발한 시스템으로, 수익성·안정성·성장성 등 5개 항목을 각각 5점 만점으로 평가해 기업의 경영 건전성을 진단한다.—편집주

우리는 글쓰기로 인생의 위기를 넘어 새로운 미래를 열었다. 이제는 이 힘이 필요한 이들에게 바통을 넘겨줄 때가 왔다.

쓰는 순간, 당신 안의 보석이 빛난다

현재도 우리는 셀 수 없이 많은 문제와 마주하고 있다.

코로나19, 디지털 혁명, 일하는 방식의 전환, 투잡 허용, 직무 중심 채용, 재택근무, AI 시대의 도래 등 이런 혼돈의 시대에서는 학교에서 배운 지식이나 직장 경험만으로는 더 이상 버티기 힘들다.

하지만 이런 복잡한 세상을 헤쳐나가려 고군분투하는 사람들이 카피라이팅을 만나는 순간, 놀라운 일이 일어난다. 다른 이의 고통을 깊이 이해하고, 그것을 자신의 문제로 받아들이기 시작한다.

그리고 그 아픔을 해결하려 고민하다 보면 "내가 줄 수 있는 것"이 보이기 시작한다. 그동안 말로 표현하지 못했던 자신만의 재능이 모습을 드러내고, 그 순간 그 재능을 기다려온 고객들이 찾아온다.

결국 누군가를 돕고자 하는 마음에서 시작된 글쓰기는, 시대가 아무리 변해도 자기 안의 가치를 발견하게 만드는 도구가 된다. 이 '말의 힘'은 단순히 회사의 성장을 이끄는 데 그치지 않는다. 지역 사회의 장기적인 경제 성장까지 이끌어낸다.

학생들이 표현력을 키우면 잊고 있던 학교의 '강점', 지역의 '매력', 자신이 사랑하는 분야의 '즐거움'을 찾아내 누구나 쉽게 이해할 수 있는 말로 표현하게 된다. 이 과정에서 그들의 숨겨진 재능이 빛을 발하고, 그 빛을 필요로 하는 사람들이 모여든다.

　이렇게 잊고 있던 국어의 힘을 되살리는 과정을 통해 부의 원천은 밖이 아닌 바로 우리 '안'에 있다는 것을 깨닫게 된다. 지금 겪는 혼돈의 시간이 결국은 축복이다. 우리 안에 잠든 언어의 힘을 깨우고, 스스로 길을 만드는 법을 알려주는 특별한 순간이니까.

　자, 이제 미래의 부를 창조하는 카피라이팅의 세계로 여러분을 초대한다.

간다 마사노리

당신의 성장을 완성할
카피라이팅 로드맵

이 책은 저자 간다 마사노리가 1995년부터 25년간 축적한 카피라이팅 기술의 정수를 집대성한 실전 가이드다. 초보자에게는 흔들림 없는 '교과서'로, 실무자에게는 곧바로 매출로 이어지는 '매뉴얼'로 활용하도록 구성했다. 처음 시작하는 독자는 앞에서부터 차근차근 따라가면 되고, 현장의 프로는 필요한 장만 집어들어 즉시 실전에 투입하면 된다.

왜 이런 구성을 택했을까? 카피라이팅은 영감이 아니라 훈련과 구조로 완성되는 '기술'이기 때문이다. 누구나 같은 과정을 거친다.

① 카피라이팅이란 기술이 있다는 사실조차 모른다.
② 기본을 배워 어느 정도 글을 쓸 수 있게 된다.
③ 꾸준한 연마로 매출을 만드는 카피를 쓸 수 있게 된다.

많은 이들이 ①에서 ③으로 한 번에 건너뛰려다가 좌절한다. 마치 유도에서 낙법도 모른 채 배대뒤치기부터 하려는 것과 같다.
탄탄한 기초가 있어야 진정한 실력이 쌓인다.
각 장의 내용과 핵심 포인트를 소개한다.

책의 구성과 핵심

제1장 매출을 부르는 카피라이팅의 마법	'지갑을 열게 하는 심리 버튼'을 눌러주는 법에 대한 개괄적 소개. 24시간 일하는 '종이 위의 세일즈맨'부터, 리드·프론트·백엔드로 이어지는 3단 로켓 마케팅 구조까지—매출 공식이 눈앞에 그려진다.
제2장 도입부가 3초 안에 꽂혀야 팔린다	첫 3초 안에 고객의 뇌를 사로잡는 법. 15가지 골든 패턴, 66개 프레임, 그리고 8개의 마법 키워드(BTRNUTSS)로 '읽지 않고는 못 배기게' 만든다.
제3장 매출이 나오는 상세페이지는 구조가 다르다	돈이 되는 상세페이지는 뼈대부터 다르다. 13가지 핵심 요소를 제자리에 꽂으면, 고객은 스크롤을 내리며 결제를 확정한다.
제4장 꽂히는 카피의 본질, PMM(Product Market Matching)	팔리는 건 '문장'이 아니라 '시장에 맞춘 아이디어'다. 제품의 제공 가치와 고객의 니즈·욕구를 완벽 매칭시켜 "이건 내 얘기잖아"라는 반응을 끌어내는 법을 소개한다. PMM을 알면 당신의 카피는 무적이 된다. *PMM = Product Market Matching.
제5장 지금 온라인에서 통하는 설득의 공식 'PASBECONA'(파스비코나)	고객의 머릿속 반론을 차례로 무너뜨리며 클릭을 결제로 바꾸는 9단 공식. 온라인 판매는 물론, 기획서·제안서·PT에도 그대로 통하는 설득 프레임워크다.

제6장 PMM을 찾아내는 'PMM 서치 시트'	시장과 고객에 꼭 맞는 PMM을 발굴하는 고급 기법으로, 매출을 극대화하는 실전 도구를 제시한다.
제7장 계약 성사율을 높이는 32가지 라이팅 기술	실제 현장에서 통하는 글쓰기 비법 32가지를 통해, 성사율을 끌어올리는 글을 완성한다.
제8장 인터넷에서 매출을 만드는 카피라이팅 무기들	메일, 광고, 영상까지 온라인 매출을 극대화하는 최신 카피라이팅 무기를 총망라한다.
제9장 간다 마사노리 카피라이팅 조언 29가지	25년 경험에서 추출한 카피라이팅 불변의 법칙
특별부록 1 카피라이팅 원천 기술 100개	클릭률·구매율을 확 끌어올리는 실전 무기 100개. 헤드라인, 스토리텔링, CTA까지—모든 단계에서 바로 써먹는 '팔리는 글쓰기'의 근육을 만든다. 한 가지만 써도 결과가 달라지고, 전부 익히면 '안 팔릴 수 없는 구조'가 된다.
특별부록 2 카피라이팅 필수 용어 105개	매출을 만드는 단어의 무기고. 105개만 알면 카피의 언어 체계가 보인다. 카피라이팅에서 반드시 알아야 할 105개의 전문 용어를 한 줄 핵심 정의로 정리했다.

차 례

간다 마사노리 서문 _불타는 들판에서도 이 기술만 있으면… … 8

당신의 성장을 완성할 카피라이팅 로드맵 … 17
책의 구성과 핵심 … 18
　【PMM 서치 시트: 사전 리서치 도구】 … 28
　【PMM 셀프 체크리스트: 작성 후 검증 도구】 … 30
　【BTRNUTSS 체크리스트】 … 32
　【PASBECONA 기본 구조】 … 33
　【PASBECONA 적용 템플릿】 … 34

제1장
매출을 부르는 카피라이팅의 마법 … 37

1. 직접 판매를 가능하게 하는 '리스폰스 광고' … 40
2. 고객에게 진짜 '베네핏'을 제공한다 … 45
3. 24시간 당신 대신 일하는 '종이 위의 세일즈맨' … 52
　(1) 종이 위의 세일즈맨이란? … 52
　칼럼 실전 카피라이터의 필수품, 스와이프 파일의 모든 것 … 67
　(2) 100년의 역사를 품은 세일즈 레터의 진화 … 68
　(3) 종이에서 디지털로: 상세페이지(SP)의 탄생 … 70
　(4) SP vs. HP: 목적이 다르면 모습도 다르다 … 71
4. 지속가능한 수익을 올리는 구조 … 74
　(1) 리드, 프론트엔드, 백엔드: 마케팅의 3단 로켓 … 74
　칼럼 투스텝 마케팅과 CVR(계약성사율): 단계를 나누면 더 큰 성과가 온다 … 77
　(2) 수익 구조의 핵심, LTV와 CPA 이해 … 79
　(3) 매출을 키우는 3가지 판매 전략: 업세일, 크로스세일, 다운세일 … 83

이 장의 포인트 … 86
　칼럼 고객을 단계별로 키워가는 마케팅 … 87

제2장
도입부가 3초 안에 꽂혀야 팔린다
임팩트를 만드는 8가지 공식 'BTRNUTSS'(버터넛) 89

1. 도입부에는 공식이 있다: 15가지 골든 패턴과 66가지 프레임 92
2. 프레임으로 설계하는 임팩트 카피 122
3. 클릭을 부르는 8가지 마법의 키워드 BTRNUTSS 124
4. 8가지 요소로 도입부를 더 강력하게 만드는 법 128
5. 도입부의 임팩트를 수치화하는 BTRNUTSS 체크리스트 활용법 135

- 이 장의 포인트 139
- 칼럼 행동경제학이 밝혀낸 카피라이팅의 과학 141

제3장
매출이 나오는 상세페이지는 구조가 다르다 143

1. 상세페이지의 기본 구조 146
2. 상세페이지의 13가지 핵심 요소 155
   - (1) 헤드라인 155
   - (2) 오프닝 161
   - (3) 바디카피 162
   - (4) 베네핏 165
   - (5) 증거·근거 166
   - (6) 오퍼 169
   - (7) 특전 171
   - (8) 리스크 리버설(안심 약속) 172
   - (9) 한정 178
   - (10) 마감 181

(11) 클로징 185
  (12) CTA(행동 요청) 186
  (13) 추신 188
  이 장의 포인트 190
  칼럼 읽기 쉬운 카피의 비결: 소제목과 글머리 기호 192

제4장
꽂히는 카피의 본질, PMM(Product Market Matching) 197

1. 팔리는 건 '문장'이 아니라 '시장에 맞는 아이디어'다 200
2. 팔리는 아이디어는 매칭에서 나온다 203
3. PMM을 정의하는 단 하나의 질문 206
  (1) '누가·무엇을 해서·어떻게 되었나?' 206
  (2) PMM을 생각할 때 자주 하는 2가지 실수 208
  (3) 하고 싶은 말을 하나로 압축하라 212
  (4) PMM을 효과적으로 표현하는 기술 212
  이 장의 포인트 217
  칼럼 고객 리스트는 최고의 자산이다 218

제5장
지금 온라인에서 통하는 설득의 공식
'PASBECONA'(파스비코나) 221

1. 사람을 움직이는 문장의 기본, '페소나'(PASONA)의 법칙 224
2. 온라인 시대에 최적화된 설득 구조, '파스비코나'(PASBECONA) 229
3. 템플릿으로 쉽게 만드는 상세페이지 233

4. 실제 상세페이지 사례로 보는 '파스비코나' 활용 전략　　　　　236
5. 상세페이지 구성 요소별 비중과 영향력　　　　　256
6. 기획서·제안서·프레젠테이션에도 적용되는 '파스비코나'　　　　　260
이 장의 포인트　　　　　266

제6장
PMM을 찾아내는 'PMM 서치 시트'　　　　　267

1. PMM 서치 시트의 성패를 가르는 5가지 사전 질문　　　　　270
2. 'PMM 서치 시트' 사용법　　　　　274
   (1) 상품명 (①)　　　　　279
   (2) 이상적인 고객 (②)　　　　　280
   (3) 지금 상정하는 고객 (③~⑦)　　　　　282
   (4) 오퍼 (⑧~⑬)　　　　　293
   (5) 포지셔닝 (⑭~⑮)　　　　　295
   (6) 상품 내용 (⑯~⑳)　　　　　305
   (7) 베네핏 (㉑)　　　　　309
   (8) 고객의 망설임 파악과 대응 (㉒)　　　　　310
   (9) 최종 정리: '누가·무엇을 해서·어떻게 되었나?' (㉓)　　　　　313
3. 'PMM 서치 시트'와 상세페이지 구성 파트의 관계　　　　　315
이 장의 포인트　　　　　318

제7장
계약 성사율을 높이는 32가지 라이팅 기술   321

1. 읽는 순간 사게 만드는 '팔리는 문장' 완성법   324
  (1) 쓰는 메시지에 따라 모이는 고객이 달라진다   324
  (2) 베네핏을 '깊이' 전달하는 기술   325
  (3) 페르소나를 설정하는 방법   328
  (4) 왜 "고객의 머릿속에 있는 말"을 써야 할까?   331
  (5) 고객의 생각을 뒤흔드는 궁극의 통찰, '커머셜 인사이트'란?   338
  (6) 사람을 움직이는 3가지 핵심 요소   342
  (7) 아이디어만 빌려라: '부탁 편지' 카피라이팅 사례   350
  (8) B2B 담당자의 마음을 움직이는 카피라이팅 기술   359
  (9) 쓰기 속도가 비약적으로 향상되는 '33분 33초 집중법'   362
  (10) 영상에도 통하는 '스토리 차트' 작성법   367

2. 이해를 넘어, 납득과 행동까지 이끄는 설득 문장 공식   371
  (11) "같은 편"을 만드는 설득 공식: 공통의 적 전략   371
  (12) 읽는 순간, 장면이 살아나는 '시즐' 글쓰기   375
  (13) 한 번에 각인시키는 3세트 문장 구조   378
  (14) "안 사면 손해"를 각인시키는 손실 회피형 카피 전략   381
  (15) 의심을 기회로 바꾸는 반론 처리의 기술   383
  (16) 고객 한 마디가 100마디 설득을 대신한다   390
  (17) 후기 제로에서 시작하는 설득 전략   395
  (18) 다음 장면을 미리 보여주며 행동을 끌어내는 '퓨처 페이싱'   395
  (19) 가격 저항을 무너뜨리는 설득의 글쓰기 기술   398
  (20) CTA 활용법: 타이밍과 문구가 매출을 바꾼다   401

3. 우아하게 끝내야 오래 남는다 - 문장 완결 기술 407
- (21) 상세페이지, 최적의 길이는? 407
- (22) 집중력 '8초 시대'에 통하는 편집 기술 408
- (23) 줄 바꿈만 잘해도 클릭률이 달라진다 410
- (24) 스마트폰 시대, '읽는 문장'에서 '보는 문장'으로 415
- (25) 폰트를 나눠 쓰고, 강약을 조절하라 419
- (26) 효과적인 이미지와 캡션 사용법 422
- (27) 적절한 행간이 가독성을 결정한다 424
- (28) 문장은 반드시 묵혀서 다듬는다 426
- (29) 피드백을 받을 때 반드시 기억해야 할 것 428
- (30) 혼자서도 할 수 있는 가장 강력한 교정 기술 430
- (31) 베테랑도 실수한다: 완성 후 셀프 체크리스트 432

4. 팔리는 기획을 만드는 역발상 436
- (32) 상품보다 먼저 SP를 쓰라-기획이 달라진다 436

이 장의 포인트 442
칼럼 글이 아니다, 기술이다: 프로 카피라이터로 사는 법 445

제8장
인터넷에서 매출을 만드는 카피라이팅 무기들 449

1. 인터넷 마케팅의 전체 구조 452
- (1) 온라인 vs. 오프라인, 본질적 차이 452
- 칼럼 종이는 죽지 않았다: 오프라인 카피의 5가지 설득의 기술 454
- (2) 광고·콘텐츠·메시지: 인터넷 마케팅 흐름 해부 458
- (3) 인터넷 광고의 힘: 클릭 하나가 매출을 만든다 460

2. 메일 카피라이팅 463
　(1) DM에서 이메일로: 여전히 강력한 세일즈 채널 463
　(2) 메일을 살리는 포인트: 발신자와 제목 465
　(3) 개봉률·클릭률로 읽는 고객 심리 472
　(4) 스텝 메일 전략: 왜 1회 발송은 실패하는가 478
　(5) 세그멘테이션: 피로감을 줄이고 반응을 높이기 482
3. 광고 성과를 높이는 테스트 488
　(1) A/B 테스트 488
　(2) 광고 테스트 사례 490
4. 동영상 세일즈 카피: 보이는 말, 들리는 말 500
5. FAQ 507
　이 장의 포인트 509

제9장
간다 마사노리 카피라이팅 조언 29가지 511

나가며 _ 카피라이팅은 당신의 가능성이다 545

참고문헌 550

특별부록 ①
카피라이팅 원천 기술 100개 554

특별부록 ②
카피라이팅 필수 용어 105개 560

PMM 서치 시트: 사전 리서치 도구

상품-시장 적합도* 도출을 위한 23가지 항목
*PMM(Product Market Matching)

상품과 시장의 접점을 명확히 잡아내어
상품의 본질을 드러내기 위한 사전 리서치 도구

상세페이지는 사전 리서치의 깊이가 성패를 가른다.
다음 23개 항목은 고객 마음에 '꽂히는' 문장을 뽑아내기 위해
반드시 점검해야 할 체크리스트다.
이 시트를 채우는 것만으로도 계약 성사율은 달라진다.
부족한 항목이 보이면 그 부분이 바로 설득의 약한 고리다.

※ 상세 내용은 제6장을 보라.

1	상품명	① 상품·서비스의 명칭
2	이상적인 고객	② 당신이 가장 판매하고 싶거나, 이상적으로 생각하는 고객상 (질문 2와 연결)*
3	지금 상정하는 고객	③ 신규 고객인지, 기존 고객인지
		④ 연령대
		⑤ 성별
		⑥ 고객이 느끼는 문제·갈망·고통 (질문 4와 연결)
		⑦ 현상 유지 편향
4	오퍼	⑧ 가격
		⑨ 특전(보너스)
		⑩ 보증
		⑪ 한정 조건
		⑫ 마감 기한
		⑬ CTA(행동 유도)
5	포지셔닝	⑭ 고객의 목소리 (질문 3과 연결)
		⑮ USP(차별화 포인트, 독자적 강점)
6	상품 내용	⑯ 프런트엔드 상품인가, 백엔드 상품인가
		⑰ 이 상품은 한마디로 무엇인가 (질문 1과 연결)
		⑱ 구체적인 내용과 사용법
		⑲ 제공자의 전문성·신뢰도
		⑳ 기능과 효과를 뒷받침하는 증거 (질문 5와 연결)
7	베네핏	㉑ 고객에게 제공되는 핵심 혜택 3가지
8	고객의 망설임	㉒ 고객이 가질 수 있는 선입견·망설임·의심 (질문 5)
9	정리	㉓ '누가·무엇을 해서·어떻게 되었는가?'를 한 줄 요약

*5가지 사전질문 참고(273쪽)

PMM 셀프 체크리스트: 작성 후 검증 도구

상품-시장 적합도* 설득력을 객관적으로 점검하는 26가지 핵심 항목
*PMM(Product Market Matching)

이미 작성한 상세페이지가 얼마나 설득력을 갖추었는지 점검하는 검증 도구

효과적인 상세페이지는 막연한 감이 아니라 체계적 점검에서 나온다.
아래 26가지 항목은 실제 계약 성사율을 높이는 데 바로 활용할 수 있는 실무용 체크 툴이다.

작성 직후 반드시 이 체크리스트를 통과시켜라.

※ 상세 내용은 제7장 432쪽을 보라.

체크 항목		체크
타깃	신규 고객용인가, 기존 고객용인가?	☐
	고객의 '현상 유지 편향'은 강한가, 약한가?	☐
헤드라인	B 읽는 사람에게 실질적인 유익(베네핏)이 있는가?	☐
	T 믿을 만한가?	☐
	R 즉각적인 반응을 이끌어내는가?	☐
	N 숫자나 구체성이 담겨 있는가?	☐
	U 차별화된 특징이 드러나는가?	☐
	T 현재 주목받는 이슈인가?	☐
	S 새로운 관점이 담겨 있는가?	☐
	S 서사가 담겨 있나?	☐
시작 문장이 어색하거나 걸리지 않는가?		☐
메시지가 누구를 향하는지 분명히 드러나는가?		☐
고객의 아픔(페인 포인트)을 정확히 찔렀는가?		☐
상품·서비스가 무엇이며, 어떤 문제를 해결하는지 선명하게 전달되는가?		☐
고객이 얻을 수 있는 핵심 베네핏이 단번에 보이는가?		☐
오퍼(제안)는 충분히 매력적인가?		☐
신뢰를 뒷받침할 증거(리뷰·데이터·인증 등)가 제시되어 있는가?		☐
희소성·한정성이 명확하게 드러나는가?		☐
리스크 리버설(환불 보장 등 불안 해소 장치)이 있는가?		☐
마감일이나 제한 조건이 구체적으로 제시되었는가?		☐
가격과 조건이 명확히 전달되는가?		☐
CTA(Call To Action)가 분명한가?		☐
CTA의 노출 타이밍과 위치가 적절한가?		☐
레터 전체의 핵심 아이디어가 일관되게 유지되는가?		☐
상단부터 하단까지 읽는 흐름이 끊김 없이 자연스러운가?		☐
타깃이 혼재되어 있지 않은가? (신규 고객과 기존 고객 대상 메시지가 섞이지 않았는가?)		☐

BTRNUTSS 체크리스트

임팩트 있는 도입부를 만드는 8가지 실전 공식

설득력 있는 도입부에 공통으로 들어 있는
8가지 요소를 정리했다.

도입부는 독자의 눈을 붙잡는 첫 3초를 책임진다.
하지만 감각에만 의존하면, 매번 강력한 임팩트를 재현하기 어렵다.
이 체크리스트는 설득력 있는 도입부에
반드시 담겨야 할 8가지 요소를 정리한 것이다.

도입부의 완성도를 객관적으로 점검할 수 있다.
뿐만 아니라 블로그 글, 뉴스레터, 광고 카피 등 모든 콘텐츠에 적용할 수도 있다.

Benefit	Trust	Rush	Number	Unique	Trendy	Surprise	Story	합계 점수
베네핏	신뢰성	긴급성	숫자	독자성	화제성	의외성	스토리	
5	5	5	5	5	5	5	5	40

★ 평가 기준
5=매우 그렇다 | 4=어느 정도 그렇다 | 3=보통이다 | 2=별로 그렇지 않다 | 1=전혀 그렇지 않다

※ 상세 내용은 제2장 135쪽을 보라.

PASBECONA 기본 구조

온라인 세일즈를 움직이는 9단계 설득 공식

파스비코나(PASBECONA)는
인간 반응의 흐름을 그대로 담아낸 설득 공식이다.

세일즈 카피는 글 솜씨가 아니라 구조의 문제다.
고객이 반응하는 순서를 따라 설계해야 하고,
그 구조는 상세페이지는 물론
기획서·제안서·세일즈 영상 어디에도 그대로 적용된다.

Problem	문제	고객이 겪고 있는 '고충'을 구체화한다
Affinity	친근	판매자가 고객의 '고충'을 이해하고 있으며 해결책을 제시할 수 있다는 신뢰를 준다
Solution	해결	문제의 핵심 원인을 밝히고 '해결' 방안을 제시한다
Benefit	혜택	구매를 통해 얻을 수 있는 구체적인 '혜택'을 설명한다
Evidence	증거	혜택을 뒷받침하는 '사례와 근거'를 제시한다
Contents	내용	상품·서비스의 구체적인 내용을 설명한다
Offer	제안	상품·서비스 구매를 위한 구체적인 조건을 제시한다
Narrow	한정	판매자의 가치와 '부합하는' 고객층으로 범위를 한정한다
Action	행동	고충 해결을 위한 구체적인 '행동'을 유도한다

※ 상세 내용은 제5장 229쪽을 보라.

PASBECONA 적용 템플릿

강력하고 명확한 상세페이지 제작 공식

**설득력 있는 상세페이지는
이 순서대로 쓰면 된다.**

상세페이지는 감각적으로 쓰는 글이 아니다.
'무엇을, 어떤 순서로' 배치할 것인가가 이미 정해져 있다.
이 템플릿에 따라 작성하면
구성에 대한 고민 없이, 빠르고 강력한 설득 콘텐츠를 만들 수 있다.

※ 상세 내용은 제5장 233쪽을 보라.

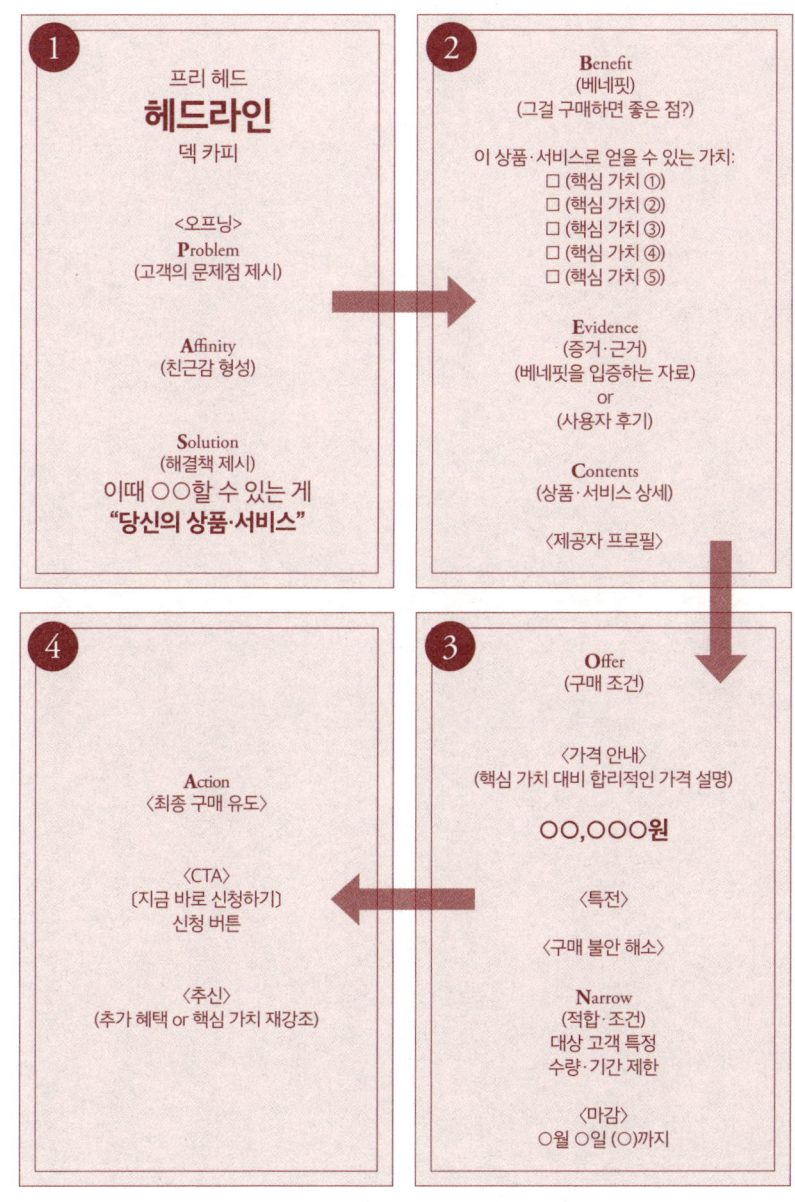

제**1**장

매출을 부르는 카피라이팅의 마법

    매출을 올리는 데는 카피라이팅이 필수다. 단순히 문구만 그럴 듯한 게 아니라 실제로 돈이 움직이게 만드는 힘이 카피라이팅에 있다. 그런데 카피라이팅은 어떻게 실제 매출로 이어질까? 그 핵심적인 이유는 다음 4가지에 있다.

1. 광고만으로 직접 판매가 가능하다.
2. 고객에게 필요한 진짜 '베네핏'을 전달한다.
3. 24시간, 365일 쉬지 않고 영업한다.
4. 지속 가능한 수익 구조를 만든다.

지금부터 하나씩 자세히 살펴보자.

1. 직접 판매를 가능하게 하는 '리스폰스 광고'

두 가지 광고의 기술: 이미지 vs. 리스폰스(반응)

광고에는 이미지를 심는 광고와 즉각적인 반응을 이끄는 광고, 이렇게 크게 두 가지가 있다.

대부분 전자에 익숙할 것이다. TV나 지하철에서 보는 연예인 얼굴, 화려한 이미지, 멋진 문구로 구성된 광고 말이다.

JR도카이의 광고를 보자.● 메인 카피는 "맞다, 교토에 가자"이다. 오른쪽 위에는 "봄은 새벽녘. 마쿠라노소시는 최고의 가이드북이었습니다"라는 문구만 있을 뿐, 나머지는 아름다운 교토 풍경뿐이다.

이 광고를 보고 교토 여행을 꿈꾸는 사람은 많을 것이다. 하지만 실제로 몇 명이 신칸센을 타고 교토로 갔는지는 측정할 수 없다. 광고 비용과 매출의 상관관계를 파악하기도 어렵다.

물론 이 광고는 신칸센 이용 촉진과 브랜드 이미지 제고라는 두 마리 토끼를 잡았다. 직접적인 매출 외에도 수치화할 수 없는 가치를 만들어 냈다. 다만 큰 비용이 들어 개인이나 소규모 기업은 따라 하기 힘들다.

● 계절마다 가장 좋은 시간대를 묘사한 마쿠라노소시(일본 헤이안시대의 수필)의 구절과 교토의 봄 풍경 사진을 매치시킨 광고.—역주

*출처 도카이 여객 철도 주식회사 웹사이트

그렇다면 다음 쪽의 사이슌칸 제약소의 광고는 어떤 방식일까? 제품을 구체적으로 보여주고, 직관적으로 설명하며, 하단에는 '무료 샘플 세트 신청 링크'가 삽입돼 있어 관심 있는 고객이 곧바로 신청할 수 있도록 설계되어 있다.

JR 도카이가 브랜드 인지도와 이미지 제고를 위한 '이미지 광고'를 택했다면, 사이슌칸 제약소는 고객의 행동을 유도하고 실질적 반응을 끌어내는 '리스폰스 광고'Direct Response Ad 전략을 선택한 것이다.

이 책에서 다루는 카피라이팅은 즉각적인 반응과 성과를 이끌어내는 리스폰스 광고에 초점을 맞추고 있다. 측정 가능한 결과를 원한다면 사이슌칸 제약소의 방식이 훨씬 더 강력한 무기가 된다. 두 광고 방식은 목적, 메시지 설계 방식, 고객의 행동 유도 방식까지 근본적으로 다르다. 지금부터 그 차이를 명확히 짚어보자.

■ 이미지 광고와 리스폰스 광고

	이미지 광고	리스폰스 광고
목적	브랜드 가치 창출	즉각적인 매출 창출
특징	• 미니멀한 카피 • 예술적 비주얼 • 세련된 이미지	• 구체적인 설명 • 명확한 구매 조건 • 강력한 구매 유도
고객 반응	자연스러운 오프라인 구매	즉각적인 주문과 문의
효과 측정	장기적 브랜드 가치	실시간 매출 확인

마케팅과 세일즈의 진짜 차이: 피터 드러커와 간다 마사노리의 정의

리스폰스 광고로 고객의 즉각적인 반응을 이끌어내는 전략을 "다이렉트 리스폰스 마케팅"DRM이라 한다. 많은 사람이 '마케팅'하면 '시장조사'를 떠올리지만, 그 본질은 전혀 다르다.

그렇다면 마케팅의 진짜 의미는 무엇일까? 세일즈와는 어떻게 다를까?

경영의 구루 피터 드러커는 이렇게 말했다. "진정한 마케팅은 판매가 필요 없게 만드는 것이다. 고객을 깊이 이해하고, 제품을 고객에 맞추면 상품은 저절로 팔린다." 즉, 상품과 서비스를 고객의 니즈needs에 완벽히 맞춰 '갖고 싶다'는 욕구를 자연스럽게 만드는 것, 그래서 '팔려고 하지 않아도 팔리게' 만드는 것이 마케팅이다.

간다 마사노리는 이를 더 단순하게 정의한다.

"세일즈는 눈앞의 고객에게 파는 것이고, 마케팅은 그 고객을 데려오는 것이다. 마케팅은 잠재 고객이 스스로 손을 들게 한다."

한마디로 마케팅은 세일즈의 전초기지다. 유리한 위치에서 거래를 시작할 수 있도록 고객의 마음속에 '살 이유'를 먼저 심어두는 행위다.

그렇다면 카피라이팅과 다이렉트 리스폰스 마케팅 이하 DRM은 어떤 관계일까? 아래 그림처럼, DRM이 전체 시스템이라면, 카피라이팅은 그 시스템을 실제로 움직이게 만드는 핵심 엔진이다. DRM이 자동차라면 카피라이팅은 그 안의 시동 버튼이자 가속 페달이다. 엔진이 없으면 차는 움직이지 않고, 강력한 카피 없이는 고객도 반응하지 않는다.

■ 카피라이팅과 다이렉트 리스폰스 마케팅의 관계

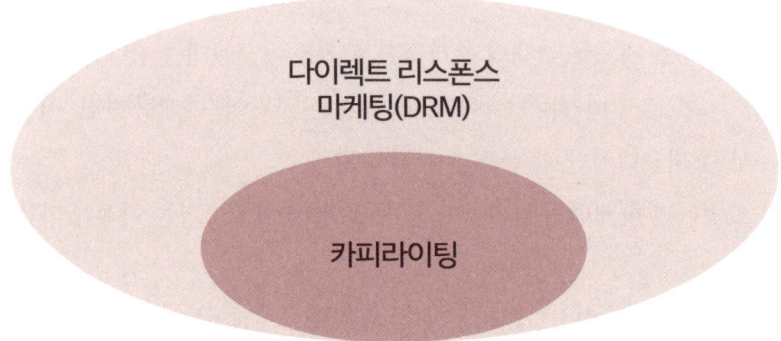

2. 고객에게 진짜 '베네핏'을 제공한다

베네핏이란 무엇인가?

카피라이팅이 매출을 만드는 두 번째 비결은 그것이 '베네핏'benefit을 전달하기 때문이다. 보통은 '장점'이나 '특징'이라고 하지만, 카피라이팅에서는 이를 '베네핏'이라고 부른다. 단순한 특징이나 장점을 넘어선 개념이다.

베네핏의 본질은 다음 질문에 대한 답이다.

"이 상품을 사면 당신의 인생이 어떻게 달라질까(무엇이 좋은가)?"

왜 '장점' 대신 '베네핏'이라는 말을 고집할까? 사람들은 상품 자체가 아닌, 그 상품이 가져다주는 '변화'^{어떤 결과}를 원하기 때문이다. 가장 유명한 예가 있다.

"사람들은 드릴을 원하는 게 아니라 벽에 난 구멍을 원한다."

마찬가지로 당신이 이 책을 집어든 이유는 그저 '카피라이팅' 자체를 배우기 위해서가 아니다. 이것을 배워 당신의 상품과 서비스를 잘 팔기 위해서다. 즉, 이 책의 진짜 가치는 '카피라이팅 기술 습득'이 아닌 '매출 증가'에 있다.

이처럼 베네핏은 고객의 고민을 해결하고 꿈을 실현시켜주는 마법 같은 것이다. 고객에게는 이것이 구원자나 다름없다. 이 베네핏을 제대로 전달하면 매출은 자연스레 따라온다. 베네핏을 이해하고 제대로 표현하는 것이 카피라이팅의 시작이자 끝이다.

많은 세일즈 메시지가 "이런 점이 대단하다", "저런 면이 뛰어나다"고 외치지만, 그게 구매자의 삶을 어떻게 바꾸는지 설명하지 못하면 실패한다.

"직접 써보면 좋은 걸 알 텐데…"라는 말은 아무런 소용이 없다.

상품 구매는 사용 전에 결정하는 것이기 때문이다. 그래서 쓰기도 전에 그 가치를 느끼게 해야 한다. 이것이 바로 베네핏의 힘이다.

『고객을 불러오는 10억짜리 세일즈 레터&카피라이팅』리텍콘텐츠, 2014에 이런 에피소드가 있다.

영리한 세일즈맨이 노부인에게 최신 난방 시스템을 설명했다. 성능, 구조, 보증 등을 상세히 설명하자 노부인이 물었다.

"그래서, 이걸로 이 할머니가 추운 겨울을 따뜻하게 보낼 수 있나요?"

성능과 구조는 단순한 특징일 뿐이다. 진정한 베네핏은 "이 제품으로 당신의 삶이 어떻게 달라지는가"가 분명해야 한다. 이 경우에는 "추운 날 집에 돌아왔을 때 10분이면 따뜻하게 몸을 녹일 수 있다"가 진짜 가치다.

기억하자. '베네핏'은 판매자의 자랑이 아니라 구매자에게 돌아가는 구체적인 가치다. 제품이 얼마나 뛰어난지는 중요하지 않다. 고객이 그것을 통해 어떤 변화를 경험하게 될지, 그 체감 가능한 이점을 전달하는 것이 바로 베네핏이다.

다만 주의할 점이 있다. 의약품이나 의료기기처럼 법적 규제를 받는 상품은 베네핏을 직접적으로 표현하기 어려울 수 있다.

'특징'과 '베네핏'의 차이

어떻게 하면 진정한 베네핏을 찾을 수 있을까?

먼저 상품의 핵심 특징을 찾고, 그 특징이 고객의 삶을 어떻게 바꾸는지 생각해보자.

■ 특징과 베네핏의 차이

특징	베네핏
디지털카메라 광각 렌즈 25mm를 갖추고 있다	단체 사진, 끝사람까지 한 번에 OK! 더 이상 "뒷줄은 붙으세요" 외치지 말자.
HDD 레코더 저장 용량이 2TB다	온 가족이 좋아하는 프로그램, 지우지 않고 마음껏 저장하자.
학습 학원 실력 있는 베테랑 교사가 가르친다	이해가 쏙쏙, 성적은 쑥쑥, 목표 학교 합격까지 빠르게
에어컨 5초 안에 작동한다	집에 들어서자마자 천국의 시원함

특징에서 베네핏으로 변환할 때는 다음 공식을 사용해보라.

> (이런저런 특징) 덕분에
> 당신은 (이것저것)을 할 수 있고,
> 결과적으로 (무엇을) 얻게 된다.

위의 사례를 공식에 적용하면 이렇게 된다.

광각 25mm 렌즈로
단체 사진을 한번에 완벽하게 담을 수 있어요.
더 이상 인원을 조정하느라 소중한 순간을 놓치지 않죠.

2TB 대용량으로
온 가족의 추억을 한방에 저장합니다.
더 이상 지우고 고르는 고민은 그만!

실력파 교사진 직강!
합격 공식이 눈앞에 펼쳐진다.
성적은 수직 상승, 결과는 오직 합격.

5초면 시작되는 강력한 파워,
집에 들어서는 순간부터
한여름엔 시원하게, 한겨울엔 따뜻하게.

하지만 진짜 베네핏을 찾는 일은 카피라이팅에서 가장 어려운 고비다. 우리에게는 분명히 '좋은 점'처럼 보이지만, 정작 고객에겐 전혀 와닿지 않을 수 있기 때문이다.

이처럼 피상적으로 베네핏을 해석할 때 생기는 대표적 실수가 있다. 바로, 양돈장 사료 광고 사례다.

■ 얕은 베네핏 vs. 깊은 베네핏

특징	사료에 특수 성분이 있다!
베네핏	성장 촉진제 없이도 빨리 자란다.

성장촉진제 없는 빠른 성장은 양돈장 경영자에겐 분명 좋은 일이다. 하지만 이것만으로는 부족하다.

깊은 베네핏은 여기서 더 나아가야 한다.

"일반적인 속도보다 한 달 빨리 자라므로 출하 기간이 짧아진다. 연간 출하 수는 5% 늘어나고 매출 증가로 이어진다."

'특수 성분 배합'이라는 특징에서 '매출 증가'까지 이어지는 스토리를 그려낼 때 비로소 진정한 베네핏이 된다.

이처럼 베네핏은 겉보기엔 단순해 보여도 깊이가 있다.

지금까지 몰랐을 뿐, 연습하면 누구나 찾아낼 수 있다.

그리고 얼마나 매력적으로 표현하느냐에 따라 고객 반응과 매출이 확 달라진다.

다시 한번 강조한다.

고객은 상품서비스 자체가 아닌, 그 상품서비스이 만드는 변화와 효과를 산다.

욕구와 필요, 무엇이 지갑을 여는가

니즈^{필요}와 원츠^{욕구}의 차이는 베네핏을 찾는 핵심이다.

일반적으로 니즈를 충족시키는 상품은 가격이 낮고, 원츠를 자극하는 상품은 훨씬 높은 가치를 인정받는다. 예를 들어 식료품·의류·생활용품처럼 생존에 필요한 제품은 대개 저렴하다. 반면 스포츠용품이나 악기처럼 삶의 만족감이나 자아표현을 위한 제품은 더 높은 가격에도 고객이 기꺼이 지갑을 연다.

예를 들어보자. 단순히 이동이 목적이라면 경차로 충분하다. 하지만 남들의 시선을 끌고 싶고, 고성능 차의 매력을 느끼고 싶다면? 포르쉐가 눈에 들어온다.

고급 시계도 마찬가지다. 시간을 보는 게 목적이라면 롤렉스는 필요 없다. 보석 역시 필수품은 아니지만 강한 욕구를 불러일으키는 상징이기 때문에 높은 가격에도 꾸준히 팔린다. 물론 희소성 같은 요인도 있지만, 실제 구매를 결정짓는 건 필요가 아니라 욕구다.

"이것이 필요합니다"보다 "이런 욕구를 채울 수 있습니다"가 고객의 마음을 더 강하게 사로잡는다.

인간의 욕구는 시대를 초월한다. 대표적인 욕구들을 보자.

- 더 많은 수입
- 더 큰 절약
- 든든한 노후
- 건강한 삶

- 성공적인 커리어
- 사회적 인정
- 일상의 즐거움
- 편안한 생활
- 쾌적한 환경
- 이상적인 몸매
- 걱정 없는 삶
- 이성에게 매력
- 소속감
- 독특함
- 주목받는 삶
- 좋은 평판
- 특별한 존재감

이런 욕구를 정확한 카피로 건드릴 때 고객의 마음을 사로잡는다.

그렇다면 필요성은 무시해도 될까? 그렇지 않다.

'절박한 필요'가 있다면 그것만으로도 강력한 구매 동기가 된다. 코로나 시기의 마스크처럼, 평소엔 특별한 욕구가 없었지만, 당시에는 절실한 필요가 생긴 것들이 있다. 가격이 올라도 잘 팔렸다. 다만 이때는 카피가 중요하지 않았다. "어디서 구할 수 있다"는 정보만으로 순식간에 동이 났다.

이런 긴급 상황이 아니라면, "지금 당신에게 꼭 필요한 것"이라는 절박함을 일깨워주는 것이 구매 욕구를 끌어올린다.

3. 24시간 당신 대신 일하는 '종이 위의 세일즈맨'

(1) 종이 위의 세일즈맨이란?

다이렉트 리스폰스 마케팅DRM의 본고장 미국에서는 카피라이팅 연구가 100년 넘게 이어져 왔다. 그들에게 DRM은 쉽게 말해 '통신판매'였다. 미국은 국토가 광활해서 영업사원이 일일이 방문하는 것이 비효율적이었다. 그래서 등장한 것이 편지를 통한 세일즈, 즉 '세일즈 레터'였다. 이를 '세일즈맨십 인 프린트'Salesmanship in print, 즉 "종이 위의 세일즈맨"이라 부른다.

이게 왜 중요할까? 영업사원은 철저한 교육이 필요하고, 교육을 받아도 실력 차이가 난다. 방문할 수 있는 고객 수도 제한되어 있고, 매장에서 응대할 수 있는 인원도 한정적이다.

하지만 세일즈 레터는 다르다. 한번 만들어두면 계속 활용할 수 있다. 처음 제작할 때는 공을 들여야 하지만, 발송만 하면 24시간 365일 쉬지 않고 영업한다. 피곤하다거나 직장 내 괴롭힘을 당했다는 불평도 없다. 또한 개인의 실력과 무관하게 최고 수준의 세일즈 토크를 똑같이 구사할 수 있다는 게 큰 장점이다.

세계적으로 유명한 세일즈 레터가 세 편 있다. "피아노 카피", "영어 실수" 그리고 "두 명의 젊은이"다. 각각을 살펴보자.

시대를 넘어 살아남은
전설의 세일즈 레터 세 편

첫 번째 "피아노 카피"는 광고계의 전설 존 케플즈 1900~1990가 25세에 쓴 음악 학원 모집 광고다. "내가 피아노 앞에 앉자, 모두가 웃었습니다. 그런데 치기 시작하자……!" 이렇게 시작하는 레터는 무시당하던 남자가 피아노 실력으로 청중을 감동시키고, 그 비결로 특정 음악 학원을 소개하며 등록을 권유한다. 무시당하던 주인공이 주변을 놀라게 하는 전형적인 '영웅 이야기'다.

"영어 실수"는 맥스웰 색하임 Maxwell Sackheim, 1890~1982이 쓴 레터다. "당신은 영어를 할 때 이런 실수를 하지 않나요?"라는 헤드라인으로 유명한데, 1919년부터 1959년까지 40년간 『뉴욕 타임스』에서 사용됐다. 당시 미국 성인의 20%가 문맹이었던 시대 상황에서, 하루 15분으로 올바른 영어를 익히는 방법을 소개해 15만 명 이상의 호응을 얻었다. 이 헤드라인은 응용이 쉬워서 다양한 상품과 서비스에 활용된다. 가령 '영어를 할 때' 부분을 '채용할 때', '홈페이지 디자인을 할 때', '스마트폰을 고를 때' 등으로 얼마든지 바꿀 수 있다.

마지막 "두 명의 젊은이"는 마틴 콘로이 1922~2006가 쓴 『월스트리트 저널』 구독 권유 레터다. 20년 넘게 사용되며 수천억 원의 매출로 이어진, 역사상 가장 성공한 세일즈 레터로 알려져 있다. 학창 시절에는 비슷했던 두 남자가 25년 후, 한 명은 사장이 되고 다른 한 명은 평범한 직장인이 된 이야기를 통해 『월스트리트 저널』 구독의 가치를 전한다. 『부자 아빠 가난한 아빠』에서도 볼 수 있는 이런 대비 구조의 원조가 바로 이 레터다.

　이 유명한 세일즈 레터들은 지금도 자주 인용되지만, 카피라이팅을 제대로 이해하지 못한 번역이 많다. 그래서 우리는 원문의 설득 구조와 문장 리듬을 최대한 살려, 카피라이팅의 본질을 담아 새롭게 번역했다.

　이런 훌륭한 세일즈 레터를 소리 내어 읽거나 직접 써보는 것만으로도 카피 실력을 키우는 데 큰 도움이 된다. 특히 손으로 직접 옮겨 쓰는 연습을 '필사'라고 하는데, 이 과정을 통해 세일즈 레터 특유의 문체와 흐름 그리고 고객의 심리를 꿰뚫는 문장 구조를 몸으로 익힐 수 있다.

■ 〔사례 1〕 존 케플즈가 25세 때 발표한 '피아노 카피'

*출처 『광고, 이렇게 하면 성공한다』

내가 피아노 앞에 앉자, 모두가 웃었습니다
그런데 치기 시작하자……

아서의 〈로사리오〉 연주가 끝나고 박수가 터졌다. 나는 이 순간을 나의 화려한 데뷔 무대로 만들기로 했다. 놀란 표정의 친구들 앞을 당당하게 걸어가 피아노 앞에 앉았다.

"잭이 또 장난치려나 보네?" 누군가가 킥킥거렸다. 그들은 내가 건반 하나도 제대로 누르지 못할 거라 확신했다.

"저 사람 정말 칠 수 있나요?" 한 소녀가 아서에게 속삭였다. 아서는 "말도 안 되지!"라고 외쳤다.

"그는 평생 피아노를 쳐본 적이 없어. 하지만 한번 보자고. 재미있는 구경거리가 될 테니."

나는 이 순간을 즐기기로 했다. 비웃음 속에서 여유롭게 실크 손수건을 꺼내 피아노 건반을 살짝 닦았다. 그리고 전에 본 피아니스트 파데레프스키처럼 일어나 피아노 의자를 4분의 1만큼 돌렸다.

뒤에서 "쟤 연기 어때?"라는 소리가 들렸다. "재밌네!"라는 대답과 함께 청중이 폭소했다.

그런데 내가 치기 시작하자

순간 객석이 조용해졌다. 마법에 걸린 듯 웃음이 사라졌다. 리스트의 명곡 〈사랑의 꿈〉 첫 소절이 흘러나왔다.

모두가 놀라 숨을 삼켰다. 내 친구는 입을 벌린 채 얼어붙었다.

나는 계속 연주했고, 주변 사람들의 존재마저 잊었다. 시간도, 공간도, 숨소리조차 내지 않는 청중도 잊을 정도였다. 내 작은 세상은 점점 희미해져 비현실처럼 느껴졌다. 오직 음악만이 실재했다. 음악과 그것이 만드는 환상만이 나를 감쌌다. 그 환상은 위대한 작곡가에게 영감을 준 것 같은, 구름이 늘어선 하늘처럼 아름답고 달빛처럼 변화무쌍했다. 마치 작곡가가 직접 나에게 말이 아닌 화음으로, 문장이 아닌 세련된 선율로 이야기하는 것 같았다.

U.S. 음악 스쿨의 혁신적인 교육법

〈사랑의 꿈〉의 마지막 선율이 천천히 사라져가자 실내에는 갑자기 박수갈채가 울려 퍼졌다.

정신을 차려보니 흥분한 얼굴들이 나를 둘러싸고 있었다. 친구들은 더욱 흥분했다! 남자들은 거칠게 축하 인사를 건네며 내 등을 세게 두드렸다. 모두가 환호성을 지르며 질문을 쏟아냈다.

"잭! 어떻게 이렇게 잘 치는 거야? 왜 지금까지 말 안 했어?"

"어디서 배웠어?"

"얼마나 오래 배운 거야?"

"누구한테 배웠어?"

나는 담담하게 대답했다. "선생님한테 배운 적은 한 번도 없어. 얼마 전까지만 해도 전혀 못 쳤다고."

"거짓말하지 마." 실력파 피아니스트 아서가 웃으며 말했다.

"넌 분명 몇 년은 배웠을 거야. 연주만 봐도 알 수 있어."

"아주 짧은 기간 배운 게 전부야." 내가 고집을 부렸다.

"너희를 놀라게 해주고 싶어서 비밀로 했던 거야."

그리고 나는 모든 것을 털어놓았다.

"U.S. 음악 스쿨이라는 이름 들어봤어?" 몇몇 친구들이 고개를 끄덕이며 "통신 교육 하는 곳 말이야?"라고 답했다.

"맞아." 내가 말을 이었다.

"그곳에서는 어떤 악기든 2~3개월 만에 악보를 보고 연주할 수 있는 새롭고 간단한 방법을 가르쳐."

어떻게 선생님 없이 피아노 치는 방법을 배웠나?

나는 몇 년 동안이나 피아노 연주를 동경해왔다고 했다.

"얼마 안 된 일인 것 같은데"라며 이야기를 이어갔다.

"어느 날 U.S. 음악 스쿨의 흥미로운 광고를 발견했는데, 하루 몇 센트로 새로운 방식의 악기 레슨을 제공한다는 거였어. 한 여성이 선생님 없이 집에서 피아노를 마스터한 과정이 소개되어 있었지. 지루한 음계 연습도, 반복 훈련도 필요 없는 획기적인 방법이더라고. 너무 믿음직스러워 보여서 무료 체험 수업 쿠폰을 바로 신청했어."

"얼마 지나지 않아 무료 책자를 받았고, 그날 저녁부터 체험 수업을 시작했어. 이 새로운 방법으로 얼마나 쉽게 피아노를 배울 수 있는지 알고는 난 정말 놀랐지. 그래서 바로 정식 코스를 등록했어."

"교재를 받아보니 정말 광고 문구처럼 ABC를 배우는 것만큼 쉬웠어. 수업이 진행될수록 더 쉽게 느껴졌고. 어느새 내가 좋아하는 곡을 처음부터 끝까지 연주할 수 있게 됐더라고. 이제는 멈출 수가 없었어. 발라드든 클래식이든 모두 자연스럽게 연주할 수 있게 됐지. 특별한 음악적 재능도 없었는데 말이야."

어떤 악기든 연주할 수 있다

당신도 집에서, 혼자서, 기존 방식의 절반 시간만 투자해 실력 있는 연주자가 될 수 있습니다. 50만 명이 이미 증명한 이 방법으로 당신이 원하는 악기를 악보만 보고도 연주할 수 있습니다. 간단하면서도 확실한 방법입니다. '타고난 재능이 필요하다'는 고정관념은 잊으세요. 아래 악기 목록에서 배우고 싶은 것을 고르시기만 하면 됩니다. 나머지는 U.S. 음악 스쿨이 책임지겠습니다. 어떤 악기를 선택하든 하루 몇 센트의 동일한 수강료로 배우실 수 있습니다. 처음 시작하시는 분이든, 이미 연주를 하시는 분이든 상관없습니다. 이 혁신적인 학습법에 곧 매료되실 겁니다.

무료 책자와 체험 수업을 신청하십시오
수많은 성공한 수강생도 무료 책자와 함께 제공되는 '음악 능력 테스트'를 받기 전까지는 자신의 음악적 재능을 전혀 알지 못했습니다.

좋아하는 악기를 연주하며 즐거움을 누리고 주목받고 싶다면, 지금 바로 무료 책자와 체험 수업을 신청하세요. 비용은 전혀 없으며, 구매 의무도 없습니다. 간단한 쿠폰 작성만으로 시작할 수 있습니다. 원하시면 악기도 준비해드립니다. 현금이나 카드로 결제 가능합니다.

악기를 골라주십시오.

피아노	첼로	기타
오르간	음성과 스피치	하와이안 스틸 기타
바이올린	자동 손가락 제어	하프
드럼과 타악기	피아노 아코디언	코넷
만돌린	밴조(5현, 피크 또는 테너)	피콜로
클라리넷	화성학과 작곡	트롬본
플룻	시창	
색소폰	우쿨렐레	

U.S. 음악 스쿨 귀하
812 브라운윅빌딩, 뉴욕시티

프랭크 크레인 박사의 서문이 담긴 무료 책자 『홈 뮤직 레슨』을 보내주세요. 체험 수업과 상세 안내서도 함께 보내주시기 바랍니다. 다음 코스에 관심이 있습니다.

위의 악기를 가지고 있습니까?

이름(알아볼 수 있게 적어 주십시오)
_____

주소
_____
시(市)   주(州)

■ [사례 2] '영어 실수' 세일즈 레터

Do You Make These Mistakes in English?

Sherwin Cody's remarkable invention has enabled more than 115,000 people to correct their mistakes in English. Only 15 minutes a day required to improve your speech and writing.

MANY persons say, "Did you hear from him today?" They should say, "Have you heard from him today?" Some spell "calendar" "calender" or "calander." Still others say "between you and I" instead of "between you and me." It is astonishing how often "who" is used for "whom," and how frequently the simplest words are mispronounced. Few know whether to spell certain words with one or two "c's," or "m's," or "r's," or with "ie" or "ei." Most persons use only common words—colorless, flat, ordinary. Their speech and their letters are lifeless, monotonous, humdrum.

Every time they talk or write they show themselves lacking in the essential points of English.

Wonderful New Invention

For many years Mr. Cody studied the problem of creating instinctive habits of using good English. After countless experiments he finally invented a simple method by which you can acquire a better command of the English language in only 15 minutes a day. Now you can stop making the mistakes which have been hurting you. Mr. Cody's students have secured more improvement in five weeks than previously had been obtained by other pupils in two years!

Learn by Habit—Not by Rules

Under old methods rules are memorized, but correct habits are not formed. Finally the rules themselves are forgotten. The new Sherwin Cody method provides for the formation of correct

SHERWIN CODY

these habit-forming practice drills can be carried out. You can write the answers to fifty questions in 15 minutes and correct your work in 5 minutes more. The drudgery and work of copying have been ended by Mr. Cody! You concentrate always on your own mistakes until it becomes "second nature" to speak and write correctly.

FREE—Book On English

A new book explaining Mr. Cody's remarkable method is ready. If you are ever embarrassed by mistakes in grammar, spelling, punctuation, pronunciation, or if you cannot instantly command the exact words with which to express your ideas, this new free book, "How You Can Master Good English—in 15 Minutes a Day," will prove a revelation to you. Send the coupon or a letter or postal card for it now. No agent will call. SHERWIN CODY SCHOOL OF ENGLISH, 60 Searle Building, Rochester, N. Y.

....
SHERWIN CODY SCHOOL OF ENGLISH,
60 Searle Building, Rochester, N. Y.
Please send me, without any obligation on my part, your new free book, "How You Can Master Good English—in 15 Minutes a Day."

*출처 Do You Make These Mistakes in English? — The Story of Sherwin Cody's Famous Language School(Edwin L. Battistella, OXFORD UNIVERSITY PRESS)

영어 할 때 이런 실수, 하지 않나요?

셔윈 코디의 혁신적인 방법으로 11만 5천 명이 영어 실수에서 벗어났다. 하루 15분이면 당신의 말하기와 글쓰기가 달라진다.

"Have you heard from him today?" 대신 "Did you hear from him today?"라고 말하진 않는가? 'calendar'를 'calender'나 'calander'로 쓰고 있진 않은가?

"between you and me"를 "between you and I"로 잘못 말하는 일도 흔하다. 'whom' 대신 'who'를 쓰는 실수도 자주 일어난다. 심지어 기초 단어 발음조차 틀리는 경우가 많다.

또, receive나 believe처럼 'ie'와 'ei'가 들어가는 단어의 철자를 헷갈리는 사람이 많다. 대부분은 식상하고 단조로운 단어만 반복해서 쓴다. 그래서 말과 글에서 생동감이 사라진다.

이런 사람들은 대화할 때마다, 글을 쓸 때마다 영어의 핵심을 놓치고 있다는 것을 스스로 드러낸다.

15분의 기적: 영어 실력이 달라진다

코디 씨는 수년간 올바른 영어 사용 습관을 만드는 연구를 했다. 수많은 실험 끝에 마침내 획기적인 방법을 발견했다. 하루 15분으로 자연스러운 영어 구사력을 키우는 방법이다. 이제 영어 실수는 영원한 작별이다. 코디의 학생들은 기존 방식으로 2년 걸리던 것을 5주 만에 달성했다.

문법은 잊어라, 습관이 실력이다

문법 암기는 잊어라. 시간이 지나면 어차피 까먹는다. 셔윈 코디의 새로운 방식은 연습을 통해 습관을 만드는 것이다. 15분 동안 50개 문제를 풀고, 5

분간 답을 확인한다. 이제 지루한 받아쓰기는 끝이다. 올바른 말하기와 쓰기가 제2의 본능이 될 때까지 실수만 잡으면 된다.

지금 바로 무료 소책자를 신청하세요
코디의 혁신적인 방법을 담은 소책자가 준비되어 있다. 문법, 철자, 구두점, 발음 실수로 곤란했던 적이 있는가? 생각을 제대로 표현하지 못해 답답했던 적이 있는가? 지금 『하루 15분으로 마스터하는 올바른 영어』 무료 소책자를 신청하라. 여러분의 영어 실력에 새로운 전환점이 될 것이다. 신청은 쿠폰, 편지, 엽서 중 편하신 방식으로 보내면 된다.
※ 업체에서 전화나 방문 권유는 절대 하지 않으니 안심하고 신청하라.

셔윈 코디 영어 스쿨

셔윈 코디 영어 스쿨
60번 씨알 빌딩, 로체스터, 뉴욕

위 주소로 무료 소책자 『하루 15분으로 마스터하는 올바른 영어』를 보내주십시오.

■ [사례 3] '두 명의 젊은이' 세일즈 레터

월 스트리트 저널

두 친구의 25년, 성공을 가른 결정적 차이

25년 전 어느 따뜻한 봄날 오후, 두 젊은이가 같은 대학을 졸업했다. 둘은 놀라울 정도로 비슷한 처지였다. 성적도 우수했고 인품도 훌륭했다. 대학을 갓 졸업한 다른 청년들처럼 미래에 대한 원대한 꿈도 있었다.

최근 이들은 졸업 25주년 동창회에서 재회했다.

여전히 두 사람은 많이 비슷했다. 둘 다 행복한 결혼 생활을 하고 있었고, 자녀도 3명씩 두었다. 졸업 후 같은 중서부 제조회사에 입사해 지금까지 일하고 있는 것까지 같았다.

하지만 결정적인 차이가 하나 있었다.

한 사람은 작은 부서의 관리자였고, 다른 한 사람은 사장이었다.

지식의 차이가 인생의 차이를 만든다

무엇이 이런 차이를 만들었을까?

당신도 한 번쯤 인생에서 이런 격차가 어디서 비롯되는지 고민한 적 있지 않은가?

이런 차이는 타고난 두뇌나 재능 혹은 꾸준한 노력만으로는 설명하기 어렵다. 한쪽이 성공을 더 갈망했기 때문도 아니다.

진짜 차이는 '어떤 지식을 가졌는지, 그리고 그 지식을 어떻게 활용했는지'에서 비롯됐다. 이것이 바로 당신에게 『월 스트리트 저널』을 권하는 이유다. 저널은 독자에게 실전에서 곧바로 활용할 수 있는 비즈니스 인사이트를 꾸준히 제공한다.

비즈니스 세계의 필수 동반자

『월 스트리트 저널』은 그 자체가 독보적인 출판물이다. 미국 유일의 전국 일간 비즈니스지로, 세계 최대 규모의 비즈니스 전문 기자단이 주말을 제외하고 매일 제작한다.

저널의 모든 페이지에는 비즈니스 마인드를 가진 사람이라면 누구나 흥미롭게 읽을 핵심 정보가 가득하다. 정보의 스펙트럼 역시 놀랍도록 넓다. 주식시장과 금융은 물론, 빠르게 변화하는 비즈니스 세계의 모든 것을 다룬다. 『월 스트리트 저널』에서 당신이 필요로 하는 모든 비즈니스 뉴스를 만날 수 있다.

매일 아침 당신의 책상 위에 놓이는 성공의 열쇠

지금 내 앞에 있는 1면에는 그날의 주요 뉴스가 심층 분석과 함께 정리되어 있다. 인플레이션, 도매가격, 자동차 시장 동향, 워싱턴 등 주요 도시의 개발 관련 세제 혜택까지, 비즈니스의 모든 측면을 다룬다.

저널의 모든 페이지는 이렇듯 당신에게 도움이 될 귀중한 정보로 채워져 있다. 매일 업데이트되는 자산관리 칼럼이 당신의 돈 관리 능력을 한 단계 높여준다. 여기에 소규모 비즈니스, 마케팅, 부동산, 과학기술, 지역개발까지 다루는 주간 특집 칼럼도 있다. 아직 저널을 접해보지 않았다면, 당신이 얼마나 큰 기회를 놓치고 있는지 모를 일이다.

다른 매체에서는 찾기 힘든 독점 정보들이 가득하며, 전국 인쇄 네트워크를 통해 매일 아침 가장 먼저 당신 손에 전달된다.

28달러, 성공을 위한 최고의 투자

28달러로 13주 동안 저널을 구독할 수 있다. 이 기간만 읽어보면 우리가 약속한 모든 것이 사실임을 알게 될 것이다. 장기 구독으로 더 많은 혜택을 누릴 수도 있다. 1년 구독은 107달러로 정가에서 20달러가 할인된다. 가장 큰 혜택은 2년 구독으로, 185달러에 최대 69달러까지 절약할 수 있다!
동봉된 신청서에 필요 사항을 적어 선납 봉투에 넣어 보내기만 하면 된다.
기대에 미치지 못한다면 시험 구독 중 언제든 해지할 수 있고, 남은 기간에
대한 구독료는 전액 환불된다.
이 제안이 합리적이라고 생각된다면, 지금 바로 시도해보라. 수백만 독자의
삶을 바꾼 『월 스트리트 저널』이 당신의 삶에도 분명한 변화를 가져다줄 것
이다. 신청서가 도착하는 즉시 신문을 발송한다.

처음 이야기로 돌아가보자. 같은 대학을 나와 같은 회사에서 시작했지만
전혀 다른 길을 걸은 두 친구. 그들의 차이를 만든 것은 무엇이었을까?
바로 지식이다. 실용적인 지식 그리고 그것을 활용하는 방법이다.
『월 스트리트 저널』 구독이 즉각적인 성공을 보장하지는 않는다. 하지만 이
저널이 당신에게 흥미롭고, 든든하며, 유용한 동반자가 될 것임은 약속할
수 있다.

피터 R. 칸
부사장, 공동발행인

P.S.
구독료는 세금 공제 대상이 될 수 있다는 것도 잊지 마시길 바란다.

실전 카피라이터의 필수품, 스와이프 파일의 모든 것

위에서 소개한 3대 세일즈 레터처럼 실적이 검증된 상세페이지SP와 세일즈 레터를 모아둔 것을 '스와이프 파일Swipe file'이라 한다. '스와이프'는 '차용하다'는 뜻으로, 기존 문장을 참고해 새로운 카피를 만들기 위한 도구다.

스와이프 파일은 전체 레터를 모아둔 것도 있고, 헤드라인이나 도입부처럼 부분별로 정리한 것도 있다. 이 책에서 소개하는 "도입부의 15가지 골든 패턴과 66가지 프레임"(2장 참고)도 일종의 스와이프 파일이다.

카피라이터의 든든한 무기

스와이프 파일은 카피라이팅의 핵심 도구 중 하나다. 특히 초보자에게는 필수품이다. 경험이 쌓여 머릿속에 데이터베이스가 생기면 자주 보지 않아도 되지만, 처음에는 이런 견본을 활용하는 게 효과적이다.

이상적으로는 자신만의 스와이프 파일을 만드는 것이 좋다. 시중에 나와 있는 것을 활용할 때도 자신의 스타일에 맞는 것을 골라두면 좋다. 도구인 만큼 자사 제품이나 서비스에 잘 맞는 것과 그렇지 않은 것, 자주 쓰는 것과 아닌 것이 있기 마련이다.

과유불급, 나만을 위한 최적화가 핵심이다

많은 스와이프 파일을 가지면 좋은 문장이 술술 나올 것 같지만 이는 착각이다. 도구가 너무 많으면 오히려 찾기도 어렵고 선택하기도 힘들다.

그래서 엄선된 소수의 파일을 갖추는 게 낫다. 창의적인 아이디어를 위해 다양한 참고 사례를 모아두는 것은 좋지만, 수집에만 빠져 보물단지처럼 모셔두는 것은 피해야 한다.

검증된 것만 모아라

핵심은 성과가 입증된 것만 모으는 것이다. 그렇다면 어떻게 구분할까? 『월스트리트 저널』의 "두 명의 젊은이" 세일즈 레터처럼 수십 년간 쓰인 사례를 찾기는 쉽지 않지만, 꾸준히 효과를 내는 것이라면 기본 구조를 크게 바꿀 필요는 없다. 오래 살아남은 것은 그만한 이유가 있다.

나머지는 직관과 취향으로 고르면 된다. SP와 세일즈 레터를 많이 보다 보면 점차 안목이 생기고, 좋고 나쁨을 가릴 수 있게 된다.

뛰어난 문장을 만나고 읽는 것, 이것이 실력 향상의 첫걸음이다.

(2) 100년의 역사를 품은 세일즈 레터의 진화

미국에서는 1917년에 다이렉트 메일 단체인 DMAA_{Direct Mail Advertising Association}가 설립됐다. 이후 DMA_{Direct Marketing Association}로 이름을 바꾼 이 단체는 현재 전미 광고주 협회_{ANA}의 데이터 마케팅·분석 부문 Data Marketing & Analytics Division 으로 이어지고 있다. 100년이 넘는 역사를 자랑하며 1929년부터 세계 최고 권위의 마케팅상인 국제 ECHO 상을 주관하고 있다.

과학적 광고의 시대가 열리다

1923년, 클로드 홉킨스1866~1932는 『과학적 광고』를 출간하며 카피라이팅의 새 장을 열었다. 제1차 세계대전이 끝난 직후, 일본에서 관동대지진이 일어난 그해에 이미 광고 테스트의 중요성을 강조하기 시작했다. 고객의 직접적인 반응을 측정하는 '다이렉트 리스폰스 마케팅'이 이때 이미 자리잡고 있었던 것이다.

광고의 아버지 데이비드 오길비1911~1999가 "역대 최고의 광고 책"이라 극찬한 『광고, 이렇게 하면 성공한다』의 원서 "Tested Advertising Methods"5판, 1997년는 1932년에 초판이 출간됐다. 존 케플즈가 서른두 살에 쓴 이 책은 월가 대폭락 이후 3년이 지난 시점에 나왔다.

변하지 않는 인간의 본질

카피라이팅이 이토록 오래 살아남은 것은 '인간의 구매 행동'이 과거나 현재나 근본적으로 다르지 않기 때문이다.

일본에서는 1995년, 내가 해외에서 카피라이팅을 접하고 이를 국내에 소개하면서 사업가들 사이에서 서서히 알려지기 시작했다. 하지만 당시에는 교육 기회가 없어 일부만 아는 상황이었다.

나는 외무성에서 외국계 가전 제조사로 이직했지만 실적 부진으로 해고 위기에 있었다. 그때 시도한 것이 카피라이팅이었다. '미국식 방법론이 일본에서도 통할까?' 반신반의했지만, 여러 시행착오 끝에 놀라운 성과를 냈다. 이 경험을 바탕으로 컨설팅에도 카피라이팅을 도입해 거래처의 매출도 크게 늘렸다.

(3) 종이에서 디지털로: 상세페이지(SP)의 탄생

처음에는 종이로 된 세일즈 레터를 우편으로 보냈다. 팩스가 등장하자 팩스-DM이 새로운 트렌드가 됐다. 인터넷 시대가 열리며 웹사이트 판매가 급증했고, 온라인 세일즈 레터인 '상세페이지'SP, Sales Page가 폭발적으로 퍼졌다.

'착륙'을 뜻하는 '랜딩'처럼, SP는 다른 곳에서 방문한 고객이 도착하는 페이지다. 세일즈 메시지가 아닌 페이지도 SP로 불린다.●

오늘날의 SP는 단순한 도착지가 아니라 브랜드 가치와 상품의 효용, 구매 후 경험까지 통합적으로 설계된 설득의 무대로 진화했다. 특히 모바일 중심 환경에서는 한 장의 페이지에 브랜드 아이덴티티, 고객 관점의 스토리텔링, 문제 인식과 해결 제안, 구체적 성과, 구매 유도까지 모두 담겨야 한다. 그러나 오늘날에도 여전히 많은 SP는 상품 이미지와 스펙 나열에만 의존하고, 정작 고객을 '움직이게 만드는 말'—카피라이팅의 핵심 기술—은 빠져 있다. 좋은 상품이라도 설득이 없으면 판매도 없다는 진리를 망각한 결과다.

지금부터 소개할 SP 사례들은 고객의 감정을 건드리고 행동을 유도

● 원래 이 형태는 영어권에서는 'LP'(Landing Page)로 불리지만, 한국 시장에서는 '랜딩 페이지'보다 '상세페이지'라는 용어가 훨씬 널리 쓰인다. 포털 기반 쇼핑몰, 오픈마켓, 브랜드 자사몰 등에서 '상세페이지'는 소비자의 첫인상이 결정되는 핵심 접점으로 기능하기 때문이다. 실제로 국내 온라인 소비자는 상품명보다 먼저 '상세페이지 퀄리티'를 보고 신뢰 여부를 판단하는 경우가 많다. 그래서 이 책에서는 국내 상황에 맞춰 'LP' 대신 'SP'라는 용어를 사용했다.—편집주

하는 구조와 언어가 어떤 식으로 배치되어야 하는지를 보여주는 실전 템플릿이다.

(4) SP vs. HP: 목적이 다르면 모습도 다르다

요즘은 홈페이지HP 없는 비즈니스를 상상할 수 없다. 그렇다면 SP와 HP는 어떤 차이가 있을까? 핵심적인 차이를 정리해보자.

■ 상세페이지(SP)와 홈페이지(HP)의 차이

	SP	HP
목적	파는 것	회사 소개 + 판매
취급 상품	한 가지	여러 가지
검색 노출	덜 중요	매우 중요

HP는 회사 소개부터 모든 제품까지 기업의 전체 모습을 보여준다. 회사의 모든 상품과 서비스를 다룬다. 반면 SP는 한 번에 하나의 상품이나 서비스만 다룬다. 이것이 가장 큰 차이점이다.

■ SP 사례

- 꿈의 경차를 찾아서!
- 제13회 마쓰모토 경차 페스티벌
- 각 제조사의 경차 200대가 한자리에!
- 퀴즈에 도전
- 간단한 퀴즈로 딱 맞는 경차를 찾아드립니다!
- 경쾌한 인생 진단 퀴즈
- 웹 한정 특별 혜택 계약하시면 선물!
- 고속도로 통행이 빨라져요!
- ETC 무료 증정!!
- ※ 설치비 5,500엔
- ※ 셋업비 3,300엔 별도
- 놓치지 마세요! 특별 쿠폰
- 퀴즈 참여자 전원에게 '깜짝 선물' 증정!
- 비밀 선물
- 로열 전 지점 사용 가능 오일 교환권 당첨!
- 오일 교환 1L당 100엔
- 추가 경품도 놓치지 마세요
- 퀴즈 응답자 중 10분을 추첨해 국산 와규 카탈로그 증정!
- 지금 도전하세요 비밀 선물과 와규 카탈로그를 받을 수 있는 기회!

*출처 주식회사 로열 오토 서비스 SP

■ HP 사례

제품 | 리소스 | 서포트 | 기업 정보 | 코로나19   문의 | 로그인

무료 샘플

세일즈 포스 닷컴 공지 사항

비즈니스의 한계를 넘어서다
세계 1위 CRM과 함께

제품 데모 보기   자료 요청 하기

세일즈, 서비스, 마케팅…
온갖 니즈를 빠르고 강력하게 지원

*출처 주식회사 세일즈 포스·닷컴 웹사이트

SP상세페이지는 광고, 이메일, SNS 등 명확한 유입 경로를 전제로 설계된 페이지다. 따라서 검색어 노출이나 자연 유입보다는, 직접 클릭을 유도하는 구조와 설득력 있는 카피에 집중해야 한다. 한마디로, 누가 들어올지 알고 쓰는 글이 SP다.

반면 HP홈페이지는 이야기가 다르다. 고객이 검색을 통해 자발적으로 찾아오기 때문에, 노출 자체가 생명줄이다. 키워드 최적화, 메타태그 구성, 페이지 로딩 속도 등 SEO Search Engine Optimization 전략이 필수다.

또한 단순한 기업 설명에 그치지 않고, 고객이 느낄 수 있는 베네핏 benefit 을 전면에 내세우고, 신뢰를 유도하는 구조로 구성할 때 HP도 비즈니스 성과를 만드는 콘텐츠가 된다.

4. 지속가능한 수익을 올리는 구조

여기서는 수익을 만드는 마케팅의 기초를 다루려고 하는데, '이게 카피와 무슨 상관이지?' 하는 생각이 들 수도 있다.

사실 여기에 카피라이팅의 본질이 담겨 있다. 카피는 고객을 속여 물건을 파는 기술이 아니라 신뢰를 바탕으로 관계를 맺고 지속적인 거래를 이끄는 일이다. 이 과정을 제대로 실현하려면 마케팅에 대한 이해가 필수다.

(1) 리드, 프론트엔드, 백엔드: 마케팅의 3단 로켓

DRM의 핵심 마케팅 흐름은 다음과 같다.

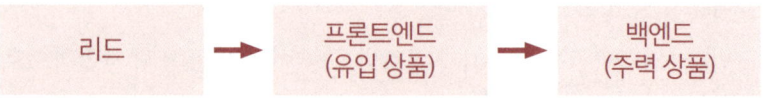

단계별로 살펴보면 다음과 같다.

- 스텝 1: 리드 예비 구매자 발굴
- 스텝 2: 프론트엔드 진입장벽이 낮은 상품으로 신뢰 구축
- 스텝 3: 백엔드 고가 상품과 지속 구매로 수익 창출

■ 리드, 프론트엔드, 백엔드 개념 정리

리드	예비 고객을 의미한다. 구매 가능성이 있는 사람을 찾아 확보하는 과정을 '리드 제너레이션'이라 부른다.
프론트엔드	신규 고객을 끌어들이기 위한 '유입 상품'이다. 첫 구매의 부담을 낮추기 위해 합리적인 가격의 상품과 서비스를 제공한다. 여기서는 수익보다 신뢰 관계 구축이 핵심이다. 한번 신뢰가 쌓이면 자연스럽게 재구매나 다른 상품 구매로 이어지기 때문이다.
백엔드	본격적인 '주력 상품'이다. 프론트엔드에서 쌓은 신뢰를 기반으로 프리미엄 상품 판매나 정기 구매를 통해 실질적인 수익을 창출한다.

때로는 프론트엔드와 백엔드 사이에 '미들엔드'를 두기도 한다.

프론트엔드의 핵심은 고객 유치와 신뢰 관계 구축이다. 따라서 지불한 금액 이상의 가치를 확실히 전달해야 한다. 저렴하다고 해서 품질을 낮추면 절대 안 된다.

대표적인 프론트엔드로는 1,000원 상품, 5,000원 상품 등이 있는데, 백엔드로 자연스럽게 연결되도록 설계하는 것이 핵심이다.

■ 프론트엔드와 백엔드 상품 구성 예시

프론트엔드	백엔드
체험 세트: 5,000원	정기 구매: 한 달 30,000원
잡지 창간호: 한 권 3,900원	정기 구독: 한 권 15,000원
강좌 A: 5,000원	강좌 B: 500,000원

■ '5000원 체험' 성공 사례

NURO 광인터넷 원 코인 체험

최대 3개월 동안 초고속 인터넷 생활을 월 5000원으로 시작하세요!

3개월 내 만족하지 못하면 해지 가능
개통 달 포함 3개월 이내 해약 시 위약금, 설치비 면제

*출처 소니 네트워크 커뮤니케이션즈 주식회사 'NURO 광인터넷' 웹사이트

아래는 저가 창간호로 시작해 정기 구독으로 연결하는 전략이다.

■ 정기구독으로 가는 길

철도 THE 프로젝트 | 2021년 1월 12일 창간

철도인의 뜨거운 이야기를 매거진과 DVD에 담다

*출처 주식회사 데아고스티니 재팬 웹사이트

창간호 특가
4,990원(세금 포함)
2호부터 정상가 15,300원(세금 포함)

이처럼 '리드 → 프론트엔드 → 백엔드'로 자연스럽게 이어지는 흐름을 설계하면 안정적인 수익 구조가 완성된다.

투스텝 마케팅과 CVR(계약성사율)
: 단계를 나누면 더 큰 성과가 온다

'리드→프론트엔드→백엔드'의 흐름과 맥을 같이하는 '투스텝 마케팅'이 있다. 이는 한 번에 판매하지 않고 2단계로 나누어 판매하는 방식이다. 일반적으로 상품과 서비스는 돈을 받고 바로 판매한다. 하지만 자동차나 주택처럼 가격이 높고 구매 빈도가 낮은 상품은 구매 결정이 신중해진다. 특히 '이 회사를 믿어도 될까?' 하는 불안감이 크게 작용한다.

그래서 메인 상품을 바로 판매하기보다 잠재 구매자(리드)를 회사 설명회 등으로 먼저 모은 다음 판매하는 방식이 투스텝 마케팅이다.

'리드→프론트엔드' 흐름과 '투스텝 마케팅'은 명확한 경계가 없다. 다만 전자는 저렴한 상품 판매가 전제라면, 후

■ '아마존 프라임' 30일 무료 체험 사례

30일간 무료로 프리미엄 서비스의 모든 혜택을 직접 경험하세요

─ 시작하기

*출처 아마존 재팬 웹사이트

자는 설명회 등으로 잠재 구매자를 먼저 확보한다는 차이가 있다. 프론트엔드를 무료로 제공하면 두 방식이 같아진다. '아마존 프라임' 30일 무료 체험이 좋은 예다.

이 개념에 너무 얽매일 필요는 없다. 한 번에 팔지 않고 잠재 구매자를 모아 판매하는 방식이 있다는 것 정도로 이해하면 된다.

투스텝 마케팅이 꼭 고가 상품에만 적용되는 건 아니다. '지금 당장 고객'과 '언젠가 고객'은 다른 접근이 필요하다.

'언젠가 고객'에게는 투스텝 마케팅이 효과적이다. 화장품 광고에서 즉각적인 구매 유도보다 무료 샘플 증정으로 '언젠가 고객'을 공략했더니 구매가 12배 늘어난 사례도 있다. 이들에게는 정보 제공으로 상품 이해도를 높이고 구매 욕구를 키우는 '너처링'nurturing이 중요하다.

한편 한 번에 판매하는 방식은 '원스텝 마케팅'이라 하지만, 마케팅 업계에서는 잘 쓰지 않는 용어다. 즉시 판매가 어렵거나 원스텝이 성과를 내지 못할 때 투스텝으로 전환하면 돌파구가 되기도 한다. 물론 원스텝으로 가능하다면 그게 더 좋다.

판매와 관련해 또 하나 중요한 개념이 'CVR'이다. 고객의 '리스폰스'는 대개 구매를 의미하지만, 투스텝에서는 무료 샘플 신청이나 메일 주소 획득이 목표가 되기도 한다.

이런 고객의 반응을 '컨버전'Conversion이라 하고, 줄여서 'CV'라고도 한다. 컨버전 비율을 나타내는 지표가 'CVR'Conversion Rate이다.

CVR은 보통 '계약 성사율'로 불린다. 하지만 메일 주소 획득이 목적인 무료 자료 다운로드의 경우, 컨버전은 구매가 아닌 메일 주소 확보다. 이때 CVR은 '메일 주소 획득률'이 된다. 메일 주소 획득을 계약 성사로 볼 경우 'CVR=계약 성사율'로 봐도 무방하다.

CVR 계산은 단순하다.

$$CVR = \frac{컨버전\ 수}{대상\ 액션\ 수} \times 100$$

'대상 액션 수'는 메일이나 DM의 경우 전체 발송 수, 광고라면 클릭 수라고 할 수 있다.

■ **CVR 계산법**

메일 송신 수	20,000명
상품 구매자 수	100명
CVR	0.5% (100명÷20,000명×100)

이 경우 CVR은 0.5%가 된다.

(2) 수익 구조의 핵심, LTV와 CPA 이해

프론트엔드는 신뢰 관계 구축이 목적이라 이익을 우선하지 않아도 된다. 하지만 무작정 손해를 보라는 뜻은 아니다. 수익성 있는 구조를 만들려면 먼저 'LTV'를 이해해야 한다.

LTV_{Life Time Value}는 '고객 생애 가치'를 뜻한다. 여기서 '생애'란 평생이 아닌 "고객이 우리 상품을 이용하는 기간"을 말한다. 보통 1년을 목표로 하지만, 상품 특성에 따라 3~6개월이 되기도 한다. 고객은 아무리

만족해도 질리거나 이사 같은 환경 변화로 이탈하기 때문에 '고객 기간'이 존재한다.

예를 들어 지금 다니는 미용실도 몇 년 후면 다른 데로 옮길 수 있다. 이처럼 1회성 이익이 아닌, "고객 기간 동안 창출하는 총 이익"이 바로 LTV다. 여기서 '이익'은 보통 '순이익'을 의미한다. 순이익은 매출에서 원가를 뺀 금액이다. 예를 들어 4만 원에 매입해 5만 원에 판매하면 순이익은 1만 원이다.

LTV 계산 시 같은 상품 재구매뿐 아니라 회사 내 다른 상품 구매도 '리피트'repeat, 재구매로 본다. 계산법은 간단하다.

■ LTV 계산법

고객 한 사람 당 1회 구매 시의 순이익	1만 원
평균 리피트 횟수	6회
LTV	6만 원 (1만 원×6회)

LTV와 쌍을 이루는 개념이 CPA Cost Per Acquisition다. '고객 획득 비용'이라고도 하는데, 말 그대로 신규 고객 한 명 확보에 드는 비용이다.

광고를 통해 고객을 유치하려면 비용이 발생한다. 그래서 CPA로 고객 한 명당 소요 비용을 파악하는 게 중요하다. 계산은 단순하다.

$$CPA = \frac{\text{고객 획득 비용}}{\text{획득 고객수}}$$

여기서는 다이렉트 메일 DM을 우편 발송하는 사례를 생각해보자.

- DM 발송료는 우표 값과 기타 비용을 더해 한 통에 1,000원
- DM 1000통 송부
- 그 가운데 50명이 구매

이 경우의 CPA는 다음과 같다.

■ **CPA 산출법**

DM 발송 비용	100만 원 (1,000통×1,000원)
획득한 고객 수	50명
CPA	2만 원 (100만 원÷50명)

LTV와 CPA는 둘 다 '고객 1인당' 기준으로, LTV는 이익을, CPA는 비용을 나타낸다. 따라서 비즈니스가 성립하려면 다음 공식이 필수다.

LTV > CPA

즉, 고객 획득 비용보다 고객이 창출하는 가치가 커야 한다. 반대라면 광고할수록 적자가 늘어난다.

예를 들어 다음과 같은 사례다.

LTV	15만 원
CPA	7만 원
수익*	8만 원

*순수익과 구별하기 위해 LTV-CPA는 '수익'으로 했다.

이 경우 고객 한 사람을 획득하기 위해 7만 원이 들었지만, 그 고객은 일정 기간에 15만 원의 순수익을 가져다주기 때문에 수익이 8만 원이다. 이런 상태라면 아무런 문제도 없다.

반대 사례를 생각해보자.

LTV	15만 원
CPA	20만 원
수익	-5만 원

이 경우 LTV보다 CPA가 크다. 즉, 고객 한 명이 창출하는 총 이익LTV보다 고객 한 명을 유치하는 비용CPA이 더 많이 들어 고객당 5만 원의 손실이 발생한다. 고객 확보에 과도한 비용을 쓰고 있는 셈이다. 이런 상황을 해결하려면 CPA를 줄이거나 LTV를 높이거나, 또는 두 가지를 함께 개선해야 한다.

현재 일시적으로 LTV < CPA 상태여도 업세일, 크로스세일 등으로 LTV를 높일 전략이 있다면 승산이 있다. 가장 위험한 건 LTV와 CPA를 모른 채 무작정 판매하는 것이다.

(3) 매출을 키우는 3가지 판매 전략: 업세일, 크로스세일, 다운세일

LTV를 높이는 방법은 두 가지다. 구매 횟수를 늘리거나 고객당 구매 금액 객단가을 올리는 것이다. 객단가를 높이는 대표적인 전략이 업세일과 크로스세일이다.

업세일은 더 고가의 상위 제품을 판매하는 것이고, 크로스세일은 연관 상품을 추가로 판매하는 것이다.

이런 전략은 일상 곳곳에서 찾아볼 수 있다. 예를 들어 이런 것이다.

■ 업세일과 크로스세일 ①

기본 상품	치즈버거
업세일	빅버거
크로스세일	감자튀김

과거에는 햄버거 주문 후 감자튀김이나 음료를 추가로 권유했지만, 지금은 처음부터 세트 메뉴로 구성해 객단가를 높이는 전략이 보편화됐다.

■ 업세일과 크로스세일 ②

기본 상품	64GB 스마트폰
업세일	128GB 스마트폰
크로스세일	전용 케이스

온라인 쇼핑에서 "이 상품을 본 사람이 함께 본 상품" 추천도 같은 맥락이다. 아마존의 사례를 보자.

■ 아마존 사례

よく一緒に購入されている商品 ──── 함께 구매하면 좋은 상품

総額：¥39,298 ──── 총액: 39,298엔
3点ともカートに入れる (3개 상품 한번에 담기)

ⓘ これらの商品のうちの1つが他の商品より先に発送されます。 詳細の表示
☑ 対象商品：NEC LAVIE Tablet E 10.3インチ (Android9.0/MediaTek He… ¥36,400
☑ 【液晶フィルムとタッチペンおまけ】Pysea NEC LAVIE Tab E TE510/KAS ケ… ¥1,599
☑ 【Pysea】 NEC LAVIE Tab E TE510/KAS フィルム 日本旭硝子素材 2020… ¥1,299

↑
① 일부 상품은 배송 일정이 다를 수 있습니다.
태블릿 E 10.3인치 (Android 9.0/MediaTek) … 36,400엔
【액정보호+터치펜 패키지】…1,599엔
【강화유리】 아사히글라스 …1,299엔

こちらもおすすめ ──── 이런 상품은 어떠세요?

【Mutucu】 2020モデル NEC LAVIE Tab E
NEC LAVIE Tab E TE510/KAS - 10.3型タ
【Pysea】 NEC LAVIE Tab E TE510/KAS フィ

【Mutucu】NEC LAVIE Tab E 2020년형
NEC LAVIE 10.3인치 태블릿
【Pysea】플렉시블 케이스

＊출처 아마존 재팬 웹사이트

기존 구매 고객에게 일정 기간 후 상위 제품을 추천하는 것도 업세일의 한 형태다. 이처럼 업세일과 크로스세일은 우리도 고객으로서 자주 경험하는 전략이다. 이런 전략이 중요한 또 다른 이유가 있다. 오프라인 매장의 경우, 행인을 매장으로 끌어들이는 게 가장 어렵다. 반면 이미 매장에 들어온 고객에게 '충동구매'를 유도하는 일은 상대적으로 쉽다. 신규 고객 확보에는 많은 비용과 노력이 필요하다. 그래서 기존 고객의 재구매를 장려하고 충동구매를 유도해 객단가를 높이는 것이 LTV 극대화의 핵심이다.

한편 업세일의 반대 개념인 '다운세일'도 있다. 다운세일은 기본 제품보다 기능을 줄이고 가격을 낮춘 제품을 판매하는 전략이다. 마음에 드는 제품이 예산을 초과할 때, 적절한 '가성비 상품'이 있으면 고객의 구매 가능성이 높아지기 때문이다. 예를 들어 64GB 스마트폰이 예산을 초과하는 고객에게 32GB 모델을 추천하면 구매로 이어질 수 있다. 다운세일은 판매 기회를 놓치지 않기 위한 전략이다.

세 가지 판매 전략을 정리하면 다음과 같다.

■ **업세일, 크로스세일, 다운세일 사례**

기본 상품	64GB 스마트폰
업세일	128GB 스마트폰
크로스세일	전용 케이스
다운세일	32GB 스마트폰

이 장의 포인트

● **매출을 폭발시키는 카피라이팅의 4가지 무기**

① **리스폰스 광고로 직접 판매를 만든다.** 광고를 봤다면, 그 자리에서 바로 결제까지 이어지게 한다. 브랜드 광고가 아니라 곧장 매출로 연결되는 '액션 중심' 광고다.

② **사람은 상품이 아니라 '베네핏'을 산다.** 고객은 제품 자체보다 그 제품이 가져다줄 변화, 문제 해결, 욕망 실현에 반응한다. 강력한 베네핏을 발굴하고 명확히 전달하는 것이 매출을 좌우한다.

③ **상세페이지(SP)와 세일즈 레터는 침묵 없는 세일즈맨이다.** 24시간 잠들지 않고 일하는 최고의 영업 사원. 특히 상세페이지 SP는 한 페이지에 하나의 상품에만 집중해, 설득력을 극대화한다. 브랜드 소개 중심의 HP홈페이지와는 완전히 다른 게임이다.

④ **리드 → 프론트엔드 → 백엔드 구조로 돈을 벌고, 업세일, 크로스세일, 다운세일 전략으로 수익을 증폭시킨다.** 낮은 진입 장벽으로 고객을 유입하고, 고가 상품까지 단계별로 연결하는 정교한 설계가 필요하다.

● **수익 구조는 LTV와 CPA의 힘 겨루기**

LTV고객 생애 가치가 CPA고객 획득 비용보다 높아야 이익이 생긴다. 수익의 본질은 '한 번 팔고 끝'이 아니라 고객과의 장기 관계에서 나온다. 구매 후에도 반복 거래가 이어지는 구조를 만들 수 있다면, 카피라이팅은 단순한 글쓰기를 넘어, 비즈니스의 수익 엔진이 된다.

고객을 단계별로 키워가는 마케팅

'손님'이란 누구일까? 간단히 정의해보자.

넓은 의미의 '손님'은 일반인 전체를 말한다. 이 중에서 구매 가능성이 있는 사람을 '예비 고객' 또는 '리드'라고 하고, 실제로 한 번이라도 구매한 사람을 '고객'이라고 한다.

하지만 현장에서는 그리 엄격하게 나누지 않는다. 예비 고객도 '고객'이라 부르기도 하고, A 상품은 구매했지만 B 상품은 구매하지 않은 사람은 B 상품 관점에서는 예비 고객이 되기도 한다.

여기서 핵심은 정의의 정확성이 아니라 고객은 '성장 단계'를 거친다는 관점이다. 중요한 건 고객을 구분하는 것이 아니라 고객을 '길러간다'는 전략적 시선이다.

■ 고객 성장의 단계

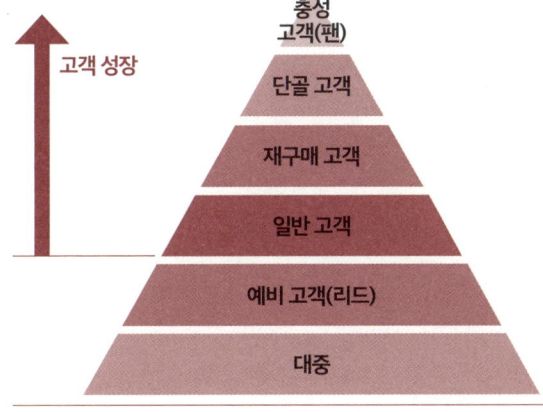

성장 과정을 보면, 우리 회사뿐 아니라 경쟁사 제품도 구매하는 '일반 고객'이 우리 제품을 꾸준히 찾는 '재구매 고객'이 되고, 더 높은 가격대의 제품을 구매하는 '단골 고객'으로 발전한다. 마지막으로 우리 브랜드의 열성적인 옹호자가 되어 주변에 적극 추천하는 '충성 고객'으로 성장한다.

이런 단계별 고객 육성 전략이 사업 성공의 열쇠다.
물론 모든 비즈니스가 재구매를 기대할 수 있는 건 아니다. 불륜 조사나 이혼 전문 변호사 서비스는 본질적으로 일회성이다. 두세 번 정도는 가능할 수 있지만, 기본적으로 반복 구매가 제한적이다.
주택처럼 평생 한 번 구매하는 상품도 있지만, 이 경우 보험이나 유지보수 서비스로 지속적인 관계를 만들 수 있다. 자동차도 구매 후 보험, 정비 서비스 등으로 꾸준한 관계 유지가 가능하다.
결국 카피라이팅의 핵심은 고객과의 지속적인 관계 속에서 일반 고객을 열성 팬으로 발전시켜 안정적인 수익을 창출하는 것이다.

제2장

도입부가 3초 안에 꽂혀야 팔린다

임팩트를 만드는 8가지 공식 'BTRNUTSS'(버터넛)

매력적인 도입부가 독자를 사로잡는다

누구나 글의 첫 문장을 보고 '읽을 가치가 있는지' 순간적으로 판단한다. 책 제목이 대표적이다. 아무리 탁월한 내용을 담고 있어도 제목이 눈길을 끌지 못하면 서점 진열대에서 외면당한다. 상세페이지, 세일즈 레터, 이메일, 블로그 글, 뉴스레터까지… 모든 콘텐츠의 성패는 첫 문장에서 결정된다. 내용이 아무리 알차도, 도입부에서 독자의 시선을 붙잡지 못하면 소용없다. 도입부는 단순한 시작이 아니라 독자의 뇌를 움직이는 강력한 자극제다.

이제부터는 독자의 관심을 순식간에 사로잡는 임팩트 도입부 작성 공식을 공개한다.

1. 도입부에는 공식이 있다: 15가지 골든 패턴과 66가지 프레임

임팩트 있는 도입부는 단순한 감각이 아니라 구조다.
강력한 시작을 만들고 싶다면, 3단계 공식을 따르라.

- **단계 1:** 15가지 패턴을 파악하라
- **단계 2:** 66가지 프레임에 맞춰 조립하라
- **단계 3:** 임팩트를 더하라

첫 번째 단계는 "패턴을 읽는 눈"을 갖추는 것이다.

눈에 띄는 도입부는 결코 우연이 아니다. 사람들의 주목을 끌어낸 문장들은 공통의 패턴을 갖고 있다. 이 패턴을 익히면, 누구나 재현할 수 있다. 즉흥적인 문장은 흘러가지만, 패턴에 기반한 문장은 독자의 뇌리에 남는다. 이 장에서는 초보자부터 실전 전문가까지 바로 활용할 수 있는 검증된 도입부 공식 15가지 패턴을 소개한다.

물론 표현은 많을수록 좋지만, 많다고 능사는 아니다. 중요한 건 패턴의 원리를 꿰뚫는 감각이다. 그래야 필요할 때 어떤 문장을 어디서 꺼내 쓸지 판단할 수 있다.

지금부터 소개할 15가지 핵심 패턴은 당신의 콘텐츠가 '읽히게 만드는 힘'을 갖게 해줄 것이다.

■ 고객을 사로잡는 15가지 황금 패턴

패턴	핵심 전략
(1) 방법 제시	문제 해결의 구체적 방법을 제안한다
(2) 질문	고민을 정확히 짚어내는 질문을 던진다
(3) 문제 제기	상대가 직면한 현실적 고민을 드러낸다
(4) 비밀 공개	업계의 숨겨진(읽는 이가 모르는) 진실을 밝힌다
(5) 타깃 지정	특정 독자층의 아픈 곳을 건드린다
(6) 가정	"만약…"으로 시작하는 상황을 그린다
(7) 권유	강력한 혜택으로 독자를 초대한다
(8) 정보 제공	새롭거나 충격적인 사실이나 통계를 제시한다
(9) 대비	성공과 실패(좋은 것과 나쁜 것)의 차이를 선명하게 보여준다
(10) 구매 조건 제시	파격적인 제안이나 한정 조건을 내건다
(11) 지시어 활용	'이것', '그것', '저것', '어느 것' 등으로 호기심을 자극한다
(12) 스토리	감동적인 실화나 사례로 시작한다
(13) 지시	명확한 행동 지침을 제시한다
(14) 차별화	독보적인 강점을 부각시킨다
(15) 유니크	기존 틀을 깨는 신선한 접근을 시도한다

이 15가지 패턴 아래 더 세부적인 표현 기법들이 있다. 구체적인 표현법은 『무조건 팔리는 카피 단어장』을 참고하고, 여기서는 카피라이팅의 본질과 도입부 작성의 기본을 이해하자.

이것만 알아도 당신의 카피라이팅은 완전히 달라진다.

(1) 방법 제시 패턴
문제 해결의 구체적 방법을 제안한다

프레임 1	**[핵심을 짚어주는] 방법** 예) 메일 답장이 없을 때 요령껏 재촉하는 방법
프레임 2	**[목표달성]을 위한 방법** 예) 주말 48시간을 200시간처럼 쓰는 3가지 방법
프레임 3	**[주제]에 관한 ○○가지 방법** 예) 스마트폰 하나로 "숏폼 영상 제작하는 4가지 방법"
프레임 4	**[상황]에서 [결과]를 얻는 방법** 예) 출퇴근 시간에 외국어 마스터하는 방법
프레임 5	**[수단]으로 [목표]를 이루는 방법** 예) 인스타그램으로 월 500만 원 버는 방법
프레임 6	**[현 상태]를 [이상적 상태]로 만드는 방법** 예) '지루한 PPT'를 TED급 프레젠테이션으로 바꾸는 방법
프레임 7	**[부정적 상황]에서 벗어나는 방법** 예) 종일 회의만 하는 악순환 끊는 방법

| 포인트 |
'방법'이라는 표현은 너무 흔해서 그 자체로는 독자의 시선을 사로잡기 어렵다. 핵심은 '방법'이 가져다주는 베네핏을 강조하는 것이다.
'방법'을 제시할 때는 다음과 같은 3가지 베네핏을 전달할 수 있다.
① 원하는 것을 손에 넣는 방법
② 실력이 향상되는 방법
③ 고민거리에서 해방되는 방법
독자가 가진 문제의 해결책을 제시하거나, 독자의 꿈을 실현하는 방법을 보여주면 좋다. 특히 ③은 인간의 본능적인 손실 회피 심리에 호소하기 때문에 효과가 크다.

(2) 질문 패턴 ①
호기심을 자극하는 질문을 던져라

프레임 8	〔궁금증 유발 질문〕이란? 예) "MZ세대만 아는" 유튜브 쇼츠 돈 버는 방법이란?

| 포인트 |

간단한 질문으로 독자의 호기심을 자극하는 방식이다. 질문형 제목 중에서 가장 기본적인 형태다. 단순한 만큼 "무엇을 묻느냐"가 승부를 가른다.
질문을 받은 독자가 "별 관심 없는데?"라고 느낄 수 있기 때문에 내용 선정뿐 아니라 타깃 설정도 중요하다.
블로그 글을 쓸 때는 더 많은 독자를 끌어모으고 싶겠지만, 과감히 타깃을 좁히고 명확히 하는 것이 성공의 지름길이다.

(2) 질문 패턴 ②
고민을 파고드는 질문으로 고객을 사로잡아라

프레임 9	〔현실적인 고민〕할 수 있나요? 예) 연봉 협상에서 내 가치를 제대로 말할 수 있나요?
프레임 10	〔의외의 사실〕을 아시나요? 예) 당신의 열정페이가 회사를 망치고 있다는 사실을 알고 계신가요?

| 포인트 |

독자에게 질문을 던져 즉각적인 반응을 이끌어낸다. 흥미로운 내용을 질문에 담으면 행동경제학의 '프라이밍 효과'priming effect를 활용할 수 있다(행동경제학과 카피라이팅의 관계, 프라이밍 효과에 관해서는 2장 뒷부분의 칼럼 참조).
다음은 프레임 9의 사례에서 영감을 받아 만든 리더십 강의 헤드카피다.
"팀장님, 제 성과급이 이게 맞나요?"

(2) 질문 패턴 ③
호기심을 자극하려면 이렇게 물어라

프레임 11	**왜 (현상)은 (의외의 결과)로 이어질까?** 예) 왜 집중력이 높은 사람일수록 자주 멍해질까?
프레임 12	**왜 소수만이 (특별한 결과)를 만들까?** 예) 왜 '네카라쿠배'* 직원들은 이직해도 항상 연봉이 오를까? *네이버, 카카오, 라인, 쿠팡, 배달의민족

| 포인트 |

지적 호기심을 자극하는 강력한 질문법이다. 반드시 독자의 궁금증을 끌어내는 게 핵심이라 진부하거나 시시한 주제에는 쓰지 않는다.

이 패턴도 이미 많이 쓰이는 방식이라 '왜?'보다는 '무엇을 물을 것인가'가 성패를 좌우한다.

동시에 이 프레임은 "(4) 비밀 공개" 패턴의 성격도 있다. "왜 할 수 있을까?"는 성공 비결을 알려주겠다는 약속이고, "왜 못할까?"는 실패 원인을 파헤치겠다는 의미다.

(3) 문제 제기 패턴 ①
문제의식을 건드려 상대방의 불안을 깨워라

프레임 13	**당신도 〔상황〕에서 이런 실수를 반복하시나요?** 예) 당신도 업무 메일에서 이런 치명적인 실수를 반복하시나요?
프레임 14	**〔위험상황〕의 징후, 이미 시작됐습니다** 예) 이직해야 하는 징후, 당신에게서 이미 나타나고 있습니다.

| 포인트 |

이 패턴의 핵심은 '이런'이라는 호기심 유발 키워드다. '이런' 표현이 독자(고객)로 하여금 구체적인 내용을 확인하고 싶게 만든다. 제목 아래에는 실수나 징후들을 나열해 고객이 자신의 문제를 직시하게 하는 것이 효과적이다.

"당신도 〔상황〕에서 이런 실수를 반복하시나요?"는 면접, SNS 마케팅, 투자 등 다양한 영역에 적용할 수 있다. '〔상황〕 선택법'으로 응용하면 재테크 상품 선택, 이직할 회사 선택, 집 구매 시점 선택 등 선택이 필요한 모든 상황에 사용할 수 있어서 매우 편리하다. 예를 들어 다음과 같은 형태로 응용할 수 있다.

- "당신도 투자할 때 이런 판단을 반복하고 있지 않나요?"
  → 예: 공포감에 저점 매수 포기 등
- "이직 직전, 당신도 이런 착각을 하고 있진 않나요?"
  → 예: 이직하면 무조건 연봉이 오를 거라는 믿음
- "재테크 초보자들이 흔히 빠지는 선택 실수는 이것입니다."
  → 예: 남들이 산다고 무턱대고 ETF 매수

프레임 14의 "이미 시작되었습니다"는 더욱 직관적인 경고의 메시지다. 무언가 놓치고 있다는 불안감을 조성해, 독자의 주의를 즉각 집중시킨다.

이런 문장은 건강 문제, 경력 단절, 경제적 리스크, 인간관계 경고 등 거의 모든 분야에 강력한 효과를 발휘한다. 예를 들어

- "번아웃의 징후, 이미 당신에게 나타나고 있습니다."
- "자녀 교육 실패의 조짐, 지금 이 순간에도 진행 중입니다."
- "부동산 하락기의 경고 신호, 이미 당신 동네에서 시작됐습니다."

특히 모두가 "이렇게 하는 게 맞다"라고 믿는 통념을 겨냥할 때, 그 통념이 실은 착각이라는 점을 정면으로 파고드는 문장은 파괴력 있는 주목 효과를 유발한다. 이러한 방식은 콘텐츠 초입에 독자의 심리적 균형을 흔드는 훌륭한 장치가 될 수 있다.

(3) 문제 제기 패턴 ②
남의 실수로 배우는 게 가장 빠르다

프레임 15

(타겟)이 저지르는 ○가지 (실수/고민)
예) 스타트업 대표들이 자주 하는 5가지 치명적 실수

| 포인트 |

(실수/고민) 자리에는 '실수' 외에도 '고민', '특징', '이유' 등을 넣을 수 있다. '자주 하는'이란 표현이 '혹시 나도?'라는 불안감을 자극해 클릭을 유도한다.
비슷한 구조로 "(제품/서비스) 사용자들이 가장 많이 하는 ○가지 질문"도 가능한데, 이는 FAQ 제목으로도 활용하기 좋다.

(4) 비밀 공개 패턴
성공한 사람들의 비밀을 훔쳐라

프레임 16	〔성공사례〕의 핵심 비결 예) 성공하는 '아마존 스타일' 경영의 비결: 파워포인트 자료를 금지한다.
프레임 17	〔목표달성〕을 위한 ○가지 비밀 예) 30대에 경제적 자유를 이룬 7가지 비밀
프레임 18	〔놀라운 성과〕의 비밀 대공개 예) 월 3천만 원 버는 프리랜서가 처음으로 밝히는 영업 비밀
프레임 19	〔의외의 선택〕을 하는 진짜 이유 예) 디지털 마케팅의 신들이 지금 오프라인 매장에 꽂힌 진짜 이유
프레임 20	〔목표〕가 자꾸 실패하는 진짜 이유 예) '유튜브 투자'가 자꾸 실패하는 진짜 이유와 극복법 3가지

그 외에도 노하우, 핵심, 진실, 특급 비법 등을 활용할 수 있다.

| 포인트 |
아직 많이 알려지지 않은 성공 노하우를 전할 때 사용하는 패턴이다. 누구나 한 번쯤은 작은 조언 하나로 큰 변화를 경험해봤을 것이다. 특히 운동할 때가 그렇다. 테니스 라켓 그립 잡는 법만 살짝 바꿨는데 공이 훨씬 잘 맞는 경험 같은 것 말이다. 자신이 막힌 상황에서, 잘 되는 사람들의 비결이나 노하우를 알 수 있다는 건 매력적인 제안이다.

(5) 타깃 지정 패턴
독자의 이름을 직접 부르듯 말을 걸어라

프레임 21	**[특정 상황]에 있는 당신에게** 예) 첫 임팩트 미팅을 앞둔 당신에게 - PT 슬라이드 만들기
프레임 22	**[현재 고민]으로 밤잠 설치는 당신에게** 예) 전세 만기가 다가와 밤잠 설치는 당신에게
프레임 23	**언젠가는 [꿈/목표]를 이루고 싶은 당신에게** 예) 언젠가 회사를 그만두고 빵집을 차리고 싶은 사람에게
프레임 24	**[자녀 특성]을 키우는 부모님들에게** 예) 온라인게임에 빠진 초등학생 자녀를 둔 부모님에게
프레임 25	**[목표]는 높은데, 방법을 모르는 당신에게** 예) MZ세대 충성 고객은 늘리고 싶은데, 방법을 모르는 당신에게
프레임 26	**[기존제품] 유저들에게 드리는 특별한 제안** 예) 아이폰 14 유저들에게 드리는 아이폰 16 프로 특별 구매 제안
프레임 27	**[계획/준비] 중인 당신이 꼭 알아야 할 것** 예) 내년 이직을 준비 중인 당신이 꼭 알아야 할 것
프레임 28	**[타겟]만을 위한 맞춤 해결책** 예) 경단녀들만을 위한 커리어 컴백 전략
프레임 29	**[세대 특성]을 가진 당신에게** 예) 부모 은퇴와 자녀 교육 사이에서 고민하는 4050세대에게

| 포인트 |

고객을 구체적으로 지정해 "나한테 하는 말이군!"이라는 생각이 들게 한다. 타깃이 구체적이고 범위가 좁을수록 반응률이 높아진다. 다음 예시는 위에서 아래로 갈수록 구체성이 높아진다.

예1: 체력 저하로 고민하는 당신에게
예2: 출근길 지하철에서 자주 무릎이 휘청거리는 당신에게
예3: 매일 야근하는 30대 직장인의 무릎이 보내는 마지막 구조신호

너무 길게 쓸 필요는 없지만, 일단 구체적으로 써보고 임팩트가 있다면 채택하고, 군더더기가 있다면 줄이면 된다.

(6) 가정 패턴
가정법으로 상상력의 방아쇠를 당겨라

프레임 30	만약 (이상적 상황)이 된다면… 예) 만약 하루 3시간만 일하고도 월 천만 원을 번다면….
프레임 31	만약 (최악의 상황)이 닥친다면 당신은? 예) 만약 중요한 투자 미팅에서 PPT가 멈춘다면 당신은?
프레임 32	(한계상황)에서도 가능하다 예) 영어 울렁증이 심해도 해외 출장은 완벽하게 해낼 수 있다.
프레임 33	상상해보라, (이상적 모습)을… 예) 상상해보라, 당신이 사내 발표에서 임원들의 기립박수를 받는 모습을!
프레임 34	(조건)만 되면 (파격적 혜택)이 당신 것 예) 이번 달 매출 목표만 달성하면 하와이 휴가가 당신 것

| 포인트 |
독자가 특정 상황을 생생하게 그려볼 수 있게 만들면 '나의 이야기'로 받아들이기 쉽다. 이 패턴은 두 가지 효과를 노릴 수 있다.
1. 독자가 평소 꿈꾸던 상황을 구체적으로 그려주기
2. 미처 생각하지 못한 위험이나 기회를 인식하게 만들기

(7) 권유 패턴 ①
부드러운 유혹으로 고객의 마음을 사로잡아라

프레임 35	〔매력적인 제안〕은 어떠세요? 예) 점심시간에 20분 낮잠은 어떠세요?
프레임 36	〔새로운 시도〕를 시작해볼까요? 예) 주 4일 근무제를 시작해볼까요?
프레임 37	함께 〔긍정적 변화〕를 만들어요 예) 함께 만들어요, 당신만의 시그니처 스타일
프레임 38	〔색다른 접근〕을 생각해봐요 예) 퇴직연금, 적립 펀드 대신 AI 자산배분으로 시작해볼까요?
프레임 39	〔매력적인 결과〕를 원하는 분들 여기 모여요 예) 한 달 만에 바디프로필 찍을 준비, 함께하실 분들 여기 모여요.
프레임 40	자, 이제 시작이에요 예) 자, 이번 주부터 매출 나는 PDF 전자책, 직접 만들어봐요. 예) 자, 오늘부터 매일 5분, '부자 독서 습관' 시작해요.

| 포인트 |

"~하세요"처럼 직접적인 명령은 독자에게 심리적 거리감을 유발하지만, "~은 어떠세요?", "함께 시작해볼까요?"처럼 제안형 문장은 부담 없이 마음을 열게 만든다. 이처럼 말투 하나만 바꿔도 설득력은 기하급수적으로 달라진다.

특히 '함께해요', '모여요', '시작해볼까요' 같은 초대형 표현은 독자의 참여 본능을 자극한다. "혼자 하는 게 아니라 함께 한다"는 메시지는 심리적 안전감과 소속감을 제공하며, 이미 다수가 참여 중인 듯한 사회적 증거 Social Proof 효과까지 유도할 수 있다.

이러한 문장은 세일즈 페이지, 뉴스레터, 클래스, 챌린지 콘텐츠에서 전환율을 높이는 핵심 카피 포인트로 작용한다. 부드러운 권유는 강한 강요보다 오래 남고, 더 많이 움직인다.

(7) 권유 패턴 ②
남의 실수로 배우는 게 가장 빠르다

프레임 41 〔파격조건〕+〔매력적 역할〕긴급 모집
예) 연봉 1억 + 재택근무 가능한 AI 엔지니어 긴급 모집

| 포인트 |
'모집'과 '대모집'은 전략이 다르다.
대모집은 그물이다. 넓게 퍼지지만, 거칠다. 수많은 클릭과 지원은 쏟아져 들어오지만, 정말 필요한 인재는 찾기 어렵다. 반면 정밀한 '모집'은 저격이다. 정확히 겨냥하고, 적시에 던지는 한 줄 문장이 더 큰 전환을 만든다.
특히 〔조건〕+〔역할〕+ '긴급' 구조는 한 줄로도 시선을 꽂는다. '재택 가능', '연봉 1억', '1인 크리에이터 전담', '실적 무관' 같은 단어들은 직관적으로 가치와 유혹을 전달한다. 이 패턴은 마치 "기회는 지금, 당신 몫입니다"라는 강력한 메시지를 은밀하게 던진다.
모집은 기술이다. 많이 모으는 것이 아니라 딱 맞는 사람을 정확히 부르는 기술. 그 기술의 핵심이 바로 이 권유 패턴이다.

(8) 정보 제공 패턴 ①
신선함의 마법, NEW의 힘을 빌려라

프레임 42	**신(新) + [카테고리]** 신상품, 신기술, 신개념 새 트렌드, 새 버전 "완전히 새로운, 혁신적인, 차세대" 느낌을 주는 단어 예) 겉바속촉, 입안에서 녹는 새로운 식감 치즈케이크
프레임 42	예) 클릭 한 번으로 끝내는 신개념 재고관리 원터치 시스템 예) 운동할 때마다 더 강해지는 2중 항균 시스템, 신개발 스포츠 토시 예) Z세대의 마음을 사로잡는 마케팅 새 법칙

| 포인트 |

'신'(新)은 변화와 혁신을 상징하는 강력한 키워드다. 신제품 출시나 기존 제품의 새로운 가치 발견, 두 가지 모두에 활용할 수 있다.

'신제품'은 말 그대로 새 상품일 때만 쓸 수 있지만, '신개념'이나 '뉴트렌드'는 기존 제품도 새로운 관점으로 재해석할 때 사용할 수 있다.

포화된 시장에서 '새롭다'는 건 강력한 무기다. 다만 남발하면 식상해질 수 있으니, 진짜 차별점이 있을 때 전략적으로 써야 한다.

(8) 정보 제공 패턴 ②
새로움으로 호기심을 자극하라

프레임 43	**(놀라운 발견)을 소개합니다** 예) 재택근무 시대, 매출 2배 늘린 비대면 영업 비법을 소개합니다.
프레임 44	**발견! (의외의 진실)** 예) 알고 보니 편의점 매출 1위는 삼각김밥이 아니었다.
프레임 45	**드디어/마침내/결국 (기다림의 결실)** 예) 마침내 공개! 전국 어디서든 1시간 내 도착 '당일배송 플랫폼' 런칭 예) 마침내 현실이 된 메타버스 오피스, 내일부터 정식 서비스 시작! 예) 드디어 베일을 벗는다, 을지로 핫플의 새 랜드마크

| 포인트 |

이런 표현은 독자의 호기심을 자극해 첫 3초 안에 시선을 붙잡는 데 특화되어 있다. 특히 '발견!', '드디어!' 같은 단어는 독자에게 "놓치면 안 될 뉴스다"라는 심리적 긴급성을 부여한다.

'소개합니다'는 비교적 정중하고 서술적인 어감을 주기에, 제품이나 기능, 서비스의 핵심 기능을 부각할 때 유용하다. 반면 '드디어', '마침내'는 감정의 고조를 전달하는 드라마틱한 도입으로 효과적이다. 단, 이런 표현은 과잉 사용 시 신뢰감을 떨어뜨릴 수 있으므로, 콘텐츠의 성격과 채널의 톤앤매너에 따라 절제 있게 활용해야 한다.

결국 이 패턴의 핵심은 정보를 단순 전달하는 데 그치지 않고, '왜 지금 읽어야 하는가'를 독자에게 직관적으로 각인시키는 기술에 있다. 잘만 쓰면 하나의 단어가 수백 자의 설명보다 강력한 CTA Call to Action가 된다.

(8) 정보 제공 패턴 ③
고객의 목소리가 가장 강력한 증거다

프레임 46

증언 제공
예) 야근 중에 갑자기 쓰러졌는데, 10분 만에 세콤이 도착했어요. 혼자 살아도 이제 걱정 없습니다.

| 포인트 |

실제 고객의 생생한 경험담은 어떤 광고 문구보다 강력하다. 고객 후기 중 핵심적인 내용을 도입부에 그대로 인용하면 즉각적인 공감을 얻을 수 있다. 본문에서 더 자세한 스토리를 풀어내기 좋은 구조다.
특히 증언자의 실명과 얼굴 사진을 함께 넣으면 신뢰도가 극적으로 올라간다.
이러한 '증언형' 카피는 곧바로 메시지의 진위를 입증하는 역할을 한다. 누군가의 실제 목소리를 담았다는 이유만으로, 우리는 '사실'로 받아들이는 경향이 있기 때문이다. 증언자의 실명과 얼굴, 직업, 나이 등을 함께 제시하면 신뢰도는 수직 상승하며, 때로는 상품보다 인물이 더 오래 기억에 남는다.
또한 "특징-혜택"의 구조를 활용하면 더 효과적이다.
예) "세콤은 (특징: 10분 내 긴급출동)이 가능합니다. 덕분에 (혜택: 혼자 살아도 안심)할 수 있죠."
핵심은 '광고를 보는 사람'이 아니라 '자신과 비슷한 상황에 처한 누군가의 말'을 듣고 있다는 착각을 유도하는 것이다. 이 착각이 설득력을 만든다.

(9) 대비 패턴
선명한 대비로 독자의 선택을 자극하라

프레임 47	〔긍정 상황〕 vs. 〔부정 상황〕의 갈림길 예) 2025년 AI 에이전트 시대: 승자가 되는 직장인 vs. 도태되는 직장인
프레임 48	〔성공하는 유형〕 vs. 〔실패하는 유형〕 예) 하이브리드 근무 시대: 인정받는 직원과 밀려나는 직원의 차이
프레임 49	〔승자〕와 〔패자〕의 명암 예) 부동산 불패 신화의 종말: 대박 난 사람들과 쪽박 찬 사람들

| 포인트 |

대비는 선택의 갈림길을 극적으로 보여주는 강력한 수법이다. 세계에서 가장 성공한 세일즈 레터로 알려진 "두 젊은이 편지"가 이 기법을 활용했다. 비슷한 출발선에 있던 두 사람의 엇갈린 운명을 보여줌으로써 독자의 즉각적인 관심을 끌어냈다.

이 대비 구조를 제목에 압축해서 담아내면 폭발적인 효과를 낸다. 긍정과 부정 중 어느 쪽을 먼저 내세울지는 상황에 따라 다르다. 본문에서 더 비중 있게 다룰 내용을 앞에 배치하는 게 좋다.

(10) 구매 조건 제시 패턴
유리한 구매 조건으로 구매 욕구를 자극하라

프레임 50	**(체험/사용/구독) 무료** 예) 10일간 무료 체험
프레임 51	**(사은품/포인트/쿠폰) 증정** 예) 구매하신 모든 분께 A마트 기프티권 2만 원 증정
프레임 52	**기간 한정** 예) 3월 1일~25일 기간 한정 특가
프레임 53	**지금만 (특가/무료배송/할인)** 예) 지금만 무료 배송

프레임 54	**날짜 제시**
	예) 드디어 만나는 진정한 수제 맥주의 맛
	  땡땡 브루어리 '클래식 에일'
	  25년 8월 15일. 전국 편의점 출시

| 포인트 |

가격과 한정성 같은 오퍼를 도입부에서 제시하는 방식이다. ('무료' 외에는) 판매 의도가 명확히 드러나므로, 문제 해결이 절실한 타깃에 효과적이다. 하지만 다른 타깃에는 신중하게 사용해야 한다.

또한 연월일을 헤드라인이나 도입부에 넣으면 구체성이 높아진다. "◎월 △일까지"처럼 활용하면 마감 임박 효과도 노릴 수 있다(마감 효과는 뒤에서 자세히 설명한다).

(11) 지시어 활용 패턴
호기심을 자극하는 지시어의 힘

프레임 55	**이것·그것·저것·무엇·어느 것** 예) 하루 10분 투자로 생산성을 3배 높인 사람들의 공통점은 '이것'입니다. 예) 자녀 교육비를 줄이면서 효과는 높이는 '그 방법', 지금 공개합니다. 예) 당신의 은퇴 설계를 망치는 결정적 실수, 무엇일까요? 예) 봄철 피부 고민 5가지 중 어느 것을 해결하고 싶나요?
프레임 56	**어떻게·이렇게** 예) 어떻게 실수투성이 신입이 1년 만에 영업왕이 되었나 예) 네△버 직원들은 업무 효율을 이렇게 2배로 높였다.

| 포인트 |

도입부에 '이·그·저·어느'를 활용하면 뒤 내용이 자연스럽게 궁금해지면서 독자의 호기심을 자극한다. '어떻게'를 쓰면 구체적인 방법이 궁금해지고, '이렇게'를 쓰면 그 해답을 찾고 싶어지는 심리를 자극한다.

"만약 ○○이라면"(프레임 30)이 주로 부정적인 상황을 다룰 때 쓰이는 반면, "어느 것"(프레임 55)은 선호나 유형 구분 등 다양한 상황에서 활용할 수 있어 활용도가 높다. 특히 '어느 것'으로 시작해 여러 선택지를 보여주면, 그다음 이야기로 자연스럽게 독자를 이끌어갈 수 있다는 장점이 있다.

(12) 스토리 패턴
스토리로 감동을 전하는 법

프레임 57

〔시작 상황〕에 모두가 웃었습니다
그런데 〔반전 상황〕하자 …
예) 내가 피아노 앞에 앉자, 모두가 웃었습니다.
　　그런데 치기 시작하자…!
예) "저런 골목에서 카페가 될 리 없어…."
　　하지만 문을 연 지 한 달 만에…

| 포인트 |

이는 "불가능할 것 같았던 일이 실현되는 순간"을 담아내는 스토리텔링 기법이다. 처음에는 비웃음을 샀지만, 제품이나 서비스를 통해 극적으로 상황이 반전되는 히어로 스토리를 보여준다.
이런 구조를 사용할 때는 세 가지 단계가 필수다.
① 주변의 의심이 강하거나 실현이 불가능해 보이는 초기 상황
② 극적인 반전의 순간
③ 그 성공 뒤에 숨은 제품이나 서비스의 힘
특히 스토리는 광고 카피의 강력한 무기가 된다. 재미있는 이야기는 자연스럽게 읽고 싶어지고, 판매 의도가 노골적으로 드러나지 않아 거부감 없이 다양한 독자층에게 다가갈 수 있기 때문이다.

(13) 지시 패턴
독자를 설득하는 지시의 기술

프레임 58	〔특정 행동〕하지 말아주세요 예) 이 재테크 방법을 알기 전에는 투자를 시작하지 말아주세요.
프레임 59	〔타깃 그룹〕에게 하는 조언 예) 퇴사를 고민하는 직장인에게 20년 차 헤드헌터가 전하는 조언
프레임 60	〔번거로운 요소〕는 필요 없습니다 예) 스마트홈으로 복잡한 스위치 조작은 필요 없습니다.

| 포인트 |

일반적인 "해주세요" 패턴과 반대로 접근해 독자의 관심을 끄는 방식이다. "하지 말아주세요"나 "필요 없습니다" 같은 부드러운 표현은 거부감 없이 메시지를 전달할 수 있다.

다만 '하지 마라', '해라' 같은 강한 명령형은 신중하게 써야 한다. 독자와 신뢰 관계가 형성되지 않았거나 화자의 전문성이 충분히 입증되지 않은 상황에서는 이런 직설적인 표현을 피하는 것이 좋다.

(14) 차별화 패턴
독보적 입지를 보여주는 전략

프레임 61	**1위·No.1** 예) "대한민국 장수 도시의 비밀은 발효식품!" 전국 최고 장수마을의 건강한 식사법 예) 삶의 만족도 1위 도시 ○○, 이 도시의 특별함 예) 수입차 판매 실적 서울 강남 No.1
프레임 62	**〔분야〕전문** 예) 와규 숙성 스테이크 전문
프레임 63	**〔영역〕의 선구자** 예) 친환경 패키징의 선구자

| 포인트 |

비슷한 제품과 서비스가 넘쳐나는 시장에서, 경쟁사가 갖지 못한 독자적인 강점이나 우월한 특징을 부각하는 전략이다. 단순한 홍보를 넘어 시장에서 자사의 특별한 위치를 명확히 보여주는 '포지셔닝' 전략이 핵심이다(포지셔닝에 대해서는 245쪽에서 자세히 다룬다).

(15) 유니크 패턴 ①
독특한 매력을 전하는 방법

프레임 64

부탁이 있습니다
예) 10년 단골고객님께 특별한 부탁이 있습니다. 프리미엄 서비스 체험단에 참여해주세요.
예) 오랜 시간 함께해주신 고객님께 진심으로 드리는 '작은 부탁'이 있습니다.

| 포인트 |
이 표현은 세일즈 레터, 상세페이지, 이메일 제목, 커뮤니티 공지 등에서 두루 효과적이다. 단, 처음 만나는 독자에게는 다소 낯설거나 일방적일 수 있으므로, 기존 고객이나 팬층처럼 '신뢰가 축적된 관계'에서 특히 큰 반응을 얻는다.
"당신을 믿기에 부탁드립니다"는 뉘앙스가 담기므로, 신뢰를 바탕으로 동참을 유도할 때 특히 빛을 발한다. 실제로 참여율·응답률을 높이는 고성능 문장 구조 중 하나이며, 이후에 올 진심 어린 설명이 설득력을 더한다.

(15) 유니크 패턴 ②
강력한 임팩트를 주는 3단 구조

프레임 65	〔새로운 기회〕하는 것은 〔고객의 욕구〕를 위한 열쇠이며 그걸 할 수 있는 것은 〔차별화 요소〕뿐 예) 매일 15분으로 여드름을 잡아내는 것은 　　　자신감 넘치는 광채 피부의 시작이며 　　　그걸 가능하게 하는 것은 클리어랩 3단계 케어뿐

| 포인트 |

『16단어 세일즈 레터』에 소개된 이 기법은 헤드라인에서 핵심 가치를 압축적으로 전달하는 강력한 방식이다. 헤드라인에서 이만큼 임팩트를 내는 방법은 없다. 이렇게 하면 메시지 전달력이 높아지지만 문장이 과도하게 길어지지 않도록 주의해야 한다. 이 프레임은 세 가지를 강조해야 한다.

'새로운 기회' - 고객이 얻을 수 있는 새로운 가능성
'고객의 욕구' - 이를 통해 달성할 수 있는 목표
'차별화 요소' - 그것을 실현하는 유일한 솔루션

실제 활용 사례

매일 3시간 청소를 10분으로 줄이는 것은
완벽한 집 관리의 터닝포인트이며
이를 현실로 만드는 건 올인원 클리닝 로봇뿐

피부 관리 시간을 15분으로 압축하는 것은
완벽 피부의 결정적 순간이며
이를 가능케 하는 건 올인원 스킨 디바이스뿐

(15) 유니크 패턴 ③
독창적 발상이 빛나는 순간

프레임 66

기발한 아이디어로 시선을 사로잡는 도입부
예) 시속 100km로 달리는 전기차에서 들리는 건 바람 소리뿐
예) "대학은 안 나왔어요. 세상이 제 캠퍼스였으니까"(유명 작가)
예) "단 하루 30분 운동으로 변화가 시작됩니다.
　　하지만 이건 시작일 뿐입니다."

| 포인트 |

이런 표현들은 정해진 틀이나 공식으로 만들어지지 않는다. 하지만 그만큼 신선하고 강렬한 인상을 남긴다.
핵심은 "무엇을 말할 것인가"에 집중해 한 방의 임팩트를 주는 것이다. 다양한 영감을 자신만의 시각으로 재해석하고 끊임없이 시도하다 보면, 마음을 사로잡는 카피가 탄생한다. 늘 새로운 시도를 두려워하지 말자.

■ 도입부의 '15가지 골든 패턴'과 '66가지 프레임' 한눈에 정리

패턴	구체적인 프레임
(1) 방법 제시	**1) ○○하는 방법** 예) 메일 답장이 없을 때 요령껏 재촉하는 방법 **2) ○○하기 위한 방법** 예) 주말 48시간을 200시간처럼 쓰는 3가지 방법 **3) ○○에 관한 ◎가지 방법** 예) 스마트폰 하나로 "숏폼 영상 제작하는 4가지 방법" **4) ○○하면서 ◎◎하는 방법** 예) 출퇴근 시간에 외국어 마스터하는 방법 **5) ○○을 가지고 ◎◎하는 방법** 예) 인스타그램으로 월 500만 원 버는 방법 **6) ○○을 ◎◎하게 하는 방법** 예) '지루한 PPT'를 TED급 프레젠테이션으로 바꾸는 방법 **7) ○○하지 않는(방지하는·그만두는·빠져나오는) 방법** 예) 종일 회의만 하는 악순환 끊는 방법
(2) 질문	**8) ○○이란?** 예) "MZ세대만 아는" 유튜브 쇼츠 돈 버는 방법이란? **9) ○○할 수 있나요?** 예) 연봉 협상에서 내 가치를 제대로 말할 수 있나요? **10) ○○을 아시나요?** 예) 당신의 열정페이가 회사를 망치고 있다는 사실을 알고 계신가요? **11) 왜(어째서) ○○은 ◎◎인가?** 예) 왜 집중력이 높은 사람일수록 자주 멍해질까? **12) 왜 누구누구는 ○○할 수 있을까(없을까)?** 예) 왜 '네카라쿠배' 직원들은 이직해도 항상 연봉이 오를까?

(3) 문제 제기	**13) 당신은 ○○에서 이런 실수를 하지 않나요?** 예) 당신도 업무 메일에서 이런 치명적인 실수를 반복하시나요?	
	14) ○○에 이런 증상(징조)이 나타나지 않았나요? 예) 이직해야 하는 징후, 당신에게서 이미 나타나고 있습니다.	
	15) ○○이 자주 하는 △가지 ◎◎ 예) 스타트업 대표들이 자주 하는 5가지 치명적 실수	
(4) 비밀 공개	**16) ○○의 비결(비밀·이유·포인트)** 예) 성공하는 '아마존 스타일' 경영의 비결: 파워포인트 자료를 금지한다.	
	17) ○○의 ◎가지 비결(비밀·이유·포인트) 예) 30대에 경제적 자유를 이룬 7가지 비밀	
	18) ○○의 비밀 공개 예) 월 3천만 원 버는 프리랜서가 처음으로 밝히는 영업 비밀	
	19) ○○하는 이유 예) 디지털 마케팅의 신들이 지금 오프라인 매장에 꽂힌 진짜 이유	
	20) ○○이 잘 안 되는 이유 예) '유튜브 투자'가 자꾸 실패하는 진짜 이유와 극복법 3가지	
(5) 타깃 지정	**21) ○○인 상태인 당신에게** 예) 첫 임팩트 미팅을 앞둔 당신에게 - PT 슬라이드 만들기	
	22) ○○으로 고민인 당신에게 예) 전세 만기가 다가와 밤잠 설치는 당신에게	
	23) 언젠가 ○○하고 싶은 당신에게 예) 언젠가 회사를 그만두고 빵집을 차리고 싶은 사람에게	
	24) ○○인 아이를 둔 부모님에게 예) 온라인게임에 빠진 초등학생 자녀를 둔 부모님에게	
	25) 좀 더 ○○ 하고 싶지만, 방법을 모르는 당신에게 예) MZ세대 충성 고객은 늘리고 싶은데, 아무것도 모르는 당신에게	

	26) ○○을 쓰시는 당신을 위한 제안 예) 아이폰 14 유저들에게 드리는 아이폰 16 프로 특별 구매 제안
	27) ○○을 계획 중인 당신에게 예) 내년 이직을 준비 중인 당신이 꼭 알아야 할 것
	28) ○○을 위한 솔루션 예) 경단녀들만을 위한 커리어 컴백 전략
	29) ○○(연령/세대)인 당신에게 예) 부모 은퇴와 자녀 교육 사이에서 고민하는 4050세대에게
(6) 가정	**30) 만약 ○○이라면…** 예) 만약 하루 3시간만 일하고도 월 천만 원을 번다면….
	31) 만약 ○○에서 ◎◎하는 일이 일어난다면… 예) 만약 중요한 투자 미팅에서 PPT가 멈춘다면 당신은?
	32) 설령 ○○이라도 가능하다 예) 영어 울렁증이 심해도 해외 출장은 완벽하게 해낼 수 있다.
	33) 상상해보십시오. 당신이 ○○하는 모습을… 예) 상상해보라, 사내 발표에서 임원들의 기립박수를 받는 모습을!
	34) 만약 ○○이라면 ◎◎는 당신 것 예) 이번 달 매출 목표만 달성하면 하와이 휴가가 당신 것
(7) 권유	**35) ○○하지 않을래요?** 예) 점심시간에 20분 낮잠은 어떠세요?
	36) ○○해보지 않을래요? 예) 주 4일 근무제를 시작해볼까요?
	37) ○○합시다 예) 함께 만들어요, 당신만의 시그니처 스타일
	38) ○○은 어떨까요? 예) 퇴직연금, 적립 펀드 대신 AI 자산배분으로 시작해볼까요?
	39) ○○하고 싶은 사람, 여기 주목! 예) 한 달 만에 바디프로필 찍을 준비, 함께하실 분들 여기 모여요.

	40) 자, 이제 시작해요 예) 자, 오늘부터 매일 5분, '부자 독서 습관' 시작해요.	
	41) ○○ 구합니다·모집·대모집·긴급 모집 예) 연봉 1억 + 재택근무 가능한 AI 엔지니어 긴급 모집	
(8) 정보 제공	**42) 新 ○○** 예) 클릭 한 번으로 끝내는 신개념 재고관리 원터치 시스템	
	43) ○○을 소개합니다 예) 재택근무 시대, 매출 2배 늘린 비대면 영업 비법을 소개합니다.	
	44) 발견! ○○ 예) 알고 보니 편의점 매출 1위는 삼각김밥이 아니었다.	
	45) 드디어·마침내·결국 ○○ 예) 드디어 베일을 벗는다, 을지로 핫플의 새 랜드마크	
	46) 증언 제공 예) 야근 중에 갑자기 쓰러졌는데, 10분 만에 세콤이 도착했어요. 혼자 살아도 이제 걱정 없습니다.	
(9) 대비	**47) ○○한 사람, XX한 사람** 예) 2025년 AI 에이전트 시대: 승자가 되는 직장인 vs. 도태되는 직장인	
	48) 유능한 사람(회사) vs. 무능한 사람(회사) 예) 하이브리드 근무 시대: 인정받는 직원과 밀려나는 직원의 차이	
	49) 우는 사람, 웃는 사람 예) 부동산 불패 신화의 종말: 대박 난 사람들과 쪽박 찬 사람들	
(10) 판매 조건 제시	**50) ○○ 무료** 예) 10일간 무료 체험	
	51) ○○ 증정 예) 구매하신 모든 분께 A마트 기프티권 2만 원 증정	
	52) 기간 한정 예) 3월 1일~25일 기간 한정 특가	

	53) 지금만 ○○ 예) 지금만 무료 배송	
	54) 날짜 제시 예) 드디어 만나는 진정한 수제 맥주의 맛 땡땡 브루어리 '클래식 에일' 25년 8월 15일. 전국 편의점 출시	
(11) 지시어 활용	**55) 이것·그것·저것·무엇·어느 것** 예) 하루 10분 투자로 생산성을 3배 높인 사람들의 공통점은 '이것'입니다. 예) 자녀 교육비를 줄이면서 효과는 높이는 '그 방법', 지금 공개합니다. 예) 당신의 은퇴 설계를 망치는 결정적 실수, 무엇일까요? 예) 봄철 피부 고민 5가지 중 어느 것을 해결하고 싶나요?	
	56) 어떻게·이렇게 예) 어떻게 실수투성이 신입이 1년 만에 영업왕이 되었나	
(12) 스토리	**57) ○○하자 모두가 웃었습니다, 그런데 ○○하자 —** 예) "저런 골목에서 카페가 될 리 없어…." 하지만 문을 연 지 한 달 만에…	
(13) 지시	**58) ○○하지 말아주세요** 예) 이 재테크 방법을 알기 전에 투자를 시작하지 말아주세요.	
	59) ○○에게 하는 조언 예) 퇴사를 고민하는 직장인에게 20년 차 헤드헌터가 전하는 조언	
	60) ○○은 필요 없습니다 예) 스마트홈으로 복잡한 스위치 조작은 필요 없습니다.	
(14) 차별화	**61) 1위·No.1** 예) 삶의 만족도 1위 도시 ○○, 이 도시의 특별함	
	62) ○○전문 예) 와규 숙성 스테이크 전문	
	63) ○○의 선구자 예) 친환경 패키징의 선구자	

(15) 유니크	**64) 부탁이 있습니다** 예) 10년 단골고객님께 특별한 부탁이 있습니다. 프리미엄 서비스 체험단에 참여해주세요. **65) ○○하는 것은 /** 　**○○하기 위한 열쇠이며 /** 　**그걸 할 수 있는 것은 XX뿐** 예) 매일 15분으로 여드름을 잡아내는 것은 　자신감 넘치는 광채 피부의 시작이며 　그걸 가능하게 하는 것은 클리어랩 3단계 케어뿐 **66) 기발한 아이디어로 시선을 사로잡는 도입부** 예) 시속 100km로 달리는 전기차에서 들리는 건 바람 소리뿐

2. 프레임으로 설계하는 임팩트 카피

　카피라이팅 프레임을 이해하고 이를 자신의 콘텐츠에 적용하는 것은 단순한 모방이 아니다. 높은 반응을 이끌어내는 도입부를 만들기 위해서는 체계적인 접근이 필요하다.

　이제부터는 누구나 따라 할 수 있는, 실전에서 통하는 도입부 작성법을 소개하겠다. 여기서는 "프레임에 적용한 카피라이팅 기술'을 살펴보자. 핵심은 콘텐츠의 어떤 측면에 초점을 맞출지를 먼저 결정하는 것이다. 다음 사례를 보자.

　예1) 당신은 스마트폰을 고를 때 이런 실수를 하지 않나요?
　예2) 당신 생활 스타일에 딱 맞는 스마트폰을 고르는 방법
　예3) 처음 스마트폰 선택에서 후회하지 않는 비결

　이 세 문장은 모두 "스마트폰 고르는 법"이라는 동일한 내용을 다루고 있다.

　예1은 "문제 제기 패턴" 프레임13 "당신은 ○○에서 이런 실수를 하지 않나요?"를 활용했다. 구체적인 실수 사례를 통해 독자의 관심을 끌어내는 전략이다.

　예2는 "방법 제시 패턴"의 프레임 1 "○○하는 방법"을 적용했다. 여

기서는 생활 스타일에 맞는 선택법이라는 실용적인 측면을 강조했다.

예3은 "비밀 공개 패턴"의 프레임 16 "○○의 비결"을 사용했다. 후회 없는 선택이라는 결과에 초점을 맞췄다. 특히 '첫'이라는 단어를 추가해 타깃을 명확히 함으로써 메시지 전달력을 높였다.

이처럼 프레임을 활용할 때는 단순히 빈칸을 채우는 것이 아니다. 먼저 강조하고 싶은 포인트를 정하고, 그에 맞는 도입 형태를 선택하는 것이 핵심이다. 도입부에서 강조한 내용은 반드시 본문에서도 다뤄야 한다. 부족하다면 내용 자체를 보완해야 한다.

프레임을 제대로 익히면 문구 작성에 막힐 때마다 아이디어가 떠오르는 마법 같은 일이 일어난다. 그래서 프레임을 익히고 실제로 적용해 보는 연습이 중요하다.

3. 클릭을 부르는 8가지 마법의 키워드 BTRNUTSS

프레임을 알고 적용하는 것만으로도 도입부를 만들 수는 있지만, 때로는 그것만으로는 평범하게 느껴진다. 임팩트가 약한 경우가 있다. 여기서 중요한 것이 세 번째 단계인 '임팩트 강화'다.

도입부는 두 가지 중요한 역할을 한다.

① 독자(고객)의 이목을 끈다.
② 다음을 읽고 싶게 한다.

이 두 가지를 동시에 충족시켜야 진정한 '임팩트 있는 도입부'가 된다. 처음부터 독자의 시선을 사로잡지 못하면 다음 내용도 궁금하지 않다. 반대로 시선은 끌었는데 뒤에서 실망시킨다면 독자는 더 이상 읽지 않을 것이다. 이 과정은 독자의 머릿속에서 순식간에 이루어진다.

그렇다면 읽히는 도입부와 그렇지 않은 도입부는 무엇이 다를까? 어떻게 하면 도입부에 강력한 임팩트를 줄 수 있을까? 이제부터 도입부를 흡입력 있게 만드는 8가지 핵심 요소를 소개하겠다.

나 기누타도 오랫동안 이 문제를 연구해왔다. 이는 카피라이팅 분야의 영원한 숙제다. 독자의 관심사는 매일 변하고, 사회와 경제 환경도 달라진다. 과거에 효과적이었던 도입부가 미래에도 통할 것이라는 보장은 없다.

물론 인간의 본질적인 욕구를 자극하는 불변의 패턴도 존재한다. 하지만 수많은 패턴 속에서 상황에 맞는 최적의 도입부를 선택하는 것은 여전히 어려운 과제다.

기존에도 많은 전문가들이 다양한 방법을 제시했다. 예를 들어 『스틱!』에서 소개한 SUCCESs Simple: 단순명쾌, Unexpected: 의외성, Concrete: 구체성, Credible: 신뢰성, Emotional: 감정 호소, Story: 스토리성 같은 것들이다. 여러 방법을 시도해본 결과, 각각의 효과를 확인할 수 있었다. 다만 문제는 이런 요소들의 존재 여부를 객관적으로 판단하기가 쉽지 않다는 점이다.

예를 들어 "감정을 자극하는가", "구체적인가"라는 기준은 도입부에서 매우 중요하지만, 작성자 입장에서 독자 반응을 정확히 예측하기는 어렵다.

다른 사람의 의견을 구할 수도 있지만, 아무나 의견을 들어서는 안 된다. 타깃이 아닌 사람의 피드백은 오히려 혼란만 가중시킬 수 있다. 하지만 실제 타깃층을 바로 옆에 두고 확인할 수 있는 상황은 흔치 않다. 게다가 글을 쓰는 사람은 자신이 쓴 내용에 애착이 있어서 객관적인 판단이 쉽지 않다.

결국 가장 확실한 방법은 실전에서 직접 써보고 반응을 관찰하며, 그 과정에서 꾸준히 피드백을 쌓는 것이다. 글쓰기와 마찬가지로 카피라이팅 역시 독자의 실제 반응 속에서만 살아 움직이는 법을 배울 수 있다.

그렇다면 초보자라도 어떻게 짧은 시간 안에 설득력 있는 도입부를 만들어낼 수 있을까? 바로 도입부를 여러 '요소'로 나누어 분석하고 설계하는 방식이다. 이렇게 나누어 보면 막연하게 "좋은 도입부"라는 추상적 기준에서 벗어나, 구체적으로 어느 부분이 강하고 약한지 확인할 수 있다. 예를 들어 독자의 호기심을 자극하는지, 감정을 건드리는지, 혹은 구체적인 베네핏을 보여주는지 따져보면, 부족한 부분을 보완하는 것이 훨씬 수월해진다.

이 접근법은 경험 많은 전문가에게도 유용하다. 아무리 노련한 카피라이터라 해도 습관적으로 빠지는 함정이 있기 때문이다.

이러한 고민 끝에 작성자가 비교적 객관적으로 판단할 수 있는 8가지 요소를 추려냈다. 그것이 바로 'BTRNUTSS 버터넛'이다.

■ '버터넛BTRNUTSS' 8요소 및 중요 판단 기준

Benefit	혜택	독자가 얻을 수 있는 구체적인 베네핏(혜택)이 담겨 있는가?
Trust	신뢰성	신뢰할 만한 근거나 권위가 있는가? (의심스러운 부분은 없는가?)
Rush	긴급성	즉각적인 행동을 유도하는 요소가 있는가?
Number	숫자 활용	구체적인 숫자가 포함되어 있는가?
Unique	독자성	차별화된 특징이 명확히 드러나는가?
Trendy	화제성	현재 이슈나 트렌드와 연결되어 있는가?
Surprise	의외성	기존과 다른 새로운 관점이나 정보를 제시하는가?
Story	스토리	'피아노 카피'처럼 자연스럽게 이야기에 빠져들게 만드는가?

물론 이 요소들만으로 완벽한 임팩트를 보장할 수는 없다. 어디까지나 임팩트 있는 도입부를 만들기 위한 하나의 가이드라인일 뿐이다. 그럼에도 직감에만 의존하는 것보다는 훨씬 더 안정적이고 일관된 결과를 얻을 수 있다.

'BTRNUTSS'로 도입부를 점검할 때는 모든 요소를 빠짐없이 충족할 필요가 없다. 단 하나의 요소라도 강렬하게 작동한다면, 그것만으로도 충분히 매력적인 도입부가 될 수 있다. 실제 현장에서 탁월하게 먹히는 카피는 대개 한두 요소가 압도적으로 빛을 발할 때 탄생한다.

예를 들어 '스토리'는 직접적인 판매 메시지 없이도 독자의 흥미를 끌 수 있는 강력한 장치다. 하지만 그만큼 구체성이 부족할 수 있고, 베네핏이나 신뢰성이 잘 드러나지 않을 수도 있다. 그렇다고 해서 실패한 도입부는 아니다. 때로는 한 편의 짧은 스토리만으로도 독자의 마음을 사로잡기에 충분하다. 중요한 것은 모든 요소를 억지로 집어넣는 것이 아니라 상황과 맥락에 맞게 가장 효과적인 요소를 선택하고 집중하는 일이다.

따라서 'BTRNUTSS'은 체크리스트가 아니라 전략적 도구로 이해해야 한다. "어떤 요소가 지금 이 독자의 마음을 가장 크게 흔들 수 있을까?", "어떤 요소를 전면에 내세워야 메시지가 힘을 가질까?"라는 질문을 던지며 활용하는 것이 핵심이다. 이런 사고 과정을 거칠 때, 카피라이터는 직관을 보완할 수 있고, 더 예측 가능한 결과를 만들어낼 수 있다.

4. 8가지 요소로 도입부를 더 강력하게 만드는 법

'BTRNUTSS'의 8가지 요소를 실제 사례를 통해 자세히 살펴보자.

1. Benefit 베네핏, 혜택

"독자에게 실질적인 가치와 도움이 되는 정보가 담겼는가?"

많은 고객은 흥미로운 이야기보다 당장 써먹을 수 있는 지식과 도구에 더 빠르게 반응한다. 따라서 이 베네핏 요소는, 단순한 정보 전달이 아니라 "이 콘텐츠가 당신 인생에 뭘 바꿔줄 수 있는가?"를 먼저 답해주는 방식으로 구성해야 한다.

- "이 글을 읽고 나면, 고객이 먼저 연락 오는 브랜드가 됩니다."
- "매출을 2배로 끌어올린 단 하나의 페이지 구성법"
- "연차 상관없이 '일 잘한다'는 말 듣게 되는 보고서 포맷"
- "당신의 브랜드를 돋보이게 만드는 3가지 단어 조합"

콘텐츠 초입에 '이 글을 읽으면 내게 어떤 이득이 있는가?'에 대한 답이 들어 있으면, 독자는 망설이지 않는다.

2. Trust 신뢰성

사람들은 "좋다"는 말보다, "누가 그렇게 말했다"에 더 끌린다.

강력한 주장일수록 그에 상응하는 '근거'가 필요하다. 아무리 훌륭한 제품이나 서비스라도, 그것을 믿게 만드는 건 결국 '정보를 뒷받침하는 출처'다. 신뢰를 높이는 3요소는 다음과 같다.

- **자격:** "하버드 수면의학 박사가 말하는 낮잠 루틴"
- **수상:** "CES 혁신상을 3년 연속 수상한 OOO 기술"
- **기관명:** "KOTRA 발표: 2025년 유망 수출기업 TOP 10"

핵심은 의심스러운 느낌을 주지 않는 것이다. 우리가 정보를 의심하게 되는 시점은 언제일까? 바로 거창한 주장에 비해 "증거가 부족할 때"다.

예를 들어 "평범한 직장인이 하룻밤에 1,000만 원을 벌 수 있는 3가지 방법"이란 제목은 누가 봐도 의심스럽다. 수상한 느낌이 들면 그 뒤는 읽지 않는다.

신뢰를 주는 예시 문구
- "서울대 소비자 행동연구소 보고서에 따르면…"
- "한국갤럽 조사: 4050 직장인의 82%가 이 방법을 선택했다"
- "BBC·뉴욕타임즈도 주목한 한국 스타트업 OOO의 전략"

3. Rush 긴급성

사람은 지금 당장 해야 할 일에만 움직인다.

긴급성은 독자의 '행동'을 유도하는 숨겨진 스위치다. 그저 마감일을 알리는 것에 그치지 말고, 왜 지금 바로 행동해야 하는지를 분명하게 보여줘야 한다.

시간의 압박 + 혜택의 소멸 + 타인의 행동 = 행동 유발.

- "오늘 자정, 얼리버드 혜택 종료! 지금 신청하면 40% 할인"
- "50명 한정! 선착순 마감 중 (현재 신청자 42명)"
- "단 3일간! 2025년 마지막 특강 기회"

4. Number 숫자

추상은 감정을 자극하지만, 숫자는 결정을 움직인다.

콘텐츠가 신뢰를 얻는 순간은 '느낌'이 아니라 '수치'로 증명될 때다. "많은 사람"보다 "42,380명", "높은 만족도"보다 "재구매율 86%"가 설득력이 있다.

- "7년 만에 47배 성장한 스타트업의 비밀"
- "90% 이상이 만족! 수강생 후기 2,130개 돌파"
- "단 7일, 하루 15분만 따라 하면 완성되는 루틴"

5. Unique 독자성

차별화된 특징이 명확히 드러나는가?

카피가 가진 차별화 포인트 Unique Selling Point, USP는 경쟁 환경 속에서 눈에 띄는 첫 번째 무기다. 다른 제품이나 서비스와 무엇이 다른지, 왜 독자가 굳이 이 메시지에 주목해야 하는지를 분명히 보여줘야 한다.

독자성은 단순히 기능적 차별점만이 아니라 특정 경험이나 시각, 접근 방식에서 나올 수도 있다. 차별화가 뚜렷할수록 흥미를 불러일으키고, 때로는 의외성으로 이어져 강한 인상을 남긴다.

- "실리콘밸리 현장 리포트" → 전문가가 직접 경험한 생생한 시각.
- "5,000명 데이터 분석" → 규모와 근거에서 오는 신뢰성.
- "국내 최초 공개 연구" → 어디서도 볼 수 없는 희소성.

차별화를 강조한다고 해서 과장이나 억지 설정을 해서는 안 된다. 실질적 근거와 맥락이 있어야 한다. "어떤 점에서, 왜 다른가?"를 구체적으로 보여줘야 한다. 기능·효과·배경·방법론 등 무엇이든 좋다. 독자가 "이건 분명히 새롭다"라고 느끼게 만드는 순간, 독자성은 경쟁력을 발휘한다. 독자성은 '차별'을 위한 차별이 아니라 독자에게 특별한 가치를 제공하기 위한 장치라는 점을 잊지 말아야 한다.

6. Trendy 화제성

지금 이 순간, 모두가 궁금해하는 주제를 붙잡아라.

트렌디한 콘텐츠는 말 그대로 '파도 타기'다. 시의적절한 이슈와 연결되면, 같은 내용이라도 주목도가 급상승한다. AI, 기후위기, MZ세대 소비패턴, 워케이션 등 지금 떠오르는 키워드에 자연스럽게 접점을 만들면, 클릭은 따로 유도하지 않아도 된다.

- "챗GPT 시대, 사라질 마케터 vs. 살아남을 마케터"
- "서울대생들이 만드는 틱톡 강의 콘텐츠, 왜 터지나?"
- "넷플릭스의 '퇴사 없는 조직' 실험, 한국에서도 가능할까?"
- "2025년 자격증 트렌드: 제2의 부캐 시대가 온다"

트렌드의 핵심은 타이밍 + 통찰력이다. 단순한 키워드 언급이 아닌, "왜 이게 중요한가"에 대한 설명과 미래 인사이트가 결합될 때 진짜 '화제성'이 완성된다. 독자가 오늘 꼭 알아야 할 이야기로 포지셔닝하라.

단, 트렌드를 활용할 때는 두 가지를 주의해야 한다. 너무 많은 사람이 다루고 있는 주제는 피하고, 단순한 언급을 넘어 새로운 인사이트를 제공해야 한다는 것이다. 트렌드만 엃고 깊이가 없으면 금방 잊힌다.

7. Surprise 의외성

기존 상식을 뒤집는 새로운 관점을 제시하는가?
의의성은 생각의 전환점이자 콘텐츠의 훅 Hook 이다.
우리는 알고 있는 '상식'이 뒤집힐 때 강한 주목 반응을 보인다. "그럴 리 없어!"라는 반응은 단순한 놀람을 넘어 콘텐츠에 대한 몰입으로 이어진다. 의외성은 바로 그 순간을 노린다.
놀라운 통계, 반전의 법칙, 고정관념을 깨는 한 문장이 정보를 '머무르게' 만든다.

- "하루 두 끼가 집중력엔 더 치명적이다"
- "퇴근 후 바로 누우면 수면의 질이 떨어진다"
- "읽지 말라는 공고가 더 클릭된다: 뉴욕대 실험 결과"
- "직원이 불친절할수록 고객이 더 몰린다?"

의외성은 단순히 충격적이기만 해선 안 된다.
놀라움 → 이해 → 납득의 3단 구조로 이어져야 독자가 흥미를 넘어, 신뢰와 설득으로 연결된다. 정말 강한 의외성은 "왜지?"라는 궁금증을 유발하고, 그 궁금증을 풀어주는 과정이 콘텐츠 전체를 이끄는 동력이 된다.

8. Story 스토리

흥미로운 이야기로 독자를 끌어들이는가?

직접적인 메시지 대신 관련 에피소드를 통해 자연스럽게 흥미를 유발한다. 개발 비화, 역전 성공담, 비법 공개 등이 여기에 속한다. '피아노 카피'나 '두 명의 젊은이' 세일즈 레터처럼 주제와는 직접 관련이 없는 에피소드를 생생히 떠오르게 하는 힘이 '스토리'이다.

- "세계가 배운다! 일본이 낳은 '7분의 기적'"

이것은 신칸센이 종착역에서 방향을 바꾸어 운행할 때 열차 안 청소를 7분 만에 끝내는 것을 소개한 '탄생 비화'의 도입부다. 신칸센 청소 시스템의 놀라운 효율성을 스토리텔링으로 전달했다.

- "길거리 붕어빵에서 시작된 3천억 디저트 신화"

이는 한 디저트 프랜차이즈가 길거리 붕어빵 장수에서 시작해 글로벌 브랜드로 성장한 스토리를 다룬 도입부다. '길거리 붕어빵'이라는 친숙한 소재로 시작해 '3천억'이라는 놀라운 성과를 대비시켜 스토리와 함께 의외성도 확보했다. 또한 '신화'라는 표현으로 극적인 성공을 드러내면서, Number숫자 와 Story스토리성 요소를 동시에 활용했다.

5. 도입부의 임팩트를 수치화하는 BTRNUTSS 체크리스트 활용법

도입부를 잘 쓰는 최고의 방법은 실전 경험을 쌓는 것이다. 하지만 단순히 양만 늘리는 것이 아니라 'BTRNUTSS'의 관점으로 전략적인 연습이 필요하다. 여기서 소개하는 'BTRNUTSS 도입부 체크리스트'는 당신의 도입부를 객관적으로 평가하는 강력한 도구다. 8가지 요소를 각각 5점 만점으로 평가해 총 40점 만점으로 채점한다.

■ 'BTRNUTSS' 도입부 체크리스트

Benefit	Trust	Rush	Number	Unique	Trendy	Surprise	Story	합계 점수
베네핏	신뢰성	긴급성	숫자	독자성	화제성	의외성	스토리	
5	5	5	5	5	5	5	5	40

★ 평가 기준
5=매우 그렇다 | 4=어느 정도 그렇다 | 3=보통이다 | 2=별로 그렇지 않다 | 1=전혀 그렇지 않다

왜 5점 척도를 선택했을까? 우리는 10점 만점, 3점 만점, 마이너스 점수 등 다양한 방식을 시도해봤다. 그 결과 5점 만점이 가장 직관적이고 사용하기 편했다. 직감과 판단 사이에서 딱 알맞은 무게다. 도입부를 쓸 때마다 'BTRNUTSS'를 한 번 돌려보라. 놀랍도록 명확한 개선 방향이 보이기 시작할 것이다.

구체적인 예시를 통해 살펴보자. 프레임 8의 '○○이란?'을 적용해 도입부 카피를 다음과 같이 만들었다고 해보자.

"도입부를 만드는 방법이란?"

도입부 체크리스트에 대입하면 다음과 같이 평가할 수 있다.

Benefit 베네핏	Trust 신뢰성	Rush 긴급성	Number 숫자	Unique 독자성	Trendy 화제성	Surprise 의외성	Story 스토리	합계 점수
5	5	5	5	5	5	5	5	40
3	1	1	1	1	1	1	1	10

너무 밋밋하다. 그냥 사전 정의 같다. 이걸 살짝 바꿔볼까?

"도입부 만들기에 필요한 8가지 발상이란?"

Benefit 베네핏	Trust 신뢰성	Rush 긴급성	Number 숫자	Unique 독자성	Trendy 화제성	Surprise 의외성	Story 스토리	합계 점수
5	5	5	5	5	5	5	5	40
3	1	1	5	1	1	4	1	17

구체적인 숫자를 넣으니 약간 살아난다. 하지만 여전히 임팩트가 부족하다. 이제 베네핏을 부각시켜 보자.

"임팩트 있는 도입부 만들기에 필요한 8가지 발상이란?"

Benefit 베네핏	Trust 신뢰성	Rush 긴급성	Number 숫자	Unique 독자성	Trendy 화제성	Surprise 의외성	Story 스토리	합계 점수
5	5	5	5	5	5	5	5	40
5	1	1	5	1	1	4	1	19

조금씩 좋아지고 있다. 하지만 신뢰성과 독자성이 여전히 약하다. 다음처럼 업그레이드해 보자.

"대한민국 대표 카피라이터*의 25년 노하우로 만든
임팩트 있는 도입부의 8가지 비밀"

*국내 주요 광고제 심사위원 역임

Benefit 베네핏	Trust 신뢰성	Rush 긴급성	Number 숫자	Unique 독자성	Trendy 화제성	Surprise 의외성	Story 스토리	합계 점수
5	5	5	5	5	5	5	5	40
5	5	1	5	5	1	4	1	27

'BTRNUTSS' 체크리스트의 진짜 가치는 점수가 아니다. "무엇이 부족한가?", "어떤 포인트를 더하면 확 살아날까?" 이 질문을 던지게 만든다면, 이미 이 도구는 제 역할을 하고 있는 것이다. 하나의 요소라도 매우 강력하다면 그것만으로도 충분할 수 있다.

예를 들어 '피아노 카피'의 도입부를 'BTRNUTSS' 도입부 체크리스트로 평가하면 다음과 같다.

"내가 피아노 앞에 앉자, 모두가 웃었습니다

그런데 치기 시작하자—!"

Benefit 베네핏	Trust 신뢰성	Rush 긴급성	Number 숫자	Unique 독자성	Trendy 화제성	Surprise 의외성	Story 스토리	합계 점수
5	5	5	5	5	5	5	5	40
1	1	1	1	1	1	3	5	14

 이 도입부는 스토리에 집중했기 때문에 다른 요소의 점수는 낮다. 하지만 스토리의 힘만으로도 충분한 임팩트를 줄 수 있다. 그래서 이 체크리스트는 초보자에게는 훈련 도구로, 베테랑에겐 자기 점검 도구로도 유용하다. 단순히 감각에만 의존하지 않고 객관적인 기준으로 글을 평가하고 발전시킬 수 있기 때문이다.

이 장의 포인트

1. 도입부는 정면 승부의 장이다
도입부는 콘텐츠의 얼굴이다. 첫인상에서 독자의 관심을 사로잡지 못하면, 아무리 뛰어난 내용도 빛을 발하지 못한다. 결국 읽히지 않는 글은 메시지도, 매출도 만들어내지 못한다.

2. 강력한 도입부를 만드는 3단계 공식
단계 1: 15가지 패턴을 파악하라
단계 2: 66가지 프레임에 맞춰 조립하라
단계 3: 임팩트를 더하라

3. 도입부의 기본 구조
15가지 핵심 패턴과 66개의 실전 프레임템플릿으로 구성된다.
먼저 큰 그림을 파악하고 적절한 패턴을 선택한다.
그리고 선택한 패턴에 맞는 프레임을 적용해 구체화한다.

4. 임팩트 있는 도입부의 비결
▶ 단순한 감각이나 직감에 의존하지 말자
▶ 'BTRNUTSS' 8가지 요소를 전략적으로 활용하라
▶ 체계적인 접근으로 도입부의 파급력을 극대화하라

이제 이 원칙들을 바탕으로, 당신만의 '끌리는 도입부'를 만들어보자.

■ 'BTRNUTSS'의 8요소

Benefit	베네핏(혜택)
Trust	신뢰성
Rush	긴급성
Number	숫자 활용
Unique	독자성
Trendy	화제성
Surprise	의외성
Story	스토리

행동경제학이 밝혀낸
카피라이팅의 과학

행동경제학은 2002년 대니얼 카너먼의 노벨 경제학상 수상을 계기로 세상의 주목을 받기 시작했다.

행동경제학이란 무엇일까? 이 학문은 기존 경제학의 "인간은 합리적이다"라는 전제를 뒤집고, 심리학을 접목해 인간의 비합리적인 의사결정 패턴을 연구한다. 카피라이팅 분야에도 오랫동안 심리학적 접근은 있었다. 카피는 결국 매출로 증명돼야 한다는 점에서, 심리학과 경제학의 교차점인 행동경제학은 최고의 도구이자 무기가 된다.

행동경제학은 광범위한 분야를 다루는데, 그중에서도 언어와 표현에 관한 연구가 상당히 많다. 흥미로운 점은 수십 년간 카피라이터들이 경험적으로 발견한 원칙들이 행동경제학 이론으로 증명되고 있다는 것이다.

대표적인 예가 '프라이밍 효과'priming effect다. 특정 단어나 문장을 노출시키는 것만으로도 사람의 행동이나 선택이 유도되는 현상을 말한다. 어떤 생각이나 개념을 은근히 암시하면 그와 관련된 연상이 일어나고, 이는 실제 행동으로 이어진다. 그 효과는 놀라울 정도다. 실제 사례를 보자.

▶ 미국에서 "6개월 내 새 차를 구매할 계획이 있습니까?"라는 질문만으로 신차 구매율이 35% 상승
▶ "다음 주에 치실을 몇 번이나 사용하시겠습니까?"라는 질문으로 치실 사용 빈도 증가
▶ "투표하러 가실 겁니까?"라는 단순한 질문이 투표율을 25% 끌어올림

이처럼 적절한 언어 자극이 프라이밍 효과를 일으키고, 이는 구체적인 행동 변화로 이어진다. 성공적인 카피는 오래전부터 '질문형' 문장을 자주 활용해온 것도 이런 맥락이다. 다음 사례를 보자.

■ '독서회 퍼실리테이터' 모집 광고

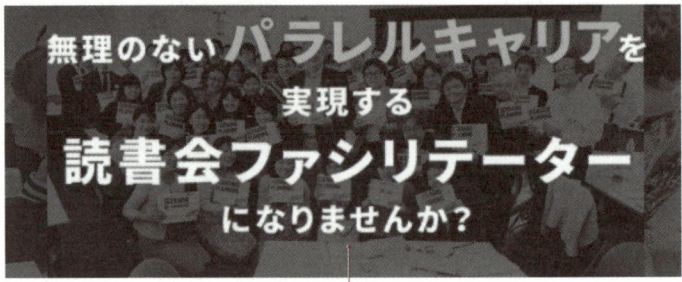

직장과 함께할 수 있는 새로운 커리어,
독서회 퍼실리테이터에
도전해보시겠습니까?

이는 단순한 채용 공고가 아니라 '독서회 퍼실리테이터'라는 새로운 정체성을 프라이밍하는 전략적 카피다.

카피라이팅과 행동경제학은 따로 놀지 않는다. 그 둘은 '사람을 움직이기 위한 언어'라는 본질에서 만난다. 앞으로 이 책 곳곳에서, 행동경제학이 어떻게 카피에 응용되는지 더욱 구체적으로 살펴볼 것이다.

제3장

매출이 나오는 상세페이지는 구조가 다르다

상세페이지 Sales Page와 세일즈 레터는 겉보기에는 창의적인 글처럼 보이지만, 실제로는 검증된 원리와 구조 위에 세워진 결과물이다. 즉흥적인 감각이나 단순한 글재주로 완성되는 것이 아니라 심리학과 행동경제학 그리고 수많은 실전 테스트를 통해 축적된 공식이 있다. 특히 기본 구조만 제대로 이해해도 글쓰기는 훨씬 수월해지고, 작성 속도 또한 눈에 띄게 빨라진다.

많은 사람이 SP나 세일즈 레터를 '창작'이라고 오해하지만, 실상은 '조합'에 가깝다. 핵심 요소들을 전략적으로 배치하고, 문장마다 목적과 흐름을 계산하며, 최종적으로는 독자의 심리적 반응을 유도하는 과정이다. 일종의 설계 작업에 가까운 것이다.

이제 그 기본 구조를 자세히 살펴보자.

1. 상세페이지의 기본 구조

세일즈의 황금 공식, 4단계 구조

세일즈 메시지에는 SP든, 세일즈 레터든, 이메일이든 공통된 기본 패턴이 있다. 수많은 카피라이팅 템플릿이 있지만, 핵심 공통 구조는 다음과 같다

헤드라인 주목

오프닝 공감

바디카피
상품·서비스 설명, 구매 혜택과 판매 조건 등

클로징 행동 유도

SP와 세일즈 레터(앞으로는 '상세페이지'로 통합해 부른다)는 이렇게 헤드라인, 오프닝, 바디카피, 클로징, 네 부분으로 구성된다. 헤드라인으로 시선을 사로잡고, 오프닝에서 친근감을 형성한 뒤 바디카피로 자연스럽게 연결한다. 바디카피에서는 상품을 소개하고 구매 혜택과 판매 조건을 제시한다. 마지막 클로징에서 구매 결정을 이끌어낸다.

카피라이팅의 첫걸음은 바로 이 4단계 구조를 익히는 것이다. 이 구조를 염두에 두고 상세페이지를 보면, 대부분 동일한 패턴을 발견할 수 있다. 이 4단계를 더 세분화하면 상세페이지가 '무엇을', '어떤 순서로' 전달하는지 명확히 알 수 있다. 독자의 관심을 사로잡는 뛰어난 상세페이지는 예외 없이 탄탄한 구성을 보인다. 따라서 개별 요소뿐 아니라 전체적인 구조와 전개 흐름을 파악하는 것이 중요하다.

이제 4단계의 세부 내용을 살펴보자.

■ **4단계 구성 요소**

① 헤드라인	프리 헤드 헤드라인 덱 카피
② 오프닝	
③ 바디카피	베네핏 증거·근거 오퍼 특전 리스크 리버설(안심 약속) 한정 마감
④ 클로징	CTA(행동 요청) 추신

각 요소의 자세한 내용은 뒤에서 다루겠지만, 먼저 실제 세일즈 레터를 분석해보자. 다음 쪽의 '피아노 카피'를 예시로 살펴보자. 이 세일즈 레터에서 헤드라인, 오프닝, 바디카피, 클로징, 네 부분이 각각 어디

에 해당하는지 찾아보자.

이 '피아노 카피'의 뛰어난 점을 분석해보면, 가장 주목할 만한 특징은 화자의 전환이다.

도입부에서는 독자가 주인공과 자신을 동일시할 수 있도록 주인공 시점으로 이야기를 전개한다. 충분한 공감대가 형성된 후에는 화자를 전환하여 세일즈로 자연스럽게 넘어간다. '나'의 이야기에서 '당신'을 위한 제안으로 변화하는 것이다. 이런 관점에서 보면 이 세일즈 레터의 탁월함을 더 잘 이해할 수 있다.

■ '피아노 카피' 해석

① 헤드라인

내가 피아노 앞에 앉자, 모두가 웃었습니다
그런데 치기 시작하자……

② 오프닝

④ '화자 변화'에 주목

아서의 〈로사리오〉 연주가 끝나고 박수가 터졌다. 나는 이 순간을 나의 화려한 데뷔 무대로 만들기로 했다. 놀란 표정의 친구들 앞을 당당하게 걸어가 피아노 앞에 앉았다.

"잭이 또 장난치려나 보네?" 누군가가 킥킥거렸다. 그들은 내가 건반 하나도 제대로 누르지 못할 거라 확신했다.

"저 사람 정말 칠 수 있나요?" 한 소녀가 아서에게 속삭였다. 아서는 "말도 안 되지!"라고 외쳤다.

"그는 평생 피아노를 쳐본 적이 없어. 하지만 한번 보자고. 재미있는 구경거리가 될 테니."

나는 이 순간을 즐기기로 했다. 비웃음 속에서 여유롭게 실크 손수건을 꺼내 피아노 건반을 살짝 닦았다. 그리고 전에 본 피아니스트 파데레프스키처럼 일어나 피아노 의자를 4분의 1만큼 돌렸다.

뒤에서 "쟤 연기 어때?"라는 소리가 들렸다. "재밌네!"라는 대답과 함께 청중이 폭소했다.

③ 여기부터 바디카피

그런데 내가 치기 시작하자

순간 객석이 조용해졌다. 마법에 걸린 듯 웃음이 사라졌다. 리스트의 명곡 〈사랑의 꿈〉 첫 소절이 흘러나왔다.

모두가 놀라 숨을 삼켰다. 내 친구는 입을 벌린 채 얼어붙었다.

나는 계속 연주했고, 주변 사람들의 존재마저 잊었다. 시간도, 공간도, 숨소리조차 내지 않는 청중도 잊을 정도였다. 내 작은 세상은 점점 희미해져 비현실처럼 느껴졌다. 오직 음악만이 실재했다. 음악과 그것이 만드는 환상만이 나를 감쌌다. 그 환상은 위대한 작곡가에게 영감을 준 것 같은, 구름이 늘어선 하늘처럼 아름답고 달빛처럼 변화무쌍했다. 마치 작곡가가 직접 나에게 말이 아닌 화음으로, 문장이 아닌 세련된 선율로 이야기하는 것 같았다.

U.S. 음악 스쿨의 혁신적인 교육법

〈사랑의 꿈〉의 마지막 선율이 천천히 사라져가자 실내에는 갑자기 박수갈채가 울려 퍼졌다.

정신을 차려보니 흥분한 얼굴들이 나를 둘러싸고 있었다. 친구들은 더욱 흥분했다! 남자들은 거칠게 축하 인사를 건네며 내 등을 세게 두드렸다. 모두가 환호성을 지르며 질문을 쏟아냈다.

"잭! 어떻게 이렇게 잘 치는 거야? 왜 지금까지 말 안 했어?"

"어디서 배웠어?"

"얼마나 오래 배운 거야?"

"누구한테 배웠어?"

나는 담담하게 대답했다. "선생님한테 배운 적은 한 번도 없어. 얼마 전까지만 해도 전혀 못 쳤다고."

"거짓말하지 마." 실력파 피아니스트 아서가 웃으며 말했다.

"넌 분명 몇 년은 배웠을 거야. 연주만 봐도 알 수 있어."

"아주 짧은 기간 배운 게 전부야." 내가 고집을 부렸다.

"너희를 놀라게 해주고 싶어서 비밀로 했던 거야."

그리고 나는 모든 것을 털어놓았다.

"U.S. 음악 스쿨이라는 이름 들어봤어?" 몇몇 친구들이 고개를 끄덕이며 "통신 교육 하는 곳 말이야?"라고 답했다.

"맞아." 내가 말을 이었다.

"그곳에서는 어떤 악기든 2~3개월 만에 악보를 보고 연주할 수 있는 새롭고 간단한 방법을 가르쳐."

여기서부터 상품 설명

어떻게 선생님 없이 피아노 치는 방법을 배웠나?

나는 몇 년 동안이나 피아노 연주를 동경해왔다고 했다. "얼마 안 된 일인 것 같은데"라며 이야기를 이어갔다.

"어느 날 U.S. 음악 스쿨의 흥미로운 광고를 발견했는데, 하루 몇 센트로 새로운 방식의 악기 레슨을 제공한다는 거였어. 한 여성이 선생님 없이 집에서 피아노를 마스터한 과정이 소개되어 있었지. 지루한 음계 연습도, 반복 훈련도 필요 없는 획기적인 방법이더라고. 너무 믿음직스러워 보여서 무료 체험 수업 쿠폰을 바로 신청했어."

베네핏

"얼마 지나지 않아 무료 책자를 받았고, 그날 저녁부터 체험 수업을 시작했어. 이 새로운 방법으로 얼마나 쉽게 피아노를 배울 수 있는지 알고는 난 정말 놀랐지. 그래서 바로 정식 코스를 등록했어."

베네핏

"교재를 받아보니 정말 광고 문구처럼 ABC를 배우는 것만큼 쉬웠어. 수업이 진행될수록 더 쉽게 느껴졌고. 어느새 내가 좋아하는 곡을 처음부터 끝까지 연주할 수 있게 됐더라고. 이제는 멈출 수가 없었어. 발라드든 클래식이든 모두 자연스럽게 연주할 수 있게 됐지. 특별한 음악적 재능도 없었는데 말이야."

여기서부터 화자가 바뀜

어떤 악기든 연주할 수 있다

증거

당신도 집에서, 혼자서, 기존 방식의 절반 시간만 투자해 실력 있는 연주자가 될 수 있습니다. 50만 명이 이미 증명한 이 방법으로 당신이 원하는 악기를 악보만 보고도 연주할 수 있습니다. 간단하면서도 확실한 방법입니다. '타고난 재능이 필요하다'는 고정관념은 잊으세요. 아래 악기 목록에서 배우고 싶은 것을 고르시기만 하면 됩니다. 나머지는 U.S. 음악 스쿨이 책임지겠습니다. 어떤 악기를 선택하든 하루 몇 센트의 동일한 수강료로 배우실 수 있습니다. 처음 시작하시는 분이든, 이미 연주를 하시는 분이든 상관없습니다. 이 혁신적인 학습법에 곧 매료되실 겁니다.

여기서부터 ④ 클로징

무료 책자와 체험 수업을 신청하십시오

수많은 성공한 수강생도 무료 책자와 함께 제공되는 '음악 능력 테스트'를 받기 전까지는 자신의 음악적 재능을 전혀 알지 못했습니다.

좋아하는 악기를 연주하며 즐거움을 누리고 주목받고 싶다면, 지금 바로 **CTA** → 무료 책자와 체험 수업을 신청하세요. 비용은 전혀 없으며, 구매 의무도 없습니다. 간단한 쿠폰 작성만으로 시작할 수 있습니다. 원하시면 악기도 준비해드립니다. 현금이나 카드로 결제 가능합니다. **리스크 리버설**

악기를 골라주십시오.

피아노	첼로	기타
오르간	음성과 스피치	하와이안 스틸 기타
바이올린	자동 손가락 제어	하프
드럼과 타악기	피아노 아코디언	코넷
만돌린	밴조(5현, 피크 또는 테너)	피콜로
클라리넷	화성학과 작곡	트롬본
플룻	시창	
색소폰	우쿨렐레	

U.S. 음악 스쿨 귀하
812 브라운윅빌딩, 뉴욕시티

프랭크 크레인 박사의 서문이 담긴 무료 책자 『홈 뮤직 레슨』을 보내주세요. 체험 수업과 상세 안내서도 함께 보내주시기 바랍니다. 다음 코스에 관심이 있습니다.

읽는 이가 스스로 요청하는 CTA

위의 악기를 가지고 있습니까?

이름(알아볼 수 있게 적어 주십시오)

주소
시(市)　　　　　　　　주(州)

2. 상세페이지의 13가지 핵심 요소

각 구성 요소를 상세히 살펴보자.

① 헤드라인	프리 헤드 헤드라인 덱 카피
② 오프닝	
③ 바디카피	베네핏 증거·근거 오퍼 특전 리스크 리버설(안심 약속) 한정 마감
④ 클로징	CTA(행동 요청) 추신

(1) 헤드라인

상세페이지에서 가장 중요한 것은 단연 헤드라인이다.

독자는 헤드라인을 보고 단 몇 초 안에 이 페이지를 더 읽을지, 그냥 닫을지를 결정한다. "흥미롭다", "이건 나에게 필요한 정보다"라는 느낌이 들지 않으면 그다음 문장은 시작조차 되지 않는다. 아무리 훌륭한 바디카피가 뒤에 이어져 있어도, 헤드라인이 매력을 발산하지 못하면 독자는 이미 떠난 뒤다. 광고계의 거장 데이비드 오길비는 "헤드라인을 읽는 사람은 본문을 읽는 사람의 5배에 달한다"고 말했다『어느 광고인의 고백』.

그러나 헤드라인만으로 승부가 끝나는 것은 아니다. 헤드라인이 아무리 뛰어나도 오프닝이나 바디카피에서 독자의 관심이 끊기면 전체 효과는 반감된다. 헤드라인의 진정한 목적은 독자를 오프닝으로 끌어들이는 것이며, 오프닝은 다시 바디카피로 이어져야 한다. 이렇게 문장과 문장이 끊김 없이 이어져 마지막 클로징에서 행동을 유도하는 것이 카피라이팅의 최종 목표다.

즉 모든 여정은 헤드라인에서 시작되며, 그것이 독자와의 첫 접점이자 가장 큰 허들이다. 상세페이지의 헤드라인은 단순한 제목이 아니라 문 전체를 읽게 만드는 관문이다. 따라서 정보 전달에만 머물지 말고, 독자의 호기심과 필요를 동시에 자극해야 한다. 헤드라인 하나가 클릭과 무반응을 가르는 경계선이 되기도 하며 잘못 쓰인 헤드라인은 훌륭한 제품조차 외면받게 만들 수 있다.

이를 위해 우리는 카피라이팅 강좌 〈상세페이지 헤드라인 구성〉에서 다양한 사례를 실험했다. 그 결과, 효과적인 헤드라인은 대체로 세 가지 요소를 조합해 매력적인 메시지를 만들어낸다는 결론에 도달했다. 지금부터 그 구체적 요소를 살펴보자.

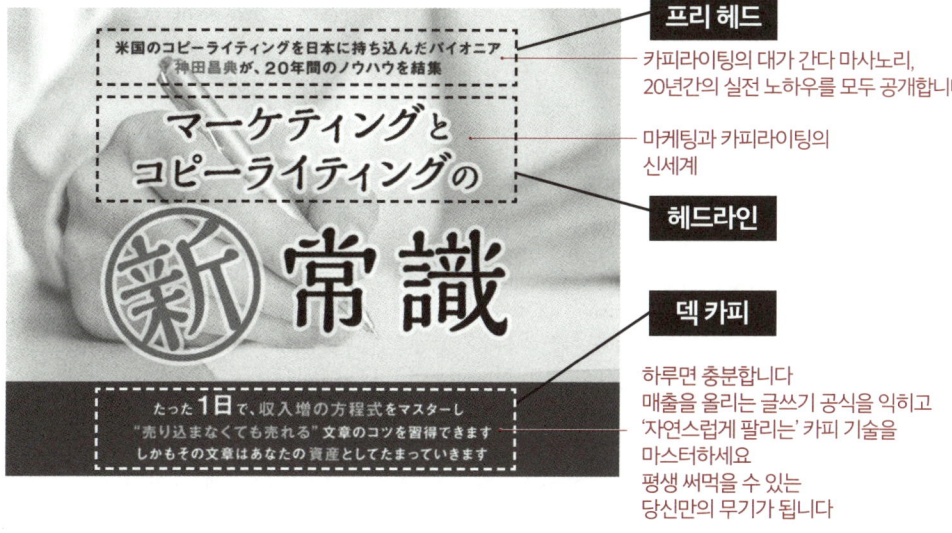

메인 헤드라인은 가운데 부분이다. 이는 도입부 패턴 '(8) 정보 제공 패턴 ①'의 '프레임 42 新○○'을 활용했다.

> 마케팅과 카피라이팅의
> 신세계

다음으로, 헤드라인 위의 작은 글자 부분을 '프리 헤드'라고 한다. 프리 헤드는 헤드라인 앞프리이라는 의미로, 헤드라인의 정보를 보충하는 부분이다.

> 카피라이팅의 대가 간다 마사노리,
> 20년간의 실전 노하우를 모두 공개합니다

앞에서 언급한 'BTRNUTSS' 버터넛의 요소를 가져와 설명하자면 "카피라이팅의 대가"로 '독자성', "간다 마사노리"로 '신뢰성'을, "20년간의 실전 노하우"로 '숫자'와 전문성을 표현했다.

헤드라인 아래의 작은 글자 부분은 다음과 같다.

> 하루면 충분합니다
> 매출을 올리는 글쓰기 공식을 익히고
> '자연스럽게 팔리는' 카피 기술을 마스터하세요
> 평생 써먹을 수 있는 당신만의 무기가 됩니다

이것은 헤드라인 아래를 받치는 '덱' deck이라는 의미에서 '덱 카피'라고 불린다. 이렇게 헤드라인에 '프리 헤드'와 '덱 카피'를 효과적으로 결합해 한눈에 들어오는 정보량을 늘리고 독자의 관심을 끈다.

단, 이 3요소를 반드시 세트로 쓸 필요는 없다. 헤드라인 주변은 심플할수록 좋다. 프리 헤드나 덱 카피를 넣었을 때 복잡해 보인다면 과감히 생략하자.

상황에 따라 메인 카피와 서브 카피의 2단 구성으로 해도 좋다. 헤드라인만으로도 충분한 임팩트가 있다면 그것이 가장 이상적이다. 이는 하나의 예시일 뿐이므로 상황에 맞게 활용하면 된다.

실제로 '피아노 카피'는 헤드라인 하나로 승부를 봤다.

> 내가 피아노 앞에 앉자, 모두가 웃었습니다
> 그런데 치기 시작하자 —!

이것만으로도 충분한 임팩트를 주었다. 여기서 흔히 하는 실수는 프리 헤드, 헤드라인, 덱 카피 3단 구성에 너무 많은 정보를 욱여넣으려는 것이다.

다음은 우리 카피라이팅 강좌에서 수강생이 처음 제출한 헤드라인이다. 내용이 한눈에 들어오는가?

■ NG 사례와 OK 사례

| NG 사례 |

한정된 인원으로 매출을 올리고 싶은데!
실력 발휘를 못하고 실수만 하는 직원들 때문에
매출이 제자리걸음입니다…
이런 문제의 원인은
직원들의 영양 불균형일 수 있습니다.

올바른 식습관을 배우고
영양 균형을 맞춰 건강하게 체중 감량!
직원들의 업무 능력이 향상됩니다.

영양검정협회의 교육과정은
전문 영양사 양성 과정의 커리큘럼을 토대로
현대인에게 맞는 최신 영양학을 접목했습니다.
핵심 영양학 이론과 실천 방법을 배웁니다.

너무 많은 정보로 오히려 메시지가 흐려진다.
강좌가 끝날 무렵 수강생은 다음과 같이 개선했다.

| OK 사례 |

> 의욕 저하, 잦은 실수…
> 이런 직원 때문에 고민이신가요?
>
> 직원들의 잠재력을 깨우고
> 성과를 높이는 의외의 비결
>
> 최신 영양학으로 입증된 솔루션으로
> 건강하고 활기찬 일터를 만들어드립니다.

어떤가? 실패 사례는 정보 과잉으로 핵심이 보이지 않았지만, 성공 사례는 꼭 필요한 정보만 담아 명확하고 이해하기 쉬워졌다.

핵심은 헤드라인에서 모든 것을 설명하려 들지 않는 것이다.

헤드라인의 목적은 본문을 읽게 만드는 것이므로, 우선 독자의 관심을 사로잡는 데 집중해야 한다.

그러나 헤드라인만으로 승부가 끝나는 것은 아니다. 아무리 뛰어난 헤드라인이라도, 오프닝이나 바디 카피에서 독자의 관심을 이어가지 못하면 효과는 반감된다. 지나치게 많은 정보를 담으면 독자는 "이건 내게 필요 없는 얘기네"라며 곧바로 판단을 내려버릴 수 있다. 반대로 정보는 최소화하되 흥미를 불러일으키면, 독자는 "더 알고 싶다"는 마음으로 본문에 자연스럽게 진입한다.

훌륭한 상세페이지는 이런 흐름을 만들어낸다. 처음에는 관심이 없던 독자라도 헤드라인에 끌려 본문을 읽는 동안 점차 구매 욕구를 느끼게 된다.

(2) 오프닝

헤드라인의 흐름을 자연스럽게 이어받는 것이 바로 오프닝이다.

상세페이지에서 이 도입부는 매우 중요하다. 모든 글쓰기가 그렇듯 첫인상이 핵심이다. 소설도 도입부가 흥미진진하면 술술 읽혀 나가지만, 조금이라도 어색하면 중도에 포기하게 된다. 끝까지 읽더라도 내용이 머릿속에 남지 않는다.

반면 오프닝에서 흥미를 사로잡으면 그 뒤로는 자연스럽게 읽혀나간다. 글을 쓰는 입장에서도 헤드라인에서 오프닝으로의 연결이 가장 까다롭다. 이 부분만 잘 풀리면 나머지는 수월하게 써내려갈 수 있다.

헤드라인과 오프닝은 떼려야 뗄 수 없는 관계다. 둘의 연결이 어색하면 독자들은 금세 이탈한다. 완성된 글의 헤드라인을 수정할 때는 오프닝과의 연결이 자연스러운지 꼼꼼히 점검해야 한다.

대표적인 예로 "프레임 13 당신은 ○○에서 이런 실수를 하지 않나요?" '영어 실수' 세일즈 레터의 헤드라인-오프닝 연결 패턴을 보자.

> **당신은 ○○에서 이런 실수를 하지 않나요?**
>
> ☐ 사례1
> ☐ 사례2
> ☐ 사례3
>
> 왜 많은 사람이 이런 실수를 하는 걸까요?
> 그 이유는…

또 하나는 다음 패턴이다.

> **당신은 ○○에서 이런 실수를 하지 않나요?**

☐ 사례1
☐ 사례2
☐ 사례3

이것들은 ○○할 때
대부분이 무의식적으로 저지르는
전형적인 실수입니다.

하지만 이보다 더 심각한
실수가 있습니다.
바로 △△입니다.

여기에 큰 문제가 있습니다.
(이하 계속)

(3) 바디카피

오프닝의 흐름을 이어받아 다음에 나오는 것이 바디카피다.

상세페이지는 어디까지가 오프닝이고, 어디서부터가 바디카피인지 애매한 케이스가 많다.

'피아노 카피'의 경우, 오프닝과 바디카피의 단락을 "그런데 내가 치기 시작하자" 부분으로 했다. 하지만 주인공 잭의 이야기는 아직 이어지고 있기 때문에 그 뒤의 '완전한 승리'까지를 오프닝으로 볼 수도 있다.

■ '피아노 카피'의 오프닝과 바디카피

내가 피아노 앞에 앉자, 모두가 웃었습니다
그런데 치기 시작하자……

아서의 〈로사리오〉 연주가 끝나고 박수가 터졌다. 나는 이 순간을 나의 화려한 데뷔 무대로 만들기로 했다. 놀란 표정의 친구들 앞을 당당하게 걸어가 피아노 앞에 앉았다.

"잭이 또 장난치려나 보네?" 누군가가 킥킥거렸다. 그들은 내가 건반 하나도 제대로 누르지 못할 거라 확신했다.

"저 사람 정말 칠 수 있나요?" 한 소녀가 아서에게 속삭였다. 아서는 "말도 안 되지!"라고 외쳤다.

"그는 평생 피아노를 쳐본 적이 없어. 하지만 한번 보자고. 재미있는 구경거리가 될 테니."

나는 이 순간을 즐기기로 했다. 비웃음 속에서 여유롭게 실크 손수건을 꺼내 피아노 건반을 살짝 닦았다. 그리고 전에 본 피아니스트 파데레프스키처럼 일어나 피아노 의자를 4분의 1만큼 돌렸다.

뒤에서 "쟤 연기 어때?"라는 소리가 들렸다. "재밌네!"라는 대답과 함께 청중이 폭소했다.

**여기까지 오프닝이고
여기부터 바디카피**

그런데 내가 치기 시작하자

순간 객석이 조용해졌다. 마법에 걸린 듯 웃음이 사라졌다. 리스트의 명곡 〈사랑의 꿈〉 첫 소절이 흘러나왔다.

모두가 놀라 숨을 삼켰다. 내 친구는 입을 벌린 채 얼어붙었다.

나는 계속 연주했고, 주변 사람들의 존재마저 잊었다. 시간도, 공간도, 숨소리조차 내지 않는 청중도 잊을 정도였다. 내 작은 세상은 점점 희미해져 비현실처럼 느껴졌다. 오직 음악만이 실재했다. 음악과 그것이 만드는 환상만이 나를 감쌌다. 그 환상은 위대한 작곡가에게 영감을 준 것 같은, 구름이 늘어선 하늘처럼 아름답고 달빛처럼 변화무쌍했다. 마치 작곡가가 직접 나에게 말이 아닌 화음으로, 문장이 아닌 세련된 선율로 이야기하는 것 같았다.

여기까지 오프닝이고 이후 바디카피로 볼 수 있음

U.S. 음악 스쿨의 혁신적인 교육법

〈사랑의 꿈〉의 마지막 선율이 천천히 사라져가자 실내에는 갑자기 박수갈채가 울려 퍼졌다.

정신을 차려보니 흥분한 얼굴들이 나를 둘러싸고 있었다. 친구들은 더욱 흥분했다! 남자들은 거칠게 축하 인사를 건네며 내 등을 세게 두드렸다. 모두가 환호성을 지르며 질문을 쏟아냈다.

"잭! 어떻게 이렇게 잘 치는 거야? 왜 지금까지 말 안 했어?"

"어디서 배웠어?"

"얼마나 오래 배운 거야?"

"누구한테 배웠어?"

나는 담담하게 대답했다. "선생님한테 배운 적은 한 번도 없어. 얼마 전까지만 해도 전혀 못 쳤다고."

"거짓말하지 마." 실력파 피아니스트 아서가 웃으며 말했다.

"넌 분명 몇 년은 배웠을 거야. 연주만 봐도 알 수 있어."

"아주 짧은 기간 배운 게 전부야." 내가 고집을 부렸다.

"너희를 놀라게 해주고 싶어서 비밀로 했던 거야."

그리고 나는 모든 것을 털어놓았다.

> "U.S. 음악 스쿨이라는 이름 들어봤어?" 몇몇 친구들이 고개를 끄덕이며 "통신 교육 하는 곳 말이야?"라고 답했다.
> "맞아." 내가 말을 이었다.

오프닝과 바디카피 사이에 굳이 경계선을 그을 필요는 없다. 흐름이 자연스럽게 이어지면 충분하다. 다만 카피라이팅의 원칙이 모든 상황에 완벽히 들어맞는 것은 아니다. 이 원칙들은 성공적인 상세페이지에서 공통점을 뽑아낸, 일종의 패턴일 뿐이다.

이는 영어 문법과 비슷하다. 영어에서 명사 복수형에 's'를 붙이는 규칙이 있지만, 예외도 많고 복수형 개념이 아예 없는 단어도 있다. 원칙에 너무 얽매이면 글이 딱딱해지므로, 유연하게 접근하는 것이 좋다.

바디카피에는 더 세부적인 요소들이 포함된다. 상품 설명, 구매 혜택, 증명 자료, 오퍼 가격 등 판매 조건 등이 그것이다. 다음으로 이러한 요소들을 살펴보겠다.

(4) 베네핏

상품이나 서비스를 구매했을 때 얻을 수 있는 구체적인 혜택을 독자 관점에서 정리한 것이 베네핏이다.

베네핏에 관해서는 앞에서 자세히 설명했다.

(5) 증거·근거

상세페이지에서 증거와 근거는 결정적인 역할을 한다.

아무리 뛰어난 혜택을 제시해도 "정말일까?"라는 의심이 들면 구매로 이어지지 않는다. 말은 누구나 할 수 있다. 증거나 근거 없이 "이 상품은 정말 대단해요"라고 말하면 그저 과장된 카피로 치부된다. 증거와 근거는 함께 다루어도 무방하지만, 여기서는 두 가지가 다른 개념임을 명확히 하기 위해 증거와 근거로 구분하겠다.

- **증거**: 실제 사용자가 효과를 본 사례. 즉, 효과가 있었다는 '사실'.
- **근거**: 왜 효과가 있는지를 설명하는 논리. 즉, 효과의 '이유'와 '원리'.

먼저 '근거'부터 살펴보자.

예를 들어 '영어 회화 연습 A'라는 프로그램이 초보자도 3개월 만에 해외여행에서 불편함 없이 대화할 수 있는 수준으로 만들어준다고 주장한다면, 독자가 이를 믿으려면 "어떻게 그런 효과가 가능한지"에 대한 설명이 필요하다. 이것이 바로 '근거'다.

"원어민 강사가 지도하기 때문"이라는 말은 근거처럼 보이지만 충분하지 않다. 원어민 강사가 가르치면 왜 더 효과적인지를 구체적으로 설명해야 한다. 이때 가장 설득력이 있는 것이 바로 데이터다.

비원어민 강사와 원어민 강사의 지도 결과에 어떤 차이가 있는지를 보여주는 객관적인 데이터가 있다면 독자는 "아, 그렇구나"라고 수긍하게 된다. 이것이 바로 근거다. 다음 사례는 근거의 예시를 보여준다.

■ 객관적 데이터로 설득력을 높이는 '근거' 사례

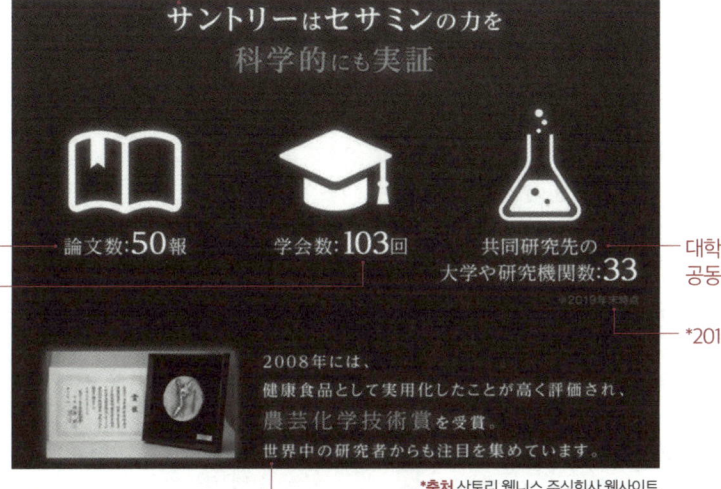

근거는 객관적이고 과학적인 데이터와 검증에 기반해야 한다. 하지만 안타깝게도 이런 탄탄한 근거를 갖춘 경우는 많지 않다. 그래서 실제로 효과를 본 사례인 '증거'가 강력한 설득력을 발휘한다. 증거의 대표적인 형태가 바로 '고객 후기'다.

'고객 후기'에 관해서는 뒤쪽에서 자세히 다루겠지만, 이외에도 비포·애프터 이미지 비교는 효과적인 방법으로 널리 알려져 있다. 다만 각 나라마다 법이 다르므로 주의가 필요하다.

건강기능식품, 의약품, 의료기기, 화장품 광고에서 비포·애프터 이미지를 활용하는 것은 「표시·광고의 공정화에 관한 법률」 및 식품의약품안전처의 광고 심사 지침에 따라 제한되거나 금지된다. 즉, 실제 효능·효과가 있는 것처럼 소비자가 오인할 수 있는 전후 사진은 사용할 수 없다. 따라서 건강 관련 제품의 경우에는 법적 리스크를 피하기 위해 반드시 사전 확인이 필요하다(법령 명칭을 한국 기준에 따라 수정했다.—편집주).

주택 리모델링의 경우 다음과 같이 비포·애프터 비교를 효과적으로 활용할 수 있다.

■ 주택 리모델링 비포·애프터 사례

*출처 스미토모린교 주식회사 웹사이트

이 외에도 다양한 실적 수치가 있으면 어느 정도 증거로 활용할 수 있다. 왜 '어느 정도'라고 했을까? 독자가 그 수치의 진위를 직접 확인할 수 없기 때문이다. "시공 실적 3,216건"이라고 표기해도 실제로는 훨씬 적을 수도 있다고 의심하는 독자에게는 설득력이 떨어진다.

숫자로 거짓말을 한다면 회사와 당신의 신뢰도에 치명적인 타격을 줄 수 있다. 절대 허위 정보를 기재해서는 안 된다. 반면 "이 스피커는 ○○홀에서도 사용 중입니다"와 같이 검증 가능한 사용 실적을 제시하면 강력한 증거가 될 수 있다.

(6) 오퍼

오퍼는 거래를 유도하기 위한 '제안'이며, 보다 구체적으로는 판매 조건의 총합을 뜻한다. 여기에는 상품이나 서비스의 내용, 가격, 특전, 결제 방식, 마감일, 수량 제한 등 모든 조건이 포함된다. 같은 상품이라도 오퍼는 매번 달라질 수 있다. 특전의 유무, 제공되는 혜택의 구성, 환불 보증 여부 등이 바뀌면, 전혀 다른 오퍼가 된다. 즉, 오퍼는 단순한 제품 소개가 아니라 구매를 결정하게 만드는 전략적 패키지다.

오퍼는 카피라이팅에서 핵심 요소다. 미국의 전설적인 카피라이터 게리 헐버트 Gary Halbert, 1938~2007는 이렇게 말했다.

> 강력한 오퍼는 약한 카피를 보완할 수 있지만, 강력한 카피로도 약한 오퍼는 커버할 수는 없다.

즉, 매력적인 오퍼가 있으면 문장이 서투르더라도 판매된다. 그러나 오퍼에 매력이 없으면 아무리 뛰어난 문장도 한계가 있다. 억지로 밀어붙이면 과장 광고가 되기 쉽다. 다만 같은 오퍼라면 카피가 강한 쪽이 더 큰 반응을 얻는다.

대표적인 8가지 오퍼 유형을 소개한다.

■ 8개의 오퍼 유형

오퍼의 종류	구체적인 예
하드 오퍼	상품 수령 전 선결제 방식(주문 시 카드 결제, 입금 확인 후 배송 등)
소프트 오퍼	후불 방식(상품 배송 후 30일 이내 결제 등)
무료 오퍼	무료 샘플(첫 회 무료), 무료 가이드북 제공, 무료 배송 등
가격 다변화 오퍼	다양한 가격대 상품 준비(프리미엄 10,000원, 스탠다드 5,000원, 라이트 3,000원, VIP·일반·기본 등)
한정 오퍼	기간 한정, 수량 한정, 인원 한정, 회원 전용, 특정 구매자 한정 등
할인 오퍼	창립 10주년 기념 30% 할인, 시즌 세일, 재고 정리 특가, 생일 월 20% 할인, 대량 구매 할인, 2+1 프로모션(정장 2벌째 반값) 등
자동 갱신 오퍼	해지 요청 전까지 자동 갱신, 불필요한 달만 연락 방식 등
원타임 오퍼	웹페이지 결제 완료 시 1회만 제공되는 추가 제안

가격 다변화 오퍼처럼 3가지 가격대를 제시하면 중간 가격을 선택하는 경향이 강하다. 행동경제학에서는 이를 '극단 회피성' 또는 '타협 효과'라고 부르며, 다양한 실험을 통해 이러한 심리가 검증되었다.

(7) 특전

특전은 필수 요소는 아니지만, 구매 가치를 극대화하는 데 매우 효과적이므로 적극 활용하는 것이 좋다.

하지만 아무 특전이나 제공하면 되는 것은 아니다. 목적은 가격 대비 가치를 높여 "이득을 얻었다"는 느낌을 주는 것이다. 단순히 부록이나 덤으로 느껴지는 것은 의미가 없다.

또한 메인 상품과 연관성이 없는 특전은 피해야 한다. 예를 들어 〈카피라이팅 강좌〉의 특전으로 신선 채소 세트를 제공한다면 어떨까? 상당한 부조화를 느낄 것이다. 만약 그 채소가, 카피라이팅을 배워 사업을 확장한 '◎◎농장'에서 재배한 것이라는 스토리가 있다면 다르겠지만, 기본적으로 특전은 메인 상품과 관련성이 있고 확실한 가치를 느낄 수 있는 것이어야 한다.

주택 전시장 상담회처럼 서비스 자체보다 방문객에게 제공하는 특전사은품이 매력적이어서 방문을 유도하는 경우도 있다. 다만 이 경우, 진짜 '구매 의향자'보다 사은품만 노리는 방문객이 많을 수 있다는 점을 고려해야 한다.

특전은 하나보다 여러 개를 제공하는 것이 더 풍성한 느낌과 '이득을 봤다'는 인식을 강화해 구매 결정을 촉진하는 효과가 있다. 고객은 실질적 혜택을 넘어 '세심하게 준비되었다'는 인상을 받는다. 이는 단순한 덤이 아니라 고객 경험을 확장하는 장치가 된다.

다음 사례는 한정 요소와 특전을 결합한 예시다.

■ '한정×특전'의 사례

① 예쁜
미니 카네이션
+
'어머니 감사합니다'
카드 포함

지금 바로! / 리뷰 작성자 중 추첨을 통해 오리지널 굿즈 증정!!

미니 머그컵(비매품) 10명 / 티셔츠(비매품) 10명
*티셔츠는 M사이즈만 가능하며 색상 선택 불가

② 다음 구매 시 사용 가능한
3000원 할인쿠폰
모든 분께 증정!

③ 상품 수령 후
리뷰를 작성한
모든 분께
다음 구매 시
사용 가능한
1만 원 할인
쿠폰 증정!

(8) 리스크 리버설(안심 약속)

리스크 리버설이란 구매를 앞두고, 소비자의 불안과 위험 부담을 완전히 제거하는 전략이다. 특히 첫 구매에서 소비자는 품질이나 서비스에 대해 '정말 괜찮을까?' 하는 상당한 불안감을 느낀다.

리뷰로 어느 정도 불안은 줄어들지만, '나도 정말 원하는 결과를 얻

을 수 있을까?' 하는 의문은 여전히 남아 있다. 그래서 구매 직전에 소비자의 불안과 위험 부담을 없애는 것이 핵심이다. 리스크 리버설의 대표적인 방법으로 세 가지 '보증'이 있다.

■ 3가지 '안심 약속'

보증	보증 내용·조건
만족 보증	소비자가 마음에 들지 않으면 환불 <조건 예> • 기한: '구매 후 ◎일 이내'라는 조건 설정 • 반품 수수료: 반품 시 송금 수수료 등의 부담자 명시 • 반송 비용: 유형물의 경우, 반송 비용 부담자 명시 • 사용 조건: 미개봉 제한 등 명확한 기준 제시 • 이유: 환불 사유 요구 여부 결정
성과 보증	• 약속한 결과가 나오지 않으면 환불 (또는 성과 확인 후 지불)
품질 보증	• 구매 후 ◎년 이내의 고장은 신품 교환 또는 수리 (고장의 정의는 사전에 명시)

이런 보증은 "위험을 구매자뿐 아니라 판매자도 함께 감수할 준비가 되어 있다"는 강력한 메시지를 전달한다.

그런데 소비자가 느끼는 리스크는 금전적인 것만이 아니다.

시간 낭비나 체면 손상 역시 중요한 위험 요소다. 우편물을 보낼 때 "내용물이 겉으로 드러나지 않게 발송합니다"라는 배려도 리스크 리버설의 형태다.

이처럼 단순히 '리스크 리버설=환불 보증'이라고 단정해서는 안 된다. 다음 사례를 살펴보자.

> 이번 수술은 ○○ 외과 의사가 우리 병원에서 처음 집도합니다.
> ○○ 의사는 연수의 시절부터 풍부한 임상 경험을 쌓아왔습니다.
> 만약 수술이 성공적이지 않다면 수술비 전액을 환불해 드립니다.
> 또한 현재는 1인실 추가 침대 이용료가 무료입니다.

이 경우, 첫 수술이라는 정보는 불필요하다. 언급하지 않는 편이 훨씬 안심이다. 게다가 환불 보증이 오히려 불안감을 키우는 역효과를 낸다. 이처럼 리스크 리버설을 단순히 환불 보증으로만 생각해서는 안 된다. 무료 서비스에 대한 리스크 리버설은 어떻게 해야 할까? 무료 상담은 돈을 내지 않으니 리스크 리버설이 필요없다고 생각할 수 있다. 하지만 무료 서비스에서는 나중에 강매나 끈질긴 영업 전화를 걱정하는 불안이 존재한다.

이럴 때는 아래처럼 명확히 안심시키는 문구가 효과적이다.

> 무료 상담을 받으셔도 어떤 계약 의무도 없습니다.
> 저희는 원치 않는 영업용 전화를 드리지 않습니다.

'영어 실수' 세일즈 레터에도 이렇게 적혀 있다.

> 업체에서 전화 권유는 일절 하지 않습니다.

> 위 주소로 무료 소책자 『하루 15분으로 마스터하는 올바른 영어』를 보내주십시오.

이처럼 '고객이 진짜로 두려워하는 것이 무엇인지' 정확히 파악해서 그 불안 요소를 제거하는 것이 리스크 리버설의 핵심이다.

환불 보증을 제시할 때도 우리는 다음과 같이 정중하게 표현한다. 가장 중요한 포인트는 마지막 문구다.

> 이유를 묻지 않고
> 기꺼이 수강료 전액을 돌려드리겠습니다.

"환불 보증을 비롯한 리스크 리버설이 꼭 필요한가?"라는 질문을 자주 받는다. '신규 고객 대상이라면 거의 필수다'라고 말하겠다.

이상적인 고객층을 선별하기 위해 전략적으로 환불 보증을 제외한다면 그럴 수도 있다. 하지만 리스크 리버설이 있는 경우와 없는 경우를 비교하면, 있을 때가 확실히 설득력이 강하다.

당사의 실제 사례를 처음으로 공개하겠다.

■ 만족 보증 사례

滿足保証 — 만족 보증

本講座は
単なる自習型のオンライン講座ではなく
講師およびチューターによる価値提供が
実際にはじまりますので
講座スタート後のご返金は
通常であればお受けしかねます。

본 강좌는
단순한 자습형 온라인 강좌가 아닌
강좌 시작과 동시에
강사와 튜터의 실질적인 가치 제공이
바로 시작되기 때문에
일반적으로는 강좌 시작 후의 환불은
불가능합니다.

しかし
顧客を創造する技術は
<u>会社の中で、できる人がひとり育ちますと
今後、何年間も、大きく売上をあげられる貴重な技術</u>です。

하지만 고객을 창조하는 기술은
유능한 인재가 회사 내에서
한 명만 성장해도 이후 몇 년간
큰 매출을 올릴 수 있는 귀중한 기술입니다.

たくさんの方に
この素晴らしい技術の効果を体験いただければ
私どもの会社とも、長くご縁をいただけることに
つながると思います。

많은 분들이
이 뛰어난 기술의 효과를 직접 체험하시면
저희 회사와도 계속 인연을 이어가실 거라
생각합니다.

それは、私どもにとっての大きな喜びでありますので
実際に、トレーニング3（開講後2週目終了時点）まで
ご受講いただき、これは違うとご判断されましたら
**喜んで、受講料全額を
理由をお尋ねすることなくご返金**いたします。

이는 저희에게도 큰 기쁨이기에
실제로 트레이닝 3(개강 후 2주째 종료 시점)까지
수강하시고, 이건 아니라고 판단하신다면
기꺼이 수강료 전액을 이유 묻지 않고
돌려드리겠습니다.

受講対象 — 수강 대상

こんな方にはオススメしません。

■ 自分の商品やサービスを
実際以上に大きく表現して売りたい人
■ 顧客と長期的な関係を築くより、
一瞬だけ売上を上げたい人
■ 細かい言葉のテクニックで
顧客の心理を操作したい人

이런 분께는 추천하지 않습니다.
■ 자신의 상품이나 서비스를 실제보다
　과장해서 소개하고 판매하려는 분
■ 고객과 장기적 관계 구축보다 당장의
　매출 증대만 원하시는 분
■ 사소한 말 기술로 고객 심리를 조종하려는 분

一方、こんな方にはオススメです。

■ 売る力をつけて売上を大きく伸ばしたい人
■ 顧客と長期にわたる関係を構築したい人
■ 自分のメッセージで社員が会社に
愛着を持つようになって欲しい人

이런 분께는 추천합니다.
■ 판매 역량을 키워 매출을 크게 늘리고 싶은 분
■ 고객과 오랜 기간 신뢰 관계를 쌓고 싶은 분
■ 자신의 메시지로 임직원들이 회사에
　애정을 갖게 만들고 싶은 분

*출처 알마 크리에이션 주식회사 SP

다만, 환불 보증에 심리적 거부감을 느끼는 판매자도 많다. 환불 보증을 하면 어렵게 판매했는데 대규모 환불 요청이 들어올까 봐 두려워하는 것이다. 하지만 제대로 된 품질과 가치 있는 상품을 판매한다면 환불 비율은 최대로 높아도 10% 이내이며, 보통은 5% 미만이다.

■ 당사의 검증 사례

상품		데이터 대상 기간	단위(엔) (세금 별도)	총판매 수(건)	환불 수 (건)	환불 비율(%)
A	10배 목표 발견과 실행 프로그램	2009년 9~12월	15,000	442	4	0.9
B	고객을 창조하는 카피라이팅 강좌 에센셜 편	2020년 4~9월	36,000	466	18	3.9
C	고객을 창조하는 카피라이팅 강좌 어드벤스 편	2020년 4~9월	90,000	131	1	0.8

상대적으로 B의 3.9%가 높아 보이지만, 사실 이 정도가 일반적이고 다른 상품들이 오히려 예외적으로 낮은 편인데, 이유는 이렇다.

A와 B는 가격대가 약간 다르지만 둘 다 '프론트 엔드' 상품이다. 다만 A는 기존 고객 위주로 판매한 반면, B는 광고를 통한 신규 고객이 대부분이었다. C는 프론트 엔드와 백엔드 사이에 있는 '미들 엔드' 상품으로, 주로 기존 고객이 구매했다. 즉, A와 C는 이미 신뢰 관계가 형성된 기존 고객이 주요 대상이어서 환불 비율이 낮았다. 반면 B는 신규 고객이 많았기에 상대적으로 환불 비율이 높게 나타났다.

환불 보증으로 인해 얼마나 판매가 증가했는지 정확히 측정하기는 어렵지만, 설문조사에서 "환불 보증이 있어서 구매했다"는 의견이 다수 있었던 점을 보면 구매 장벽을 낮추는 효과가 분명히 있었다. 이 사례에서는 상품의 환불 비율이 충분히 감당할 수 있는 수준이었다.

(9) 한정

언제 어디서나 누구나 살 수 있는 것에 사람들은 가치를 느끼지 못한다. "놓치게 될지도 모른다"는 위기감이 있을 때 비로소 구매 행동으로 이어진다. 또한 구하기 어려운 희소한 물건을 가졌다는 사실이 우월감을 자극한다. 그래서 오래전부터 '한정' 전략이 활용되어 왔다.

여기에는 크게 4가지 유형이 있다. 바로 인원 한정, 수량 한정, 기간 한정, 자격 한정이다.

■ 4개의 '한정' 효과

한정의 종류	예
인원 한정	선착순 100명 한정 현장의 좌석 수 제한으로 530명까지만
수량 한정	1일 50개 한정 재고 100개 한정
기간 한정	7/31일까지 접수 기간 7/15~22일까지
자격 한정	○○회원 한정 ○○구매자 한정

한정을 설정할 때는 '놓치게 될지도 모른다'는 위기감을 실제로 불러일으킬 수 있는지 기준으로 판단해야 한다. 명백히 100명이 대상인데 '300명 한정'이라고 하면 아무 효과가 없다.

'한정'을 설정할 때는 설득력 있는 근거가 있으면 효과가 더 강해진다. 현장에서 진행하는 세미나라면 수용 인원이 자연스러운 근거가 된다. 또한 다음과 같은 수량 한정 카피도 효과적이다.

> 모든 제품은 숙련된 장인 3명이 손으로 직접 만듭니다.
> 한 명이 하루에 만들 수 있는 양은 10개,
> 총 생산량은 하루 30개로 제한됩니다.
>
> ※ 수량 초과 시 주문이 제한될 수 있습니다. 양해 부탁드립니다.

다음 사례는 알마 크리에이션의 〈라이프 리프트〉 프로그램에서의 인원 한정 사례다. 전문 트레이닝을 받은 '버디'라 불리는 도우미가 목표 달성까지 매일 지원하는 프로그램이다. '버디' 육성에는 시간이 필요하기 때문에 인원을 제한할 수밖에 없었고, 이 제약이 오히려 희소성을 만들어냈다.

■ 인원 제한 사례

募集人数 → 모집 인원

6月1日(月)スタートは
10名

パディは特別なトレーニングを経て養成されています。
現在対応できるバディの人数から限定募集とさせていただきます。

6월 1일(월) 시작반은
10명

버디는 특별 교육 과정을 통해
육성됩니다.
현재 지원 가능한 인원으로
제한하여 모집합니다.

募集期間
5月19日(火)まで

ただし、募集人数に達した時点で募集終了となりますので、
いますぐお申し込みください。

모집 기간

5월 19일(화)까지

단, 정원이 차면 조기 마감되니
지금 바로 신청하세요.

現在募集を中止しております → 현재 모집이 마감되었습니다

*출처 알마 크리에이션 주식회사 SP

한정 전략의 다양한 형태 중 하나로 자격에 의한 한정도 있다. '○○ 회원 전용'이나 '골드 카드 회원 특별 혜택' 등이 여기에 해당한다. 이는 구매 가능한 대상을 제한하여 '아무나 살 수 없는 상태'를 만들어 희소성을 부여함과 동시에 소유자에게 특별함과 우월감을 선사한다.

또한, 원하는 상품을 구매하기 위해 한정 자격을 얻으려는 행동으로 이어지기도 한다. 다음은 회원 전용 티켓 구매 자격을 얻기 위해 팬클럽 가입을 유도하는 사례다.

■ 회원 한정 사례

【팬클럽 회원 전용】
2017 WBC 티켓 선착순 판매

클럽 호크스 홈으로

2017년 3월, 세계 16개국과 지역 대표팀이 참가하는 '야구 세계 1위 결정전', 2017 월드 베이스볼 클래식(WBC)이 열립니다.
이번 제4회 대회는 도쿄돔에서 1~2차 라운드가 열리며,
이에 앞서 각국 대표팀과 프로야구 구단이 맞붙는 '평가전'이 오사카 교세라돔에서 개최됩니다.

이 'WBC 1~2차 라운드'(도쿄돔) 및 '평가전'(오사카 교세라돔) 티켓이 12개 구단 팬클럽 회원만을 위해 12월 24일(토) 정오부터 선착순 예매가 시작됩니다.
세계 최고 수준의 야구를 직접 볼 수 있는 기회! 일본 대표팀을 함께 응원합시다!!

클럽 호크스 가입하기   신규 가입

*출처 후쿠오카 소프트뱅크 호크스 주식회사 공식 사이트

지금 가입하면 WBC 티켓 선예매 가능!
클럽 호크스에 지금 바로 가입하세요!
가입 특전으로 선택 가능한 굿즈도 다양하게 준비!
지금 당장 가입하세요!

(10) 마감

구매를 자극하는 요소로 '한정'과 함께 '마감'도 강력한 효과가 있다. 경험상 마감 날짜를 설정하지 않고 판매할 때와 비교해 보면, 마감이 있는 캠페인의 매출이 최소 두 배 이상 높다는 사실을 확인했다. 이는 구매 결정을 미루는 소비자 심리를 "지금 행동해야 한다"는 긴박감으로 바꾸기 때문이다.

대부분의 판매 캠페인은 판매 시작일로부터 며칠 후에 첫 번째 피크가 생기고, 마감일과 그 직전에 두 번째 피크가 찾아온다. 그 사이 기간은 매출이 거의 발생하지 않는다. 판매 시작 안내부터 마감까지의 계약 성사 패턴을 그래프로 나타내면 다음과 같다.

■ 마감일까지의 계약 성사 추이

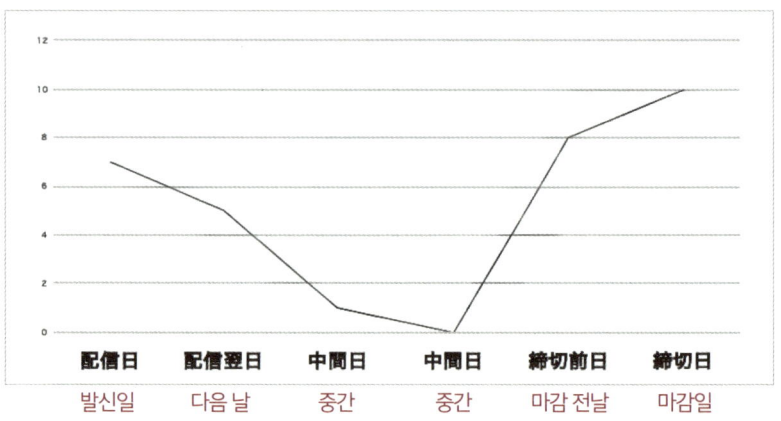

그렇다면 판매 기간은 얼마나 잡는 것이 좋을까? 상품과 서비스 특성에 따라 달라지므로 일률적으로 말하기는 어렵다. 하지만 하나의 기준으로 '2주14일'를 권장한다.

『빅토리 랩』The Victory Lab—The Secret Science of Winning Campaigns에 따르면 "12~14일 이내에 움직이지 않는 사람은 결국 끝까지 움직이지 않는다". 이 원칙은 정치 캠페인뿐 아니라 상품 마케팅이나 서비스 론칭에도 적용할 수 있다.

실제로 우리의 경험상으로도 14일은 집중력과 긴장감을 유지하기에 적절한 기간이었다. 다만, 현장 참석이 필요한 행사나 장거리 이동이 필요한 세미나는 예외다. 고객의 일정 조율을 고려해 최소 1개월 전에는 사전 안내가 필요하다.

그러나 마감까지 시간이 너무 길면 "조금 더 생각해보자"는 심리로 미루다가 관심이 흐려질 수 있다. 막판에 다시 안내해도 이미 다른 일정으로 채워진 경우가 많다. 이를 방지하려면, 판매 기간이 긴 경우 중간 리마인드 메시지를 전략적으로 활용해야 한다.

리마인드는 단순 반복이 아니라 고객 행동을 다시 유도하는 기회다. 마감 임박 메시지가 가장 효과적이지만, 보너스 제공이나 후기 소개 등 흥미 요소를 더하면 중간에도 매출의 작은 파동을 만들 수 있다. 이렇게 하면 초반의 몰림과 마감 직전의 폭발 사이에 추가적인 피크를 형성할 수 있다.

물론 중간 리마인드는 초반이나 마감 직전만큼 폭발적인 반응을 얻기 어렵다. 하지만 긴 호흡의 캠페인에서는 '관심의 불씨'를 꺼뜨리지 않고 유지하는 데 중요한 역할을 한다. 따라서 언제 어떤 메시지를 던질지 그리고 어떤 방식으로 흥미를 유발할지에 따라 성패가 갈린다.

다음 페이지의 표는 당사가 진행한 실제 사례로, 8일간 짧게 진행된 캠페인이다. 이 경우에는 중간 리마인드를 생략하고 마감 하루 전에만 메시지를 발송했는데, 짧은 기간과 강한 임박 효과가 맞물려 충분한 성과를 거둘 수 있었다.

■ 캠페인 기간: 2020년 6월 24일~7월 1일(8일간)

상품: 고객을 창조하는 카피라이팅 강좌*

스케줄	구매자 수	비율(이틀씩 합계)
6/24(수) 캠페인 개시	19명	26%
6/25(목)	27명	
6/26(금)	14명	14%
6/27(토)	11명	
6/28(일)	15명	16%
6/29(월)	14명	
6/30(화) 마감 전날(리마인드 메일)	20명	44%
7/1(수) 마감일	59명	
기간 합계	179명	

    마지막 이틀 동안만 44%로 전체 판매의 절반 가까이가 이루어졌다. 마감 임박을 강조한 전날의 리마인드 메일이 큰 효과를 발휘했다. 상시 판매하는 상품이나 서비스도 특별 혜택이 포함된 한정 캠페인으로 진행하면 마감 효과가 생겨 계약률이 높아진다.

    홈페이지에 그냥 올려두고 "원하실 때 주문하세요"라고 방치하는 것보다 1년에 몇 차례 2주 정도의 캠페인을 진행하는 편이 매출 증대에 훨씬 효과적이다.

(11) 클로징

클로징은 계약을 마무리하고 최종 신청을 유도하는 마지막 단계다.
영업에 거부감이 있는 사람들은 다른 사람에게 돈을 지불하도록 한다는 사실에 불편함을 느껴 클로징을 제대로 하지 못하는 경우가 많다. 하지만 진정한 가치가 있는 상품이나 서비스라면, 구매자의 삶에 분명한 도움이 된다. 그래서 간다 마사노리는 항상 이렇게 말한다.

'감사합니다'라는 말은 판매자가 아니라 구매자가 할 말이며, 판매자는 '감사합니다'라는 말을 들으면 '천만에요'라고 답하는 것이 기본이다.

때로는 "왜 이렇게 좋은 상품을 더 일찍 알려주지 판매하지 않았어요?"라는 말을 듣기도 한다. 그러니 당신의 상품 서비스이 구매자의 삶을 개선한다는 확신을 갖고, 자신감 있게 제안하라. 세일즈에서는 계약을 확정하는 이 단계를 '클로징'이라고 부르는데, 말 그대로 여기서 확실하게 "매듭을 짓는" 것이 핵심이다.

SP나 세일즈 레터는 여러 요소로 구성된 일종의 '팀 스포츠'다. 각 포지션, 각 구성 요소가 모두 중요하다. 야구로 비유하자면 투수만 잘한다고 이길 수 없는 것처럼, 헤드라인이나 본문이 아무리 뛰어나도 마지막 클로징이 허술하면 모든 노력이 물거품이 된다. 마지막까지 긴장을 놓지 말고 글을 완성해야 한다.

(12) CTA행동 요청

카피라이팅에서 헤드라인 다음으로 중요한 요소가 클로징의 CTA_{Call To Action}다. CTA는 독자에게 행동을 요청하는 장치로, "지금 바로 신청하세요", "여기를 클릭하세요" 같은 문구가 대표적이다. 과거 종이 세일즈 레터에서는 "동봉된 엽서에 기재해 우체통에 넣어주세요"와 같은 표현이 쓰였다.

CTA는 세일즈 메시지의 마지막을 장식하는 핵심이다. 아무리 매력적인 헤드라인과 오프닝, 설득력 있는 본문이 있어도, 구매 방법을 명확히 안내하지 않으면 모든 노력이 물거품이 된다. CTA는 판매 문서에만 국한되지 않는다. 이메일이나 편지 등 상대방에게 행동을 기대하는 상황에서도 반드시 필요하다. 우리는 종종 "말하지 않아도 알겠지"라며 행동 요청을 생략하지만, 원하는 행동은 분명하고 이해하기 쉽게 전달해야 한다.

그러나 실제로 CTA 없이 상품 설명만 나열하는 상세페이지가 적지 않다. "신청해 주세요"라는 결정적 문구가 빠지거나, 있어도 찾기 어렵다면 효과가 없다. 예컨대 "지금 바로 전화 주세요"라고 써놓고 전화번호가 눈에 띄지 않으면 독자는 곧바로 이탈한다. CTA는 "지금 0120-×××-×××로 전화주세요_{수신자 부담}"처럼 구체적이고 크게 표시되어야 한다.

CTA가 없거나 알아보기 힘들면 독자의 반응은 급격히 떨어져 광고 본연의 역할을 다하지 못한다. 다음 페이지에서는 효과적인 CTA 사례를 소개한다.

■ **좋은 CTA 사례**

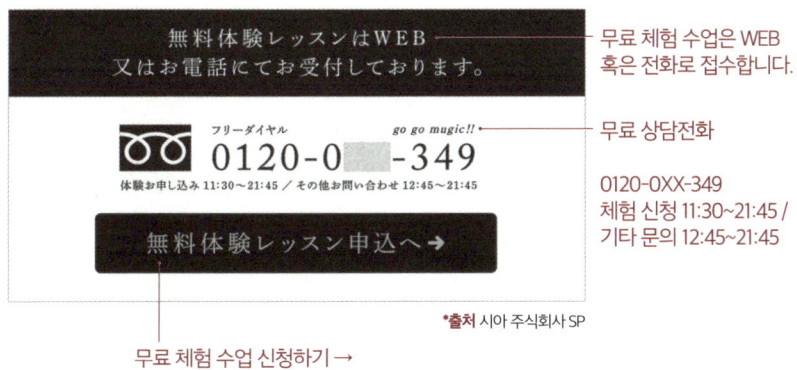

*출처 시아 주식회사 SP

이 광고에 따르면, 웹사이트에서 무료 체험 수업을 신청할 수 있을 뿐만 아니라 전화로도 신청이 가능하다. 이처럼 다양한 신청 방법을 제공하면 구매율 향상으로 이어진다. 하지만 무작정 신청 방법만 늘리는 것은 현명하지 않다.

타깃이 디지털에 능숙한 세대라면 PC나 스마트폰 신청만으로 충분하다. 이런 상황에서 굳이 다른 방법 가령, 팩스 신청을 추가로 제공한다고 해서 매출이 늘지는 않는다. 중요한 것은 언제나 '고객 관점'에서 가장 편리한 구매 방식을 제공하는 것이다.

(13) 추신

'추신P.S.'은 메시지 마지막에 덧붙이는 내용이다.

원래 추신은 손으로 편지를 쓰던 시절에 본문에 쓰지 못했거나 부족했던 내용을 보충하기 위해 사용됐다. 그래서 현대의 문서 작성 프로그램 사용 시에는 추신이 불필요하다고 생각할 수도 있다.

하지만 카피라이팅에서 '추신'은 구매 결정을 끌어내는 데 강력한 효과가 있다.

헤드라인 다음으로 많이 읽히는 부분이 추신P.S.이다. 사람의 시선은 자연스럽게 처음과 끝에 머무른다. 따라서 추신에는 단순한 추가 정보가 아닌 중요한 요소를 전략적으로 배치해야 한다. 상세페이지의 추신에는 다음과 같은 내용을 담는다.

- 핵심 혜택 상기시키기
- 주요 제안 다시 강조하기
- 본문에서 의도적으로 생략한 혜택 강조하기
- 마감일 상기시키기

다음 사례에서는 본문에서 의도적으로 생략한 혜택을 추신에서 강조하고 있다.

■ **추신을 활용한 카피라이팅 설득 전략 예시**

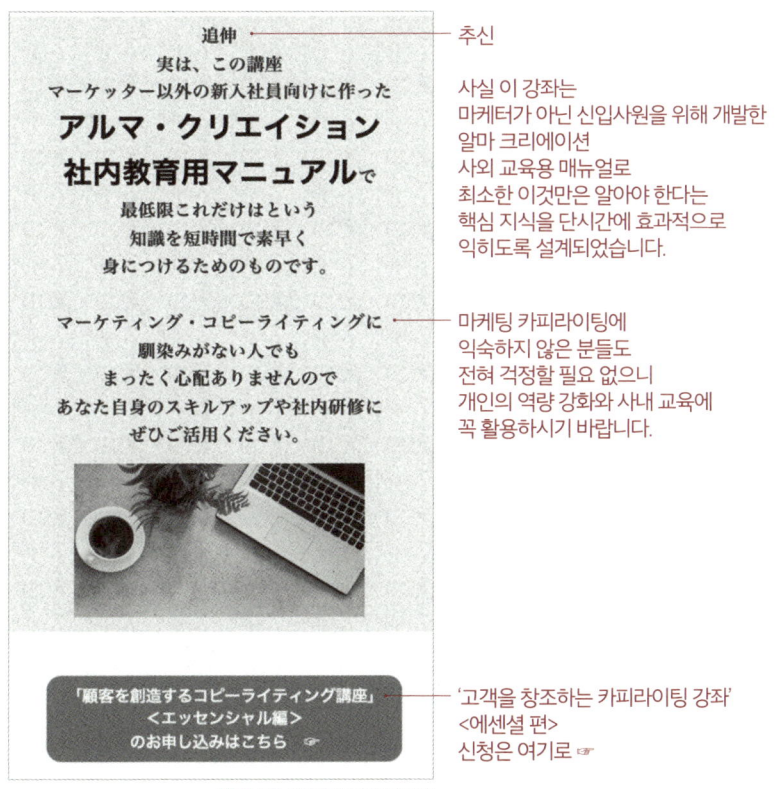

*출처 알마 크리에이션 주식회사 SP

이처럼 상세페이지의 기본 구조를 이해하면 점점 직접 작성해보고 싶어질 것이다.

하지만 무작정 쓰기 시작해서는 안 된다. 글을 쓰기 전에 꼭 해야 할 작업이 있다. 바로 PMM Product Market Matching이다.

다음 장에서는 차근차근 PMM에 대해 설명하겠다.

이 장의 포인트

- 상세페이지는 헤드라인, 오프닝, 바디카피, 클로징이라는 4개 파트로 구성된 기본 구조로 되어 있다.
- 이 4가지 기본 파트는 더 세부적인 요소로 나뉜다.
    - 헤드라인: 프리 헤드, 메인 헤드라인, 덱 카피
    - 오프닝
    - 바디카피: 베네핏, 증거·근거, 오퍼, 특전, 리스크 리버설(안심 약속), 한정, 마감
    - 클로징: CTA, 추신
- 헤드라인에 정보를 과하게 담지 않는다. 헤드라인의 목적은 본문을 읽게 만드는 것이며, 헤드라인만 가지고 판매하려 하지는 말라.
- 아무리 매력적인 베네핏이라도 그것이 사실이라는 증거·근거가 없으면 신뢰를 얻지 못한다
- 강력한 오퍼는 약한 카피를 보완할 수 있지만, 약한 오퍼는 아무리 카피가 뛰어나도 극복할 수 없다. "무엇을 제안하느냐"가 핵심이다
- '특전'을 통해 고객이 체감하는 상품 가치를 크게 끌어올릴 수 있다.
- '리스크 리버설'의 목적은 환불 보증과 같이 첫 구매 시 고객의 불안을 완전히 해소하는 것에 있다. 다양한 보증이 대표적인 예이며, 무료 서비스의 경우 '구매 의무 없음' 등 고객이 가질 수 있는 불안 요소를 미리 제거하는 것이 중요하다.
- '한정'에는 인원, 수량, 기간, 자격 제한 등이 있다. 놓치게 될지도 모른다는 위기감이 구매 행동을 자극한다.
- 신청은 '마감' 직전에 가장 집중된다. 마감이 없으면 결정이 미뤄지다 결국 잊힌다. 특별 혜택을 단기간 한정 캠페인으로 제공하는 등 어떤 형태로든 마감을 설정하면 효과적이다

- 'CTA'를 통해 주문, 문의, 자료 요청 등 독자가 취해주길 원하는 행동을 명확하게 안내한다. CTA가 없으면 독자는 어떻게 행동해야 할지 모른다. 이렇게 하면 고객의 직접적인 반응을 유도하는 리스폰스 광고의 본질을 잃게 된다.
- '추신'은 구매 결정을 이끌어내는 강력한 효과가 있다. 핵심 베네핏이나 오퍼 상기, 본문에서 의도적으로 생략한 베네핏 또는 마감일을 강조하는 데 활용한다.

읽기 쉬운 카피의 비결: 소제목과 글머리 기호

이 장에서 소개한 파트 중에서 조금 더 작은 요소인 소제목서브헤드과 글머리 기호블릿를 추가로 설명하겠다.

소제목

상세페이지의 가장 큰 제목이 헤드라인이라면, 본문 중간에 배치하는 '작은 제목'을 '소제목'이라고 한다. "두 명의 젊은이" 세일즈 레터에서는 소제목이 효과적으로 활용되고 있음을 확인할 수 있다. 아래 동그라미 친 부분이 소제목이다.

■ 이것이 '소제목'

> **비지니스 세계의 필수 동반자**
>
> 『월 스트리트 저널』은 그 자체가 독보적인 출판물이다. 미국 유일의 전국 일간 비즈니스지로, 세계 최대 규모의 비즈니스 전문 기자단이 주말을 제외하고 매일 제작한다.
> 저널의 모든 페이지에는 비즈니스 마인드를 가진 사람이라면 누구나 흥미롭게 읽을 핵심 정보가 가득하다. 정보의 스펙트럼 역시 놀랍도록 넓다. 주식시장과 금융은 물론, 빠르게 변화하는 비즈니스 세계의 모든 것을 다룬다. 『월 스트리트 저널』에서 당신이 필요로

하는 모든 비즈니스 뉴스를 만날 수 있다.

> **매일 아침 당신의 책상 위에 놓이는 성공의 열쇠**
>
> 지금 내 앞에 있는 1면에는 그날의 주요 뉴스가 심층 분석과 함께 정리되어 있다. 인플레이션, 도매가격, 자동차 시장 동향, 워싱턴 등 주요 도시의 개발 관련 세제 혜택까지, 비즈니스의 모든 측면을 다룬다.

제법 긴 상세페이지는 텍스트가 많아 중간에 지루함을 느낄 수 있다. 그래서 위 예시처럼 중간중간 소제목을 넣으면 읽기가 한결 편해진다. 또한 소제목만 훑어봐도 전체 내용의 흐름을 파악할 수 있게 구성하면 더욱 효과적이다.

소제목에는 해당 단락의 핵심 내용을 요약하는 것이 기본이다. 단, 단순 요약을 넘어 "○○하는 비법"이나 "○○의 숨겨진 전략" 같은 2장에서 소개한 '15가지 황금 패턴'과 유사한 문안을 활용하면 독자의 호기심을 자극할 수 있다.

도입부 패턴 중에서도 소제목으로 특히 효과적인 패턴은 다음과 같다.

- ○○하는 방법, ○○의 ◎가지 방법, ○○을 ◎◎하게 만드는 방법
- ○○하지 않는 방법
- ○○이란?
- 왜 ○○은 ◎◎인가?
- ○○의 비결(비밀·원리·핵심)
- ○○의 비밀 공개
- 만약 ○○ 때문에 이런 일이 생긴다면?
- ○○하실래요? ○○해보지 않으실래요?

- 자, 드디어…
- ○○을 소개합니다
- ○○은 필요 없습니다
- 지금 당장 ○○해야 하는 이유
- ○○하지 않으면 놓치는 것들

소제목도 매력적이고 임팩트 있게 작성하는 것이 좋지만, 너무 고민하다 보면 상세페이지 작성 속도가 크게 느려진다.
소제목이 등장하는 부분은 본문이므로 독자는 이미 헤드라인과 오프닝을 읽은 상태다. 따라서 이미 독자의 관심을 어느 정도 사로잡은 상황이다. 너무 깊게 고민하지 말고, 패턴과 프레임을 활용해 빠르게 작성한다.
도입부 패턴을 설명하며 언급했지만, 프레임이 너무 많으면 실제 사용할 때 오히려 혼란스러워진다. 그러니 위의 사례 정도만 기억해두는 것이 실용적이다.

주의할 점은 같은 패턴을 연속해서 사용하지 않는 것이다.
'○○하는 방법', '△△하는 방법', 'XX하는 방법'처럼 동일한 내용이 반복되면, 단조로워지고 독자가 지루함을 느껴 역효과를 낳는다. 하나의 상세페이지에서 같은 프레임의 소제목을 사용할 때는 첫 부분과 마지막 부분처럼 가능한 한 '간격을 두고' 배치하는 것이 좋다.
한편, 소제목을 '서브 헤드라인'의 의미로, 즉 메인 제목을 보완하는 요소로 부르는 경우도 있다. 이 장에서 프리헤드, 헤드라인, 덱 카피 세 가지를 사용할 때, 세 개를 모두 사용하지 않고 두 개만 사용해도 된다고 설명했다. 두 개만 사용할 경우, 헤드라인과 서브 헤드서브 헤드라인로 구분하기도 한다.
이 책에서는 소제목을 본문 중간에 사용되는 '작은 제목'으로 정의한다.

글머리 기호(블릿)이란?

다음으로 블릿글머리 기호에 대해 알아보자.
상세페이지 내에서 혜택이나 조건 등을 나열하는 목록 형식을 '블릿'이라고 한다. 블릿Bullet은 원래 '총알'을 의미한다. 블릿은 주로 '·' 기호로 표시한다. 목록에 사용되는 '·가운뎃점'이 총알 자국과 비슷하다고 해서 블릿이라는 이름이 붙었다.

여기에 더해 ■, ◆, ●, √ 등 다양한 기호를 사용하기도 한다. 형태는 중요하지 않다. 핵심 내용을 목록으로 정리한 것이라면 모두 '블릿'이라고 부른다. 다음은 '√' 기호를 활용한 사례다.

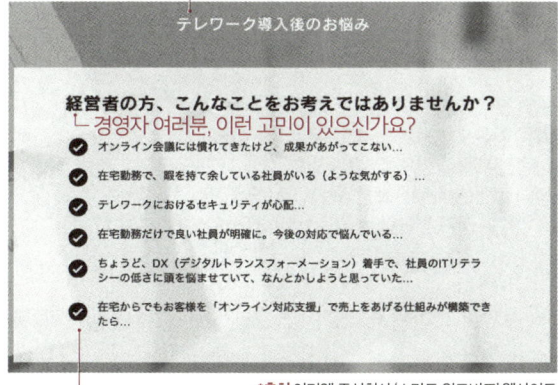

재택근무 도입 후의 고민

경영자 여러분, 이런 고민이 있으신가요?

*출처 이디엘 주식회사 '스마트 워크비즈' 웹사이트

√ 온라인 회의에는 익숙해졌지만, 성과는 오르지 않는다.
√ 재택근무로 시간 관리를 못하는 직원이 있다(혹은 있는 것 같다).
√ 재택근무에 따른 보안 문제가 걱정된다.
√ 재택근무로 우수 직원이 확실히 드러났다. 앞으로 어떻게 대응할지 고민이다.
√ 마침 DX(디지털 트랜스포메이션)를 추진 중이라 IT 활용 능력이 부족한 직원 문제를 해결하고 싶었다.
√ 집에서도 고객을 '온라인으로 응대하고 지원'해 매출을 높일 수 있는 체계를 만들고 싶다.

다음은 블릿에 도입부 템플릿을 적용한 당사의 사례로 '소개', '3단계', '○○이란?' 등을 사용했다.

제1부 (슬라이드 영상 약 60분)
↓

고객을 창조하는 카피라이팅 강좌
에센셜 편
독자를 사로잡는 강력한 제목 작성법

빠르고 확실하게
사람을 움직이는
임팩트 있는
제목을
만들 수 있다.

*출처 알마 크리에이션 주식회사 SP

☐ 표현 차이로 반응이 달라지는 실제 사례 소개
☐ 강력한 제목을 만드는 3단계 방법
☐ 임팩트 있는 제목에 포함되는 8가지 요소란?
☐ 도입부를 자가 진단할 수 있는 버터넛 도입부 체커

블릿 역시 소제목과 마찬가지로 너무 오래 고민할 필요 없이, 앞서 소개한 것과 같은 패턴을 활용하면 글쓰기 속도를 크게 높일 수 있다.

제4장

꽂히는 카피의 본질, PMM
(Product Market Matching)

앞 장까지는 상세페이지 SP·세일즈 레터의 전체 구조를 살펴봤다. 당장이라도 이 공식대로 써보고 싶을 것이다. 그러나 진짜 설득력 있는 카피를 쓰고 싶다면, 먼저 준비할 게 있다. 그 내용이 고객에게 꽂히게 하지 않으면 의미가 없다. 이 장은 그 '꽂힘'의 본질을 다룬다.

바로 PMM Product Market Matching, 즉 '상품과 시장의 궁합'이다.

"이 상품은 누구에게, 왜 필요한가?"

카피를 잘 쓰는 사람은, 문장을 잘 쓰는 사람이 아니라 '타깃의 욕망'을 꿰뚫는 사람이다. 고객이 원하는 지점에 정확히 꽂히는 '내용'을 파악하는 것이 먼저다.

이 장에서는 잘 팔리는 상세페이지를 쓰기 위해 쓰기 전에 반드시 점검해야 할 핵심 3가지를 정리한다.

1. 팔리는 건 '문장'이 아니라 '시장에 맞는 아이디어'다

지금까지 카피라이팅은 "말솜씨로 매출을 올리는 기술"로 알려져 왔다. 실제로 다음 사례처럼 단어 하나만 바꿔도 매출이 확 뛰는 경우가 있기 때문이다.

| 광고 A |
빠르고 간단하게 제대로 차를 수리하는 방법

| 광고 B |
빠르고 간단하게 제대로 차를 고치는 방법

'수리한다'를 '고친다'로 바꾸자 주문이 20% 늘었다『광고, 이렇게 하면 성공한다』. 존 케플즈가 두 광고를 실제로 집행해 비교한 뒤에 검증한 결과다. 이처럼 단어 하나만 살짝 바꿔도 주문이나 문의가 확 늘어나는 일은 자주 있다.

그렇다면 이런 게 진정한 카피라이팅일까?

절대 아니다. 겉모습이 아닌, 아이디어와 전략이 핵심이다. 진짜 카피는 문장 이전에 콘셉트가 먼저다. 카피라이팅의 본고장 미국의 거장들은 이에 대해 전혀 다른 견해를 보인다.

중요한 것은 말이 아닌 '아이디어'다.

로버트 콜리어1885~1950는 미국의 전설적인 카피라이터다. 같은 시대를 살았던 데일 카네기1888~1955, 조셉 머피1898~1981와 함께 성공 철학의 대가로도 불린다. 콜리어는 『전설의 카피라이팅 실천 바이블』*The Robert Collier Letter Book*에서 이렇게 말했다.

> 효과가 있었던 레터의 표현을 따라 하면 똑같은 효과를 낼 수 있다고 많은 카피라이터가 착각한다. 큰 오산이다. 표현은 중요하지 않다. 효과가 있었던 레터를 뒷받침하는 아이디어를 찾아내는 게 핵심이다.

표현만 따라 한다고 효과가 나지 않는다. 이는 콜리어가 단호하게 지적한 점이다.

데이비드 오길비도 『어느 광고인의 고백』에서 이렇게 말했다.

> 빅 아이디어가 없는 캠페인은 어둠 속을 항해하는 배와 같다. 아무도 눈치채지 못하고 그냥 지나쳐 갈 뿐이다.

오길비는 카피의 아이디어를 '빅 아이디어'라고 불렀다.

또 한 명의 거장, 존 케플즈는 『광고, 이렇게 하면 성공한다』에서 이렇게 말한다.

> 어떻게 말할까보다 무엇을 말할까가 훨씬 중요하다.

"무엇을 말할까"전달할 내용가 "어떻게 말할까"표현 방식보다 훨씬 중요하다는 얘기다. 이 책은 1932년에 초판이 나왔다. 지금으로부터 90여 년 전에 이미 말의 표현 자체가 중요한 게 아니라고 분명히 밝히고 있는 것이다. 콜리어, 오길비, 케플즈. 이 세 거장은 모두 말의 표현이 아닌 전달하는 내용이 본질이라는 점을 정확히 꿰뚫어보고 있었다.

그런데도 많은 사람은 여전히 말만 잘 쓰면 상품과 서비스가 팔린다고 믿고 있다. 실제로는 말이 아닌 '아이디어'가 바뀐 것인데 말이다.

문제는 이 '아이디어'가 쉽게 눈에 띄지 않는다는 점이다. 다음 사례를 보자.

| 광고 A |
습기 퇴치는 제습도 되는 신형 에어컨으로

| 광고 B |
시원하게 푹 잘 수 있는 방법 — 열대야도 문제없다

결과는 광고 B가 광고 A보다 2.5배 많은 문의를 받았다.

언뜻 보면 단순히 말만 바꾼 것 같지만, 실제로는 전혀 다른 내용을 말하고 있다.

광고 A는 "제습 기능이 있는 신형 에어컨"이라며 '기능'을 강조한다. 반면 광고 B는 "열대야에도 잘 잘 수 있다"며 '혜택'을 내세운다.

바로 이것이 두 광고의 '아이디어'가 다르다는 의미다.

2. 팔리는 아이디어는 매칭에서 나온다

"그렇군요. 알겠습니다. 그러면 아이디어는 어떻게 하면 떠오르는 건가요?"

이런 질문과 함께 당신에게는 궁금증이 떠오를 것이다. "아이디어는 머릿속에만 있다. 그것도 케이스마다 천차만별이다. 카피라이팅의 '아이디어'란 대체 무엇일까?" 우리도 오랫동안 명확한 정의를 내리지 못했다. 하지만 25년간의 실전 경험을 통해 마침내 그 정체를 명확히 정의하고, 카피라이팅의 '아이디어'를 찾아내는 방법을 개발했다. 이것이 바로 지금부터 설명할 'PMM'이다.

PMM은 "Product Market Matching"의 약자다. Product상품·서비스와 Market그 상품·서비스를 받아들일 시장·고객의 니즈와 원츠을 Matching매칭하는 것이다. "에스키모에게 얼음은 못 판다"라는 말이 마케팅 업계에서 자주 쓰이는데, 파는 쪽의 제공 가치와 사는 쪽의 니즈·원츠를 매칭하는 것이 어렵기 때문에 나온 말이다.

제공 가치와 니즈·원츠를 조정해 매칭시켜야 비로소 팔린다. 이 점을 확실히 인식해야 한다. 실제로 신상품을 처음 기획할 때뿐 아니라 이미 판매 중인 상품이라도 PMM을 다시 점검하고 재설계하면 정체된 제품도 다시 살아나는 사례가 무수히 많다. 잘 팔리는 카피는 뛰어난 말솜씨보다 정확한 PMM에서 출발한다.

지금까지 잘 팔리는 핵심은 '말'이 아닌 '아이디어'라고 했다.

그럼 잘 팔리기 위해 '말'은 전혀 필요 없을까?

물론 그렇지 않다.

아무리 좋은 아이디어가 있어도 전달하지 못하면 쓸모없다. 다른 사람에게 전달하려면 '말'로 표현할 수밖에 없다. 여기서부터는 '어떻게 말할까', 즉 말의 차례다.

중요하니 다시 한번 정리하겠다.

- 잘 팔기 위해 필요한 것은 '아이디어'다.
- 그 '아이디어'의 본질은 'PMM'이다.
  (Product Market Matching: 상품과 시장의 정확한 연결)
- 그 'PMM'을 효과적으로 전달하는 수단이 '말', 즉 카피라이팅이다.

지금까지 카피라이팅에서는 '말'이 너무 앞서갔다. 그래서 "잘 팔리는 말을 쓰면 팔린다"는 착각을 했다. 이 오해를 근본적으로 다시 보면 당신의 비즈니스는 크게 달라질 것이다. 구체적으로는 지금까지 몰랐던 상품·서비스의 매력, 아니 당신만의 특별한 매력을 새롭게 발견할 수 있다. 타고난 재능을 제대로 표현하고, 즐기면서 훌륭한 상품·서비스를 팔 수 있게 된다. 이것이 바로 진정한 카피라이팅이다.

우리 카피라이팅 강좌에서는 "잘 팔리는 상세페이지를 그대로 따라 하면 똑같이 잘 팔릴까?" 하는 질문이 자주 나온다.

답은 'YES'이면서도 'NO'다. 이는 PMM을 이해하면 알 수 있다.

같은 상세페이지라도 판매 대상이나 환경 마켓 측이 다르면 효과가 없을 수 있고, 상품·서비스나 제공자 프로덕트 측이 다르면 통하지 않을 수 있다. 우연히 따라 한 SP나 세일즈 레터와 PMM이 비슷하다면 잘 될 수도 있겠지만, 매번 그런 우연에 기댈 순 없다. 그래서 체계적으로 PMM을 찾아내는 과정이 중요하다. 우연에 맡길 수 없는 만큼, 언제든 반복해서 검증할 수 있는 방법이 필요하다.

프로덕트와 마켓의 매칭을 빠르게 확인하고 조정할 수 있다면 사업 성장의 큰 무기가 된다. PMM이 어긋나면 애초에 팔리지 않기 때문에, 이는 무기라기보다 필수 요소다.

마케팅 분야에는 PMF Product Market Fit 나 PSF Problem Solution Fit 같은 개념도 있는데, PMM은 이들과 성격이 좀 다르다. 그래서 우리는 따로 'PMM'이라 부른다. PMF나 PSF는 마켓에 프로덕트 상품·서비스 나 프라블럼 문제 이 들어맞는지를 확인하는 '상태 점검'에 그친다. 하지만 이것만으로는 실제로 어떻게 맞춰나가야 할지 알 수 없다.

반면 PMM은 프로덕트와 마켓을 실제로 어떻게 매칭시킬지, 그 방법론까지 담고 있다. 이 점에서 PMF나 PSF와 확실히 다르다. 체계적인 PMM 찾기 방법은 제6장 "PMM 서치 시트"에서 자세히 다루겠다. 여기서는 핵심만 짚어보자.

3. PMM을 정의하는 단 하나의 질문

(1) '누가·무엇을 해서·어떻게 되었나?'

카피라이팅에서는 우편 세일즈 레터 시대부터 계약 성사율에 영향을 주는 요소별 비중이 어느 정도 정해져 있었다.

① 리스트 / 미디어(명부/매체)		40%
② 오퍼		20%
③ 카피		15%
④ 레이아웃/포맷		15%
⑤ 타이밍		10%

*출처 『광고, 이렇게 하면 성공한다』

리스트는 고객명부를, 미디어는 메시지를 싣는 구체적인 매체를 말한다. 잡지로 보면 이해하기 쉽다. 여성복 광고는 여성 패션지에 넣는 게 당연하고, 철도 모형 전문지에 넣으면 효과를 기대하기 어렵다. 리스트와 미디어는 결국 "누구에게 팔까 = 타깃"을 뜻한다.

두 번째는 '오퍼', 즉 "무엇을 말할까"다.

세 번째는 '카피', 즉 "어떻게 말할까"다.

쉽게 말해 "누구에게, 무엇을, 어떻게 말할까" 순이다.

"카피가 3번째면 배울 필요가 없지 않나?" 생각할 수도 있다. 하지만 리스트/미디어와 오퍼가 같다면 카피의 질이 곧바로 매출 차이로 이어진다. 무엇보다 우리가 말하는 카피라이팅은 상품·서비스가 팔리도록 PMM을 설계하는 것이 핵심이다. 여기서 PMM은 '비즈니스 모델 자체'라고 봐도 좋다.

우리는 PMM을 최우선으로 여기기에 '카피라이터'나 '세일즈 카피라이터'가 아닌 "마케팅 카피라이터"라는 말을 쓴다. 결론을 말하자면, PMM은 다음 한 문장으로 압축된다.

> "누가·무엇을 해서·어떻게 되었나?"

너무 단순해서 실망할지 모르지만, 이것이 카피라이팅의 본질이자 PMM의 궁극적 형태다.

카피라이팅은 결국 이 "누가·무엇을 해서·어떻게 되었나?"를 전달하는 일이다.

■ 카피라이팅의 깊은 뜻

누가	타깃
무엇을 해서	제공하는 상품·서비스
어떻게 되었나	베네핏

'누가'는 판매 대상인 타깃이다.

'무엇을 해서'는 제공하는 상품·서비스로, 단순히 이름만 넣는 게 아니다. 상품·서비스의 본질을 한마디로 표현하는 것이다. 여기에 다른 것과의 차별점을 더하면 임팩트가 강해진다.

'어떻게 되었나'는 바로 베네핏, 즉 고객이 얻게 될 변화다. 이 혜택은 타깃의 니즈와 정확히 일치해야 구매로 이어진다. 니즈와 어긋난 베네핏은 아무리 좋아도 판매에는 소용이 없다.

(2) PMM을 생각할 때 자주 하는 2가지 실수

이 "누가·무엇을 해서·어떻게 되었나?"를 표현할 때 자주 하는 실수를 보자.

① 주체를 자신으로 한다
② '누가'를 좁히면 다른 대상에게 팔 수 없다고 생각해 타깃을 넓게 잡는다

먼저 ①번 실수부터 살펴보자. 카피라이팅 강의에서 상세페이지 작성을 위한 과제를 내면, 많은 수강생이 이런 문장을 제출한다.

"내가 ○○이란 상품을 팔아 사업을 성장시켰다"

이는 주체가 자신이 된 문장이다. 카피라이팅 경험이 부족하면, 자

연스럽게 '자기 시선', 즉 판매자의 시선으로 글을 쓰게 된다. 그렇게 되면 무의식 중에 "이 상품은 이런 점이 좋습니다!", "이 기능도 뛰어납니다!" 같은 설명 중심의 글이 된다.

그러나 설명만으로는 팔리지 않는다. 중요한 것은 고객이 그 상품을 통해 어떤 '좋은 일'을 겪게 되는가, 즉 베네핏이다. 이 베네핏을 고객의 시선에서 풀어내지 않으면 구매는 일어나지 않는다. 그래서 우리는 일부러 '누구에게'가 아니라 '누가'라는 표현을 쓴다.

'누구에게'라고 하면 자신이 고객을 바라보는 자세가 되어 고객 입장에 서기 어렵다. 카피라이팅은 "고객 시선=구매자 시선"이 전부다.

"고객 입장에서 어떤가? 고객이 보기에 어떻게 보이는가?" 이것을 생각해야 한다.

그리고 'You 메시지'와 'Me 메시지'라는 표현이 있다. 고객 시선 메시지를 'You 메시지', 자기 시선의 메시지를 'Me 메시지'라고 한다. 'Me 메시지'는 결국 "나는 ~", "내가 ~"로 시작하는 문장이다. 이런 메시지는 고객에게 매력적으로 다가가기 어렵다. 반면 고객 입장에서 말하는 'You 메시지'는 관심과 공감을 끌어내는 핵심 도구다.

항상 'You 메시지'를 중심에 두고 생각하라. 그 순간부터, 말투가 아니라 시선과 구조가 바뀌고, 매출로 이어지는 카피가 만들어진다.

다음은 ②번, "'누가'를 좁히면 다른 대상에게 팔 수 없다고 생각해서 좁히지 못하는" 경우다. 카피라이팅에서는 판매 대상인 타깃을 정한다. 즉, 구매 가능성이 높은 사람들을 하나의 그룹으로 본다.

타깃을 정하는 이유는 읽는 사람이 "이 메시지는 나한테 하는 말이

구나"라고 느끼게 하기 위해서다. 하지만 타깃을 좁히면 다른 사람에게는 못 판다고 오해하는 경우가 많다. 실제로는 하나의 상품·서비스가 여러 타깃을 가질 수 있다. 이럴 때는 어떻게 할까? 타깃별로 각각 다른 SP를 만들면 된다. 그러면 여러 타깃에게 모두 팔 수 있다.

■ 타깃을 나눠 다수의 상세페이지를 만든다

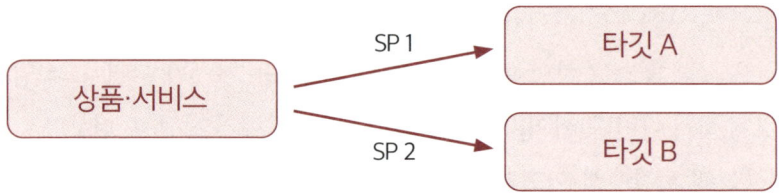

이렇게 타깃을 나누는 것을 세그멘테이션이라고 한다. 타깃의 폭을 넓히면 상세페이지를 여러 개 만들지 않아도 되니 편하긴 하다. 하지만 메시지가 흐려져서 매출이 오르지 않는다. 차라리 타깃별로 다른 상세페이지를 만드는 게 훨씬 낫다.

재미있는 건 타깃을 좁히면 오히려 주변 사람들한테도 먹힌다는 점이다. 기존 고객만 겨냥했는데 신규 고객이 반응하는 경우도 많다. 그래서 타깃을 좁히는 일은 계약 성사율을 높이는 데도 중요하다. 즉, 상세페이지의 타깃을 좁힌다고 해서 그 타깃 외에는 못 판다는 게 아니다.

실제로 타깃별 상세페이지를 다양하게 준비할수록 계약 성사율이 높아진다는 조사 결과가 있다. 미국의 마케팅 플랫폼 허브스팟HubSpot, 다양한 마케팅 툴을 하나의 플랫폼에서 통합해 제공하는 서비스은 7,000개 이상의 기업

데이터를 분석해 이 같은 사실을 밝혀냈다.

조사에 따르면, 상세페이지를 10~15개 보유한 기업은 10개 미만인 기업보다 전환율이 55% 높았고, 상세페이지가 40개를 넘는 기업은 무려 500%까지 전환율이 증가했다. 이는 단순히 페이지 수를 늘린 효과가 아니라 세분화된 타깃별로 맞춤화된 메시지를 전달했을 때 고객의 반응이 얼마나 달라지는지를 보여주는 강력한 증거다.

타깃을 생각할 때 자주 나오는 질문이 있다.
"어린이용 상품의 경우, 타깃은 부모인가 아이인가?"
학습 학원이나 테니스 학원 같은 경우, 타깃은 아이일까? 아니면 돈 내는 부모일까? 이건 누가 메시지를 읽을 거라고 보느냐에 따라 타깃이 정해진다. 아이가 읽고 부모한테 돈 달라고 할 거라면 타깃은 아이다. 부모가 읽고 아이를 보낼 거라면 타깃은 부모다. 더 정확히는 "돈 내는 사람이 누구인가?=최종 결정권자가 누구인가?"로 생각하면 된다.

고등학생이라면 알바나 용돈으로 스스로 돈을 마련할 수도 있다. 이럴 땐 타깃이 아이다. 하지만 초등학교 저학년이라면 보통 부모가 돈을 낸다. 그러면 타깃은 부모다. 학습 학원이라면 아이 성적이 오르면 부모에게 어떤 혜택이 있는지 생각해봐야 한다. 아이가 스스로 공부하면 부모는 잔소리할 필요가 없어진다. 그래서 아이와 관계가 좋아진다. 이게 부모의 혜택이다. 아이한테 좋은 게 부모한테도 좋다고 생각하기 쉽지만, 따로 봐야 한다.

(3) 하고 싶은 말을 하나로 압축하라

상세페이지에는 전하고 싶은 메시지를 하나로 압축하는 것이 카피라이팅의 기본이다. '1카피 1아이디어', '원 메시지 원칙' 등 다양한 표현이 있지만, 결국 핵심은 여러 내용을 한 글에 담지 않는 것, 이것이 설득력 있는 글의 출발점이다.

쓰는 사람은 독자보다 훨씬 많은 정보를 알고 있다. 그래서 본능적으로 모든 것을 다 알려주고 싶어 하는 마음이다. 특히 친절한 성향이거나, 자기 과시 욕구가 강한 사람일수록 이 함정에 빠지기 쉽다. 과시욕이 앞서면 자기중심적인 'Me 메시지'가 되기 쉽고, 독자는 금세 피로감을 느낀다.

지나치게 친절한 사람은 "이것도 알려주고, 저것도 빼면 안 되지" 하다가, 결국 핵심이 사라진 글이 되고 만다. 설득력 있는 글은 '얼마나 더 쓸까'가 아니라 '얼마나 덜어낼까'에서 시작된다. 하고 싶은 말을 다 쓰면, 글은 자기만족에 머물고, 계약 성사율은 오히려 떨어진다.

세일즈 레터는 내가 말하고 싶은 글이 아니라 고객이 알고 싶어 하는 내용을 쓰는 글이라는 사실을 잊지 말자.

(4) PMM을 효과적으로 표현하는 기술

'① 고객 시선'과 '② 타깃 좁히기'를 이해했다면, 이제 "누가·무엇을 해서·어떻게 되었나"를 구체적으로 표현하는 법을 알아보자.

누가	○○로 고민하는 □□인 사람이
무엇을 해서	XX라는 특징을 가진 상품·서비스를 써서
어떻게 되었나	△△하게 됐다 그 결과 ◎◎이란 좋은 결과를 얻었다

실제 예시를 통해 좋은 사례와 나쁜 사례를 비교해보자. 두 사례를 보면서 어떤 점이 좋고 나쁜지 직접 느껴보기 바란다.

| 좋은 사례 |

● 누가
예약 상황을 보며 매일 한숨짓던 미용실 원장이

● 무엇을 해서
SNS 맞춤 광고 전략을 시작했더니

● 어떻게 되었나?
한 달 치 예약이 꽉 차서 이제는 새 지점 오픈까지 꿈꾸게 됐다

● 해설
타깃을 '미용실 원장'으로 명확히 했고, 특히 "예약 상황을 보며 매일 한숨짓던"이란 표현으로 고객의 고민 상황(pain point)을 구체적으로 묘사했다. "무엇을 해서"에서는 막연한 '광고'가 아닌 'SNS 맞춤 광고 전략'이란 구체적 해결책을 제시했다. "어떻게 되었나"에서는 단순히 예약이 늘었다는 데 그치지 않고, "한 달 치 예약이 꽉 차서 새 지점 오픈까지 꿈꾸게 됐다"며 비즈니스 성장까지 이어지는 확실한 성과를 보여줬다.

| 나쁜 사례 |

● **누가**
건강을 걱정하는 남성, 장수를 원하는 남성, 비즈니스 성공을 추구하는 남성, 아름답고 경제적으로 여유로운 삶을 원하는 여성이

● **무엇을 해서**
영양제를 섭취함으로써

● **어떻게 되었나?**
건강이 좋아지고, 재정 상태가 개선되며, 대인관계가 향상된다

● **해설**
'누가' 부분의 문제점은 여러 타깃이 섞여 있다는 점이다. 장수를 원하는 남성과 비즈니스 성공을 추구하는 남성은 관심사가 전혀 다르다. "비즈니스 성공을 추구한다"는 표현도 너무 추상적이어서 구체적인 상황을 연상할 수 없다. 이런 점들 때문에 읽는 사람이 '내 이야기'라고 느끼기 어렵다.
'무엇을 해서'에는 "영양제를 섭취한다"는 내용만 있다. 이 영양제가 어떤 특징을 가졌는지, 다른 제품과 어떤 차이가 있는지도 설명되어 있지 않고 제품명조차 알 수 없다.
'어떻게 되었나'의 "건강이 좋아지고, 재정 상태가 개선되며, 대인관계가 향상된다"는 표현은 너무 추상적이어서 구체적인 변화를 상상하기 어렵다. 또한 이 부분은 실현된 결과를 보여주기 위해 현재형이 아닌 과거 완료형으로 표현해야 한다. '향상된다'가 아닌 '향상되었다'로 써야 한다.

이제 NG에서 OK로 개선한 사례를 보자.

| 나쁜 사례 |

● 누가
- 치료에 전념하고 싶은 치과의사가
- 직원 교육 고민에서 벗어나고 싶은 치과의사가
- 효율적인 직원 교육을 원하는 치과의사가

● 무엇을 해서
정액제 온라인 동영상 강의를 직원들에게 제공하여

● 어떻게 되었나?
- 온라인 리뷰에 부정적인 댓글이 사라졌다
- 환자 불만이 감소했다
- 직원 이직률이 낮아졌다

해설
이 사례의 '누가' 항목에는 여러 유형의 치과의사가 나열되어 있어서 '누가'와 '어떻게 되었나'의 조합이 다양하게 해석될 수 있다. 이는 명확한 인과관계를 보여주지 못한다. 치료에 전념하고 싶은 치과의사의 경우, 실제로 원하는 것은 제시된 결과가 아닌 '진료에만 집중할 수 있는 환경'이다. 또한 직원 이직률 감소라는 결과는 위에 제시된 어떤 치과의사 유형과도 직접적으로 연결되지 않는다. '무엇을 해서' 부분도 온라인 강좌의 구체적인 특징이나 내용이 불분명하다.

이를 다음과 같이 개선할 수 있다.

| 개선 후의 OK 사례 |

● 누가
신규 환자가 감소하고 인근 치과로 환자가 이탈하여 고민하는 치과의사가

● 무엇을 해서
정액제로 반복 학습이 가능한 치과 전문 응대 온라인 동영상 강좌를 도입하여

● 어떻게 되었나?
직원들의 응대 수준이 향상되어 신규·기존·소개 환자가 증가하고 경영이 안정되었다.

이렇게 수정하면 고객의 고민, 제품의 특징 그리고 도입 후의 성과가 명확하게 연결된다. "누가·무엇을 해서·어떻게 되었나"는 단순해 보이지만 실제로는 깊이 있는 고민이 필요한 PMM의 핵심 질문이다.

이러한 PMM 구조를 더 깊이 탐구하여 상세페이지의 설득력을 높이는 방법은 "제6장. PMM을 찾아내는 PMM 서치 시트"에서 상세히 다룰 것이다. 우선은 현재 파악할 수 있는 범위에서 "누가·무엇을 해서·어떻게 되었나"를 설정하고 이를 기반으로 상세페이지를 작성하는 것이 중요하다.

상세페이지는 곧 영업 담당자다. 상세페이지가 없다면 영업 사원 없이 영업하는 것과 같은 상황이 된다. 기본적인 상세페이지를 먼저 작성한 후, 이 책을 통해 계약 성사율을 높이는 기술을 익혀나가자.

이 장의 포인트

- "잘 팔린" 문구를 그대로 사용한다고 같은 효과를 낼 수 있다고 생각하면 안 된다.
    - 성공의 핵심은 아이디어다.
    - 아이디어는 PMM이다.
    - 이 PMM을 정확한 언어로 표현해야 한다.

- PMM Product Market Matching은 목표 고객의 니즈와 원츠에 자사의 상품이나 서비스가 제공하는 가치를 효과적으로 연결하는 것이다.

- 전달하고자 하는 메시지는 하나로 집중한다. 여러 내용을 나열하지 않는다.

- PMM은 결국 "누가·무엇을 해서·어떻게 되었나"로 정리된다.
이를 표현할 때는 회사 관점이 아닌 고객 관점에서 접근한다.

누가	○○로 고민하는 □□인 사람이
무엇을 해서	XX라는 특징을 가진 상품·서비스를 활용하여
어떻게 되었나	△△한 상태가 되었다 그 결과 ◎◎이라는 성과를 얻었다

- 상세페이지의 타깃을 좁히면 다른 고객층에게 판매할 기회를 잃는다며 걱정할 필요가 없다. 여러 타깃이 있다면 오히려 상세페이지를 각각 만드는 것이 효과적이다.

고객 리스트는
최고의 자산이다

기업의 가장 큰 자산은 무엇일까?
부동산이나 설비, 현금이 아니다. 신뢰 관계가 형성된 '고객', 그리고 그 고객과 연결되는 리스트야말로 가장 강력한 자산이다.
이유는 단순하다. 고객과 신뢰가 쌓이면 한 번의 구매가 끝이 아니라 반복 구매로 이어지는 장기적 관계가 형성되기 때문이다. 특히 재구매, 소개, 후기, 브랜드 지지로 이어지는 충성 고객층은 마케팅 비용을 줄이면서도 매출을 안정적으로 끌어올리는 핵심 기반이 된다.
여기서 '리스트'란 잠재고객이나 기존 고객의 정보를 의미한다. 단순한 연락처 목록을 넘어, 상품별 구매자 정보, 반응 이력, 관심 분야 등으로 세부 분류된 데이터까지 포함된다.

과거에도 마찬가지였다. 에도 시대 일본 상인들은 대형 화재가 나면 건물보다 먼저 '고객 장부'를 우물에 던졌다고 한다. 장부는 물에 젖어도 손상되지 않도록 특수 종이로 만들어졌고, 덕분에 재건 후에도 사업을 바로 이어갈 수 있었다. 그만큼 고객 리스트는 곧 '사업의 생명줄'이라는 것을 알고 있었던 것이다.
오늘날로 치면, 이메일 리스트나 고객 CRM 데이터베이스가 그것이다. 이 리스트를 잃어버리는 순간, 기존 고객과의 접점이 모두 끊기고, 사업은 처음부터 다시 시작해야 하는 상태로 되돌아간다. 그만큼 리스트는 단지 정보가 아니라 매출, 브랜드, 관계, 신뢰를 통합한 자산이다. 따라서 리스트는 개인정보 보호 관점뿐 아니라 기업 자산의 핵심 항목으로 전략적으로 관리되어야 한다.

하지만 리스트는 단순히 많다고 무작정 좋은 것은 아니다. 질적 수준과 양적 규모를 함께 고려해야 한다. 구매 전환율이 높고 충성도가 높은 고객이 많을수록 리스트의 질은 높아진다. 반대로 수천 명의 잠재고객이 있어도 실제로 구매하지 않는다면 숫자만 화려할 뿐, 실속은 없다.

물론 초반에는 잠재고객 리스트를 일정 규모 이상 확보하는 것이 중요하다. 이 리스트는 이후 '고객 육성'을 통해 충성 고객으로 전환될 수 있는 잠재력을 품고 있기 때문이다.

참고로 기업이 자사에서 직접 수집한 고객 리스트를 '하우스 리스트'House List라고 한다. 과거에는 이 리스트를 외부 기업과 공유하거나 거래하는 경우도 있었지만, 현재는 개인정보 보호법에 따라 철저히 금지되어 있다. 덕분에 자체적으로 쌓은 하우스 리스트의 가치와 희소성은 더욱 높아졌다. 외부 채널에 의존하지 않고 내부 자산으로 유지되는 고객 접점이야말로, 불확실한 시대에 흔들리지 않는 경쟁력이 되는 셈이다.

제5장

지금 **온라인**에서 통하는 설득의 공식 **'PASBECONA'**
(파스비코나)

제3장에서 보았듯이, 상세페이지는 '헤드라인 → 오프닝 → 바디카피 → 클로징'의 구조를 따른다. 이 틀 안에서 사람의 마음을 움직이는 문장 구성 방식이 연구되어 왔으며, 대표적인 예는 다음과 같다.

- AIDA (아이다)
- AIDMA (아이드마)
- QUEST (퀘스트) 포뮬러

이러한 카피라이팅 포맷의 하나로 간다 마사노리가 1999년에 발표하고 발전시켜 온 것이 '페소나' PESONA 법칙이다. 여기서는 페소나 법칙과 그 발전된 형태인 '파스비코나' PASBECONA 법칙을 최초로 소개한다.

1. 사람을 움직이는 문장의 기본, '페소나'(PASONA)의 법칙

경영 컨설턴트로 일하면서 나는 미국의 카피라이팅 기법을 고객사에 적용해보았다. 매일 광고 문구와 다이렉트 메일을 수정하는 과정에서 점차 성과를 내는 문장들이 눈에 들어오기 시작했다.

그 성공 사례들을 분석하던 중, 나는 일정한 패턴이 반복된다는 사실을 발견했다. 처음엔 이런 패턴화에 큰 의미를 두지 않았지만, 이후 고객사들로부터 "고객 반응이 눈에 띄게 늘었다"는 피드백이 이어졌다.

그 경험을 바탕으로, 핵심 요소만을 추려 기억하기 쉽게 정리한 것이 바로 '페소나의 법칙'이다.

- AIDA(아이다)는 소비자의 관심을 끌고 행동으로 유도하는 대표적인 문장 구조다. 주의Attention → 흥미Interest → 욕구Desire → 행동Action의 4단계를 거치며, 헤드라인으로 눈길을 끌고, 흥미로운 정보로 이목을 유지한 뒤, 욕구를 자극하여 마지막에 구매나 클릭 등 구체적인 행동으로 이어지게 한다.
AIDMA(아이드마)는 AIDA에 '기억Memory' 단계를 추가한 모델로, 소비자가 바로 행동하지 않고 시간을 두고 반응하는 경우에 효과적이다. 즉, 주의Attention → 흥미Interest → 욕구Desire → 기억Memory → 행동Action 5단계를 통해, 콘텐츠나 제품이 머릿속에 남아 있다가 나중에 구매로 이어지도록 설계되었다.
QUEST(퀘스트)는 보다 논리적이고 감정적인 설득을 동시에 추구한다. 고객을 선별Qualify하고, 문제에 공감Understand한 뒤, 해결책을 제시Educate하고 감정을 자극Stimulate하여, 마지막에 행동으로 전환Transition시키는 방식이다. 특히 고가의 제품이나 전문 서비스처럼 설명과 신뢰가 중요한 상황에서 강력한 효과를 발휘한다.—편집주

이는 "무엇을 어떤 순서로 전달할지"를 다음 6가지 항목으로 체계화한 것이다.

■ '페소나의 법칙' 기본 구조

Problem	문제	고객이 겪고 있는 '고충'을 구체화한다.
Empathy	공감	판매자가 고객의 '고충'을 이해하고 있으며 해결책을 제시할 수 있다는 신뢰를 준다.
Solution	해결	문제의 핵심 원인을 밝히고 '해결' 방안을 제시한다.
Offer	제안	해결책으로서 구체적인 상품·서비스를 '제안'한다.
Narrow	한정	판매자의 가치와 '부합하는' 고객층으로 범위를 한정한다.
Action	행동	고충 해결을 위한 구체적인 '행동'을 유도한다.

1999년 처음 발표된 '페소나의 법칙'은 시대 변화에 맞춰 여러 차례 수정을 거쳐 위와 같은 형태가 되었다. 최초의 구조는 다음과 같았다.

■ 최초의 '페소나 법칙'

Problem	문제점 명확화
Agitation	문제점 부각
Solution	해결책 제시
Narrow Down	범위 한정
Action	행동 유도

현재의 '페소나의 법칙'과는 크게 3가지가 다르다.

① 두 번째 단계가 공감Empathy이 아닌 "문제점 부각"Agitation이었다.
② 세 번째 단계가 '해결책 제시'로 '해결'과 '제안'이 한 덩어리로 되어 있다.
③ 'N'의 'Narrow'가 단순한 "범위 한정"이었다.

이러한 변화의 배경은 다음과 같다. 초기 '페소나의 법칙'은 뛰어난 효과를 보였지만, 오용 가능성 때문에 간다의 컨설팅 고객 외에는 널리 공개되지 않았다. 『금단의 세일즈 카피라이팅』에서 일부가 처음 소개되었는데, 제한적 공개에도 불구하고 부정적 사례가 발생했다. 특히 "Agitation"문제점 부각은 공포심을 자극할 수 있어 사용자의 올바른 판단이 매우 중요했다.

이후 인터넷 발달과 함께 상세페이지 기반 판매가 보편화되었다. 또한 카피라이팅이 일반화되면서 문제를 부각하기보다 '고객과의 공감'이 중요해졌다. 이에 따라 두 번째 요소를 'Empathy'로 변경하여 『돈이 되는 말의 법칙』에 소개했다. 동시에 '해결책 제시'에 포함되었던 '제안'Offer을 독립시켜 현재의 형태가 되었다.

이번 책에서는 'Narrow'의 의미를 '범위 한정'에서 '적합'으로 발전시켰다. 이는 이상적인 고객을 선별한다는 관점을 반영한 것이다. 'Narrow'가 가진 "정밀한·엄밀한"이라는 의미에서 "적합한 고객 선별"이라는 개념으로 확장했다.

여기서 자주 받는 질문이 있다. 엔터테인먼트, 패션, 맛집 등 문제나 고충이 뚜렷하지 않은 분야는 어떻게 적용하느냐는 것이다.

이럴 때는 고객의 내면을 살펴봐야 한다. 예를 들어 퇴근 후 편집숍에서 옷을 고르는 직장 여성은 체형에 대한 고민을 숨기고 있을 수 있다. 이처럼 평소에 억누르고 있는 '고충'에 공감을 표현하면 고객은 마음을 열고 귀를 기울이게 된다.

'페소나의 법칙'을 SP와 세일즈 레터에 적용한 예시를 보자. "비즈니스 보이스 트레이닝"이라는 서비스를 판매하는 경우다.

■ '페소나의 법칙'으로 보는 '비즈니스용 보이스 트레이닝' 사례

Problem 문제	온라인 미팅 녹화 영상에서 자신의 목소리를 듣고 놀란 적이 있으신가요? 본인이 듣는 목소리와 타인이 듣는 목소리는 매우 다릅니다. 듣기 좋은 목소리는 상대방이 듣기 편할 뿐만 아니라 설득력도 높아 의사소통에 큰 도움이 됩니다. 하지만 대부분은 올바른 발성법을 모른 채 말을 합니다.
Empathy 공감	당연한 일입니다. 연극이나 합창 활동을 하지 않는다면, 발성법을 배울 기회가 거의 없기 때문입니다. 하지만 기본적인 발성 기술만 익혀도 누구나 목소리를 개선할 수 있습니다.
Solution 해결	전 XX방송국 아나운서 출신 ○○○○가 개발한 ◎◎보이스 트레이닝으로 당신의 목소리를 쉽게 개선할 수 있습니다.
Offer 제안	2시간 과정의 온라인 개인 레슨을 2회만 받으면 목소리가 확실히 달라집니다. 레슨 비용은 회당 10만 원이나, 이번에만 특별 할인으로 8만 원에 들을 수 있습니다.
Narrow 적합	단, 진정성 있게 목소리 개선을 원시고, 다음 달 말까지 2회 수강이 가능하신 분만 모십니다.
Action 행동	지금 바로 아래 신청 양식을 작성해주세요.

어떠한가? 실제로는 더 많은 정보가 필요하지만, 이해를 돕기 위해 핵심만 추렸다.

그래도 내용의 흐름이 자연스럽게 이어지는 것을 볼 수 있다. 이것이 '페소나 법칙'의 힘이다.

2. 온라인 시대에 최적화된 설득 구조, '파스비코나'(PASBECONA)

'페소나'는 인터넷이 막 등장하던 시기에 만들어졌지만, "사람을 움직이는 문장"의 기본 구조로 현재의 웹 환경에서도 효과적으로 사용되고 있다.

이 페소나 PESONA를 현재의 온라인 환경에 맞게 확장·발전시킨 것이 바로 '파스비코나 PASBECONA'다.

이번에 처음 공개하는 '파스비코나'의 구조는 다음과 같다.

■ '파스비코나'의 기본 구조

Problem	문제	고객이 겪고 있는 '고충'을 구체화한다.
Affinity	친근	판매자가 고객의 '고충'을 이해하고 있으며 해결책을 제시할 수 있다는 신뢰를 준다.
Solution	해결	문제의 핵심 원인을 밝히고 '해결' 방안을 제시한다.
Benefit	혜택	구매를 통해 얻을 수 있는 구체적인 '혜택'을 설명한다.
Evidence	증거	혜택을 뒷받침하는 '사례와 근거'를 제시한다.
Contents	내용	상품·서비스의 구체적인 내용을 설명한다.
Offer	제안	상품·서비스 구매를 위한 구체적인 조건을 제시한다.
Narrow	적합	판매자의 가치와 '부합하는' 고객층으로 범위를 한정한다.
Action	행동	고충 해결을 위한 구체적인 '행동'을 유도한다.

이처럼 PESONA의 6가지 요소에 '이득'Benefit, '증거'Evidence, '내용'Contents이라는 B, E, C가 추가된 형태다. "이게 전부인가?" 하고 의아해할 수도 있다. 하지만 이 구조야말로 현대 SP의 표준 템플릿이다.

PASBECONA를 SP의 전개 구조에 맞춰 배치하면 다음과 같다.

헤드라인(프리헤드, 덱헤드 포함)
↓
Problem(문제) 타깃의 문제점과 고충을 파악하고 확인한다
↓
Affinity(친근) 신뢰 관계를 형성하고 제안을 받아들일 준비를 한다
↓
Solution(해결) 차별화된 해결책을 제시한다
↓
Benefit(이득) 구매를 통해 얻을 수 있는 구체적 혜택을 보여준다
↓
Evidence(증거) 고객 후기나 과학적 근거로 혜택을 입증한다
↓
Contents(내용) 상품·서비스의 구체적 내용을 설명한다
↓
Offer(제안) 구매 조건을 제시한다
↓
Narrow(적합) 타깃 고객에게 맞는 조건을 구체화한다
↓
Action(행동) 'CTA'와 '추신'(P.S.)으로 행동을 유도한다

앞서 살펴본 '비지니스 보이스 트레이닝' 사례를 파스비코나 구조를 적용해 발전시켜보자.

■ 파스비코나로 보는 보이스 트레이닝 사례

	Problem 문제	온라인 미팅 녹화 영상에서 자신의 목소리를 듣고 놀란 적이 있으신가요? 본인이 듣는 목소리와 타인이 듣는 목소리는 매우 다릅니다. 듣기 좋은 목소리는 상대방이 듣기 편할 뿐만 아니라 설득력도 높아 의사소통에 큰 도움이 됩니다. 하지만 대부분은 올바른 발성법을 모른 채 말을 합니다.
	Affinity 친근	당연한 일입니다. 연극이나 합창 활동을 하지 않는다면, 발성법을 배울 기회가 거의 없기 때문입니다. 하지만 기본적인 발성 기술만 익혀도 누구나 목소리를 개선할 수 있습니다.
	Solution 해결	전 XX방송국 아나운서 출신 ○○○○가 개발한 ◎◎보이스 트레이닝으로 당신의 목소리를 쉽게 개선할 수 있습니다.
추가	**Benefit** 혜택	◎◎보이스 트레이닝을 통해 얻을 수 있는 효과 • 말끝까지 선명한 발음으로 의도한 메시지를 정확히 전달할 수 있습니다. • 복식호흡을 통한 발성으로 자신감 있는 인상을 주며 설득력이 높아집니다. • 목소리에 대한 자신감이 생겨 어떤 상황에서도 당당하게 말할 수 있습니다.
	Evidence 증거	수강생들의 실제 후기를 소개합니다.
	Contents 내용	◎◎보이스 트레이닝은 2시간 과정의 온라인 개인 레슨 2회로 구성됩니다. 오전 8시부터 밤 10시까지 원하는 시간에 예약할 수 있어 편리합니다. 강사는 다음과 같은 경력과 전문성을 갖추고 있습니다.
	Offer 제안	레슨 비용은 회당 10만 원이나, 이번에만 특별 할인으로 8만 원에 제공합니다.
	Narrow 적합	단, 진정성 있게 목소리 개선을 원하시고, 다음 달 말까지 2회 수강이 가능하신 분만 모십니다.
	Action 행동	지금 바로 아래 신청 양식을 작성해주세요.

파스비코나의 B/E/C 부분을 추가함으로써 혜택, 증거 고객 후기, 상세내용 강사 프로필 포함이 보강되어 더욱 완성도 높은 상세페이지가 되었음을 확인할 수 있다.

PESONA처럼 PASBECONA도 기본 구조이므로 순서를 변형한 버전이 있다. 다만 표에서 강조된 CONA 부분은 대부분의 SP에서 고정된 순서로 사용된다.

3. 템플릿으로 쉽게 만드는 상세페이지

이제 파스비코나를 적용하면 상세페이지가 완성된다는 것을 이해했을 것이다. 하지만 처음에는 이것만으로 상세페이지를 작성하기가 쉽지 않다. 그래서 효과적인 도구를 소개하고자 한다. 바로 파스비코나 템플릿이다.

이 템플릿에 따라 작성하면 자연스럽게 상세페이지가 완성된다. 상세페이지는 정해진 흐름이 있는 글쓰기 형식이기 때문에, 각 요소의 위치와 내용이 어느 정도 고정되어 있다. 따라서 익숙해질 때까지는 템플릿을 따라 써보는 것이 효과적이다.

하지만 이 템플릿을 단순히 '빈칸 채우기' 도구로 사용해서는 안 된다. 템플릿은 기본 구조를 안내해줄 뿐, 실제 내용은 사용자가 직접 구상해야 한다. 또한 정해진 형식에 과도하게 묶이지 않기 때문에, 다양한 상품이나 서비스에 맞춰 유연하게 활용할 수 있다.

한번 이 템플릿으로 SP를 작성해두면, 다음에는 상품이나 조건만 일부 수정해 더 빠르고 효율적으로 새로운 SP를 제작할 수 있다. 템플릿 구조가 반복 가능하기 때문에, 콘텐츠 제작의 부담은 줄이고 전환율 높은 흐름은 그대로 유지할 수 있다는 장점이 있다.

아래 템플릿은 파스비코나의 흐름에, 제3장에서 소개한 상세페이지의 기본 구조를 결합한 형태다. 즉, SP의 구조와 파스비코나 템플릿은 다음과 같은 방식으로 연결된다.

■ 상세페이지의 기본구조와 '파스비코나 템플릿'

상세페이지의 기본 구조		파스비코나 템플릿
헤드라인		프리 헤드 헤드라인 덱 카피
오프닝		**P** (문제 제기) **A** (친근감 형성)
바디카피	베네핏 증거·근거	**S** (해결책 제시) **B** (베네핏 제시) **E** (증거 제시) **C** (상품·서비스 설명, 제공자 프로필) **O** (가격, 특전, 불안 해소)
	오퍼 특전 리스크 리버설 적합 마감	**N** (수량·기간 한정)
클로징	CTA 추신	**A** (CTA, 추신)

구체적인 파스비코나 템플릿은 아래와 같다. 책 마지막 페이지에 컬러판 예시가 있으니 적극 활용해보라.

■ 상세페이지 제작이 훨씬 빨라지는 '파스비코나 템플릿'

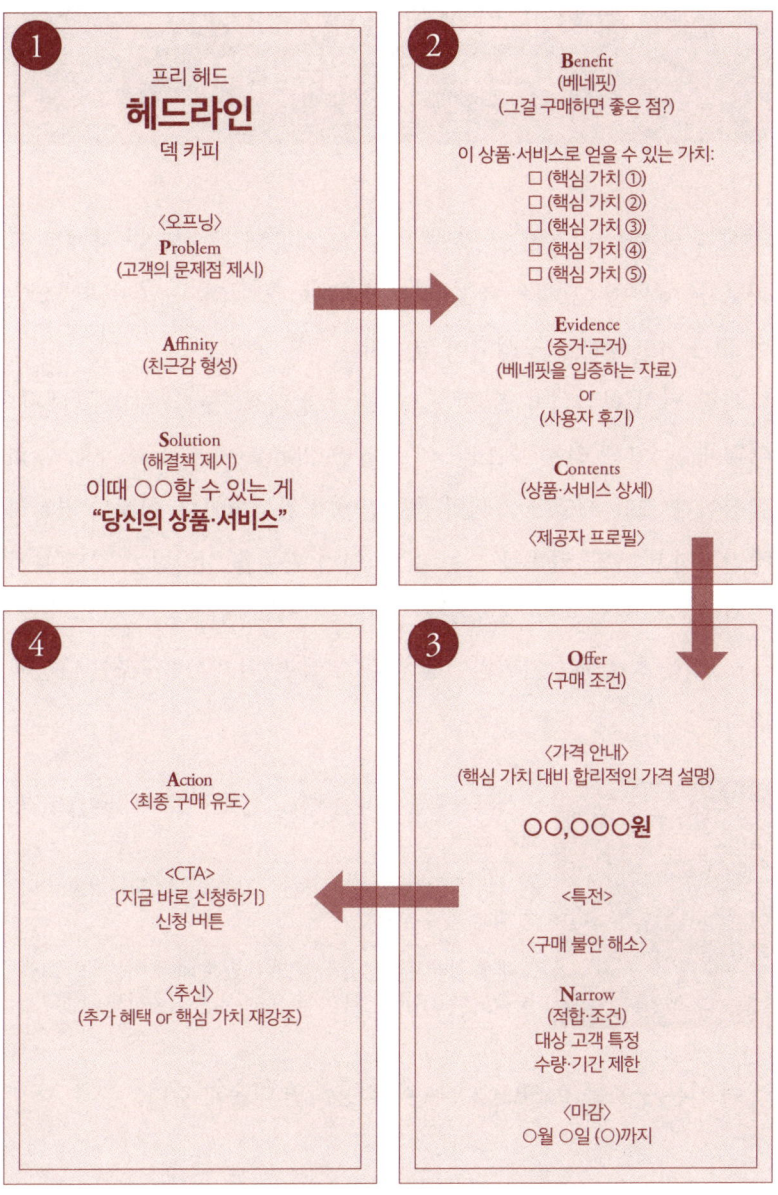

제5장 지금 온라인에서 통하는 설득의 공식 'PASBECONA'(파스비코나)

4. 실제 상세페이지 사례로 보는 '파스비코나' 활용 전략

이제 실제로 '파스비코나PASBECONA'를 적용해 작성된 SP 사례를 살펴보자. 예시는 〈고객을 창조하는 카피라이팅 강좌: 고급편〉의 SP다. 이 SP가 어떤 구조로 구성되어 있는지를 설명하겠다.

가장 먼저 확인해야 할 것은, 제4장에서 다룬 "누가·무엇을 해서·어떻게 되었나?"라는 구조다. 이 문장은 PMMProduct Market Matching의 핵심이자, 모든 세일즈 카피의 출발점이자 완성형이다. 이것이 명확히 정리되지 않으면, 카피를 쓰는 것도, 영업 활동을 시작하는 것도 불가능하다. 즉, PMM은 SP 전체를 끌고 가는 서사의 뼈대다.

〈고객을 창조하는 카피라이팅 강좌: 고급편〉의 PMM 구조는 다음과 같다.

누가	자신의 능력을 살려 성장하고 싶지만 판매에 어려움을 겪는 사람이
무엇을 해서	강사의 직접 피드백이 가능한 "고객을 창조하는 카피라이팅 강좌"를 수강해서
어떻게 되었나?	고객 동기부여 문장을 작성할 수 있게 되어, 이상적인 고객을 확보하고 자신만의 방식으로 수익을 창출하게 되었다

이 기본 구조를 'PASBECONA'에 적용하면 다음과 같다.

■ '파스비코나' 적용 버전

Problem 문제	누군가는 기술을 멈추고 포기하지만, 누군가는 같은 능력을 가지고도 더 크게 성장합니다. 이 차이를 만드는 건 무엇일까요? 바로 '고객을 창조하는 문장력'입니다.
Affinity 공감	영업 경험이 없어도, 글을 잘 쓰지 못해도 괜찮습니다. 고객의 마음을 움직이는 데 필요한 건 특별한 재능이 아니라 원칙과 순서입니다. 지금까지는 단지, 배울 기회가 없었을 뿐입니다.
Solution 해결	대부분이 잘 모르는 '고객 창조 문장 공식'. 이 핵심 기술을 〈고객을 창조하는 카피라이팅 강좌: 고급편〉에서 단계별로 배웁니다.
Benefit 혜택	원리만 이해하면, 누구든 구매 욕구를 이끌어내는 문장을 쓸 수 있습니다. 그 결과, 이상적인 고객을 끌어오고, 성과로 이어지는 글쓰기가 가능합니다.
Evidence 증거	이미 수강한 분들은 이렇게 말합니다. (고객 실제 후기 삽입)
Contents 내용	강좌는 다음과 같이 진행됩니다. • 온라인 라이브 세션 2회 • 슬라이드 영상 강의 5회 1개월간 전용 사이트에서 강사 피드백 (강사 프로필 소개)
Offer 제안	수강료: 99,000원 + 특별 혜택 3종 제공 + 100% 만족 보증제 운영
Narrow 적합	이런 분에게 추천: _____ 이런 분에게는 비추천: _____ 정원 50명 한정 / 신청 마감: 7월 1일
Action 행동	지금 바로 수강 신청하기 P.S. 만족스러운 경험이었다면, 지인에게도 추천해주세요.

이를 최종적으로 SP로 마무리한 것이 다음 사례다.

■ 공개된 최종 SP

시간과 장소의 제약 없이
원격으로 일할 수 있다!

풍요로운 삶을 위한

단 하나의
핵심기술

프리 헤드

헤드라인

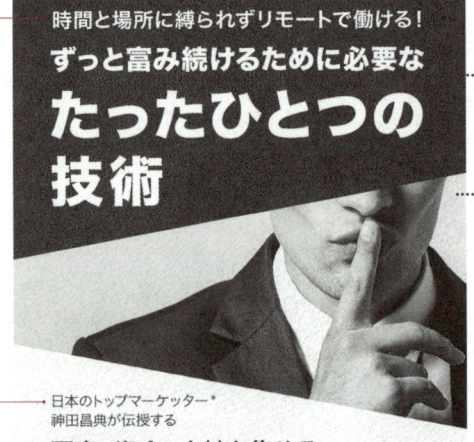

일본 최고의 마케터*
간다 마사노리가 알려주는
고객·자금·인재를 모으는 핵심 원리

덱 카피

여기부터
오프닝

강연장으로 가는 택시 안에서

백발이 섞인 택시기사가
조용히 한숨을 쉬었다.

"손님이 가시는 그 홀…
실은 제가 음향을 설계했던 곳입니다."

이야기를 들어보니 그는
전 세계를 누비던 음향 전문가였다.
하지만 몇 년 전, 후배에게 자리를
물려주고 은퇴했다.
전문성과는 전혀
다른 일을 하게 된 것이다.

반면에
비슷한 기술직 경력을 가지고도
은퇴 후 오히려 자신만의 영역에서
더욱 성장하는 전문가도 있다.

10개 이상 기업의 기술 고문을 맡고 강연과
인터뷰 요청이 쇄도하고 있다.

지금까지 쌓은 전문성을 — 今まで身につけた能力を

포기하는 사람
Vs.
더욱 발전시키는 사람

手放さざるを得ない人 VS さらに発展させられる人

여기부터
Problem(문제)

이 차이는 무엇일까?
단 한 장 차이다

その違いは、何でしょうか？
違いは、紙一重

아무리 뛰어난 능력과 경험이 있어도
'고객을 창조하는 힘'이 없다면
지속적인 수익을 만들 수 없다.

どんなに優れた能力や経験があっても
「顧客を創造する力」
がなければ、稼ぎ続けることはできません。

여기부터
Affinity(공감)

'영업 경험이 전혀 없는데…'
'영업에 자신이 없지만…'
걱정하지 마시라.

고객을 창조하는 데
반드시 영업 경험이
있어야 하는 것은 아니다.

경험이 없더라도
매력적인 컨셉을 만들고
고객의 마음을 움직이는
글쓰기 능력만 있으면 충분하다.

「営業なんてやったことない…」
「営業は大の苦手…」
ご心配なく。

顧客を創造するために
営業経験は必ずしも必須ではありません。
営業経験がまったくゼロでも
顧客を魅了するコンセプトを作り
顧客を動機づける文章を
組み立てる力
があればいいのです。

「自分は、文才がないから、難しそうだ…」
そう諦めるのは、あまりにももったいない。

'재능이 없어서 어려울 것 같아…'
이런 생각으로 포기하기엔 너무 아깝다.

고객의 마음을 움직이는
글쓰기에는 창의력이나
문학적 감각이 필요하지 않다.

고객을 창조하는 글쓰기에는
명확한 원칙이 있어
이것을 따르기만 하면 된다.

아쉽게도
이런 글쓰기의 원칙은
학교나 직장에서 배울 기회가 없다.

지금까지 당신이
몰랐던 것이 당연하다.

대부분은
이런 기술이 있다는 사실조차
모른 채 살아간다.

여기부터
Solution(해결)

대다수가 모르는 고객을 창조하는
글쓰기 기술이야말로
풍요로운 삶을 위한
유일한 핵심 기술이다.

이 기술을 마스터할 수 있는

온라인 강좌

고객을 창조하는
카피라이팅 강좌
고급편

95.8% 수강생이 "막연했던 컨셉이 단번에 명확해졌다"고 평가한 강의,
이제 온라인으로 학습할 수 있다.
(2018년 1월 오프라인 강의 → 온라인 전환)

우리가 말하는 원칙은
5W1H나 피라미드 구조가
아니다.

더구나
심리 조작이나
선동과도 거리가 멀다.

기존 카피라이팅과는 달리
이 강좌의 핵심 원칙을 익히면

당신과 회사에 공감하는
이상적인 고객을
끌어올 수 있다

강좌에서 배우게 될
주요 내용을 살펴보면…

原理原則といっても
~~5W1H~~ や ~~ピラミッド・ストラクチャー~~
のことではありません。

ましてや、
~~心理操作する文章~~ や
~~煽る文章~~ でもありません。

今までのコピーライティングとは違い
この講座で学べる原理原則
を押さえると

あなた自身やあなたの会社に **共感** する
理想 の 顧客 を 創造
できるようになります。

あなたが身につける知識と技術
のほんの一部をあげれば・・・

**여기부터
Benefit(혜택)**

'구매 요청'을 '판매 제안'으로
전환하는 3가지 핵심 요소

당신은 고객에게 부탁하며 판매하는가, 아니면 고객이 먼저 찾아오게 만드는가?
이 차이를 만드는 3가지 핵심 요소가 있다. 이 요소를 이해하면, 고객과의 관계가 완전히 달라진다. 간단한 질문으로 핵심을 함께 찾아보자.

「買ってください」を「売ってください」
に変える3つの柱を見つける簡単な方法。

あなたは、お客さんに頼んで買ってもらいますか?
それとも、お客さんから頼まれて売りますか?
それを分ける秘訣が3つの柱にあります。これによって、あなたとお客さんの関係が180度変わります。そして、3つの柱を見つけるには、シンプルな質問に答えるだけでOKです。

문장 작성 전
반드시 확인할 2가지 요소
이것이 잘못되면
판매는 실패한다

아무리 좋은 문장이라도 비즈니스 모델에 문제가 있다면 소용 없다. 복잡한 전략보다, 이 2가지 핵심을 점검하는 것이 가장 빠르고 확실한 방법이다. 대부분의 판매 실패는 이 두 요소에서 시작한다.

文章を書く前にチェックすべき2つの要素
これが間違っていると売れません

文章がよくても、ビジネスモデルに問題があれば全て台無しに。ビジネスモデル構築というと難しい作業をイメージされるかもしれませんが、たった2つの要素にフォーカスした世界一シンプルなビジネスモデルの作り方があります。売れない原因の大半はこの要素に問題があるのです。

文章以外にも使える
人を動かす情報配列の秘密

人は強制されてもなかなか動きません。北風と太陽の話のように、自ら納得して自然に行動してもらうための秘密があるのです。この秘密を知っていれば、プレゼン資料やスピーチ原稿などにも応用できます。

글쓰기를 넘어선
행동을 이끌어내는 정보 설계의 원칙

강력한 문장은 사람을 움직인다. 이솝 우화의 '바람과 해'처럼, 자연스럽게 행동을 유도하는 정보 설계의 원리가 있다. 이 원칙은 프레젠테이션, 연설문, 세일즈 자료 등 다양한 상황에서 활용할 수 있다.

뛰어난 문장력이 있어도 판매로 이어지지 않으면 의미 없다. 구매 결정의 3가지 핵심 요소

이 중 하나라도 부족하면 구매 직전에 취소할 가능성이 높다. 분위기가 좋았는데도 계약이 성사되지 않는다면, 이 3가지 요소 중 무엇인가 빠져 있을 것이다.

素晴らしい文章が書けても売れなければ意味がない。
人が購入を決断する3大要素とは？

この要素のどれかが欠けていると、購入直前でやめてしまう確率が高くなります。いい線までいっているはずなのに、なぜか成約できていないとしたら、3大要素のどれかが欠けているはず。

평범한 비즈니스 문서를 충성 고객을 만드는 편지로 바꾸는 마법의 한마디

비즈니스 문서는 간단명료해야 한다고 하지만, 글의 목적을 제대로 이해하지 못하면 아무리 정중해도 의도가 전달되지 않는다. 비즈니스 문서를 매력적으로 변화시키는 '한마디'가 있다. 이를 통해 상대방에게 더 좋은 인상을 남기고 오래 기억될 수 있다.

ただのビジネス文書を、あなたのファンを増やす魔法の手紙に変える、とっておきのひとこと

ビジネス文書は丁寧に、用件だけを簡潔にと言われますが、文章を書く目的の理解が違っていると、いくら丁寧に書いても、あなたの意図は伝わりません。ビジネス文書を見違えるように魅力的にする、「ひとこと」があります。これで、あなたへの印象がグッとよくなり、相手の記憶にも残ります。

매출은 높이면서 불필요한 고객은 피하는 방법 스트레스까지 줄일 수 있다

'선동'으로는 일시적인 매출 증가는 가능하지만, 그렇게 모은 고객은 오히려 문제를 일으킨다. 얻는 이익보다 부작용이 더 크다. 원하는 고객과만 거래한다면 스트레스도 줄일 수 있지 않을까?

売上を上げつつ嫌な顧客を引き寄せない秘訣
ストレス軽減の効果も

「あおり」を使えば一時的に売上を上げることはできても、それで集めた顧客は、あなたに面倒なことをもたらします。得られる利益よりも、マイナス影響の方が多いもの。望む顧客とだけ取り引きできれば、ストレスが減るのではないでしょうか？

이 강좌가 도움 될 직종

비즈니스 문장력을 높이면
업무 자신감이 커진다.
다음과 같은 분들에게 특히 유용하다.

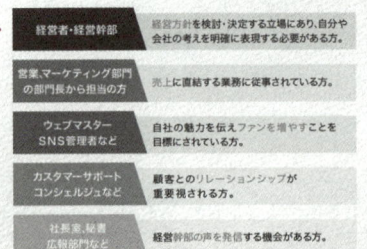

- 경영자·임원진: 경영 방침과 회사의 비전을 명확하게 전달해야 하는 분
- 영업·마케팅 담당자: 매출 증대를 위해 설득력 있는 커뮤니케이션이 필요한 분
- 웹·SNS 담당자: 회사의 가치를 효과적으로 알려 팬층을 넓히고자 하는 분
- 고객 응대·서비스 담당자: 고객과의 원활한 소통이 핵심인 분
- 홍보 담당자: 경영진의 메시지를 정확히 전달하는 분

- 인사·채용 담당자: 매력적인 채용 공고를 작성해야 하는 분
- 컨설턴트·교육자: 자기 브랜딩이 필요한 분
- 제2의 커리어 준비자: 경험을 살려 '자기를 어필'하며 새로 도전해야 하는 분

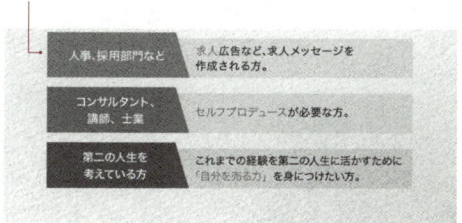

학습 내용 활용 분야

상세페이지
블로그
이메일 뉴스레터
DM
홈페이지
전단
각종 업무문서
(감사장, 사과문,
안내문, 약속 일정 등)

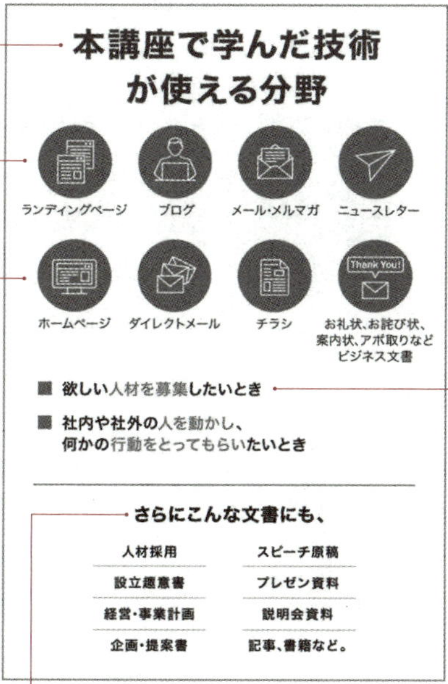

원하는 인재를 효과적으로
모집하고 싶을 때

사내외 사람들의 관심과 행동을
이끌어내고 싶을 때

기획 / 제안 문서
채용 공고   연설문
설립 취지서 프레젠테이션 자료
사업 계획서 설명회 자료
제안서   기사/도서 등

수강생 후기

여기부터
Evidence(증거)

既に受講された方はどのような
感想をお持ちでしょうか？

비즈니스의 보물을 발견했습니다!

간다 선생님의 친절한 조언 속에
담긴 날카로운 통찰이 인상적이었
습니다. 비즈니스에 꼭 필요한 보
물을 얻은 것 같습니다. 이를 실제
업무에 적극 활용하여 더 효과적인
상세페이지를 만들어내겠습니다.

인생의 동행자® 파이낸셜 플래너
마키노 히사카즈

ビジネス展開の宝物をいただきました！

最終セッションで、紳田さんから添削をしていただいた牧野寿和です。思わぬ機会をいただき、びっくりするやら感謝しております。あらためて動画をみて、紳田さんの優しい言葉のなかにも、内容が的確で鋭いご指摘ばかりで、これからの私のビジネス展開の宝物をいただきました。ただ、飾っておくのではなく、大いに活用させていただきます。今後は、この講座の内容を度々振り返ることで、より効果的に結果の出るランディングページが書けると思っていますので、実際の仕事の場で生かしていきたいと思っています。

人生の添乗員® ファイナンシャルプランナー
牧野 寿和 様

업무 자부심과 글쓰기 실력이
크게 향상되었습니다!

30일간의 과정이 순식간에 지나갔
습니다. 매번 받은 세심한 피드백
덕분에 글쓰기 속도가 빨라졌고,
독자를 고려하는 습관이 생겼습니
다. 현 직무를 더 깊이 이해하게 되
어 자부심도 커졌습니다.

프랑스 국립 리옹 국립가극장
비올라 연주자
오야 아야코

今の仕事に大きな誇りが持て
文章を書くのが1段階速くなりました！

衣田先生、初めから最後の課題まで、常に適切なアドバイスをどうもありがとうございました！本当に30日間は、あっという間でした。与えられた5つの課題を、指定されている型にはめて、とにかく提出することを大事にしましたが、毎回ご丁寧なフィードバックを頂き、文章を書くのが1段階速くなりました。そして、今は、常に読み手を意識するように心掛けています。今回の課題のお陰で、現職場の事を詳しくアウトプットのために調べ、今の仕事に大きな誇りを持つ事が出来ました！確かに今までにない経験を持つ事が出来、心から感謝いたします！

音楽家
（フランス国立リヨン歌劇場管弦楽団ヴィオラ奏者）
大矢 章子 様

새로운 가능성을 발견했습니다!

自分ならではのビジネスの展開を
実現します！

先生方から頂戴したアドバイスも、この場で共に学んでくださった皆さまからの学びも本当にありがたかったです。リアルに活用していくこと、そして、引き続き学び、フィードバックできる場面ではそれを行い続けること、それらでお返しできればと思います。今後も、自分だからこそできるSDGsへの意識を持ったビジネスの展開。ワクワクしながら実現してまいります。

進学塾拓未（塾部門 探求部門）代表
一般社団法人日本青少年育成協会認定教育コーチ
尾瀬 嘉美 様

강사진의 전문적인 조언과 동료들과의 교류를 통해 값진 배움
을 얻었습니다. 이 경험을 실무에 적용하며 계속 성장하고, 다른
분들과도 나누고 싶습니다. 앞으로는 우리만의 방식으로 SDGs
를 실현하는 혁신적인 교육 비즈니스를 펼쳐나가겠습니다.

진학학원 다쿠미 대표
일본 청소년 교육협회 인증 교육 코치
오세 요시미

- 본질적인 자기 발견의 여정이었습니다

간다 선생님의 통찰력 있는 3가지 조언이 큰 깨달음을 주었습니다.
"도진 기타 콘서트"라는 새로운 이름을 제안받았을 때, 그동안 느꼈던 미묘한 불편함이 해소되었습니다. 기누타 선생님의 강의를 통해 자기 발견이 모든 시작점이라는 것을 깨달았고, 이 과정의 진정한 가치를 이해하게 되었습니다.
겉모습이 아닌 본질을 추구하는 것의 중요성을 전단 제작 과정에서 체득할 수 있었습니다.

自分を見つけることが原点だと気づきました！

紳田先生の私のチラシへの3つのコメント、びっくりです！
1. 名称をとうじんにしたら？と。早速、「とうじんギターコンサート」になりました。先生曰く「以前から違和感があった」らしいのです。
2. 権威からのコメントについて、先生曰く「その時がくるでしょう」とのこと。私も同感です。必然が待っている予感です。
3. ウラ面の文章を手書きに。あの枠内に入るかチャレンジします。また、衣田先生の講義とトレーニングで、自分を見つけることがスタート・原点であると気づき、この講座のすごさがスタート。小手先ではない本質をさぐることの大切さをちらし作りを通して実践させていただきました。適切なコメントアドバイス、本当にありがとうございました。

高知高専名誉教授（建築デザイン）
「たのしいとうじん企画」代表幹事
西岡 建雄 様

- 고치 고등전문학교 명예교수 (건축 디자인) '즐거운 도진 기획' 대표 니시오카 다테오

講座の進め方 — **여기부터 Contents(내용)**

開講日：2020年7月7日（火）

1 オンラインライブセッションとスライド動画のハイブリッド講座

- 강의 진행 방법

ライブセッション2回＋スライド動画5回
毎週火曜日に各Training動画が公開され
1週間毎に課題提出とフィードバックがあります。

Traning 0	お申し込み後すぐ	動画「ずっと富み続けるために必要なたったひとつの技術」
開講セッション	7月 7日（火）	オンラインライブセッション
Traning 1		動画『売れる言葉の並べ方 PASONAの法則と世界一シンプルなビジネスモデル』
Traning 2&3	7月14日（火）	日常文書も売れるようにする文章の型と人を動かす「3大要素」稼ぐ扉の鍵をあける5つの質問
Traning 4	7月21日（火）	LPを仕上げるPMMテンプレート①
Traning 5	7月28日（火）	LPを仕上げるPMMテンプレート②
最終セッション	8月11日（火）	オンラインライブセッション

開講、最終とも、ライブセッション（オンライン）は19:00～21:00です。
（収録動画でもご覧いただけます）

- ① 하이브리드 학습 구성
  실시간 온라인 세션(2회)과 전문 슬라이드 영상(5회)을 결합한 체계적인 학습 방식

- 매주 화요일
  신규 트레이닝 영상 공개
  주간 과제 제출 및 맞춤형 피드백 제공으로 실력 향상 보장

Training 0	즉시 수강 가능	"풍요로움을 유지하기 위한 핵심 기술" 영상
개강 세션	7월 7일(화)	실시간 온라인 오리엔테이션
Training 1		PASONA 법칙과 심플한 비즈니스 모델
Training 2&3	7월 14일(화)	• 효과적인 문장 구성법과 설득의 3요소 • 수익 창출을 위한 5가지 핵심 질문
Training 4	7월 21일(화)	상세페이지 최적화 - PMM 템플릿 기초
Training 5	7월 28일(화)	상세페이지 최적화 - PMM 템플릿 심화
최종 세션	8월 11일(화)	실시간 온라인 종합 정리

※ 실시간 세션은 녹화본으로도 시청 가능합니다.

실시간 온라인 세션

개강 세션
라이브 세션은 참가자들과의
실시간 상호작용을 통해 진행되어,
획일적인 온라인 강의에서는
얻을 수 없는 맞춤형
학습 경험을 제공합니다.

종강 온라인 세션

디지털 마케팅을 위한
전문적인 카피라이팅 기법을
간다 마사노리에게 직접 배웁니다.

수강생들이 제출한 과제 중 모범
사례를 선정하여 실시간으로 고객
중심 문장으로 변환하는 과정을 보
여드립니다.
완성까지의 사고 과정을 직접 확인
할 수 있으므로 실력 향상이 바로
바로 보입니다.
※ 모든 세션은 실시간 참여 또는
추후 녹화 영상으로 시청하실
수 있습니다.

슬라이드 영상 학습의 특징

시각 슬라이드와 강사의 음성 설명이 조화를 이루어 효과
적인 학습을 지원합니다.
중요 포인트를 반복적으로 확인하며 확실한 이해가 가능
합니다.
스마트폰으로도 시청 가능하여 시간과 장소에 구애받지
않고 자유롭게 학습할 수 있습니다.
※ 강좌 종료 후에도 계속해서 시청할 수 있습니다.

② 참가자 전용 그룹 사이트에서

2 参加者専用グループサイトで

1ヶ月間のフォロー

講師からのフィードバックや
受講者同士の交流で
一般的な通信講座のように1人で学ぶ孤独感がなく
楽しくスキルアップできます。

1개월 집중 실무 훈련
전문 강사의 피드백과
수강생들 간의 활발한 교류로,
일반 온라인 강좌와 달리
힘들게 독학하지 않고 즐겁게
실력을 향상시킬 수 있습니다.

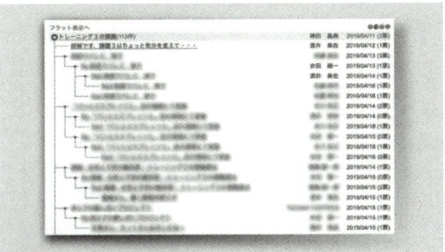

효과적인 학습 사이클
배운 내용을 실제 업무에 적용

발생한 의문점을
전용 커뮤니티에서 공유

강사와 참가자들의 피드백 수용,
피드백을 다시 업무에 반영

インプットしたことを
実際の仕事の場面にアウトプットします。
そこでインプットされた疑問点を
専用グループサイトでアウトプットします。
そして、講師や参加者同士から得られる
フィードバックをインプットし
また業務にアウトプットする。
このサイクルを回せるよう

OJT(On the Job Training) 방식으로
1개월 동안 체계적인 성장 지원

OJT講座 として1ヶ月のフォローアップがついています。

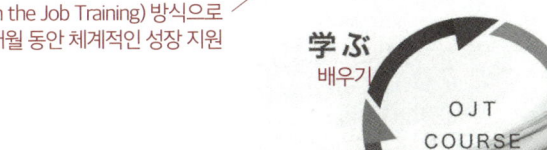

学ぶ 배우기
使う 사용하기
OJT COURSE
解消 해소
疑問 의문

강사소개 — 講師紹介

이 분야의 전문 기술을 익혀 공무원에서 시작하여 일본의 톱 마케터*, 나아가 국제적 마케팅상 심사위원 선정

→ 講師陣は、この技術を身につけたことで
役人から
日本のトップマーケター*、そして
国際的なマーケティング賞の審査員にも選出

＊『GQ JAPAN』（2007年11月号）

株式会社アルマクリエイションズ 代表取締役、
日本最大級の読書会『リードフォーアクション』代表理事

알마 크리에이션 주식회사 대표이사
일본 최대 규모 독서회
'리드 포 액션' 대표이사

上智大学外国語学部卒。ニューヨーク大学経済学修士、ペンシルバニア大学ウォートンスクール経営学修士。大学3年次に外交官試験合格、4年次より外務省経済部に勤務。戦略コンサルティング会社、米国家電メーカーの日本代表として活躍後、1998年、経営コンサルタントとして独立。

『GQ JAPAN』（2007年11月号）では、"日本のトップマーケター"に選出。2012年度、アマゾン年間ベストセラーランキング・ビジネス書部門で第一位。2013年、米国より招聘され、自ら開発した思考法「フューチャーマッピング」講座を開催したところ、世界から集まった知的プロフェッショナル200人の間で大絶賛のスタンディングオベーションとなり、2014年からは全世界展開されることになった。ビジネス分野のみならず、教育界でも精力的な活動を行っており、非営利活動法人学修デザイナー協会の理事を務める。国際的に権威あるマーケティング賞の審査員にも選出された。

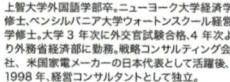

간다 마사노리

조치 대학교 외국어학부를 졸업하고 뉴욕대학교 경영학 석사, 펜실베이니아 대학교 와튼 스쿨 경영학 석사를 취득했다. 대학 3학년 때 외교관 시험에 합격해 4학년부터 외무성 경제국에서 근무했으며, 이후 전략 컨설팅 회사와 미국 가전 회사의 일본 대표를 거쳐 1998년 경영 컨설턴트로 독립했다.

『GQ JAPAN』(2007년 11월호)에서 '일본의 톱 마케터'로 선정되었고, 2012년에는 아마존 연간 비즈니스 서적 판매 랭킹 1위를 기록했다. 2013년에는 미국에 초빙되어 직접 개발한 사고법 "퓨처 맵핑" 강좌를 열어 전 세계에서 모인 200명의 전문가들로부터 뜨거운 호응을 받았으며, 2014년부터는 전 세계로 확장했다. 비즈니스 분야뿐 아니라 교육계에서도 활발히 활동하며 비영리 활동 법인학습 디자이너 협회 이사로 활동 중이다. 최근에는 국제적으로 권위 있는 마케팅상의 심사위원으로 선정되었다.

철강회사 혁신 리더에서,
장애 자녀를 위한
재택 라이터로

마케팅 카피라이터
알마 크리에이션
주식회사 콘텐츠
전략실 디렉터

기누타 준이치

스미토모 금속 공업 주식회사(현 일본제철주식회사)에서 다음과 같은 경력을 쌓았다.
- 15년간 국내외 자동차·가전 대기업 대상 영업 활동
- 6년간 영업 기획 부문에서 신규 비즈니스 모델과 시스템 구축
- 6년간 회사 합병 후 영업 관련 업무와 시스템 통합 담당
- 영업 실장, 기획부 부장으로서 조직 리더십 발휘

뇌성마비가 있는 자녀를 돌보기 위해 재택근무가 가능한 직종을 찾던 중 카피라이팅을 발견했다. 상품의 매력을 문장으로 표현해 클라이언트와 고객 모두를 만족시키는 일이 매력적으로 다가왔고, 기존의 영업·기획 경험을 살릴 수 있다고 판단해 마케팅 카피라이터로 전향했다.
현재는 알마 크리에이션 내부 및 클라이언트의 상세페이지(SP) 작성, 콘텐츠 전략 수립 및 실행, 카피라이팅 관련 강좌를 담당하고 있다.

"이 기술이 있다면 언제든 고객을 창출할 수 있어 미래가 불안하지 않습니다."

→ 2人とも、この技術があれば いつでも顧客を創造できるので 将来の不安がなくなったという意見で一致。

수강료 안내 ——————→ **受 講 料**

여기부터
Offer(제안)

문장의 힘, 매출의 차이 ——————→ 文章が違うだけで売上が2倍になったり 6倍になったりすることが実際にあるのです。

가격

- 적절한 문구 선택만으로도 매출이 2배에서 6배까지 폭발한 사례가 있습니다.
- 효과적인 문장력은 비즈니스 성장의 핵심 동력입니다.
- 회사에 이러한 실력자 한 명만 있어도 매출 상승을 기대할 수 있습니다.

それほど、売れる文章を書ける力は ビジネスの成長にとって価値ある技術なのです。

あなた自身が、あるいは会社の中に、ひとりでも この技術を身につけた人間がいるだけで どれほど売上があがるでしょうか？

맞춤형 학습의 중요성

→ また、文章というのは 商品や状況によって個別に違うので 画一的な学習方法では応用が難しく 実際の場面で具体的にどう書けばいいのか 迷うことが多いものです。

- 문장은 상품과 상황에 따라 달라지므로 획일적인 학습으로는 한계가 있습니다.
- 실무에서 마주치는 구체적인 상황에 대한 해결책이 필요합니다.

1ヶ月間のOJT講座は、スキルアップしながら あなた自身が直面する場面で 浮かんだ疑問や悩みに対して 講師陣や受講生同士から フィードバックが得られるのです。

1개월 OJT 과정의 특징

- 실력 향상과 동시에 실무 고민 해결
- 강사진과 동료들의 즉각적인 피드백
- 평생 활용 가능한 실무 기술 습득

평생 쓸 기술을 원하는 시간에 배울 수 있고 1개월 동안 팔로우업 해주는 강좌 전체

> こんな機会はめったにありません。
> 一生使える技術が好きな時間に学べて
> 1ヶ月間のフォローアップがついた講座の費用は

정가 ~~110,000엔~~ →
99,000엔(세금 포함)
*본 페이지 신청자 특별 할인가

> 定価 **110,000円**(税込) のところ
> このページからのお申し込み限定で
> **99,000**円(税込)

특별혜택 ——— 受講特典 ——— 특전

특전1 ——— 特典 1

간다 마사노리의 라이브 컨설팅 참관

간다 마사노리가 클라이언트 경영자를 위해 실시하는 멤버 한정 라이브 컨설팅

클라이언트의 사업 이야기를 듣고, 그 자리에서 고객의 마음을 움직이는 문장으로 바꾸는 전 과정을 지켜보실 수 있습니다.
기존의 사업 모델이 새로운 언어로 재구성되는 과정을 실시간으로 관찰할 수 있는 특별한 기회입니다.

> 神田昌典のライブコンサルティング
> オンライン視聴に特別ご招待
>
> 神田昌典が、クライアント経営者向けに実施する
> メンバー限定のライブコンサルティング。
>
> 神田昌典がクライアントの事業内容をヒアリングしつつ
> その場で、顧客を創造する文章へと書き換えて行きます。
>
> 目の前で事業モデルが書き換わり、
> また新たな言葉が生み出されるプロセスを
> オンラインでご覧いただけます。
>
> 開催日時:2020年7月10日(金)
> ※ 収録でもご覧いただけます。
> 視聴方法詳細はお申し込み後にご案内致します。

개최 일시: 2020년 7월 10일(금)
※녹화본 시청도 가능합니다.
자세한 시청 방법은 신청 후 안내해 드립니다.

특전2

PMM(PASBECONA) 템플릿 제공.
구성 요소를 '시각화'할 수 있고
순서를 채워 나가기만 하면
완성되는 궁극의 상세페이지 템플릿

※조기 신청 특전

7월 1일까지 신청하신 분께
『업무에 바로 써먹는 카피라이팅』 증정

법인 유료 회원지에 연재된
기누타 준이치의 실전 강의(전 6회)를
정리한 특별판

리스크 리버설
(안심 약속)

수강생 보호 정책

본 강좌는
개강과 동시에 강사진의
전문적인 지도가 시작되는
실시간 교육 프로그램입니다.
따라서 일반적으로 강좌 시작 후
환불은 어렵습니다.

그러나
저희는 이 프로그램의
가치를 확신합니다.
고객 창출 기술은 기업에서
한 사람이 습득하더라도 수년간
매출 상승을 이끌어낼 수 있는
귀중한 자산이 됩니다.

많은 분이
이 훌륭한 기술의 효과를
체험하시면 저희 회사와도
오랜 인연을 이어갈 수
있을 거로 생각합니다.

이에 다음과 같은
보증을 제공합니다.
트레이닝 3
(개강 2주차 종료 시점)까지
수강하신 후,
기대에 미치지 못한다고
판단하시면
이유를 묻지 않고
수강료 전액을 환불해 드립니다.

수강 대상 안내

이런 분께는 추천하지 않습니다.
- 상품이나 서비스를 과대 포장 하여 판매하고자 하는 분
- 단기 매출에만 집중하고 고객 과의 지속적 관계를 중요시하 지 않는 분
- 조잡한 말 기술로 고객의 심리 를 조작하고 싶은 분

満足保証

本講座は
単なる自習型のオンライン講座ではなく
講座スタート時から
講師およびチューターによる価値提供が
実際にはじまりますので
講座スタート後のご返金は
通常であればお受けしかねます。

しかし
顧客を創造する技術が
会社の中で、できる人がひとり育ちますと、
今後、何年間も、大きく売上をあげられる貴重な技術です。

たくさんの方に
この素晴らしい技術の効果を体験いただければ
私どもの会社とも、長くご縁をいただけることに
つながると思います。

それは、私どもにとっての大きな喜びでありますので
実際に、トレーニング3(開講後2週目終了時点)まで
ご受講いただき、これは違うとご判断されましたら
喜んで、受講料全額を
理由をお尋ねすることなくご返金いたします。

受講対象

여기부터
Narrow(한정)

■ **こんな方にはオススメしません。**
- 自分の商品やサービスを 実際以上に大きく表現して売りたい人
- 顧客と長期的な関係を築くより、 一瞬だけ売上を上げたい人
- 細かい言葉のテクニックで 顧客の心理を操作したい人

■ **一方、こんな方にはオススメです。**
- 売る力をつけて売上を大きく伸ばしたい人
- 顧客と長期にわたる関係を構築したい人
- 自分のメッセージで社員が会社に 愛着を持つようになって欲しい人
- 自分と周りを幸せにする言葉を編み出したい人
- 自分の思いは自分の言葉で伝えたいけど、 伝え方がわからない人

이런 분께는 추천합니다
- 영업력 향상을 통해 실질적인 매출 증대를 원하는 분
- 고객과의 신뢰를 바탕으로 장기적 관계를 구축하려는 분
- 직원들의 회사에 대한 애착과 소속감을 높이고 싶은 분
- 자신과 주변을 긍정적으로 변화시키는 소통의 기술을 배우고 싶은 분
- 자기 생각을 효과적으로 전달하는 방법을 찾고 계신 분

모집 안내

수강 정원: 최대 50명
강사와 수강생 간의 효과적인
쌍방향 학습을 위해
소수 정예로 운영됩니다.

연간 3-4회만 진행되는
특별 과정입니다.

신청 마감: 2020년 7월 1일(수)
※ 정원 조기 마감될 수 있습니다

이 독특한 기술을 배울 수 있는
귀중한 기회를 놓치지 마세요.

진정성 있는
비즈니스를 세계로

저희가 이 기술을 전파하는 데
그토록 열정적인 이유가 있습니다.
저희 역시 이 기술로
구원받았기 때문입니다.

처음부터 뛰어난 영업력이
있었던 것이 아닙니다.
하지만 위기의 순간에 만난
이 혁신적인 문장 기술은
저희의 시야를 완전히
바꾸어 놓았습니다.

처음에는 의심스러웠지만,
실제로 적용해보니 좋은 상품임에도
판매가 어려웠던 것들이
놀라울 정도로 잘 팔리기 시작했습니다.
눈이 확 트이는 경험이었습니다.

이 경험은 비즈니스 리더로서
흔들리지 않는 자신감의
토대가 되었습니다.

효과적인 언어로
상품의 진정한 가치를 전달하는 것은
단순한 판매 기술이 아닙니다.
이는 인간만이 가진 창조적 능력을
사회에 공헌하는 의미 있는 일이라고
저희는 믿습니다.

募集人数・申込締切

あなたと講師、そして受講生同士の学び合いという
インタラクティブ (双方向) な学びのため
最大50名まで
とさせていただきます。

また、本講座は年に3、4回しか開催しておりません。
今回の募集は
7月1日(水)まで
締切日前でも募集人数に達した段階で
募集終了となります。

いつでも、どこでも学べるわけではないこの技術。
この機会をお見逃しなく。

**本物企業、本物商品を
日本から世界へ**

私たち講師には、この技術を
あなたに伝えなければならない
止むに止まれぬ動機があります。
それは、私たち2人が
この技術により、救われたから。

私たちは、当初から「売る力」に
自信があったわけではありません。
しかし、それに向きあわざるを得なくなったときに
出会ったのが、この画期的な文章術でした。

それは目からウロコの体験でした。
当初は半信半疑でしたが、実際に取り組んでみると
いままで本当にいい商品なのに、売りづらかった商品が
面白いほど売れるようになったのです。

それは、何よりも、自分の人生
そして会社の売上を担う立場に
揺るぎない自信をもたらしました。

はじめに言葉ありき。
あなたが大切にする商品を売る言葉を生み出すことは
あなた自身の生まれ持った才能を
社会に向かって表現することと同じです。

적합·마감

여기부터
Action(행동)

이는 인간만이 할 수 있는
고유한 가치라고 굳게 믿습니다.

앞으로도 여러분과 함께
진정한 가치를 지닌 기업, 상품
그리고 인재들을
응원해 나가고 싶습니다.

간다 마사노리
기누타 준이치

> この仕事は、人間でしかできないことだと
> 私たちは固く信じています。
>
> あなたとともに
> これからの世界にとって価値ある
> 本物の会社、商品、そして人材を応援できることを
> 心から楽しみにしております。
>
> 神田 昌典
> 衣田 順一

고객을 창조하는 카피라이팅 강좌,
고급편
신청은 이쪽으로 ▶

顧客を創造するコピーライティング講座
アドバンス編のお申し込みはこちら ▶

CTA

추신 ▶ 追伸

추신(P.S)

<고객을 창조하는 카피라이팅 강좌>는 수강생들의 자발적인 추천으로 널리 알려져 왔습니다.
강좌를 수강하신 후 만족하셨다면, 주변 동료나 지인분들께도 소개해 주시면 감사하겠습니다.
여러분의 추천으로 더 많은 진정성 있는 기업과 상품이 세계로 나아갈 수 있습니다.

『顧客を創造するコピーライティング講座』は、ご受講いただいた方からご紹介をいただく比率が非常に高い講座です。
あなたもご受講いただいて、ご満足いただけましたら、ぜひ同僚・ご友人へ、ご共有いただければ幸甚に存じます。
そうすることで、本物の企業、本物の商品が、日本から世界へと広がります。

顧客を創造するコピーライティング講座
アドバンス編のお申し込みはこちら ▶

CTA

고객을 창조하는 카피라이팅 강좌, 고급편
신청은 이쪽으로 ▶

5. 상세페이지 구성 요소별 비중과 영향력

'파스비코나' 방식으로 구성된 상세페이지의 각 요소가 전체에서 차지하는 비중과 실제 계약 성사에 미치는 영향을 분석했다. 흔히 "SP의 80퍼센트는 헤드라인에서 결정된다"고 하지만, 다른 요소들도 각자의 중요한 역할이 있다.

아래는 "고객을 창조하는 카피라이팅 강좌 고급편" SP를 기준으로 한 실무 경험 기반 분석이다. 각 파트가 계약 성사율에 미치는 영향과 문장 분량의 관계를 정리했다. 어디까지나 저자들이 카피라이팅 현장에서 일해온 경험치를 기반으로 했다.

■ 구성 요소별 영향도 분석

요소	계약 성사율에 미치는 영향	문장 분량** 글자 수	이미지 비중
헤드라인	20%	104	1%
P(문제)	10%	336	4%
A(공감)	10%	360	4%
S(해결)	5%	256	3%
B(혜택)	15%	1,511	19%
E(증거)	10%	1,219	15%
C(내용)	5%	2,219	27%
O(제안)	10%	1,093	13%
N(적합)	10%	410	5%
A(행동)	5%	665	8%
합계	100%	8,173	100%*

* 반올림으로 인한 오차 있음
** 문장 분량은 일본어 기준

구성 요소별 영향력 분석 (총 100%)

- 헤드라인+오프닝(P+A): 약 40%의 영향력
  → 첫인상과 몰입 유도를 결정짓는 핵심 파트.
  클릭, 스크롤, 관심 유무가 여기서 갈린다.
- 혜택 설명(B): 약 15%의 영향력
  → 고객이 얻는 가치를 구체적으로 언급하며, 감정보다 논리적인 설득력을 책임진다.
- 행동 유도(CTA): 문장 분량은 작지만, 필수 요소
  → 전체에서 약 5% 수준의 짧은 문장이지만, 구매 전환이라는 실질적 행동을 유도하는 유일한 파트다. 아무리 훌륭한 SP라도 CTA가 없으면 실질적 '행동 전환'으로 이어지기 어렵다.
  예: "지금 바로 신청하세요", "마감 전에 클릭하세요" 등
- 기타 (S, E, C, O, N 등): 나머지 40%의 설득 흐름을 구성
  → 솔루션 제시, 증거 제시(리뷰 등), 콘텐츠 정보, 제안 조건, 타깃 제한 등이 여기에 포함된다. 전체 흐름의 연결성과 신뢰 형성에서 중요한 역할을 한다.

이는 전체를 100퍼센트로 했을 때의 상대적 수준이다. 특히 CTA는 짧고 마지막에 위치하지만, 전환을 결정짓는 문장이라는 점에서 전략적으로 반드시 포함되어야 한다. 구매·신청 방법이 명확히 안내되지 않으면, 아무리 설득력 있는 콘텐츠라도 '행동'으로 이어지지 않는다.

이 상세페이지의 전체 문장량은 8,173자 일어 기준이나, 프로젝트 성격에 따라 더 많거나 적을 수 있다. 여기서 말하는 헤드라인은 단순한 큰

표제가 아니라 프리 헤드와 덱 카피를 포함한 헤드라인을 지탱하는 모든 요소를 포함한다. 다음이 그 예시다.

■ 전체가 헤드라인

- 시간과 장소에 구애받지 않는 원격 근무!
- 풍요로운 삶을 위한
- 단 하나의 기술
- 일본 정상급 마케터* 간다 마사노리가 공개하는
- 고객·자금·인재가 모이는 성공의 원리

헤드라인은 '시간과 장소에…'부터 주석인 『GQ JAPAN』까지 일어 기준 104자로, 문장 분량으로는 1%에 불과하나 계약 성사율에 미치는 영향은 20%에 달한다. 반면 내용Contents 부분은 문장량이 2,219자로 전체의 27%를 차지하지만, 계약 성사율에 미치는 영향은 5%에 그친다. 따라서 문장량이 많은 부분을 잘 썼다고 안심해서는 안 된다.

■ 문장량과 계약 성사율은 반비례한다

요소	계약 성사율에 미치는 영향	문장량 이미지	
		글자 수	비중
헤드라인	20%	104	1%
C(내용)	5%	2,219	27%

증거E나 내용C은 계약 성사에 미치는 상대적 비중은 작지만, 문장량은 가장 많은 부분을 차지한다. 이처럼 문장량과 계약 성사의 비중은 비례하지 않고, 오히려 반대다.

SP는 각 요소가 함께 힘을 쓰는 총력전이므로 어느 하나도 소홀히 해서는 안 된다. 문장량이 적은 부분이라도 대충 써서는 안 되며, 처음부터 끝까지 탄탄하게 작성해야만 비로소 신청 버튼으로 이어진다.

6. 기획서·제안서·프레젠테이션에도 적용되는 '파스비코나'

내기누타가 카피라이팅을 통해 제2의 인생을 열 수 있다고 확신하게 된 결정적 계기는 "페소나의 법칙"과의 만남에 있었다. 25년 이상 회사원으로 재직하며 수많은 사내외 기획서와 제안서를 작성해왔는데, 그 핵심이 바로 "페소나의 법칙"으로 완벽하게 설명되었기 때문이다.

기획서와 제안서는 본질적으로 자신의 의도를 전달하고 상대방을 행동하게 만드는 도구다. 대형 철강회사에서 일하면서 거대한 설비와 관련된 수많은 관계자와 소통해야 했다. 개별 대화도 있었지만, 동일한 내용을 짧은 시간 내에 여러 관계자와 공유하고 협조를 얻기 위해서는 문서화가 필수였다.

오랜 시행착오 끝에 나만의 문장 틀은 만들었으나, 그 근본 원리는 이해하지 못했다. 그러다가 "페소나의 법칙"을 접하고 나서야 깨달았다. 타인을 행동하게 만드는 문장의 본질이 바로 이 법칙 안에 다 담겨 있었다. "무엇을 어떤 순서로 전달해야 상대방이 이해하고 행동할까"라는 오랜 고민이 마침내 해결된 것이다.

세일즈 레터나 상세페이지와 달리 기획서·제안서는 '구매 유도'가 아닌 '기획과 아이디어 승인'이 목적이다. 그러나 사람을 이해시키고 행동하게 만드는 원리는 동일하다.

이후 웹·스마트폰 시대에 맞춰 '페소나'를 업그레이드하여 '파스비코나'를 개발했다. 베네핏혜택, 에비던스증거, 콘텐츠내용가 독립적으로 구성되어 있어 기획서·제안서에 더욱 자연스럽게 적용할 수 있다.

첫째, Affinity친근 파트는 단순한 감정적 친근감 표현을 하는 부분이 아니다.

여기서는 문제를 방치했을 때 발생할 수 있는 리스크나, 문제의 근본 원인, 또는 공통의 적을 제시하여 상대방이 스스로 공감하도록 유도해야 한다. 이를 통해 상대는 "일리 있네"라고 느끼며, 해당 이슈를 자신의 문제로 인식하게 된다.

둘째, Offer제안 파트에서는 단순한 판매 조건이 아니라 실행에 필요한 비용 그리고 투자 대비 예상 효과를 구체적으로 제시해야 한다. 상대가 실현 가능성을 판단할 수 있도록 명확한 숫자와 근거 중심으로 설득하는 것이 핵심이다.

기안서는 기본적으로 문장 중심의 설득 문서이므로, PASBECONA의 흐름을 그대로 적용할 수 있다. 슬라이드 형식의 기획서나 제안서의 경우에는, 이 흐름을 각 슬라이드의 구성 순서에 맞춰 적용하면 된다.

다음은 관리자인 당신이 부하직원 A로부터 받은 제안서 사례를 통해, PASBECONA가 어떻게 구성되는지 살펴보자.

〈사내 시스템 개선 제안서〉
업무 효율 향상 및 고객 만족 극대화를 위한 제언

〈Problem〉 현재 상황
15년 전에 구축된 사내 시스템의 노후화로 다음과 같은 문제 발생
- 모바일 연동 부족으로 고객 정보 제공 지연 → 고객 불만 발생
- 정보 갱신 시 수작업 필요 → 담당자 4명이 하루 1시간, 총 4시간 낭비

〈Affinity〉 리스크
현 시스템 유지 시 예상되는 문제점
- 고객 만족도 지속적 하락
- 수작업 과정에서 담당자 교체 시 심각한 오류 발생 → 신뢰 상실 위험

〈Solution〉 해결안
○○ 시스템 도입

〈Benefit〉 기대효과
1. 시스템 측면
- 모바일 및 주변 시스템과의 원활한 연동
- 고객 불만 해소

2. 업무 효율
- 수작업 80% 자동화
- 일일 3.2시간, 월 64시간 업무시간 절감

⟨Evidence⟩ 도입 실적

이미 다수 기업에서 생산성 향상 효과 입증:

- A사 사례: ○○○○
- B사 사례: ○○○○ …

⟨Contents⟩ 도입 절차

1주일 내 완료 가능한 간단한 프로세스

- 스텝 1: ○○
- 스텝 2: ○○ …

⟨Offer⟩ 비용 및 투자효과

- 초기 투자: 150만 원
- 월간 절감효과: 64시간 × 시급
- 추가 이익: 잔업 수당 절감
- 투자회수 기간: ○개월

⟨Narrow⟩ 시급성

시스템 도입을 통해

- 수작업 오류 방지 및 고객 만족도 제고 → 즉각 도입 필요

⟨Action⟩ 요청 사항

자체 설정 가능한 시스템이므로 신속한 도입 승인을 요청드립니다.

상사라면 기안서를 받았을 때 핵심이 명확하면 바로 컨펌하고 싶을 것이다. 세부 정보가 보강되더라도 본질이 드러나면 이해에 무리가 없다. 기획서·제안서·프레젠테이션도 세일즈와 마찬가지로 베네핏이 핵심이다. 단순한 주장만으로는 상대를 움직일 수 없다. 제안 수용 시 어떤 이점이 있는지를 보여줄 때 행동으로 이어진다.

다음은 기획서·제안서에 PASBECONA를 적용할 때 핵심 포인트다.

■ '파스비코나' 작성 가이드

파츠	쓰는 내용
Problem 〈문제〉	• 현재 직면한 문제점 • 문제가 초래하는 구체적 악영향
Affinity 〈친근〉	• 문제 방치 시 예상되는 리스크 • 시간·비용 손실, 신뢰도 하락 등
Solution 〈해결〉	구체적인 해결 방안 제시
Benefit 〈혜택〉	제안 수용 시 얻을 수 있는 구체적 혜택
Evidence 〈증거〉	기대 효과의 근거 제시
Contents 〈내용〉	세부 실행 방안 설명
Offer 〈제안〉	비용 조건 및 투자 대비 효과 입증
Narrow 〈적합〉	목표 달성과의 연관성 명시
Action 〈행동〉	요청하는 구체적 행동 제시

이 구조에 따라 작성하면 작성자는 논리적으로 전개할 수 있고, 독자는 상사든 부하든 고객이든 자연스럽게 내용에 몰입하게 된다. 거절할 이유가 없고 다음 단계가 명확하다면, 원하는 방향으로 상대방을 움직일 수 있다.

이 장의 포인트

- '페소나PESONA의 법칙'은 성공적인 세일즈 레터의 구조를 체계화한 것이다.
  Problem문제, Empathy공감, Solution해결, Offer제안, Narrow적합, Action행동의 6가지 요소로 구성

- '파스비코나PASBECONA'는 '페소나'를 온라인 시대에 맞춰 확장·발전 시킨 것이다.
  Problem문제, Affinity친근, Solution해결, Benefit혜택, Evidence증거, Contents내용, Offer제안, Narrow적합, Action행동의 9가지 요소로 구성

- 'PASBECONA 템플릿'으로 SP 필수 요소를 빠르고 완벽하게 구성할 수 있다.

- 상세페이지는 문장 분량보다 구성 요소의 완성도가 더 중요하다. 짧은 글이라도 모든 요소가 명확하게 들어가야 계약 성사율이 높아진다.

- 'PASBECONA'는 사람을 움직이는 보편적 원리로, 세일즈 레터뿐 아니라 기획서, 제안서, 프레젠테이션 등 다양한 비즈니스 문서에 효과적으로 활용할 수 있다.

제**6**장

PMM을 찾아내는 'PMM 서치 시트'

파스비코나PASBECONA 템플릿은 상세페이지SP의 뼈대를 완성하는 설계도. 상세페이지 없이 판매를 시작하는 건, 영업사원 없이 계약을 따내려는 것과 같다. 팔고 싶다면 SP를 효율적으로 만드는 것부터 시작해야 한다.

매출을 키우는 열쇠는 SP의 소구력이다. 그리고 그 소구력을 폭발시키는 단 하나의 질문이 있다. 바로 PMM, "누가·무엇을 해서·어떻게 되었나?"다. 이 질문을 깊이 파고들면 타깃의 심장을 찌르는 '꽂히는 카피'가 만들어진다.

기억하라. "무슨 말을 할까"가 "어떻게 말할까"보다 훨씬 중요하다. 이 장은 궁극의 PMM을 찾아내는 법을 다룬다. 당신의 매출 곡선을 바꿀 내용이니 한 줄도 흘리지 말고 읽어라.

1. PMM 서치 시트의 성패를 가르는 5가지 사전 질문

PMM을 효과적으로 다듬으려면 자신의 상품·서비스를 깊이 있게 반복적으로 분석해야 한다. 이 '리서치' 단계에서 얼마나 준비에 시간을 투자하는지가 관건이다. 상품·서비스, 고객, 경쟁사에 대한 분석의 깊이가 상세페이지의 성패를 좌우한다.

미국의 카피라이팅 업계에서는 타깃 분석을 특히 중요시한다. 연령, 성별, 가족 구성, 학력, 소득 등 '데모그래픽 demographic 데이터'는 물론, 종교, 신조, 가치관, 취향 등 '사이코그래픽 psychographic 데이터'까지 상세히 조사한다.

하지만 이런 방식은 수단이 목적이 되는 위험이 있다. 많은 정보를 수집하는 데만 치중하다 정작 중요한 고객의 고민이나 아픔을 놓칠 수 있다. 프로덕트와 마켓의 매칭을 위해 필요한 조사는 해야 하지만, 현실적인 제약도 고려해야 한다.

이에 우리는 "최소한의 조사로 최대의 성과를 내는 PMM 서치 시트"를 개발했다. 이 시트에는 두 가지 목적이 있다.

① 상세페이지 작성에 필요한 정보를 효율적으로 수집
② 수집된 정보를 바탕으로 최적의 PMM 도출

PMM 서치 시트의 탄생 비화를 소개하려 한다.

원래는 나, 기누타가 SP를 쓸 때 리서치 단계에서 빠트린 것 없이 조사하기 위해 항목을 정리하던 것에서 출발했다. 그 후, 간다의 비즈니스 파트너가 되어 마케팅 컨설턴트와 공동으로 SP를 만들 기회가 많아졌다. 클라이언트와 마케팅 컨설턴트는 협의하고 정보 수집을 한 뒤, 그것을 바탕으로 SP를 쓴다.

하지만 마케팅 컨설턴트는 직접 SP를 작성하는 경우가 드물어서 필요한 정보를 명확하게 파악하지 못한다. 그래서 클라이언트와의 협의 결과를 물어도 내가 필요로 하는 정보가 부족해 추가 청취가 필요한 상황이 자주 발생했다. 이에 "SP 작성에 반드시 필요한 핵심 정보"를 엄선해 히어링 시트를 만들었다. 이것을 바탕으로 간다와 연구를 거듭해 PMM 관점에서 필수적이면서도 충분한 항목을 추려냈다.

카피라이팅은 프로세스가 요리와 비슷하다. 소고기 카레를 만들려면 소고기, 당근, 감자, 양파, 카레 가루가 필요하다. 그런데 소고기가 없다면 소고기 카레는 만들 수 없다. 즉, 준비한 재료 이상의 요리는 불가능하다. 카피라이팅도 마찬가지로 수집한 소재 이상의 결과물은 만들 수 없다. 그래서 사전에 얼마나 양질의 소재, 즉 정보를 수집할 수 있느냐가 카피라이팅의 성패를 결정한다.

사전 준비는 작업 효율에도 직결된다. 카레를 끓이다가 가루가 없다는 것을 알게 되면 요리를 중단하고 구해와야 한다. 카피라이팅에서도 작성 중에 필요한 정보가 없다는 것을 깨닫는다면 글쓰기를 중단하고 서둘러 정보를 수집해야 한다. 이런 과정이 반복되면 효율도 떨어지고 시간도 낭비된다. 그래서 간다가 『돈이 되는 말의 법칙』에서 소개한 "돈이 되는 말을 찾아내는 5가지 질문"을 더해 필수 정보를 빠짐없이 효율적으로 수집하기 위해 만든 것이 'PMM 서치 시트'다.

이 5가지 질문은 PMM의 핵심을 명확히 드러내도록 설계되어 있다.

- **질문 1:** 상품·서비스
- **질문 2:** 고객
- **질문 3:** 자사
- **질문 4:** 공감
- **질문 5:** 증거

상세페이지를 작성할 때는 반드시 이 5가지 질문에 먼저 답해야 한다. 답을 찾지 못한다면 아무리 세련된 표현을 사용해도 설득력 있는 카피는 나올 수 없다. 표현력이 부족한 정보를 포장할 수는 있어도 비어 있는 본질을 채울 수는 없다.

이 질문들은 단순한 체크리스트가 아니라 카피라이팅의 뼈대를 세우는 핵심 도구다. 이 과정을 통해 고객의 내면적 욕구를 살피고, 상품·서비스의 본질적 가치를 깊이 파악할 수 있다. 즉, 단순한 조사라기보다는 고객 이해와 가치 발견의 훈련이다. 한 번만 충실히 답해도 '막연한 주장'이나 '자기중심적 설명' 같은 오류를 미리 걸러낼 수 있다. 따라서 이 5가지 질문은 가볍게 넘어가서는 안 된다. 단순하지만 강력하며, PMM 구조 전체의 기초가 된다.

■ **돈이 되는 말을 찾아내는 5가지 질문**

질문 1: 상품·서비스

- 당신의 상품은 한마디로 어떤 제품인가?
  20초 안에, 직감적으로 이해될 수 있도록 두 가지 핵심 특징을 설명해보라.

질문 2: 고객

- 단지 20초 동안 설명만 했을 뿐인데도,
  "제발 저한테 팔아주세요!"라고 머리를 조아리며 간청할 고객은 누구일까?

질문 3: 자사

- 비슷한 제품을 파는 경쟁사가 많은데도, 고객은 왜 굳이 우리 회사를 선택했을까?
- 수많은 선택지 중에서 왜 이 상품을, 왜 지금, 왜 '우리'에게서 샀을까?

질문 4: 공감

- 고객은 어떤 상황에서 소리를 지를 만큼 분노할까?
- 어떤 고민 때문에 밤잠을 설치고, 어떤 불안 때문에 가슴이 무너질까?
- 또 어떤 욕망 때문에 참지 못하고 지갑을 열까?
- 고객이 그 분노, 고민, 불안, 욕망을 '실제로 마주하는 순간'을 오감을 활용해 생생하게 그려보라.

질문 5: 증거

- 이 상품은 어떤 식으로 고객의 고민을 짧은 시간 안에 간단하게 해결할까?
- 이 이야기를 들은 고객은 어떤 의심을 품을까?
- 그 의심을 날려버릴 '구체적이고 압도적인 증거'는 무엇일까?

이 5가지 질문을 토대로, 상세페이지를 쓰기 전 반드시 거쳐야 할 사전 리서치 항목을 체계적으로 정리한 것이 다음에 소개할 'PMM 서치 시트'다.

2. 'PMM 서치 시트' 사용법

■ 'PMM 서치 시트'의 9개 카테고리, 23개 항목

(1)	상품명	① 상품·서비스의 명칭
(2)	이상적인 고객	② 당신이 가장 판매하고 싶거나, 이상적으로 생각하는 고객상 (질문 2와 연결)
(3)	지금 상정하는 고객	③ 신규 고객인지, 기존 고객인지 ④ 연령대 ⑤ 성별 ⑥ 고객이 느끼는 문제·갈망·고통 (질문 4와 연결) ⑦ '현상 유지 편향' (이 항목은 뒤에서 설명)
(4)	오퍼	⑧ 가격 ⑨ 특전 (보너스) ⑩ 보증 ⑪ 한정 조건 ⑫ 마감 기한 ⑬ CTA (행동 유도)
(5)	포지셔닝	⑭ 고객의 목소리 (질문 3과 연결) ⑮ USP (차별화 포인트, 독자적 강점)
(6)	상품 내용	⑯ 프런트엔드 상품인가, 백엔드 상품인가 ⑰ 이 상품은 한마디로 무엇인가 (질문 1과 연결) ⑱ 구체적인 내용과 사용법 ⑲ 제공자의 전문성·신뢰도 ⑳ 기능과 효과를 뒷받침하는 증거 (질문 5와 연결)
(7)	베네핏	㉑ 고객에게 제공되는 핵심 혜택 3가지

| (8) | 고객의 망설임 | ㉒ 고객이 가질 수 있는 선입견, 망설임, 의심 (질문 5) |
| (9) | 정리 | ㉓ '누가·무엇을 해서·어떻게 되었는가?'를 한 줄 요약 |

'PMM 서치 시트'는 총 9개 카테고리, 23개 항목으로 구성되어 있다. 이 23개 항목을 차례대로 채워나가면, 본격적인 글쓰기에 앞서 필요한 준비를 누락 없이, 효율적으로 끝낼 수 있다. 특히 각 항목을 작성하는 과정에서 수집된 정보를 한눈에 조망하며, PMM의 핵심 구조인 "누가·무엇을 해서·어떻게 되었는가?"를 명확히 다듬을 수 있다.

이 시트는 단순한 작성 체크리스트가 아니라 상세페이지의 성패를 결정짓는 설계도다. 상품명에서 시작해 이상적인 고객상, 지금 상정하는 고객의 구체적 특징 연령, 성별, 문제·고통, 이어서 오퍼 가격·보너스·보증·마감 조건, 포지셔닝 고객의 목소리와 USP, 상품 내용, 베네핏, 고객의 망설임, 그리고 마지막 정리에 이르기까지… 카테고리 하나하나가 빠짐없이 연결되어 있다.

즉 상품의 본질, 고객 심리, 차별화 포인트, 증거와 혜택, 행동을 유도하는 CTA까지 모든 핵심 요소를 한 번에 준비하게 해준다. 작성자는 단순히 '정보를 모았다'는 수준을 넘어, 왜 이 상품을 이 고객에게 지금 팔아야 하는지라는 논리를 체계적으로 정리할 수 있다.

이제 23개 항목을 하나씩 해설하겠지만, 그 전에 실제 사례를 먼저 살펴보겠다. 다음은 우리 강좌 수강생이 작성해 제출한 'PMM 서치 시트'와, 그 시트를 토대로 제작해 현재 운영 중인 상세페이지다. 이 사례를 통해 시트가 어떻게 헤드라인·본문·오퍼·마감 문구로 변환되고, 클릭이 구매로 이어지는지 확인할 수 있을 것이다.

■ 'PMM 서치 시트'를 활용해 제작된 상세페이지 예시

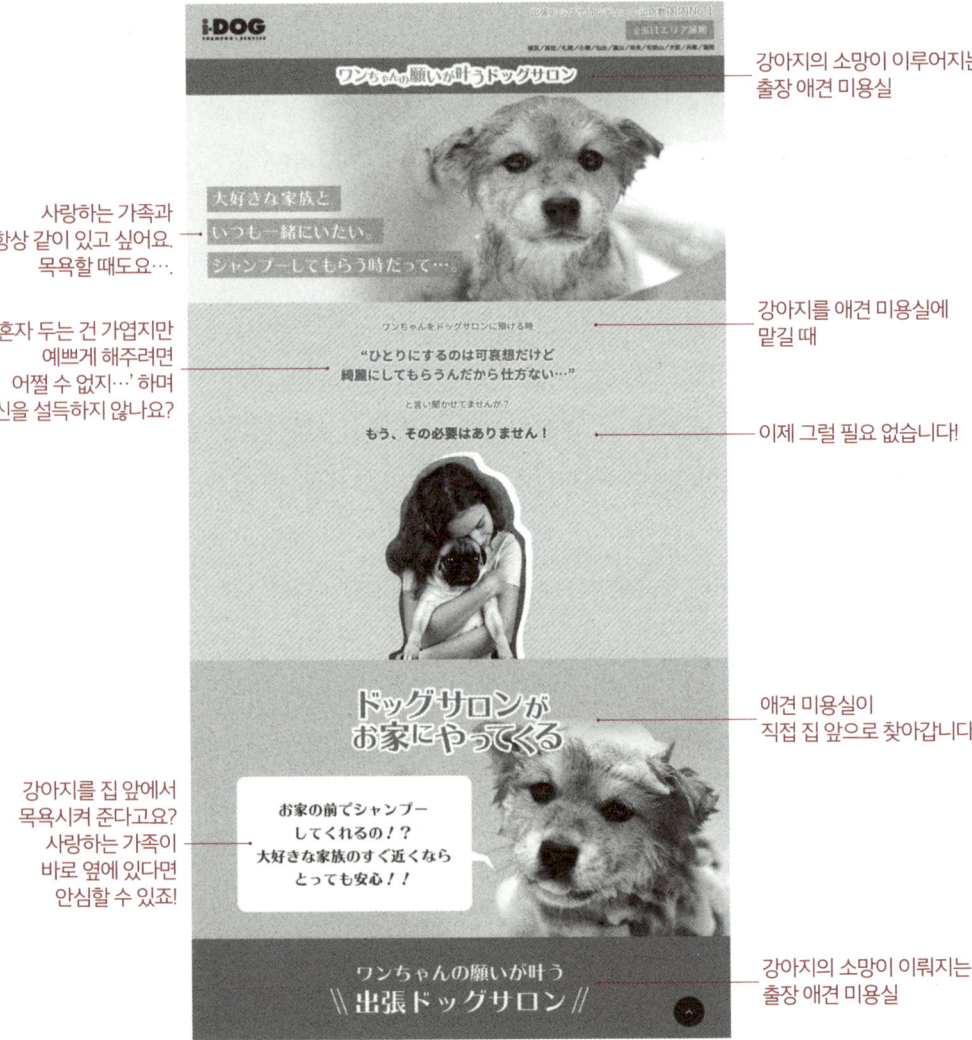

*출처 주식회사 i-DOG 라이프 파트너스 SP

■ '강아지 출장 목욕' PMM 서치 시트 작성 사례

(1)	상품명	① 강아지 출장 목욕 서비스
(2)	이상적인 고객	② 강아지를 진심으로 아끼며, 정기적인 케어의 중요성을 잘 이해하고 매달 꾸준히 서비스를 이용하는 고객
(3)	지금 상정하는 고객	③ 신규 고객 ④ 연령대: 45~65세 ⑤ 남성 2 : 여성 8 ⑥ "강아지에게 스트레스를 주고 싶지 않다"는 이유로 애견 미용실 방문을 꺼리는 고객 ⑦ '현상 유지 편향'이 비교적 강한 편 (즉, 새로운 시도보다는 기존 방식 선호)
(4)	오퍼	⑧ 견종별로 가격 책정 (상세 내용 생략) ⑨ 출장비 별도 부과 (통상 유료) ⑩ 이용 후 7일간 만족 보증 ⑪ 첫 이용 고객 한정 할인 ⑫ 'O월 O일 접수 마감' ⑬ CTA: 예약 신청 링크
(5)	포지셔닝	⑭ 실제 고객 피드백 • 출장 서비스가 있다는 걸 알고 바로 이용했다 • 강아지 스트레스가 줄어들 것 같아 선택했다 • 집으로 와주니 정말 편했다 ⑮ 브랜드 포지션: 출장 애견 미용실 체인 중 국내 No.1
(6)	상품 내용	⑯ 프론트엔드 상품 ⑰ 정의: 전문가가 집 바로 앞에서 목욕 서비스를 제공하는 이동식 애견 미용실 ⑱ 상세 내용: • 예약제로 운영 • 전용 '목욕차'가 집 앞으로 방문 • 대형견도 가능 • 천연 허브 성분 샴푸 사용 • 드라이, 귀 청소, 발톱 정리, 빗질 포함

		• 이 닦기 등 별도 옵션 선택 가능 • 집 앞 주차가 어려울 경우 픽업 가능 ⑲ 연간 약 1,500마리 담당, 애견사육관리사 및 동물취급책임자 보유 ⑳ 과학적 기능·근거 자료는 현재 없음
(7)	베네핏	㉑ • 강아지의 스트레스가 줄어든다 • 보호자의 자유 시간이 늘어난다 • 강아지도 보호자도 더 행복해진다
(8)	고객의 망설임	㉒ • 가격이 비싸지 않을까? • 준비가 복잡하진 않을까? • 이동식 시설이라 위생이나 장비가 부족하지는 않을까?
(9)	정리	㉓ • 누가: 강아지의 스트레스 때문에 애견 미용실에 데려가기 망설이는 40~50대 여성 고객이 • 무엇을 해서: 출장 애견 미용실 체인 국내 1위 브랜드인 '강아지 출장 목욕'을 이용했더니 • 어떻게 되었나: 강아지가 편안하게 목욕을 받을 수 있었고, 보호자도 심리적·신체적으로 여유롭고 건강한 시간을 보낼 수 있게 되었다

이때 중요한 원칙은 지나치게 자세히 적지 않는 것이다.

물론 미국식 마케팅에서 강조하는 '데모그래픽 데이터'^{나이, 성별, 수입 등}나 '사이코그래픽 데이터'^{가치관, 라이프스타일 등}는 상세하게 기술하는 게 기본이다. 그러나 PMM 서치 시트는 직접적으로 타깃 고객의 '고민'에 접근하는 방식이므로, 장황하게 풀어 쓰면 핵심이 흐려진다.

대표적인 예시가 (6)-⑰번 항목, 즉 "한마디로 어떤 상품인가"이다. '한마디로'라고 했음에도, 아래와 같은 방식은 전형적인 NG^{부적절한} 사례다.

■ **'강아지 출장 목욕' PMM 서치 시트 작성 사례**

NG 사례	고객이 집에서 손쉽게 이용할 수 있도록 전문가가 직접 방문하여, 고급 천연 샴푸를 사용하고, 강아지에게 맞춤형 케어를 제공하며, 보호자와 반려견 모두에게 최적의 편안함을 제공하는 출장형 애견 목욕 서비스
OK 사례	전문가가 집 앞에서 직접 목욕시켜주는 이동식 애견 미용실

PMM 서치 시트는 표현을 가능한 한 간결하게 줄이고, 한 문장으로 정리하는 것이 핵심이다. 이때 '간결함'은 단순히 글자를 줄이는 것이 아니라 전달하고자 하는 메시지의 힘을 최대치로 압축하는 과정이다.

불필요한 설명을 덜어내면, OK 사례처럼 컴팩트하면서도 핵심이 살아 있는 문장을 만들 수 있다. 이렇게 다듬어진 문장은 읽는 사람의 뇌에 즉각적으로 각인되며, 기억과 행동을 유도하는 힘을 발휘한다.

이 원칙은 시트의 전 항목에 공통으로 적용된다. 즉, 조사 단계부터 '이 정보는 정말 필요한가?', '한 문장으로 표현하면 무엇이 남는가?'를 계속해서 자문해야 한다.

이제부터는 각 항목을 어떻게 조사하고, 어떻게 작성하면 되는지 구체적으로 살펴보자.

(1) 상품명 (①)

우선, 판매 대상이 되는 상품 또는 서비스 하나만 작성한다. 왜 꼭 하나여야 할까? 상품이 달라지면 타깃도 달라지고, 베네핏도 달라지기 때문이다. 예를 들어보자.

- **누가**: 건강에 불안을 느끼는 사람이
- **무엇을 해서**: 영양제를 먹고
- **어떻게 되었나?**: 매일 건강하게 지내게 되었다

이 경우, 무릎 통증에 효과가 있는 영양제와 눈의 피로를 개선하는 영양제는 고객층도 다르고, 고객의 고민도 다르다. 즉, 타깃과 고민이 다르면 베네핏도 달라진다.

카피라이팅에서 가장 중요한 것은 타깃을 좁히는 일이다. 타깃을 좁혀야 메시지가 날카로워지고, 고객의 마음에 정확히 꽂힌다.

정리하자면, 상품·서비스는 반드시 하나만, 간단명료하게 써야 한다. 아직 이름이 정해지지 않았다면, 현재 시점에서 가장 적절한 이름을 임시로 써도 무방하다. 전체 과정을 거치면서 어울리는 네이밍을 다시 다듬으면 된다. 가능하다면, 이름만 들어도 어떤 서비스인지 연상되는 네이밍이 유리하다. 사례에서는 "강아지 출장 목욕"으로 쓴다.

(2) 이상적인 고객 (②)

왜 굳이 '이상적인 고객'을 떠올려야 할까?

간다 마사노리의 경험에 따르면, "누구든 사주기만 하면 된다"는 자

세로 접근하면 가치관이 맞지 않는 고객이 몰려들게 된다. 이런 고객에게는 불필요한 클레임이나 환불 요청이 잦고, 결국 시간과 에너지만 소모되고 수익으로 연결되지 않는다. 그래서 우리는 명확히 '이런 사람에게 팔고 싶다'는 이상적인 고객상을 그려야 한다. 그렇게 해야 판매자와 구매자 모두 만족하는 거래가 이루어진다.

이상적인 고객을 설정할 때는, 현재 실제 고객 중 우리 회사나 상품을 진심으로 지지해주는 사람이 있다면 그 사람을 모델로 삼으면 좋다. 또는, 앞서 소개한 '질문 2'에 해당하는 인물20초 설명만으로도 "팔아주세요!"라고 머리 숙이며 부탁하는 고객을 떠올려보자.

단, 아무리 열광적인 고객이라도 "이건 아니다"는 느낌이 든다면 제외하는 것이 좋다. 그럴 때 '지금은 없지만 이런 사람이면 좋겠다'는 가상의 이상 고객상을 설정하면 된다. 주의할 점은, 너무 막연하게 쓰지 말고 구체적인 라이프스타일이나 배경까지 묘사하는 것이다.

예를 들어 단순히 "돈 많은 사람"이 아니라 "대기업을 정년퇴직하고 3,000만 엔 이상의 퇴직금을 받은 뒤, 활용처를 고민 중인 사람", "여러 필지의 토지를 보유하고 있으며, 부동산 임대 수입으로 생계를 꾸리는 사람" 정도의 느낌이다.

이처럼 구체적으로 그려야 설득력 있는 타깃 이미지가 만들어진다. 여기서 '강아지 출장 목욕'의 이상적인 고객은 다음과 같이 정의할 수 있다. "반려견을 가족처럼 아끼고, 정기적인 케어의 중요성을 잘 이해하며, 매달 꾸준히 이용할 고객."

(3) 지금 상정하는 고객 (③~⑦)

이 항목에는 지금 이 상품을 팔고자 하는 고객의 모습을 구체적으로 설정한다. 실제 인물이 떠오르지 않더라도, 'PMM 서치 시트'의 각 항목을 채워보면 자연스럽게 상이 그려진다.

그럼, 이 항목에서 중요한 5가지 요소를 하나씩 살펴보자.

③ 신규 고객 vs. 기존 고객

먼저, 신규 고객인지 기존 고객인지를 구분한다.

두 그룹 모두 타깃이 될 수 있지만, 그중 비중이 더 큰 쪽을 선택한다. 만약 비중이 반반이라면, 기본적으로는 '신규 고객'으로 설정하는 것이 낫다. 이 구분이 중요한 이유는, 카피라이팅의 난이도에 큰 차이가 있기 때문이다. 기존 고객은 한 번이라도 상품이나 서비스를 이용해 본 경험이 있으므로, 기본적인 신뢰가 형성된 상태다. 반면 신규 고객은 우리 브랜드에 대한 신뢰도나 친밀감이 전혀 없는 상태이기 때문에, 설득의 장벽이 더 높다.

예컨대 인터넷 쇼핑에서는 첫 구매 경험이 인상적이지 않아도 어느 정도 관용이 있다. 그러나 신규 고객에게는 구매 자체가 리스크로 느껴질 수 있다. 이때 필요한 것이 바로 리스크 리버설_{안심 약속}이다. 즉, 보증이나 환불 정책 등을 통해 고객의 불안과 의심을 최소화해야 한다.

실제로 마케팅 에이전시에서는 신입 카피라이터에게 신규 고객용 광고문보다 기존 고객용 레터 작성을 먼저 시킨다. 그만큼 신규 고객을 대상으로 한 카피라이팅은 난이도가 높다. '강아지 출장 목욕' 서비스 역시 재방문을 유도하긴 하지만, 이번 상세페이지에서는 신규 고객에 집중하여 타깃을 좁혔다.

④ 연령층

타깃 연령대를 설정할 때는 좁힐수록 메시지의 명중률이 높아진다. "3040대" 혹은 "50대 중심" 등으로 기입해도 충분하다.
이 사례에서는 "45~65세"가 주 타깃이다.

⑤ 성별

성별은 비율 또는 중심 성별을 간단히 기입한다.
예) "남성 중심", "남성 60%", "남성:여성 = 3:7" 등

최근에는 젠더 프리 관점도 중요해지고 있으므로, 성별 구분이 어렵거나 필요하지 않은 경우는 그렇게 설정해도 무방하다. '강아지 출장 목욕' 서비스는 "남성 2: 여성 8"로, 여성 고객이 중심이다. 이 시점까지의 정보만으로도 타깃의 윤곽이 꽤 분명해진다.

> **타깃 예시:** 45~65세 여성으로, 이 서비스를 한 번도 이용해본 적 없는 신규 고객

⑥ 고객의 '문제·갈망·고통' (→ 질문 4와 연결)

이 항목은 상세페이지의 핵심 메시지에 직결되는 매우 중요한 부분이다. 즉, 지금 당신이 팔고자 하는 이 상품을 누가, 어떤 문제를 안고

있어서, 왜 필요로 하는가를 명확히 기술하는 것이다.

판매란 결국 고객의 문제를 해결하는 일이다. 고객이 어떤 문제·갈망·고통을 안고 있는지를 얼마나 명확히 짚어내느냐에 따라 광고의 성패가 갈린다. 이때 매우 유용한 것이 바로 '질문 4: 공감' 항목이다.

■ '5가지 질문'의 '질문 4'

질문 4: 공감

- 고객은 어떤 상황에서 소리를 지를 만큼 분노할까?
- 어떤 고민 때문에 밤잠을 설치고, 어떤 불안 때문에 가슴이 무너질까?
- 또 어떤 욕망 때문에 참지 못하고 지갑을 열까?
- 고객이 그 분노, 고민, 불안, 욕망을 '실제로 마주하는 순간'을 오감을 활용해 생생하게 그려보라.

같은 현상도, '문제'로 인식하느냐 '이상'으로 인식하느냐에 따라 표현이 달라진다. 예를 들어 "비즈니스를 키우고 싶다"는 욕망의 표현이고, "매출이 정체 상태다"는 고통의 표현이다. 카피라이팅에서는 일반적으로 '욕망'보다는 '고통'에 호소하는 문장이 더 강하게 작용한다. 사람은 "더 나아지고 싶다"보다, "지금의 고통에서 빨리 벗어나고 싶다"는 욕구가 더 강하기 때문이다. 또한, 사람의 핵심 욕구는 궁극적으로 두 가지로 나눌 수 있다.

- 가지지 못한 것을 얻고 싶다 → '욕망' 지향 욕구
- 지금 가진 것을 잃고 싶지 않다 → '고통' 회피 욕구

앞으로는 이 두 욕구에 기반해, 타깃의 '문제·욕망·고통'을 어떻게 표현하고 설득할지를 더 구체적으로 다뤄볼 수 있다.

■ '손에 넣고 싶은' 욕망과 '잃고 싶지 않은' 욕망

손에 넣고 싶은 욕망	잃고 싶지 않은 욕망
돈을 벌고 싶다	돈을 잃고 싶지 않다
시간을 절약하고 싶다	귀찮음을 피하고 싶다
편하게 살고 싶다	불편함을 겪고 싶지 않다
건강해지고 싶다	아프고 싶지 않다
인기를 얻고 싶다	평판이 나빠지지 않길 바란다
예쁜 옷을 입고 싶다	촌스럽다는 평가를 듣고 싶지 않다
트렌드를 따르고 싶다	뒤처졌다는 말을 듣고 싶지 않다
맛있는 걸 먹고 싶다	허기를 참기 싫다
칭찬받고 싶다	비난받고 싶지 않다
기회를 잡고 싶다	기회를 놓치고 싶지 않다
즐기고 싶다	스트레스를 겪고 싶지 않다

실제로 사람을 더 강하게 움직이는 것은 '잃고 싶지 않은 욕망'이다. 이는 행동경제학의 대표 개념인 '손실 회피성'으로도 설명된다. "같은 가치를 얻는 기쁨보다, 그것을 잃는 고통이 두 배 더 강하다."

행동경제학에서 자주 인용되는 머그잔 실험이 이를 뒷받침한다. 학생 절반에게 모교 로고가 새겨진 머그잔을 나눠주고, 나머지 반은 구경만 시킨다. 그 후, 머그잔을 가진 학생에게는 팔 의향이 있는지, 머그잔이 없는 학생에게는 살 의향이 있는지를 묻는다. 그리고 각자 생각하는 적정 가격을 제시하게 한다.

그 결과, 머그잔을 가지고 있는 학생이 요구한 가격은, 가지지 않은 학생이 지불하고자 한 가격의 약 두 배에 달했다. 이 실험은 수천 개의 머그잔을 사용해 수십 차례 반복적으로 진행되었지만, 결과는 거의 일관되게 나타났다. 사람은 무엇인가를 소유한 순간, 그 가치를 실제 이상으로 느끼며, 그것을 잃는 것에 대한 저항이 강해지는 것이다.

다음은 손실 회피 성향을 측정하는 간단한 질문이다.
"동전을 던져 앞면이 나오면 당신은 ×××달러를 받습니다. 뒷면이 나오면 당신은 100달러를 잃습니다. 당신은 얼마를 받을 수 있어야 이 내기에 응하시겠습니까?"

많은 사람이 200달러 전후를 제시한다. 이는 100달러의 손실을 감수할 수 있으려면, 적어도 200달러 정도의 이익이 기대되어야 한다는 심리를 반영한다. 이처럼, '욕망'얻고 싶은 상태보다 '고통'잃을 위험을 강조할 때 메시지의 설득력은 더 강해진다. 다만, 지나치게 공포심이나 불안을 자극하면 위협적인 카피로 받아들여질 수 있으므로 주의가 필요하다.

문제나 이상을 설정했다면, 그 아래에 있는 감정적 아픔을 더 깊이 살펴보자. '문제'와 '이상'은 비교적 객관적인 사실이고, '고통'은 그것이 불러오는 정서적 반응이다.

■ **고민·욕망·고통의 사례**

고민 or 욕망	매출이 한계에 도달했다	사업을 더 키우고 싶다
고통	고정비 상승으로 회사 존속이 위태롭다	직원들의 처우 개선 요구가 계속된다

'고통'의 예를 들 때는, 고객이 어떤 상황에서 불안이나 분노를 느끼는지를 떠올려보자. 구체적인 사례는 다음과 같다.

■ **고통의 일례**

불안하게 느끼는 것	내 미래(혹은 자녀·조직의 미래)가 불안하다
	수입이 줄어들거나 끊길까 봐 걱정된다
	건강이 나빠질까 봐 두렵다
	지위나 명예가 추락할까 봐 염려된다
분노를 느끼는 것	내 말이 무시당하거나, 무시당했다고 느낄 때
	일이 생각대로 풀리지 않을 때
	부당하다고 느끼는 일을 겪을 때
	정의감이 자극될 때

'강아지 출장 목욕'의 경우도 마찬가지다. "강아지가 낯선 환경을 극도로 싫어하고, 애견 미용실에 가면 스트레스를 심하게 받아요. 그래서 일부러 데려가지 않아요. 강아지에게 부담을 주고 싶지 않거든요."

이러한 고민은 고객이 느끼는 '고통'이자, 정서적 아픔이다.

따라서 다음과 같이 간결하게 정리한다.

"강아지에게 부담을 주고 싶지 않아서 애견 미용실에 데려가지 못한다."

⑦ 현상 유지 편향

현상 유지 편향은 행동경제학에서 자주 언급되는 개념으로, 사람은 변화를 본능적으로 꺼리는 성향이 있다는 것을 의미한다. 간단히 정리하자면 다음과 같다.

- 새로운 것을 시도하지 않으려는 성향
- 바꿔야 좋다는 걸 알면서도 그냥 익숙한 상태에 머무르려는 심리

이는 단지 무지 때문만이 아니다. 사람은 좋다는 걸 알면서도 '행동'으로 옮기지 않기 때문이다. 예를 들어 신문 구독, 인터넷 요금제, 자동이체 서비스 등은 갈아타야 유리하다는 걸 알면서도 그냥 쓰고 있는 경우가 많다.

무언가를 판다는 것은 문제를 해결하거나 욕망을 실현할 수 있는 솔루션을 제공하는 것이다.
그리고 모든 솔루션에는 반드시 '변화'가 전제된다. 아무리 훌륭한 솔루션이라도, 행동이 뒤따르지 않으면 아무 소용이 없다. 결국 현상 유지 성향이 강한 고객에게는 '변화'라는 단어 자체가 가장 큰 장벽으로 작용한다. 사람은 본능적으로 익숙함에 머무르려 하고, 새로운 시도를 불편하게 느낀다.

이때 현상 유지 편향의 강약이 얼마나 큰 차이를 만드는지 구체적인 예를 들어보자. 예를 들어 옷차림이 얇아지는 여름을 앞두고 날씬하고 근육질의 몸을 만들어 여성들에게 매력을 어필하고자 하는 남성이 있다고 해보자.

사례 1: 편향이 약한 경우

여름을 앞두고 날씬한 몸매를 만들고 싶은 남성
→ "3개월 안에 살을 빼는 확실한 방법이 있습니다"
→ 관심을 갖고 시도할 가능성이 높음

사례 2: 편향이 다소 강한 경우

살을 빼야 한다는 생각은 있지만
행동으로 옮길 결심이 없고, 귀찮으면 쉽게 포기
→ 제안을 듣고도 실행 가능성 낮음

사례 3: 편향이 매우 강한 경우

체중이 많이 나가지만, 본인은 살이 쪘다고 생각하지 않음
→ 같은 제안을 해도 전혀 자기 일로 인식하지 않음

현상 유지 편향은 정량적으로 측정할 수는 없지만, 다음과 같은 4단계로 구분하면 실무에 도움이 된다.

■ 현상 유지 편향의 정도

현상 유지 편향	예) 다이어트	정도
적극적으로 해결책을 찾으며 실행에 옮길 준비가 되어 있음 =상품을 찾고 있는 상태	한시라도 빨리 날씬해지고 싶어서 좋은 방법을 찾고 있다	약함
의지는 있으나 방법을 몰라 망설이는 상태 =등을 떠밀어주면 움직일 가능성이 높다	살을 빼야 한다고 생각하지만, 어떻게 하면 좋을지 모른다	다소 약함
자각은 있지만 행동에는 소극적이며, 조건이 까다롭다 ='○○하면 좋을 텐데…'	자신이 뚱뚱하다는 인식은 있지만, 살을 빼려는 생각은 없다	다소 강함
문제 인식조차 없고, 변화를 필요로 하지도 않음	자신이 뚱뚱하다고도 생각하지 않는다	강함

약 ↕ 강

상세페이지를 기획할 때는 먼저 타깃 독자의 '현상 유지 편향' 어느 정도인지 파악해야 한다. 그 강도에 따라 어떤 메시지를 강조하고, 어떤 표현을 줄여야 할지가 달라지기 때문이다.

이 설정이 어긋나면 독자는 "이건 내 얘기야"라는 몰입감을 느끼지 못한다. 오히려 "이게 무슨 말이지?" "나랑은 전혀 상관없는 이야기군" 하며 관심에서 멀어지고, 클릭이나 구매 행동으로 이어질 가능성도 급격히 낮아진다.

■ 현상 유지 편향에 따른 SP 설계 전략

현상 유지 편향	SP 작성 포인트	편향 정도
문제에서 벗어나고 싶거나, 이상을 실현하기 위해 적극적으로 움직이고 있는 상태. 이미 상품을 찾고 있다.	문제 설명은 간단하게. 오퍼와 공감 중심으로 설계	약함
문제를 인식하고 있고, 변화하고 싶지만 아직 행동으로 옮기지 못하는 상태. 등만 떠밀어주면 움직일 가능성 높음	공감 + 베네핏을 균형 있게 강조	다소 약함
문제나 이상을 어렴풋이 인식하고 있으나, 실제로 행동할 생각은 없음. '~하면 좋겠지만…' 수준	방치할 경우의 리스크를 환기시키고, 해결했을 때의 구체적인 베네핏을 강하게 어필	다소 강함
문제를 전혀 인식하지 못한 상태. 변화 필요성조차 느끼지 않음	지금 상태가 왜 잘못되었는지 '각성'시켜야 함. 이를 위한 '커머셜 인사이트*' 필요	강함

약 ↕ 강

*커머셜 인사이트에 관해서는 7장에서 설명

    현상 유지 편향이 약할수록 구매 가능성이 높아지고, 메시지는 직설적으로 전달하는 게 효과적이다. 예컨대, 이미 살을 빼고자 결심한 사람에게 "비만의 문제점"을 반복 설명하는 건 오히려 역효과다. 이들에게는 "이 제품을 얼마에 구매할 수 있다"는 명확한 오퍼 중심 메시지가 좋다.

    반대로 현상 유지 편향이 강할수록 먼저 문제를 인식하게 하고, 현재 상태를 계속 유지했을 때의 위험성을 각인시킨 뒤에, 해결책을 제시해야 한다. 이때는 카피라이팅의 난도도 훨씬 높아진다.

현상 유지 편향이 약한 사람은 문제를 인식하고 해결책을 적극적으로 찾는 현재 고객이다. 이들은 설득이 쉬워 팔기 편하지만, 시장 규모는 작다.

반대로, 편향이 강한 사람은 문제를 제대로 인식하지 못한 잠재 고객이다. 이들은 설득이 어렵지만, 시장 규모는 크다.

즉, 편향이 약할수록 카피는 쉽고 시장은 작으며, 강할수록 카피는 어렵고 시장은 크다. 타깃에 따라 전략이 달라져야 하는 이유다.

현상 유지 편향과 시장 규모와 카피라이팅 난도를 정리하면 다음과 같다.

■ **시장 규모 vs. 카피라이팅 난이도**

편향 수준	고객 유형	시장 규모	카피라이팅 난이도
약함	현재 고객	작음	낮음
강함	잠재 고객	큼	높음

이제 이를 바탕으로 어떤 타깃을 공략할지 판단해야 한다. 사례에서 설정한 타깃은 '현상 유지 편향이 다소 강한' 사람들이다. 즉, 강아지를 위해 무언가 해주고는 싶지만, 그 과정에서 강아지에게 부담이 될까 봐 망설이는 이들을 대상으로 한 것이다.

(4) 오퍼 (⑧~⑬)

오퍼는 고객에게 제시하는 구체적인 판매 조건을 의미한다. 다음 여섯 가지 항목을 포함시키면 효과적인 오퍼 구성이 가능하다.

⑧ 가격

상품 또는 서비스의 가격을 명확히 제시한다. 가격대가 여러 등급으로 나뉘어 있다면 모두 제시해도 좋다. 일반적으로는 '상중하'처럼 세 가지 가격대를 설정하거나, 스탠다드와 디럭스처럼 두 단계로 구성하는 방식이 많이 사용된다.

⑨ 특전(보너스)

추가 혜택을 제공해 고객에게 '이득을 보는 느낌'을 주는 것이 좋다. 덤을 주는 방식이 가장 일반적이다.

⑩ 보증

'리스크 리버설'안심 약속 개념에 해당한다. 대표적인 예는 환불 보장이지만, 환불만이 전부는 아니다. 특히 신규 고객을 타깃으로 할 경우, 구매에 대한 심리적 장벽을 낮추기 위해 반드시 포함시키는 것이 좋다.

⑪ 한정 조건

'한정성' 또는 '자격 조건'을 의미한다예: 선착순, 특정 대상 한정, 회원 전용 등. 조건이 붙을수록 희소성과 긴박감이 커져 구매 유도가 강화된다.

⑫ 마감 기한

상시 판매하는 제품이라도 일정 기간을 한정해 캠페인 형태로 운영하면 반응이 좋아진다.

⑬ CTA(행동 유도)

독자에게 무엇을 하기를 원하는지 구체적으로 안내해야 한다. 특히 고가의 상품이나 백엔드를 신규 고객에게 제안할 경우, 바로 '구매'로 연결시키기보다 '무료 상담 신청' 등 투스텝 마케팅을 활용하는 것이 부담을 줄이고 전환율을 높인다.

예시로 든 '강아지 출장 목욕' 서비스의 오퍼 구성은 다음과 같다.

⑧ 견종별로 가격 책정(상세 내용 생략)
⑨ 출장비 별도 부과(통상 유료)
⑩ 이용 후 7일간 만족 보증
⑪ 첫 이용 고객 한정 할인
⑫ 'O월 O일 접수 마감'
⑬ CTA: 예약 신청 링크

(5) 포지셔닝 (⑭~⑮)

포지셔닝이란, 자사 혹은 자사 상품이 시장 내에서 어떤 위치를 차지하는지를 전략적으로 설정하는 것을 말한다. 단순히 '업계 1위' 같은 순위를 의미하는 것이 아니다.

예를 들어 고급 브랜드를 지향한다든가, 아동복에 특화한다든가 하는 식으로 의도적으로 영역을 정하는 전략이다. 대형 체인처럼 남녀노소 전 연령을 아우르는 의류를 취급하면 포지셔닝은 '종합 의류'가 된다. 반면, 해외 여성 고급 브랜드만 취급하는 편집숍은 '여성 고급 패션'에 포지셔닝된다. 만약 대형 체인점이 있는 지역에서 소규모 매장이 종합 의류로 경쟁하려 한다면, 승산이 없다. 이럴 땐 특정 상품이나 고객층에 특화된 방식으로 포지셔닝을 조정해 대형 브랜드가 놓치는 틈새를 공략해야 한다. 그렇게 하면 '지역 내 상품 다양성 1위'나 '국내 유일 ○○ 전문점' 같은 독자적인 포지셔닝도 가능해진다.

또 하나 주목해야 할 전략은 시장 범주의 재정의다. 예컨대 소고기덮밥 가게가 자사의 무대를 단순히 '소고기덮밥 업계'로 한정하지 않고, '패스트푸드'나 '외식 산업 전체'로 인식하면 시장 규모는 훨씬 커진다. 이때는 직접 경쟁자와 간접 경쟁자를 구분할 필요가 있다. 직접 경쟁자는 동일한 상품을 파는 업체이고, 간접 경쟁자는 고객의 대체 선택지가 될 수 있는 더 넓은 영역이다. 규동 전문점의 직접 경쟁자는 다른 규동 전문점이지만, 간접 경쟁자는 패밀리 레스토랑이나 배달 음식일 수 있다. 실제로 우버Uber도 처음에는 '택시 업계'로 포지셔닝했지만, 곧 자신을 '물류 산업'으로 확장해 폭발적인 성장을 이끌어냈다. 이처럼 시장의 범주를 어떻게 정의하느냐에 따라 성장 기회가 달라진다. 포지셔닝은 단순히 자리를 정하는 일이 아니라 경쟁 구도를 새롭게 설계하고 시장 기회를 재발견하는 전략적 도구다.

USP란?

앞서 말했듯, 포지셔닝이란 시장에서 자사 또는 상품·서비스의 위치를 전략적으로 정하는 일이다.

이를 제대로 설정하기 위해 반드시 알아야 할 두 가지 개념이 있다.

바로 USP와 니치niche다.

그중에서도 가장 핵심적인 개념은 USP다.

USPUnique Selling Proposition는 '독보적인 판매 제안', 즉 경쟁사와 명확히 차별화되는 핵심 강점을 의미한다. 이 개념은 미국 광고계의 대가로서 리브스Rosser Reeves, 1910~1984가 1961년 출간한 『USP 유니크 세일링 프로포지션』Reality in Advertising에서 제시하며 널리 퍼졌고, 이후 마케팅과 카피라이팅 분야에서 매우 중요한 개념으로 자리 잡았다.

오늘날처럼 유사한 상품과 서비스가 넘쳐나는 시대에 USP의 중요성은 더욱 커지고 있다. 차별점이 없다면 소비자는 결국 가격만 보고 선택하게 된다. 하지만 다른 곳에서는 얻을 수 없는 독자적 가치를 제공한다면, 비싸더라도 고객은 기꺼이 구매한다.

대표적인 USP 사례는 미국 도미노 피자의 광고 문구다.

> 따끈따끈한 피자를 30분 안에 배달합니다.
> 늦으면 돈을 받지 않습니다.

당시 배달 피자는 식어 있는 것이 당연하던 시절이었다. 그 상식을 뒤엎고 '뜨거운 피자'를 '30분 내에' 가져다준다는 이 제안은 도미노만의 차별화된 판매 전략이었다.

이처럼 USP는 '다른 곳에서는 하지 않는 것'이 핵심이다.

시간이 지나 경쟁사가 따라 하기 시작하면, 그 USP는 더 이상 USP가 아니다. 예컨대, 한때 '무제한 통화'는 차별점이었지만, 이젠 모든 통신사에서 제공하므로 차별점이 아니라 기본 조건이 되어버렸다.

이 경우, '없으면 뒤처지는 당연한 요소'로 전락한다.

또 하나 중요한 점은, 단순히 '다른 것'만으로는 부족하다는 것이다. 그 '다름'이 고객에게 이득베네핏으로 와닿아야 진짜 USP가 된다. 예를 들어 어떤 학원의 USP가 "원장이 직접 강의한다"는 것이라면, 그 자체만으로는 충분하지 않다. 고객 입장에서는 "그게 뭐가 대단한데?"라고 생각할 수 있기 때문이다. 직강이 정말 학습 효과를 높이는지, 다른 학원과 어떤 차이가 있는지를 명확하게 이득으로 연결지어야 한다. 예컨대 다음과 같이 표현하면 좀 더 설득력이 생긴다.

> 지역 유일! ○○ 분야에서 이름 있는 학원장 직강!
> 학생 이해도가 확 높아집니다.

또 다른 예로, 한 세러피스트가 자신의 USP를 "몸과 마음을 함께 조율할 수 있다"고 말한 경우를 보자.

이 역시 베네핏처럼 들리지만, 유사한 서비스를 제공하는 세러피스트는 이미 많아 차별화되지 않는다.

그러나 지역 전체를 살펴봤을 때, 그 능력을 가진 사람이 거의 없다면 다음과 같이 표현할 수 있다.

"지역 유일, 몸과 마음을 함께 돌보는 통합 세러피스트"

혹은 다음처럼 구체적인 방법론을 내세우는 것도 방법이다.

"○○기법으로 몸과 마음을 동시에 케어하는 단 한 사람"

이처럼 차별화된 문장은 고객의 머릿속에 강한 인상을 남기고, 선택의 우선순위를 끌어올린다.

앞서 소개한 도미노 피자의 사례가 강력한 USP로 기능한 이유는 당시의 상식 식은 피자 배달을 뒤집는 명확한 혜택 뜨거운 피자, 30분 내 배달을 제시했기 때문이다. 이처럼 상식을 뒤엎는 임팩트가 있다면 USP는 단숨에 소비자의 기억에 각인된다.

물론 그런 USP를 만들기란 쉽지 않다. 그래서 현실적인 대안은, 자사 상품이 어떤 위치에 있는지를 독자가 한눈에 이해할 수 있도록 명확하게 표현하는 것이다.

니치란?

'니치 niche'란 시장의 틈새, 다시 말해 다른 기업들이 아직 건드리지 않았거나 간과하고 있는 작지만 선명한 시장 영역을 뜻한다.

예를 들어보자. 일반적인 술집은 전통 술, 와인, 맥주 등 다양한 주류를 취급한다. 하지만 '전통 술 전문점'이나 '와인 전문점'처럼 특정 주류에 집중하면 타깃층이 자연히 좁아진다. 더 나아가 '칠레 와인 전문점'처럼 더 세분화하면, 관심이 없는 고객은 걸러지고 진짜 팬만 찾아온다. 이처럼 의도적으로 시장을 좁히는 전략이 바로 니치 전략이다.

왜 굳이 시장을 좁혀야 할까?

바로 차별화 때문이다. 소규모 시장이라도 다른 곳에서는 찾기 힘든 희소한 가치를 제공하면, 가격 경쟁 없이 자신만의 포지션을 확보할 수 있다. 게다가 니치에 집중하면 전문성을 살릴 수 있고, 비슷한 관심사를 가진 고객들이 자연스럽게 모여든다. '좋아하는 걸 하면서도 먹고 살 수 있는' 전략이 되는 셈이다. 이런 전략은 실제 비즈니스 세계에서도 중요한 경쟁력으로 주목받고 있다.

일본 경제산업성은 글로벌 닛치 분야에서 독보적인 점유율을 확보한 113개 기업을 '글로벌 니치 톱 100'으로 선정했다. 대기업뿐 아니라 중소기업도 포함됐으며, 예컨대 가와사키중공업은 '항공기 기어박스', 다나카귀금속은 '연료전지용 촉매' 부문에서 세계 수준의 경쟁력을 인정받았다. 즉, 기업 전체가 거대하지 않아도, 단 하나의 상품이나 기술이 특정 분야에서 강력한 포지션을 차지할 수 있다.

포지셔닝을 설정할 때 가장 먼저 확인해야 할 것은 기존 '고객의 목소리'질문 3다.

이 고객 피드백에는 두 가지 중요한 역할이 있다.

첫째, 상품이나 서비스가 실제로 작동하고 있다는 증거가 된다. 특히 신규 상품의 경우, 이런 피드백은 신뢰 확보에 결정적이다.

둘째, 더욱 중요한 기능은 포지셔닝의 단서를 제공한다는 점이다. 기존 고객의 후기를 잘 살펴보면, "왜 다른 업체가 아닌 이곳을 선택했는지"에 대한 힌트—즉, 우리가 가진 독자성이나 우위성—이 담겨 있을 가능성이 크다.

따라서 고객의 목소리를 단순히 모아두는 것에 그치지 말고, 그 안에서 포지셔닝의 핵심 메시지를 끌어낼 수 있도록 분석하는 것이 중요하다. 이때 도움이 되는 것이 바로 '5가지 질문' 중 질문 3이다.

■ '5가지 질문'의 '질문 3'

질문 3: 자사

- 비슷한 제품을 파는 경쟁사가 많은데도, 고객은 왜 굳이 우리 회사를 선택했을까?
- 수많은 선택지 중에서 왜 이 상품을, 왜 지금, 왜 '우리'에게서 샀을까?

이 질문에 대한 고객의 답변 속에, 타사는 갖고 있지 않은 차별화 요소, 또는 우리가 더 뛰어난 이유가 숨어 있다. 이런 고객의 언어를 정제해 포지셔닝 문장으로 전환하는 것이 핵심이다. 포지셔닝은 머리로 만드는 것이 아니라 실제 고객의 말에서 길어올려 현실성과 설득력을 동시에 확보하는 것이다.

그렇다면 포지셔닝은 어떻게 표현하면 좋을까?
포지셔닝의 대표적인 예로는 다음과 같은 것이 있다.

- "산카는 미국에서 세 번째로 많이 팔리는 커피입니다."
  → 압도적 1위가 아니더라도, 'Top 3'라는 신뢰성과 대중성을 확보
- "에이비스는 넘버 2 렌터카 회사입니다. 그래서 더 열심히 합니다."
  → 순위가 낮은 것을 오히려 장점으로 전환한 기발한 전략
- "세븐업 — 콜라가 아닙니다."
  → 자사의 정체성을 부정의 언어로 선명하게 드러냄

이처럼 간결하면서도 강한 메시지로 브랜드의 위치를 명확히 각인시키는 문장이 이상적이다. 하지만 모든 브랜드가 이런 식으로 포지셔닝을 표현하기는 쉽지 않다. 그래서 현실적인 대안은 기존 고객의 목소리 속에서 USP차별화 요소를 발견하고, 이를 기반으로 독자성 혹은 우위성을 드러내는 표현을 만드는 것이다. 이 방법은 특히 초기 브랜드나 소규모 사업에도 적용 가능하며, 비용 대비 효과가 크다는 장점이 있다.

■ 포지셔닝 문장을 구성하는 두 가지 축

독자성	• 국내 유일, ○○ 기능 탑재 (오직 우리만 가능) • 타사에는 없는 전용 맞춤 기능 (경쟁사에 없는 요소) • ○○ 업계 최초, AI 기반 정밀 진단 도입 (업계 최초) • 강남 3구 1위 수학 학원 (카테고리 좁혀서) • 산후 여성만을 위한 심리상담 플랫폼 (전문화된 포지션) • 업계 최초, 3시간 내 당일 견적 (속도 차별화) • 소량 주문 가능, 1개도 제작해드립니다 (물량·용량 차별화)

우위성	• 타사 대비 2배 오래가는 배터리 (비교 우위 강조) • ○○ 분야만 10년, 제대로 압니다 (전문성·품질 자신감) • 누적 다운로드 30만 건 돌파 (수치 기반 설득) • 3년 연속 고객 만족도 1위 (시장 내 실적 강조) • 의료기기 인증 완료 제품 (공식 인증/보증)

포지셔닝은 구체적으로 어떤 문장으로 표현될 수 있을까?

대표적인 방식 중 하나는 'No.1'을 내세우는 전략이다. 실제로 다음 사례들은 특정 분야에서 1위임을 명확히 전달한다.

■ 'No.1'으로 소구한 사례

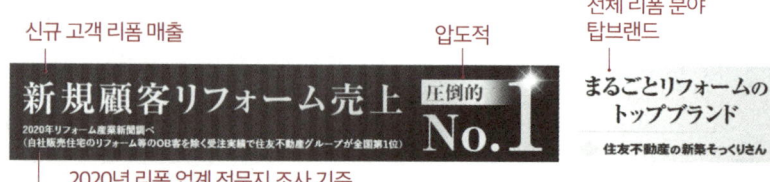

게다가 이 회사에서는 No.1을 입증하는 정보도 제시하고 있다.

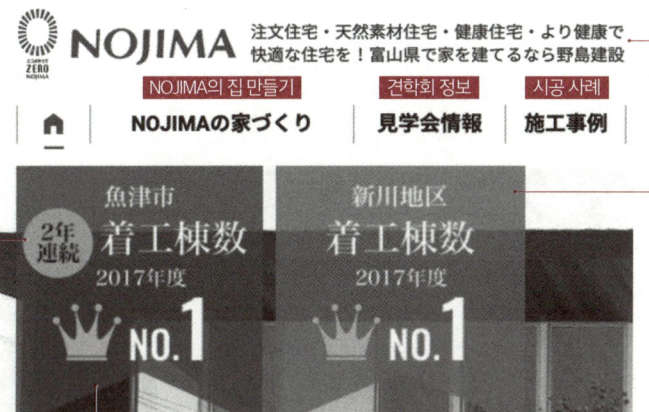

- 후지현에서 집을 짓는다면 노지마 건설! 주문주택·천연소주택·건강주택· 더욱 건강하고 쾌적한 주택을!
- 신카와 지구 착공 동수 2017년도 NO.1
- 2년 연속
- 우오즈시 착공 동수 2017년도 NO.1
- 2017년도 신카와 지구 착공 동 수 No.1 누계 동 수 1,000건 이상

전국적 인지도가 높지 않은 지역 건설사가, 지역 기반의 명확한 지표로 No.1을 입증한 사례. 광고비가 적은 상황에서도 디자인, 가격, 성능을 무기로 고객 만족을 이끌어낸 결과다. 이처럼 No.1을 내세울 때는 반드시 수치나 근거, 기준 범위를 함께 제시해야 설득력이 생긴다. 시장 범위가 작더라도, 카테고리를 좁혀 자신 있게 '1위'라고 말할 수 있으면 강력한 포지셔닝이 된다.

*출처 노지마 건설 주식회사 웹사이트

다음은 '파이오니아_{선구자}'를 표현하고 있는 사례다.

■ '파이오니아'를 어필한 사례

플라스틱의 파이오니아
プラスチックのパイオニア
住友ベークライト株式会社

스미토모 베이클라이트 주식회사

*출처 베이클라이트 주식회사 웹사이트

이처럼 포지셔닝은 단순한 자기 주장으로 끝나서는 안 된다. 해당 브랜드가 시장에서 어떤 위치를 차지하고 있는지를 독자가 한눈에 이해할 수 있어야 제대로 표현된 포지셔닝이라 할 수 있다.

앞서 언급한 '강아지 출장 목욕' 서비스의 경우, 실제 고객들은 다음과 같은 반응을 보였다.

- "출장 서비스가 있다는 걸 알고 이용했어요."
- "강아지가 스트레스를 덜 받을 것 같았어요."
- "찾아와 주니까 너무 편했어요."

이러한 피드백을 바탕으로 이 브랜드는 다음과 같은 포지셔닝을 설정했다.

"출장 애견 미용실 체인 국내 No.1"

'출장'이라는 서비스 형태, '체인 운영'이라는 규모감, '미용실에 가지 않아도 되는 편리함'이라는 구체적인 베네핏까지 함께 담은 문장이다. 당시 기준으로, 출장 애견 미용 서비스를 체인 형태로 운영하는 브랜드는 이곳이 유일했기 때문에 이 포지셔닝은 명확한 니치 전략 기반의 'No.1' 선언으로 유효했다.

(6) 상품 내용 (⑯~⑳)

이제 본격적으로 상품·서비스의 내용을 구성하는 단계다.
다섯 가지 항목을 기준으로 정보를 정리해두면, 상세페이지나 세일즈 문서 작성이 훨씬 수월해진다.

⑯ 프론트엔드 vs. 백엔드

먼저 이 상품이 프론트엔드인지 백엔드인지를 구분한다.
이는 (3)-③에서 설정한 타깃 고객, 즉 신규 고객인지 기존 고객인지에 따라 달라진다.

- **프론트엔드:** 신규 고객 유입용. 가격이 비교적 저렴한 상품
- **백엔드:** 기존 고객 대상. 고가의 본 상품 또는 고부가 서비스

다만, 신규 고객에게 백엔드를 바로 제안하는 경우도 있다. 이럴 땐 반드시 프론트엔드가 없는지 먼저 확인하고, CTA에서 '바로 구매'보다

는 설명회 신청, 자료 요청 등으로 구매 부담을 낮추는 방식이 효과적이다. 고가의 상품을 초면에 바로 구매하는 사례는 드물기 때문에, 진입 장벽을 낮춰 자연스럽게 연결되도록 설계해야 한다.

⑰ 한 문장으로 설명하기

이 항목은 '5가지 질문' 중 "질문 1: 이 상품서비스은 한마디로 무엇인가?"에 대한 답이다.

단순한 설명 같지만, 여러 정보를 줄이고 요점을 압축하는 것이 의외로 어렵다.

욕심내지 말고 핵심만 담는다.

"결국 이 상품은 어떤 문제를 해결해주는가?"를 기준으로 간결하게 정리하면 된다. 만약 어렵다면 ㉑ 베네핏 항목을 먼저 정리해두고 역으로 접근해도 좋다.

⑱ 상품의 구체적 내용과 사용법

여기서는 상품이나 서비스의 구체적인 구성 요소와 사용 방식을 설명한다.

자기 사업이라면 쉽게 쓸 수 있지만, 타인의 상품을 맡았을 경우에는 이 항목을 제대로 파악하지 못하면 상세페이지 전체가 흔들린다. 이 항목은 보통 볼륨이 크고 설명 위주이기 때문에 쓰기 쉬운 파트지만, 작성자가 상품을 정확히 이해하지 못하면 그 혼란이 그대로 문장에 드러나고, 독자 역시 이해하지 못한다. 기본적이면서도 중요한 항목이라는 점을 기억하자.

⑲ 제공자의 권위

해당 상품이나 서비스를 제공하는 사람이 어떤 신뢰도나 전문성을 갖고 있는지를 설명하는 항목이다.

간결해도 좋다.

- ○○대학 명예교수
- ○○자격증 보유자
- 15년 경력, 누적 ○○건 시술
- 창업 90주년 등

그 자체로 고객이 "오, 괜찮은데"라고 느낄 수 있는 근거면 충분하다.

의외로 자주 간과되는 '오래 했다는 사실'도 강력한 권위다. 10년 이상 지속된 사업이라면 그 자체로 신뢰의 근거가 된다. "나는 권위 같은 게 없는데요…"라는 경우도 대부분 자세히 들어보면 하나쯤은 나온다.

- "사실 80년째 가업으로 운영 중입니다."
- "경찰청에서 매년 감사장을 받아요."
- "전문지에 4년째 칼럼 연재 중입니다."
- "지역에서 가장 오래된 서점, 45년간 한 자리를 지키고 있습니다."
    → 눈을 넓혀 생각해보면, 고객이 신뢰할 만한 근거는 반드시 하나쯤 존재한다.

⑳ 신뢰를 더하는 증거/근거

마지막으로, 이 상품이 실제로 효과가 있었음을 증명할 수 있는 자료나 근거를 정리한다. 예를 들어 다음과 같은 것들이다.

- 고객 후기
- 비포 & 애프터 사진
- 수치 데이터
- 실사용 인증 등

필수는 아니지만 하나라도 있으면 강력한 설득 포인트가 된다. 없다면 "없음"이라 써도 되지만, 다른 항목을 보강하는 편이 좋다. 여기까지를 사례 중심으로 정리하면 다음과 같다.

⑯ 프론트/백엔드: **프론트엔드**

⑰ 한 문장 설명

"집 앞까지 찾아와 강아지를 목욕시켜주는 이동식 애견 미용실"

⑱ 내용·사용법

예약제. 샴푸 차량이 직접 방문해 목욕, 드라이, 귀 청소, 발톱 정리, 빗질까지 기본 포함, 대형견 가능, 천연 허브 샴푸 사용, 옵션으로 치석 제거, 이 닦기 가능, 주차 어려운 경우 픽업 지원

⑲ 제공자의 권위

연간 시술 1,500마리, 애견 사육 관리사 자격 보유, 동물 취급 책임자

⑳ 기능과 효과를 뒷받침하는 증거·근거: **없음**

이 정도의 정보로도 어떤 서비스인지 대충 알 수 있을 것이다.

다만, 여기 기재하는 간략한 설명 외에도, 필요할 경우 상세페이지에 상세히 풀어 쓸 수 있을 만큼 충분한 배경 자료와 세부 정보를 갖춰 두어야 한다.

(7) 베네핏 (㉑)

'베네핏'이란 상품이나 서비스를 이용했을 때 고객이 얻게 되는 좋은 결과를 뜻한다. 즉, "이걸 사면 나에게 어떤 좋은 일이 생기지?"라는 질문에 대한 답이다.

이 항목에서는 핵심 베네핏 3가지를 선별해 정리해두자.

이는 (6)-⑰번 항목, 즉 '한 문장 설명'을 도출하는 데도 도움이 되며, 상세페이지에서 전체 메시지 구조를 잡는 기준점이 된다. 물론 실제 카피에서는 이 외의 세부적인 베네핏도 모두 나열해 활용하는 것이 좋다. 앞 사례의 경우는 다음 3가지다.

① 강아지의 스트레스가 줄어든다 (특징/기능)
② 주인의 자유 시간이 늘어난다 (이점)
③ 강아지와 주인 모두가 편하고 행복하다 (만족)

이처럼 단순히 좋은 점을 나열하는 데 그치지 말고, "어떤 특징 때문에 어떤 이점이 생기는가"의 구조로 설명하면 베네핏의 설득력과 깊이가 더욱 강해진다.

특징 → 기능 → 이점 → 감정적 만족

이 흐름을 따라가면, 고객이 직접 "그래서 나한테 뭐가 좋은데?"라는 의문에 답을 찾을 수 있게 된다.

(8) 고객의 망설임 파악과 대응 (㉒)

지금까지 (1)~(7) 단계를 통해 상품·서비스에 대한 핵심 정보를 정리했다.

하지만 정보가 충분해도, 고객이 구매를 망설일 만한 지점은 있게 마련이다. 그들이 주저하는 이유는 무엇일까?

"가격이 너무 비싼 건 아닐까?"

"진짜 효과가 있을까?"

"이 회사, 믿어도 되는 걸까?"

이런 심리적 저항이나 의심 요인이 없다면 당연히 날개 돋친 듯 팔릴 것이다. 하지만 실제로는 대부분 보이지 않는 '의심의 벽'을 넘지 못해 구매가 이뤄지지 않는다. 이럴 때 활용할 수 있는 도구가 바로 '5가지 질문' 중 질문 5다.

■ '5가지 질문'의 '질문 5'

질문 5: 증거

- 이 상품은 어떤 식으로 고객의 고민을 짧은 시간 안에 간단하게 해결할까?
- 이 이야기를 들은 고객은 어떤 의심을 품을까?
- 그 의심을 날려버릴 '구체적이고 압도적인 증거'는 무엇일까?

이 질문을 바탕으로 생각하다 보면, 비포·애프터 사례나, (6)-⑳에서 정리한 "증거·근거" 항목이 다시 떠오를 수도 있다. 핵심은 고객의 망설임을 미리 예측하고, 상세페이지 안에서 선제적으로 대응해두는 것이다.

가격이 부담스러울 것 같다면 "이 가격이 왜 합리적인가"를 설명해야 한다. 효과에 대한 의심이 예상되면 "리뷰, 수치, 데이터, 전문가 평가" 같은 신뢰할 증거를 제시하면 된다.

증거는 단순히 나열하지 말고 고객의 의심을 겨냥해 배치해야 한다. 예를 들어 "효과가 오래갈까?"라는 질문에는 "90일 사용 후 만족도 ○○%"처럼 곧바로 대응하는 것이 좋다. 결국 증거는 단순한 보조 자료가 아니라 고객의 반론을 미리 제압하는 장치다. 의심이 생기는 순간 설득력 있는 증거를 제시할 때, 상세페이지는 설명문을 넘어 강력한 세일즈 도구가 된다.

다음은 알마 크리에이션의 디지털 마케팅 강좌 상세페이지에 들어간 실제 문구다. 고객이 느낄 법한 '가격 부담'을 직접 언급하고, 설득력 있는 비교와 논리로 풀어낸 예시다.

■ 가격에 대한 망설임을 불식한 상세페이지

이론만 가득한 강의는 이제 그만.

机上の空論、禁止！
実践マーケター3人が
あなたとともに挑戦します。

目標は、30日で、
デジタルマーケティングの基礎スキルを学び、
楽しみながら実践できるようになることです。

学びながら、新規顧客獲得にチャレンジするのですから、
これほど費用対効果が高い人材育成法はありません。

比較してみてください。

あなたの会社を深く理解する、有能なマーケターを
人材サーチして、採用するなら、
いったい月々いくらかかるでしょうか？

毎月40万円？　50万円？　それとも80万円？

しかも、その素晴らしい経歴のマーケターは、
指示はできても、手を動かすことはできないかもしれないのです。

30日間トレーニング参加費用

1名参加　定価150,000円（税込）のところ

このページ限定で、
33%OFF ご優待価格
1名参加 **100,000円**（税込）

실무 경험자 3인이
함께 실전 과제로
이끌어드립니다.

배우는 데서
그치지 않고,
실제로 고객 유입까지
도전해보는
실전형 프로그램.
그만큼 투자 대비
효과가 높은
마케팅 교육
솔루션입니다.

목표는 단 하나.
30일 안에
디지털 마케팅의
핵심을 배우고,
직접 실행할 수 있도록
만드는 것.

비교해 보세요

회사 상황을
제대로 이해하는
실력 있는 마케터를
외부에서 채용하려면
매달 얼마가 들까요?

월 400만 원?
500만 원?
아니면 800만 원?

게다가 그렇게
비싼 인재의 실행력이
따라주지 않는다면
무슨 의미가 있을까요?

30일 참가 비용

정가 150만 원
(부가세 포함)/1인

이 페이지 한정
33% 할인 적용

참가비 100만 원
(부가세 포함)

*출처 알마 크리에이션 주식회사 HP

(9) 최종 정리: '누가·무엇을 해서·어떻게 되었나?' (㉓)

지금까지 (1)~(8)단계를 통해 상품의 콘셉트와 구조를 정리해왔다면, 마지막 단계에서는 전체 내용을 한 문장 구조로 정리해보자.

바로 'PMM 서치 시트'의 "누가·무엇을 해서·어떻게 되었나?"라는 구조다.

■ 'PMM 서치 시트'의 대응 항목

구성	관련 항목
누가	② 이상적인 고객 / ③~⑦ 현재 설정한 타깃
무엇을 해서	① 상품명 / ⑰ 한 문장 설명 / ⑭ 고객의 목소리 / ⑮ USP
어떻게 되었나?	㉑ 주요 베네핏 3가지

이렇게 하면 어렴풋하던 타깃을 분명하게 그릴 수 있게 된다.

이처럼 '이상적인 고객'과 '지금 상정하는 고객'에서 타깃을 떠올려서 USP차별화 포인트를 고려해 그것이 어떤 베네핏을 가져올지를 생각하면 PMM이 완성된다.

예를 들어 한 화장품 브랜드가 에센스를 기획하면서 처음엔 '피부 노화가 걱정인 사람'을 타깃으로 설정했다. 하지만 PMM 시트를 채워가다 보니, 보다 현실적인 타깃은 '기존 스킨케어 제품에 만족하지 못하는 사람'이라는 점이 드러났다.

결과적으로, 타깃이 추상적인 '고민 중인 사람'에서 구체적 불만을 가진 실구매자로 바뀌면서 포지셔닝이 더욱 선명해졌다.

최종적으로는 다음과 같이 정리한다.

■ 'PMM 서치 시트'의 대응 항목 샘플

누가	○○에 대해 고민하거나 ○○하고 싶은 ◎◎한 사람이
무엇을 해서	○○이라는 점에서 기존과 다른 (상품명)을 사용해서
어떻게 되었나?	○○할 수 있게 되었고, 그 결과 ○○라는 변화를 경험했다

이 구조는 '누가·무엇을 해서·어떻게 되었나?' 중에서 '무엇을 해서'에 "기존 제품과 어떤 점에서 다른가"를 더욱 명확히 담아 포지셔닝과 차별화를 강조한 형태다.

'강아지 출장 미용실'의 예에서는 다음과 같이 정리했다.

■ '강아지 출장 미용실'의 사례

누가	강아지의 스트레스 때문에 미용실에 데려가지 못해 고민하던 40~50대 여성 고객이
무엇을 해서	출장 애견 미용실 체인 국내 No.1 브랜드 '강아지 출장 목욕'을 이용해서
어떻게 되었나?	강아지가 스트레스 없이 목욕할 수 있었고, 그 결과 주인도 강아지도 심리적으로나 신체적으로 한결 편해졌다

3. 'PMM 서치 시트'와 상세페이지 구성 파트의 관계

'PMM 서치 시트'를 완성했다면, 이제 실제 상세페이지 작성 단계로 넘어간다. 아래는 PMM 시트의 각 항목이 상세페이지 구성 요소와 어떻게 연결되는지를 정리한 표이다.

이 대응 관계를 바탕으로 하면, 메시지 누락 없이 구조적으로 탄탄한 SP를 빠르게 완성할 수 있다.

① 상품·서비스명은 그대로 SP의 제목이나 제품 소개에 사용된다.

② 열성 팬 고객 또는 이상적인 고객상, ③ 신규/기존 고객, ④ 연령대, ⑤ 성별, ⑦ 현상 유지 편향은 모두 타깃 설정과 관련된 정보다. SP에 직접 노출되진 않지만, 전체 카피 방향을 결정짓는 기초 설계 요소다.

⑥ 문제·갈망·고통질문 4은 주로 헤드라인과 오프닝에서 표현되며, 사용자 공감대 형성에 핵심적인 역할을 한다.

⑧ 가격, ⑨ 특전, ⑩ 보증, ⑪ 한정 조건, ⑫ 마감 기한은 모두 오퍼판매 조건 부분에 포함된다.

⑬ CTA Call to Action는 그대로 CTA 문구나 안내 문장으로 사용된다.

⑭ 고객의 목소리질문 3는 리뷰, 사례, 후기 섹션 등 신뢰 확보 영역에 반영된다.

⑮ USP우위성는 프리헤드나 덱 카피에서 사용되어 헤드라인의 설득

■ PMM 항목별 SP 적용 포인트

PMM 항목	SP에서 해당하는 파트
① 상품명	상품명 (타이틀, 제품 소개부)
② 이상적인 고객 (또는 열성 팬)	타깃 설정
③ 신규 고객 or 기존 고객 ④ 연령대 ⑤ 성별	
⑥ 문제·갈망·고통 (질문 4)	헤드라인 및 오프닝 (공감/문제 제기)
⑦ 현상 유지 편향	타깃 설정의 심리적 배경
⑧ 가격 ⑨ 특전 ⑩ 보증 ⑪ 한정 조건 ⑫ 마감	오퍼: 가격 제시 오퍼: 구매 혜택 오퍼: 리스크 리버설 (안심 약속) 오퍼: 희소성과 긴박감 강조
⑬ CTA	CTA (행동 유도)
⑭ 고객의 목소리 (질문 3)	후기·사례·리뷰 섹션
⑮ USP (차별화 포인트)	프리헤드 또는 덱카피 (보조 헤드라인)
⑯ 프론트엔드 / 백엔드 여부	CTA 방식 판단 기준 (즉시 구매 or 투스텝 전환)
⑰ 한마디 설명 (질문 1)	상품 개요 설명
⑱ 사용법·구성	상세 설명 / 사용 방법 안내
⑲ 제공자의 권위	프로필 / 프리헤드·덱카피 내 신뢰 요소
⑳ 뒷받침 증거·근거 (질문 5)	인증, 수치, 실적 등 증거 영역
㉑ 베네핏 (핵심 3가지)	베네핏 중심 섹션
㉒ 고객의 선입견·망설임·의심 (질문 5)	가격 설명 또는 증거 제시 파트에 반영
㉓ 누가·무엇을 해서·어떻게 되었나?	SP 전체 스토리라인의 중심 골격

력과 차별성을 보완한다.

⑯ 프론트엔드/백엔드 여부는 SP 내에 직접 표기되지는 않지만, CTA 설계 방식가령, '즉시 구매' vs. '설명회 신청'을 결정하는 데 영향을 준다. 즉, 원스텝 마케팅으로 바로 전환할지, 투스텝 마케팅으로 유도 단계를 둘지 판단하는 기준이 된다.

⑰ 한마디 설명질문 1은 상품·서비스 개요를 요약할 때 유용하며, ⑱ 사용법·구성과 함께 정리하면 독자에게 이해도를 높이는 데 효과적이다.

⑲ 제공자의 권위는 '프로필'이나 '보조 카피'에 배치하여 신뢰와 전문성을 강화하는 역할을 한다.

⑳ 뒷받침 증거·근거질문 5는 성능 데이터, 비포&애프터, 고객 성공 사례 등 객관적 설득 요소로 활용된다.

㉑ 주요 베네핏은 베네핏 섹션에서 핵심적으로 강조되며, SP에서는 이 외의 세부 베네핏도 함께 보완해 사용한다.

㉒ 선입견·망설임·의심질문 5은 가격 설명이나 근거 제시 부분에서 예상되는 거부감을 미리 해소하는 데 활용된다.

㉓ '누가·무엇을 해서·어떻게 되었나?'는 SP에 직접 드러나지는 않지만, 전체 메시지 구조를 잡는 서사적 골격이다. 이 구조를 기준 삼아 작성하면, 메시지의 일관성을 유지할 수 있다.

이렇게 정리한 PMM 시트를 PASBECONA 템플릿과 함께 활용하면, 구조적 완성도와 소구력이 모두 높은 SP를 빠르게 작성할 수 있다.

이 장의 포인트

● PMM를 도출하기 위해, '돈이 되는 말을 찾아내는 5가지 질문'을 업그레이드한 "PMM 서치 시트"를 활용한다.

● PMM 서치 시트의 두 가지 역할
  1. 상세페이지 작성에 필요한 핵심 정보를 빠짐없이, 효율적으로 수집한다.
  2. 수집한 정보를 바탕으로, "누가·무엇을 해서·어떻게 되었나"라는 핵심 스토리를 도출한다.

● 기재 시 유의사항
  문장이 길면 핵심이 흐려지므로, 지나치게 장황하지 않도록 간결하고 압축적으로 작성한다.

● 상품·서비스 명칭 작성 시 포인트
  고객이 즉시 떠올릴 수 있는 명확한 명칭이어야 한다.

● 이상적인 고객을 설정하라
  자신의 가치관에 맞는 고객을 선명하게 상정함으로써, 선택과 집중이 명확한 마케팅 전략이 가능해진다.

● '문제·갈망·고통'의 정확한 파악이 PMM의 핵심
  지금 상정하는 고객이 가진 고충을 얼마나 날카롭게 짚어내는가가 성패를 가른다.

- 신규 고객보다 기존 고객이 유리하다
  이미 신뢰 관계가 형성된 기존 고객은 전환율이 높다.

- 현상 유지 성향이 약한 고객은 당장 구매 가능성이 높지만, 시장 자체는 작다.

- 포지셔닝이란 시장 내 자사와 상품의 위치 설정이다. 차별화 전략인 USP Unique Selling Proposition와 경쟁자가 놓친 틈새 시장을 함께 고려한다.

- 'PMM 서치 시트'의 전 항목은 결국 "누가·무엇을 해서·어떻게 되었나"로 수렴된다. 이를 중심 구조로 삼아 설득력을 높인다.

- PMM 서치 시트의 항목을 그대로 상세페이지 각 부분에 적용하면, 설득력 있고 구조적인 상세페이지를 빠르게 완성할 수 있다.

제7장

계약 성사율을 높이는 32가지 라이팅 기술

PMM을 충분히 분석했다면, 이제 '무엇을 말할 것인가'에 대한 준비는 끝났다. 이제는 '어떻게 말할 것인가', 즉 전달 방식에 대한 기술이 필요하다. 라이팅 기법을 효과적으로 조합하면, 상세페이지의 설득력을 높이고 계약 성사율을 비약적으로 끌어올릴 수 있다.

　핵심은 독자의 주의를 끌고, 이해시키는 것이다.
　상세페이지를 읽는 이가 "그렇군, 이 말이 맞아"라고 납득한다면 구매 가능성은 확실히 높아진다. 반대로, 아무리 PMM이 정교해도 독자가 이해하지 못하면 구매로 이어지지 않는다.
　이 장에서는 독자의 이해를 돕고, 계약 성사율을 높이는 32가지 라이팅 기술을 다룬다.

1. 읽는 순간 사게 만드는 '팔리는 문장' 완성법

(1) 쓰는 메시지에 따라 모이는 고객이 달라진다

가장 먼저 이해해야 할 것은, 어떤 메시지를 던지느냐에 따라 어떤 고객이 모이느냐가 결정된다는 사실이다. 예를 들어 "업계 최저가"를 내세우면, 가격에 민감한 고객이 모인다. 반대로 "최고급 소재, 고가 제품"을 강조하면, 품질을 중시하는 고객이 모인다. 단 한 줄의 카피가 고객군의 성격을 가르고, 브랜드의 방향성까지 정할 수 있다.

즉 "나는 어떤 고객을 유치하고 싶은가?" 이 질문에 답하는 메시지를 정교하게 구성해야 한다.

제6장에서 다룬 'PMM 서치 시트'에서 이상적인 고객상을 설정하는 이유도 여기에 있다. 자신의 가치관에 맞는 고객을 원한다면, 그 고객에게 맞는 메시지를 먼저 제시해야 한다. 그렇지 않으면 원치 않는 고객이 몰려와 브랜드와의 불협화음을 일으키고, 결국 불필요한 갈등과 비용을 초래할 수 있다.

이는 텍스트뿐 아니라 SP의 디자인 톤과 분위기에도 반영된다. 예를 들어 강렬한 빨강과 검정의 조합은 역동적이고 화려한 분위기를 선호하는 고객을, 파스텔톤의 부드러운 색상은 안정감과 따뜻함을 추구하는 고객을 끌어당긴다. 문체와 어조 또한 중요하다. 강한 어조로 설득할 것인지, 부드럽고 친근한 말투로 공감할 것인지에 따라 반응이 달라진다. 같은 제품이라도 '지금 당장 잡아라'와 '당신의 페이스에 맞게 선택하세요'라는 문구는 전혀 다른 고객을 불러들이는 것이다.

어떤 고객을 유도하고 싶은지 분명히 설정한 후, 그에 맞는 어투와 톤으로 설계해야 한다.

(2) 베네핏을 '깊이' 전달하는 기술

카피라이팅의 핵심은 '특징'을 '베네핏'으로 전환하는 것이다.

앞에서 이 전환법을 설명했지만, 여기서는 베네핏을 더 깊이 있게 파고드는 방법을 다룬다. 다음은 실제 사례다. 4장에서 소개한 치과 의원 전용 고객 응대 강좌를 예로 들어보자.

■ 얕은 수준의 베네핏 소개

특징	300개 이상의 치과 의원 스태프를 교육한 강사의 강좌
베네핏	스태프의 고객 응대가 개선되어, 환자로부터의 클레임이 줄어든다

이 역시 분명한 베네핏이다.

하지만 여기서 그치지 않고 '그래서 무엇이 더 좋아지는가?'를 계속 질문해보자.

■ 베네핏을 파고드는 생각의 흐름

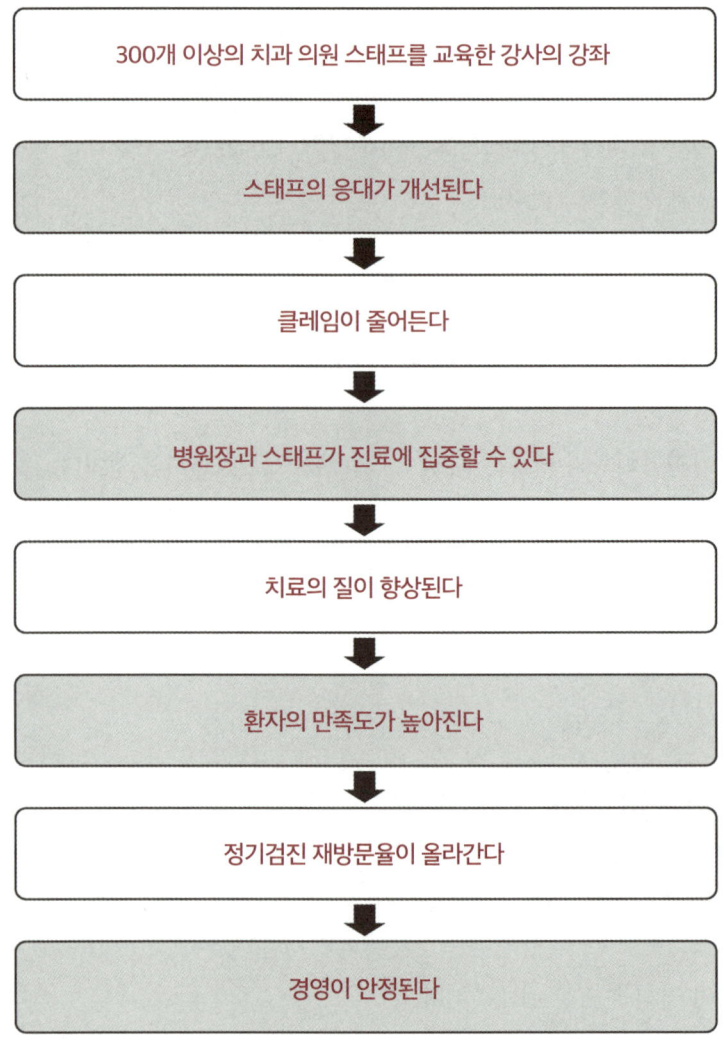

이처럼 단계별 흐름으로 정리해 서술하면, 다음과 같은 문장이 된다.

- 이 강좌를 수강하면 스태프의 고객 응대가 눈에 띄게 개선됩니다.
- 그 결과, 병원장과 스태프는 진료에 집중할 수 있고, 환자의 만족도도 높아집니다.
- 이는 정기검진 재방문으로 이어지며, 결국 병원 경영의 안정성을 높이는 데 기여합니다.

다소 길어 보일 수 있지만, 독자에게는 납득 가능한 흐름이 된다. 각 단계가 자연스럽게 연결되면서, 전달되는 메시지의 설득력과 신뢰도도 함께 상승한다.

중간 과정을 생략하고 최종 베네핏만 말하면 신뢰를 잃는 이유가 여기에 있다. 예를 들어 "300명 이상의 스태프 교육 실적이 있으므로 경영이 안정됩니다"라고 하면, 독자는 왜 그런 결과가 나오는지 근거를 찾지 못해 고개를 갸웃할 수밖에 없다.

이처럼 특징 → 직접 베네핏 → 간접 베네핏으로 확장하며, 각 단계에서 '그래서 무엇이 더 좋은가?'를 끊임없이 질문하고 답을 구조화하는 것이 핵심이다.

이 작업은 단순한 문장 나열이 아니라 독자의 머릿속에서 '원인과 결과'의 고리를 하나씩 이어주는 과정이기도 하다. 이를 잘 설계하면 메시지가 더 오래 기억되고, 행동으로 이어질 확률이 높아진다.

(3) 페르소나를 설정하는 방법

상세페이지는 기본적으로 '말을 거는 듯한 문체'로 작성해야 한다. 즉, 구어체로 쓰는 것이 원칙이다. 아래는 문어체와 구어체의 예를 비교한 표다.

■ 글말과 입말(예시)

글말(문어)	입말(구어)
귀사	당신 회사
증정하다	드리다
그와 같은	그런

이처럼 자연스럽고 친근한 어투를 쓰기 위해서는, '페르소나'를 설정하는 것이 중요하다. '타깃'은 상품을 구매할 가능성이 있는 사람들의 집합적 개념이라면, '페르소나'는 그 집합 속에서 특정한 한 사람을 구체적으로 상정한 것이다. 타깃은 일반화된 집단이라면, 페르소나는 "단 한 사람에게 깊이 말을 거는 듯" 설계된 캐릭터다.

특정 개인을 설정하는 편이 리얼리티가 있어서 쓰기 쉽고, 읽는 사람이 감정 이입하거나 친근감을 느끼게 된다. 그리고 불특정 다수에게 던지는 메시지인데 '이건 나한테만 보내는 메시지 같아'라고 느끼게 할 수 있다.

■ '타깃'과 '페르소나'의 차이

타깃	페르소나
40~50대 직장인, 제2의 인생을 고민 중인 사람	다나카 이치로, 46세, ○×회사 과장. 현재 직장에서 더 이상 승진은 어렵고, 월급은 줄어도 보람 있는 일을 하고 싶어 함.

페르소나가 구체적일수록 '그 사람이 진짜로 갖고 있는 고민'에 집중할 수 있고, 메시지도 더 강력해진다. 읽는 사람 역시 "이거 내 얘긴데?"라는 공감과 몰입을 느끼게 된다.

구체적인 페르소나 설정법을 알아보자.

페르소나 설정법: 실전 3단계

페르소나는 다음 세 가지 방법 중 하나로 설정할 수 있다.
① 기존 고객 중 전형적인 인물을 선택
 - 실고객 데이터를 기반으로 설정

② 기존 고객이 없다면, 아는 사람 중에서 타깃에 가까운 사람 선택
 - 가족, 친구, 동료 중 적합한 사례 활용
③ 위 두 방법이 어렵다면, 이상적인 고객을 구체적으로 상상
 - 단순한 프로필이 아니라 감정과 욕구가 그려지는 캐릭터로

가능하다면 ① 또는 ②가 바람직하다. 그리고 가능한 한 그 사람과 직접 대화를 나눠보자.
"어떤 점이 고민이었는가?"
"구매 결심의 결정타는 무엇이었는가?"
이 질문에 담긴 힌트 하나로, SP의 설득력이 완전히 달라질 수 있다.
잠깐 이야기를 듣는 것만으로도 계약 성사율이 올라간다. 혼자서 이것저것 고민하는 것보다 훨씬 효율적인 방법이다.

만약 ③의 경우라면, 이야기 상대가 될 정도로 인물상을 구체적으로 할 필요가 있다. 여기서 자주 듣는 질문이 있다.
"자기 자신을 페르소나로 해도 괜찮을까요?"
결론부터 말하면, 과거의 자신이 타깃과 일치한다면 '과거의 나'를 페르소나로 삼아도 된다. 그때의 고민을 생생하게 기억하고 있기 때문이다. 하지만 현재의 자신은 피하는 것이 좋다. 무의식적으로 자기 기준에 맞춰 판단하게 되기 때문이다. 고객의 시선을 놓치지 않기 위해서는, 자신과 약간의 거리를 둔 인물을 설정하는 편이 안전하다.

"한 사람만 정하면, 나머지 독자들은 소외감을 느끼지 않을까?"

이 역시 자주 나오는 질문이다. 하지만 걱정하지 않아도 된다. 핵심은 '개인적인 이야기'를 쓰는 것이 아니라 '개인에게 말하듯이' 쓰는 것이기 때문이다. 예를 들어 "엊그제 시부야에서 먹은 ××카레 돈가스 진짜 맛있었지?"처럼 특정인을 전제로 한 회상형 문장은 독자에게 거리감을 줄 수 있다. 그보다는, "마치 당신 곁에 앉아 말 걸듯" 그 사람의 고민을 이해하고, 공감하고, 제안하는 톤으로 작성하는 것이 페르소나 글쓰기의 핵심이다.

(4) 왜 "고객의 머릿속에 있는 말"을 써야 할까?

SP, 세일즈 레터, 이메일 등에서 설득력 있는 메시지를 쓰려면 반드시 기억해야 할 원칙이 있다. 바로 '내 말'이 아니라 '고객의 머릿속에 있는 말'을 써야 한다는 것이다.

이 원칙을 아느냐 모르느냐에 따라, 성과의 천국과 반응 없는 지옥이 갈린다.

고객의 언어는 크게 두 가지로 나눌 수 있다.

① 고객이 일상적으로 사용하는 단어
② 고객의 고민이나 바람이 언어로 표현된 말

판매자는 해당 분야의 전문가다. 그러나 고객은 아니다. 그래서 판매자 입장에서 '당연한' 용어라도, 고객에겐 생소하거나 낯선 말일 수 있다. 전문 용어나 업계 용어를 무심코 사용하면, 고객은 그 문장을 넘기거나, 아예 이탈해버릴 수 있다.

다만, 고객이 같은 업계 종사자거나 전문가일 경우에는 일부러 전문 용어를 사용하는 것이 오히려 효과적이다. 이때는 "아, 이 사람은 우리 편이구나"라는 신뢰와 친근감을 만들어낸다.

예를 들어 의료 현장에서는 '바이털'이라는 단어를 자주 사용한다. '바이털'은 '바이털 사인 vital signs'의 약자로, 맥박·호흡·체온·혈압처럼 생명 유지의 징후를 나타내는 요소들을 의미한다. 의사나 간호사를 대상으로 한 글이라면 "바이털 관리를 쉽게 하는 3가지 방법" 같은 제목도 문제없이 통한다. 하지만 대중에게는 "일상에서 혈압을 간편하게 재는 방법"처럼 풀어 써야 이해가 쉽다.

반대로 의료 전문가에게 "맥박이나 호흡, 체온을 편하게 측정하는 방법"이라고 설명하면 "그냥 '바이털'이라고 하면 될 걸, 이 사람 초짜인가?"라는 인상을 줄 수 있다. 이처럼 해당 독자가 평소에 사용하는 단어를 써야 메시지가 정확히 전달된다.

두 번째 유형은 '고객의 고민이나 이상이 언어화된 표현'이다.

이것은 반드시 '단어'일 필요는 없다. 앞서 페르소나 설정의 중요성을 설명하면서, 실제 인물과 대화해보는 것이 가장 효과적이라고 한 이유도 여기에 있다. 청취 과정에서 얻게 되는 가장 큰 수확은 바로, '고객의 머릿속에 있는 실제 표현'을 포착하는 것이다.

예를 들어 타깃 고객이 "매일 혈압 재는 게 너무 번거로워요"라고 말한다면, 이것이 바로 고객의 고민이 언어화된 실제 표현이다. 고객은 어떤 점을 불편하게 느끼는가? 무엇을 바라고 있는가? 이러한 표현을 정확히 끌어내어, 고객의 언어 그대로 카피에 반영하는 것이 '꽂히는 카피'의 비결이다.

물론, 현실적으로 고객과 직접 대화하기 어려운 경우도 있다. 그럴 때는 다음과 같은 방법으로 고객의 언어를 수집해보자.

- 타깃 고객이 자주 이용할 만한 웹사이트나 잡지를 조사한다
- 기존 고객을 대상으로 한 설문조사 결과를 분석한다

이와 더불어, 곧 소개할 무료 도구들을 활용하면 고객의 '머릿속 키워드'와 '핵심 문구 키프레이즈'를 효과적으로 찾아낼 수 있다. 단, 각 도구는 기술 발전 속도가 빠르므로 이 장에서는 구체적인 사용법보다 활용에 필요한 핵심 포인트만 정리해 소개하겠다.

검색 엔진의 '추천 키워드'를 활용하라

구글이나 네이버 같은 검색엔진에 특정 키워드를 입력하면, 자동으로 함께 제안되는 관련 검색어들이 표시된다. 이러한 키워드 제안을 '추천 키워드'라고 부른다.

예를 들어 검색창에 '올리브오일'이라고 입력하면, 다음과 같은 연관어들이 자동으로 나타난다.

■ 추천 키워드

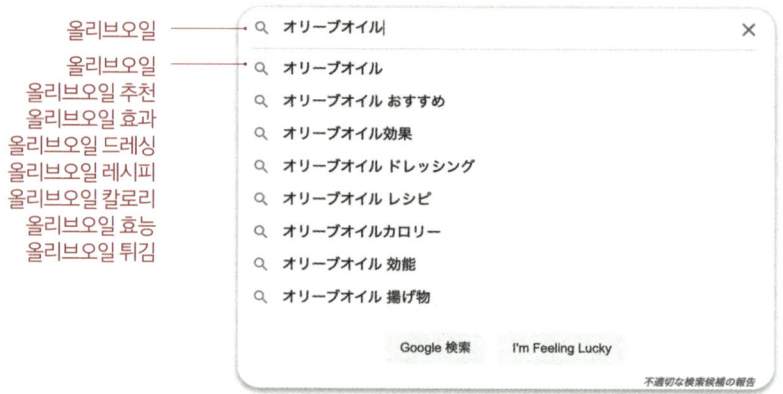

이 조합을 보면, "어떤 제품이 좋은지 추천을 찾는 사람", "올리브오일의 효능에 관심 있는 사람", "드레싱에 활용하고자 하는 사람" 등 검색자들의 관심사와 사용 목적이 자연스럽게 드러난다.

이처럼 검색 엔진의 추천 키워드는 단순한 검색어 그 이상이다. 사용자들이 실제로 궁금해하는 내용과 언어, 즉 '고객의 머릿속에 있는 말'이 드러나는 실마리인 셈이다. 추천 키워드를 해석하는 연습을 하면, 어떤 메시지를 던져야 고객에게 울림이 생길지 아이디어가 구체적으로 떠오르기 시작할 것이다.

트렌드를 파악하는 도구: 구글 트렌드 활용법

어떤 키워드가 요즘 뜨고 있는지, 반대로 인기에서 멀어지고 있는지 궁금하다면, '구글 트렌드'만큼 유용한 도구는 없다.

검색창에 '구글 트렌드'를 입력하면 사이트에 접속할 수 있다. 여기서 특정 키워드를 입력하면 최근 일주일, 3개월, 1년 등 원하는 기간 동안의 검색량 추이를 시각적으로 확인할 수 있다. 그래프와 수치를 통해 관심도의 상승·하락 흐름을 직관적으로 읽을 수 있고, 국가별·지역별 관심도나 연관 검색어도 함께 확인 가능하다. 예를 들어 '올리브오일'을 입력하면, 어느 시점부터 검색량이 급증했는지, 최근에는 하락세인지, 계절·이슈·사회적 이벤트와 어떤 연관이 있는지까지 한눈에 파악할 수 있다. 이 정보는 단순한 호기심을 넘어, 마케팅 타이밍을 잡거나 콘텐츠 소재를 선정하는 데 직접적인 인사이트를 제공한다.

■ 구글 트렌드

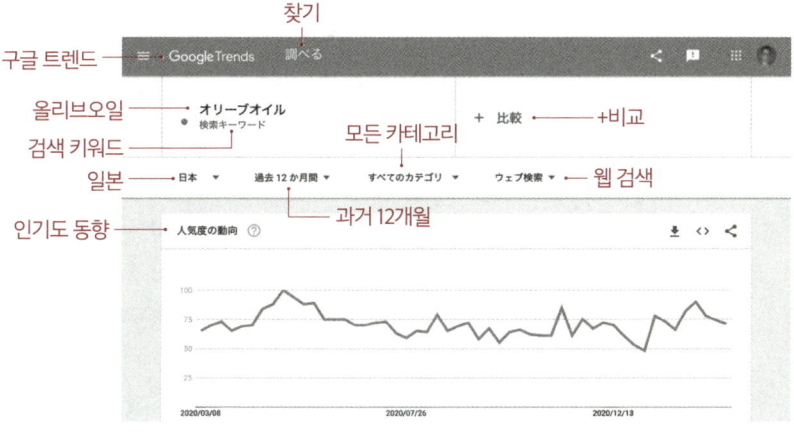

구글 트렌드는 단순히 검색량만 알려주는 도구가 아니다. 연관성이 높은 키워드와 토픽, 그리고 그 검색 증가율도 함께 보여준다. 예를 들어 '올리브오일' 키워드를 입력하면 아래와 같은 연관 토픽을 확인할 수 있다. 이러한 정보는 소비자가 지금 어떤 관점에서 키워드를 바라보는지를 알려주는 중요한 힌트다.

■ **구글 트렌드 데이터로 본 식품·올리브오일 검색 트렌드**

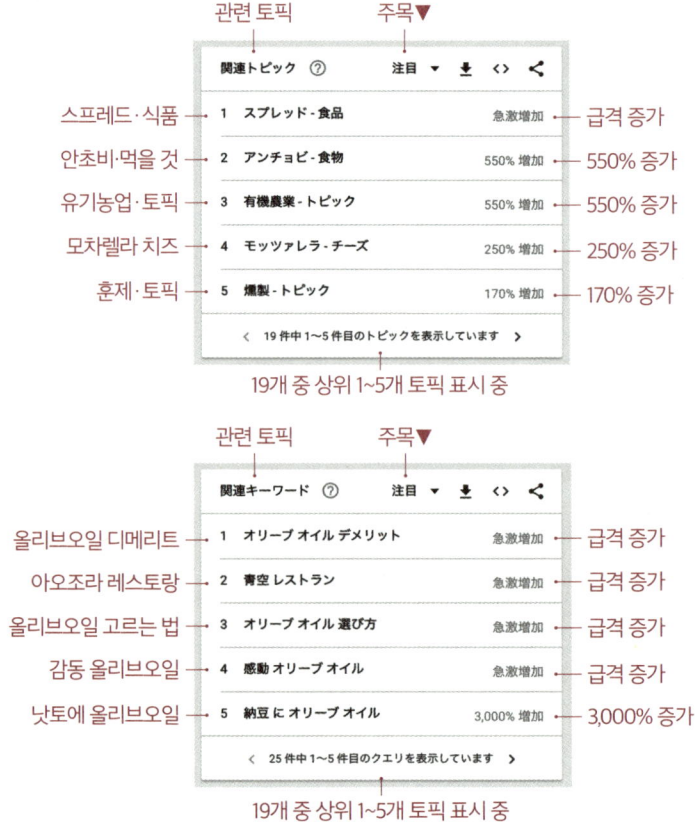

구글 트렌드의 또 다른 강점은 여러 키워드를 동시에 비교할 수 있다는 것이다. 예를 들어 리모트워크, 재택근무, 텔레워크, 재택워크, 이 4개의 키워드를 비교해보면, '텔레워크'라는 단어가 검색량 면에서 가장 높은 순위를 차지하고 있는 것을 확인할 수 있다.

단, 여기서 유의할 점이 있다. 구글 트렌드는 '실제 검색된 단어'만 기준으로 삼는다. 예를 들어 누군가 '텔레워크'라는 단어가 생소해서 검색했을 수도 있다. 즉, 높은 검색량이 반드시 '높은 인지도'나 '선호도'를 의미하지는 않는다. 따라서 구글 트렌드는 1차 아이디어 도출 도구로 활용하고, 실제로 어떤 표현이 반응이 좋은지는 후속 단계에서 A/B 테스트를 통해 검증하는 것이 이상적이다.

■ 구글 트렌드에서 검색 키워드 비교를 통한 인기 추이 분석

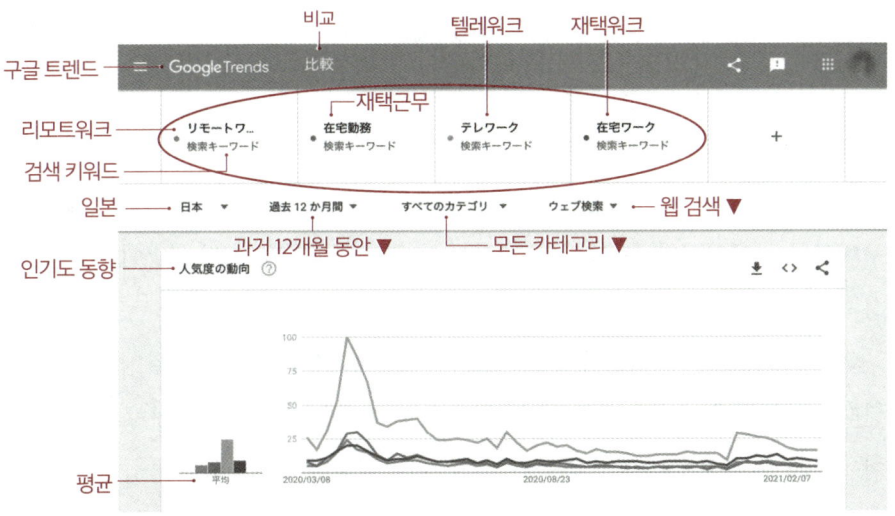

(5) 고객의 생각을 뒤흔드는 궁극의 통찰, '커머셜 인사이트'란?

카피라이팅의 기본은 '고객의 머릿속에 있는 말'을 사용하는 것이다. 하지만 그보다 더 강력한 기술이 있다. 바로 고객조차 말로 표현하지 못한, 깊은 욕구와 무의식적인 문제의식을 언어화하는 것, 이것이 '커머셜 인사이트' Commercial Insight, 관점 전환 통찰다.

이 개념은 『숨은 키맨을 찾아라』 The Challenger Customer에서 소개되었으며, 다음 세 가지로 요약할 수 있다.

- "헉, 지금까지 내가 틀렸다고?" – 고객이 스스로의 관점을 의심하게 되는 전환점
- 고객조차 자각하지 못한 문제를 날카롭게 지적
- 익숙한 정보 속에서도 전혀 생각지 못한 깨달음 유도

즉, 고객의 사고방식에 균열을 일으키는 충격이다.

오늘날 고객은 비슷비슷한 제품과 서비스 속에서 '뭐가 다른지'를 구별하기 어려워한다. '약간의 기능 차이'나 '가격 비교'만으로는 더 이상 눈길을 끌지 못한다.

하지만 만약, 고객이 굳게 믿고 있던 상식이 틀렸다는 사실을 알게 된다면? 그 순간 고객은 흔들린다. 그리고 그 충격은 행동, 즉 '구매'로 이어진다. 이처럼 즉각적인 반응과 '지금 당장 행동해야 해!' 하는 충동이 생길 만한 임팩트를 주는 것이 '커머셜 인사이트'다.

'커머셜 인사이트'를 발견하는 일은 결코 쉽지 않다. 그러나 한 번 발견하면 정체된 시장을 단숨에 확장하고, 성숙기에 접어든 사업을 다시 성장 궤도에 올려놓을 수 있을 만큼 강력한 임팩트를 발휘한다.

그 대표 사례 중 하나가 식용유 여과기를 제조·판매하는 주식회사 메카의 이야기다. 메카의 여과기는 본래 기름의 선도를 유지해 튀김 맛을 높이고, 기름 교환 주기를 줄여 비용 절감 효과를 내는 제품이었다. 이 두 가지 이점을 내세운 마케팅으로, 메카는 업계 선두 자리에 올랐다.

그러나 출시 20년이 지나자 성장세가 둔화되었다. 신임 대표는 신사업을 검토했지만, 기존 시장 자체가 경쟁 심화로 가격 인하 외에는 돌파구가 없는 상황이었다. 이때 메카 개발팀은 관점을 바꿨다. 제품이 쓰이는 현장의 목소리를 듣기 시작한 것이다.

수많은 인터뷰 끝에 그들이 도달한 핵심 키워드는 '안전성'이었다.

대다수 식당에서는 폐점 후 심야 시간에 아직 뜨거운 기름을 교체한다. 업무용 기름은 양도 많고 무게도 상당해, 기름을 옮기거나 폐유를 버리는 과정에서 화상 사고가 자주 발생했다. 어떤 매장에서는 지하철이 끊기기 전까지 무거운 기름통을 뒷마당까지 옮겨야 했고, 그 고된 작업을 피하고자 퇴사하는 아르바이트생도 적지 않았다고 한다. 이 모든 고충을 단번에 해결한 것이 바로 메카의 여과기였다.

버튼 하나만 누르면 여과가 가능해 위험한 작업 없이도 처리할 수 있으며, 심야 잔업도 줄어든다는 점이 강력한 차별점이 된 것이다.

이러한 숨겨진 니즈를 발견한 메카는 전략을 완전히 전환했다. 기존처럼 '맛'이나 '비용 절감'만 강조하는 것이 아니라 '안전한 작업 환경'이라는 감정적 공감을 일으키는 메시지로 SP를 재구성한 것이다.

결과는 놀라웠다. 입소문이 빠르게 퍼졌고, 생산이 수요를 따라가지 못할 정도로 폭발적인 반응을 얻었다. 이처럼 고객도 자각하지 못했던 고충을 짚어주는 한 문장, 그것이 바로 '커머셜 인사이트'의 힘이다.

■ '안전성'으로 설득에 성공한 SP 사례

기름 교환, 몇 번이나 하십니까?

잘나가는 체인점의 새로운 상식

Ⓐ 3일에 한 번?
Ⓑ 일주일에 한 번?
Ⓒ 한 달에 한 번?

"기름 교환, 진짜 하기 싫어요…" 무겁고 뜨겁고 위험한 일. 게다가 매번 시간까지 잡아먹는 고역.

매출 상위 매장은?

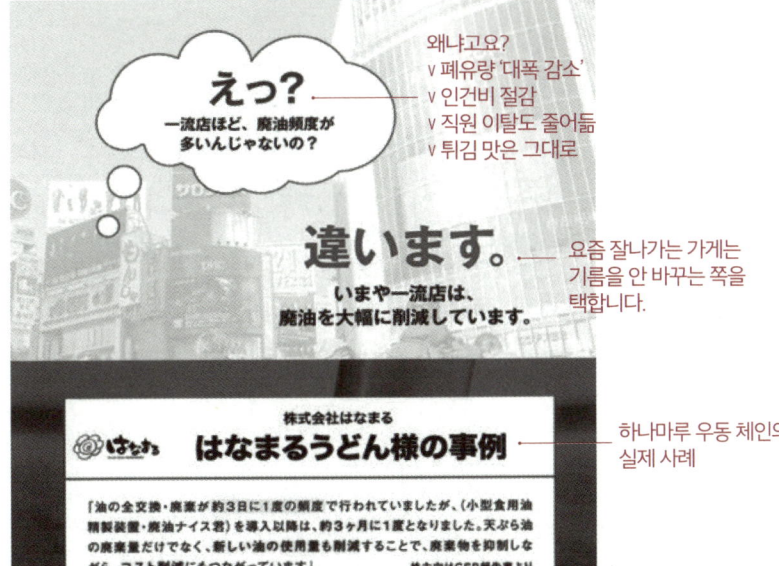

"예전엔 3일에 한 번 기름을 전량 교체했는데요, 이제는 3개월에 한 번이면 충분합니다."
기름은 줄었고, 비용은 절약됐고, 직원 만족도는 올라갔습니다.
이제, 당신 차례입니다. '힘든 기름 교환'이라는 상식을 완전히 바꿔보세요.
버튼 하나로 끝나는 여과기 솔루션 기름 관리, 이제 '안전성'이 기준입니다.

이처럼 고객이 당연하게 믿고 있는 '상식'을 정면으로 뒤집을 수 있는 메시지가 있는지, 반드시 점검해보자.

(6) 사람을 움직이는 3가지 핵심 요소

사람을 움직이는 가장 단순하면서도 강력한 3가지 요소는 다음과 같다.

1. 공감: "이건 내 이야기다"라는 느낌

독자가 "이건 내 얘기야!"라고 느끼는 순간, 행동의 문이 열린다.

이러한 공감은 단순히 문장 내용에만 국한되지 않는다. 전체적인 톤, 영상 구성, 페이지 레이아웃까지도 공감을 유도하는 요소다.

예를 들어 타깃 독자가 자주 접하는 잡지나 웹사이트의 디자인 톤과 분위기를 참고하면, 그들이 익숙하게 느끼는 '친근한 인상'을 연출할 수 있다. '공감'과 '친근감'은 유사하지만, 사전적 정의에 따르면 다음과 같다.

- **공감**: 남의 감정이나 의견, 주장에 대해 자신도 그렇다고 느끼는 것
- **친근감**: 가까운 사이처럼 느껴지는 정서

공감이 더 강한 감정적 연결을 말하지만, 실무에서는 굳이 구분할 필요 없이 활용해도 무방하다.

2. 숫자: 추상적 표현보다 숫자가 믿음을 준다

숫자와 도표는 설득의 힘을 배가시킨다. 예를 들어 "많은 사람이 구매했습니다"보다 "14,326명 구매 완료"가 훨씬 신뢰를 준다.

'많은', '수많은', '경이로운 구매 수' 등은 판매자의 주장일 뿐, 객관적인 근거가 없으면 독자의 마음을 움직이기 어렵다.

또한 숫자는 정확하게 사용하는 것이 중요하다. 23.2%를 "23%"나 "20% 이상"으로 줄여 쓰지 말고, 있는 그대로 표현해야 리얼리티가 살아난다. 단, 실제 숫자는 23%인데, 그럴듯해 보이려고 23.2%로 꾸미는 것은 금물이다. 신뢰는 '사실' 위에만 세워진다.

또한, 숫자를 사용할 땐 위치와 방식이 중요하다. 그래프나 도표처럼 시각적으로 강조된 숫자는 독자의 사고를 "감정 → 논리"로 전환시키기 쉽다. 논리 중심으로 전개되면 설득은 가능할지 몰라도, 감정적 반응은 줄어든다. 미국의 유명 카피라이터 댄 S. 케네디는 다음과 같이 말한다. "누구든 감정으로 구매를 결정하고, 그 결정을 나중에 논리로 정당화한다."

구매 결정의 본질은 감정에 있지만, 논리적 설명이 전혀 필요 없는 것은 아니다. 결국 균형이 중요하다. 감정으로 욕구를 일으키고, 논리로 합리화할 수 있도록 설계해야 한다. 특히, SP의 초반부는 무조건 감정 중심으로 가야 한다. 갑작스레 논리로 시작하거나 숫자로 도배하면, 독자는 감정 몰입을 잃는다.

또한 숫자나 데이터를 지나치게 나열하면 "이론만 앞세우는 광고"로 인식될 수 있다. 특히 여성 타깃의 경우, 숫자 중심의 설득은 감정적 연결을 방해할 수 있다. 보는 순간, 논리적인 뇌로 전환되고 말기 때문이다.

SP나 세일즈 페이지에서 데이터를 쓸 때는, 엑셀 표처럼 복잡한 원

자료를 그대로 게시하지 말고, 한눈에 이해되는 그래프나 인포그래픽으로 핵심 요점만 강조한다.

■ 데이터는 시각적으로, 한눈에 이해되게

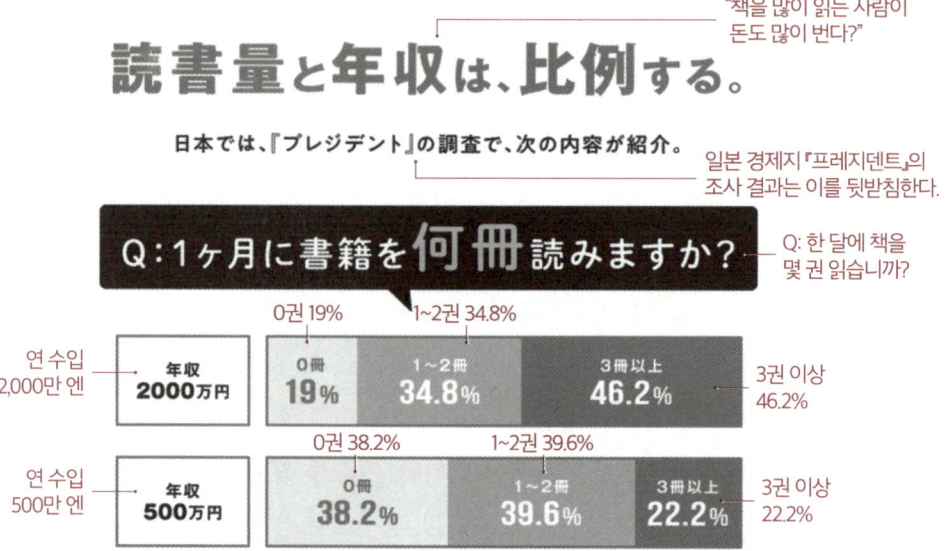

상위 소득자일수록 '3권 이상' 독서 비율이 눈에 띄게 높고, 소득이 낮을수록 '전혀 읽지 않는다'는 응답이 많았다. 숫자가 보여주는 메시지는 단순하고 강력하다. 이 예시에서 보듯, 세세한 숫자를 나열하기보다 의미 있는 구간으로 묶고, 시각적으로 간결하게 표현하는 것이 전달력을 높이는 핵심이다.

3. 권위: 설득이 아닌 '신뢰'로 말한다

사람을 움직이는 세 번째 요소는 바로 권위다.

고객은 말보다 증거에 끌린다.

믿을 만한 브랜드, 사람들이 따라간 이유는 권위가 있었기 때문이다. 권위는 신뢰로 이어지고, 신뢰는 구매로 연결된다. 여기서 말하는 '권위'란 단지 상품 자체의 퀄리티를 말하는 것이 아니다. 상품이나 서비스를 누가 만들었는가, 누가 추천했는가 또한 중요한 권위 요소다.

활용 가능한 권위의 예시는 다음과 같다.

- 공신력 있는 자격증 또는 국가 인증
- 수상 이력 / 인증 마크
- 저서 또는 전문 매체 기고 이력
- TV, 신문 등 미디어 출연
- 누적 판매 실적, 도입 사례 수
- 유명 인사 또는 전문가의 추천
- 국제 전시회·박람회 참가 또는 수상 경력
- 정부·공공기관·대기업과의 협업 사례
- 학술 연구나 논문에서 인용된 사례

이러한 권위는 텍스트뿐 아니라 로고, 배지, 이미지 등으로 시각화하면 짧은 순간에도 신뢰를 효과적으로 전달할 수 있다.

■ 수상 경력을 어필한 사례

수상 경력 ┐   ┌ 치프 젤라티에레 나카가와 노부오가
          │   │ 세계 젤라또 콘테스트에서 수상!

Award History
受賞歴
チーフ・ジェラティエーレ 中川信男が世界ジェラートコンテストで受賞！

毎年1回イタリア・リミニで開催される世界最大、世界最難関のジェラートコンテスト(主催：Associazione Italiana Gelatieri(イタリアジェラート協会))で、2018年、2019年、2020年と3年連続受賞。本コンテストは、イタリアでも最も大規模に行われている国際的ジェラートコンテストであり、ジェラート界において名誉ある賞とされています。

매년 1회 이탈리아 리미니에서 개최되는 세계 최대, 세계 ○○○의 젤라또 콘테스트(주최: Associazione Italiana Gelatieri 이탈리아 젤라토 협회)에서 2018년, 2019년, 2020년 3년 연속 수상.
본 콘테스트는 이탈리아에서도 가장 대규모로 진행되는 국제적 젤라또 콘테스트로, 젤라또 업계에서 명예로운 상으로 인정받고 있습니다.

> イタリアジェラート協会SIGAの国際コンテスト結果
> Concorsi – Associazione Italiana Gelatieri

"세계 젤라또 콘테스트 3년 연속 수상"
— 젤라토 장인 '나카가와 노부오'의 작품

2020 / 自由部門と今年の課題部門(チョコレート)2部門入賞
자유 부문과 올해의 과제 부문 (초콜릿) 두 부문 입상

2019 / ソルベ部門第5位 2年連続入賞！
소르베 부문 5위 2년 연속 입상!

2018 / シャーベット部門3位 自由部門10位 ダブル入賞
셔벗 부문 3위 자유 부문 10위 더블 입상

이탈리아 리미니에서 매년 열리는 세계 최대 규모의 젤라또 콘테스트에서 2018·2019·2020년 연속 수상!

젤라또 장인들이 꿈꾸는 무대, 3년 연속 입상은 단순한 맛의 결과가 아닙니다.

세계가 인정한 기술과 철학의 증거입니다.

*출처 프레마 주식회사 '프레마르제 젤라테리아' 웹사이트

■ No.1의 숫자가 말하는 신뢰

- 주택 매매 종합 부문 NO. 1
- 13년 연속 (사이타마 시/고시가야/가시와 상권)
- 2년 연속 (가와구치 상권)
- 주택 매매 종합 부문 13년 연속 No. 1 (사이타마 시 상권, 고시가야 상권, 가시와 상권)

- GOOD DESIGN
- 굿 디자인상 18년 연속 수상 (2020년도 9개 작품 수상)

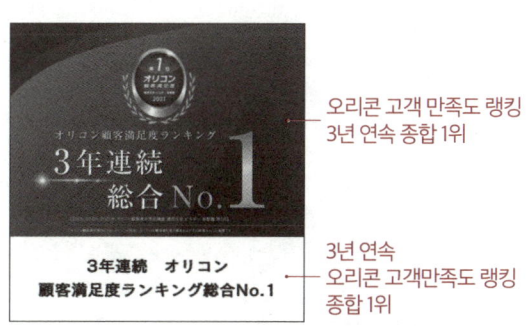

- 오리콘 고객 만족도 랭킹 3년 연속 종합 1위
- 3년 연속 오리콘 고객만족도 랭킹 종합 1위

*출처 중앙 그린 개발 주식회사 '도쿄 5LDK' 웹사이트

수상 경력은 단순한 자랑이 아니라 고객이 남긴 신뢰의 기록이다.

■ 미디어에서 먼저 주목한 브랜드

미디어 게재 정보 ——— メディア掲載情報

2020.07.29
掲載　FIGARO japon
2020年9月号

——— 2020.07.29
게재 FIGARO japon
2020년 9월호

2020.07.17
掲載　veggy　vol.71

——— 2020.07.17.
게재 veggy vol. 71

2019.10.02
めざましテレビで放映されました！

——— 2019.10.02.
후지TV
'메자마시 테레비'
방송 출연

*출처 프레마 주식회사 '프레마르제 젤라테리아' 웹사이트

■ 유명 인사의 추천

세계 석학이 먼저 추천한 그 이름

アメリカでの推薦の言葉

🇺🇸 『1분 멘토링』 저자, 누적 판매 800만 부

売上累計800万部の『1分間マネージャー』の著者
ケン・ブランチャード博士 ── 켄 블랜차드

"포토리딩은 오늘날 리더가 직면한 과제를 해결하는 가장 빠른 도구다."

"フォトリーディングは、今日のリーダーが直面する全ての課題の達成に役立つ。新しいアイデアを素早く掴んだり、たくさんの重要なトピックスを熱心に読んだり、自分の分野の先進性を保ったりすることができるのである"

🇺🇸 『영혼을 위한 닭고기 수프』 저자

作家『こころのチキンスープ』シリーズ著者
ジャック・キャンフィールド氏 ── 잭 캔필드

"읽기 속도뿐 아니라 이해의 질까지 높여주는 최고의 방법"

"読むスピードだけでなく、情報を理解するスピードを上げるための、私が見つけた最高の教育法が、フォトリーディングだ"

🇺🇸 조직 활동 전문가

天才教育、組織活動のエキスパート
『エブリディ・ジーニアス』『こうすれば組織は変えられる』著者
ピーター・クライン氏 ── 피터 클라인

"포토리딩은 삶을 바꾸고, 새 아이디어를 주며 새로운 길을 열어준다."

"フォトリーディングは想像を超える方法で人生を変えるだけでなく、新しいアイデアをもたらしたり、新分野への進出を手助けしてくれる"

🇺🇸 세계적 비즈니스 컨설턴트, 베스트셀러 작가, 강연가

ビジネスコンサルタント、ベストセラー作家、講演家
ブライアン・トレーシー氏 ── 브라이언 트레이시

"일류 비즈니스 책을 효율적으로 완독하는 가장 강력한 전략"

"フォトリーディングは、一流のビジネス書をくまなく読破するための最善の方法だ"

*출처 알마 크리에이션 주식회사 SP

자격증? 국가 인증이면 더욱 강력하다.
베스트셀러? 아마존 장르 1위도 권위가 된다.
기업 이력? "창립 50년"과 "창립 4년"은 다르다.
언론 소개? "내가 봤던 바로 그 브랜드"란 인식이 힘이 된다.

핵심은 고객에게 "대단해 보이는" 이유를 구체적으로 보여주는 것이다. 이것이 구매를 이끄는 무언의 설득력, 바로 '권위'의 힘이다.

(7) 아이디어만 빌려라: '부탁 편지' 카피라이팅 사례

상세페이지나 세일즈 레터를 쓸 때, 판매 실적이 좋은 사례를 따라 써보는 방식이 있다. 그렇다고 해도 구체적으로 어떻게 적용해야 하는지 막막할 수 있으니, 사례를 통해 설명해보자.

지금 소개하는 사례는 간다 마사노리가 젊은 시절 고향의 교복 가게에서 전단지 카피 작성을 의뢰받았을 때의 일이다. 먼저 살펴볼 것은 다음 페이지의 1번 오리지널 레터. 이건 내가 교복 가게 직원에게 요청해 만든 시안이다. 작업 방식은 구체적으로 안내했지만, 최종 결과물은 그 수준을 벗어나지 못했다. 시대 배경은 다르지만, 지금도 흔히 볼 수 있는 평범한 광고 문안이라 할 수 있다.

이 레터는 '나Me 메시지'의 전형이다. 즉, 쓰는 사람이 하는 말만 가득할 뿐, 독자 입장에서 써 내려간 '너You 메시지'는 전혀 보이지 않는다. 카피라이팅의 원리나 구조를 이해하지 않고 단순히 쓰는 '방법'만 배우면 이렇게 나온다.

그래서 내가 직접 작성한 것이 2번 레터다. 이건 3번 로버트 콜리어의 레터를 참고한 것이다. 물론 3번을 그대로 '구멍 메우기'식으로 베낀 것이 아니다. '읽는 사람에게 정중하게 부탁하는 형식'—예를 들어 "부탁이 있습니다"라고 시작하는 방식의 아이디어—만 차용했다. 헤드라인 정도는 구멍 메우기 형태로 흉내 내도 되지만, 레터 전체를 그렇게 작성하면 효과가 떨어진다.

흉내 내야 할 것은 단순한 문장이 아니라 그 안에 담긴 기획의 아이디어다.

1. 오리지널 편지

인사장

입학을 축하합니다

21세기의 첫해, 빛나는 이 시기에 자녀가 중학교에 입학하게 된 것을 진심으로 축하합니다.
입학까지 이제 3개월 남짓. 준비는 잘 되어가고 있을까요?

간다 상회는 창립 80년의 전통을 가진 교복 전문점입니다. 지역 고객들과의 꾸준한 소통과 피드백을 바탕으로, 매년 5명 중 3명이 저희의 교복을 선택해왔습니다.

모든 제품은 국내 생산, 수작업 마감으로 견고하게 만듭니다.
착용감이 뛰어나고, 오랜 시간 안심하고 입을 수 있습니다.
또한 각 학교와 지속적으로 협력하여, 학교 방침에 맞는 제품만을 판매하고 있습니다. 입학 준비에 필요한 품목 리스트를 동봉했으니 참고해주세요.

1월 31일까지 더블 혜택

매년 3, 4월은 고등학생 입학 준비와 겹쳐 매우 혼잡합니다.
지금 미리 준비하면 여유 있게 선택할 수 있습니다!

3월 11일까지는 기본 서비스(카탈로그 참고) 외에도 특별 혜택이 추가됩니다. 1월 31일까지 예약하면, 와이셔츠(남녀 공용) 또는 블라우스(여성용) 1장을 추가로 제공합니다.
쿠폰도 함께 동봉했으니, 친구에게도 추천해주세요.
교복과 함께 실용적인 선물이 될 것입니다.

예약 방법

① 전화 (무료): 0120-○○○-○○○
② 팩스 ○○○-○○○-○○○
③ 인터넷 http://www.xxxxxxxx

중학교 교복은 신뢰와 실적의
간다 상회에 맡기세요.

*출처 「금단의 세일즈 카피라이팅」

2. '부탁 편지' — 간다 마사노리

부탁이 있습니다

학부모님께,
자녀분의 중학교 입학을 진심으로 축하드립니다.

저 역시 한 아이의 아버지로서, 첫째 아이가 중학교에 입학하던 날의 감동을 아직도 잊지 못합니다. "벌써 중학생이 되었구나" 하는 대견한 마음과 함께, 아기였던 시절부터 지금까지의 모든 순간이 떠올랐습니다.
자녀의 성장과 함께해 오신 학부모님의 노고에 깊이 감사드리며, 앞으로도 건강하게 자녀와 함께 살아가시길 진심으로 응원합니다.

입학을 앞두고 기쁜 마음이 크시겠지만, 동시에 준비해야 할 일들을 생각하면 마음이 무거워지는 것도 당연합니다.
특히 요즘은 바쁜 일상에서 교복, 통학용 가방, 체육복, 실내화 등 다양한 준비물을 챙기는 일이 결코 쉽지 않습니다. 많은 학부모께서 입학 설명회를 기다리며 준비를 미루시곤 합니다. 하지만 실제 설명회는 짧은 시간에 간단한 안내만 이루어지고, 이후에는 관련 전단지를 받아오는 정도에 그치는 경우가 대부분입니다.

그래서 문제가 생깁니다.

그 결과, 설명회 이후에는 많은 분들이 동시에 교복점으로 몰리게 됩니다. 교복 한 벌을 맞추기 위해 치수를 재고, 구입을 마치기까지 보통 45분 이상이 소요됩니다. 입학 시기가 가까워질수록 매장은 붐비고, 긴 대기 시간으로 학부모님들의 소중한 시간을 뺏게 되는 일이 반복되고 있습니다.

저희도 바쁜 시기에는 아르바이트 인력을 추가 투입하면서 최대한 대응하고 있으나, 미흡한 부분이 나오는 것은 현실입니다.

> 그래서 부탁이 있습니다.
> 1월 31일(수)까지 방문해주실 수 있으실까요?
> 조금이라도 감사의 마음을 전하고자, 정가 2,100~2,700엔 상당의 와이셔츠(남·여 공용) 또는 블라우스(여)를 한 장 무료로 증정해 드리겠습니다. 그저 그런 증정용 상품이 아니라 매장에서 실제로 판매하고 있는 제품입니다.

혹시 '무료로 준다면서 처음부터 가격에 포함된 건 아닐까?' 하고 생각하실 수 있습니다.

하지만 예약을 미리 해주시면, 저희도 인건비나 재고 부담이 줄게 되어 그 혜택을 고객님께 돌려드리는 구조입니다.

예약 고객님을 위한 혜택은 이것만이 아닙니다.
통학 가방, 여름 바지, 여름 스커트 중 한 가지를 2,100엔에 특별 판매합니다. 이 또한 일반 판매 상품과 품질이 동일합니다. 적자를 감수하고 드리는 혜택이지만, 고객님과 저희가 서로 이익을 나누는 방식으로 생각해주시면 감사하겠습니다.

저희 간다 상회는 우라와 지역에서 가장 오랜 역사를 가진 학생복 전문점으로, 중학생 5명 중 2명이 저희 교복을 입고 있습니다.
학교 측과도 긴밀하게 소통하며, 각 학교의 방침에 맞춘 제품을 판매하고 있습니다.

솔직하게 말씀드리자면, 저희 교복은 가장 저렴한 가격의 제품은 아닙니다. 하지만 학생복은 단순한 옷이 아닌, 종일 착용하고 활동해야 하는 '생활복'입니다. 가격만 낮고 내구성이 떨어지는 제품은 자주 망가져 결국 더 큰 부담이 되곤 합니다.
저희는 일본 최고 수준의 원단 제조업체(닛케)와 톰보 학생복의 일류 생산 업체와 협력하여, 국내에서 정성껏 만든 교복만을 판매하고 있습니다.

'싸지만 품질이 나쁜 옷'은 판매하지 않습니다.
동일한 품질 기준에서 비교하신다면, 저희 교복이 가장 합리적인 선택이 될 것임을 자신합니다. 수십 년간 쌓아온 신뢰와 실적 덕분에 가능한 가격입니다.

올해는 특별히 다양한 혜택을 준비해두었습니다.
단, 모든 분께 드릴 수는 없어 1월 31일(수)까지 치수 측정을 완료하신 분에 한해 와이셔츠 또는 블라우스를 증정해 드립니다.

학부모님의 빠른 방문을 진심으로 기다리고 있겠습니다. 감사합니다.

주식회사 간다 상회 임직원 일동 드림

추신:
바쁘신 학부모님들을 위해 아래와 같은 편의 서비스를 준비하였습니다.

★서비스 1 자택 방문 치수 측정 (1명도 가능합니다)
★서비스 2 무료 배송 (원하시는 시간대에 맞춰 배송 가능합니다)
★서비스 3 하복은 방문 없이 전화 한 통으로 주문 접수 가능

교복 전문점 간다 상회

무료 전화 0120-○○○-○○○

TEL ○○○-○○○-○○○

FAX ○○○-○○○-○○○

3. '부탁 편지'— 로버트 콜리어 버전

고객님께

한 가지 부탁이 있습니다.

지난 12년 동안 저희는 잘 알려진 '킵 드라이'Keeps Dry 레인코트를 일반 소매가보다 훨씬 합리적인 가격으로 직접 판매해왔습니다.

올해는 제품 구성에 약간의 변화를 주었습니다. 겉보기에는 얇고 세련된 일반 코트처럼 보이지만, 방수 기능은 그대로 유지한 새로운 소재를 사용했습니다. 또한 기존의 더블 코트 형태가 아닌, 한결 가볍고 단정한 실루엣

의 싱글 코트 디자인을 채택했습니다. 이 스타일은 깔끔하면서도 활동적인 인상을 주며, 특히 남성 고객님들께 좋은 반응을 얻고 있습니다.

'이 정도면 분명 잘 팔릴 것이다'라는 확신은 있지만, 실제 수요를 정확히 파악하지 않고서는 대규모 투자를 감행하기 어려운 것이 현실입니다. 그래서, 이번에는 고객님의 도움을 구하고자 이렇게 편지를 드리게 되었습니다.

그래서 부탁드립니다.

새롭게 선보이는 '올 웨더'All Weather 코트를 1주일간 직접 착용해보시고 의견을 들려주실 수 있으실까요?
직접 입어보시고 착용감, 핏, 그리고 기존에 갖고 계신 25~30달러 상당의 레인코트와 비교했을 때 어떠한지 평가해주시면 정말 감사하겠습니다. 특히 방수 기능이 만족스러우셨는지에 대한 의견을 꼭 들려주셨으면 합니다.

물론 외출 시 어디에 입고 나가셔도 손색없는, 마치 맞춤 정장처럼 잘 어울리는 코트를 보내드릴 예정입니다. 그럴 수 있는 이유는 저희가 일반 소매점보다 훨씬 다양한 사이즈와 길이의 제품군을 갖추고 있기 때문입니다. 대부분의 매장이 6종의 사이즈와 1종의 길이만 취급하는 반면, 저희는 57가지 사이즈와 5가지 길이를 준비했습니다.

또한, 기존의 레인코트처럼 한 가지 용도에 한정되지 않고, 얇은 봄·가을용, 차량용, 일상용 아우터 등 다양한 상황에서 활용 가능한 다목적입니다.
태풍이 오는 날, 빗속을 걸어야 하는 날, 추운 밤의 외출 등, 남성이라면 꼭 갖춰야 할 필수 아이템이라 자신 있게 말씀드립니다.

이 코트를 입고 나면, 비 오는 날에도 젖거나 추위에 시달리는 일이 없으며, 깔끔하고 단정한 인상까지 유지할 수 있습니다.

이 코트를 처음부터 판매하려 하지 않은 이유는 단 하나입니다. 입어보시고 '이 정도면 충분히 만족스럽다'는 확신이 들었을 때, 그때 비로소 선택하시길 바랐기 때문입니다.

동봉된 엽서에 간단히 세 군데 치수만 기재해 보내주시면, '올 웨더' 코트를 배송비 포함, 무료로 1주일간 시착하실 수 있도록 발송해 드리겠습니다.

1주일 후, 마음에 드신다면 그때 비용을 지불해주세요.

가격은 시중의 25~30달러 제품보다 훨씬 합리적인,
기존 직판 가격인 16달러 85센트보다도 더 낮은,
신제품 특별가 14달러 85센트입니다.

혹시 마음에 들지 않으셨다면, 착불로 반송해주셔도 됩니다. 그 대신, 시착 소감이나 제품에 대한 솔직한 의견을 들려주시면 큰 도움이 되겠습니다.

※ 이 기회는 아무 고객님께나 드리는 제안이 아니므로,
이용 여부와 관계없이 동봉된 엽서는 꼭 반송해주시기를 부탁드립니다.
다른 고객님 손에 넘어가지 않도록 하기 위함입니다.

이 제안은 가을 시즌이 본격적으로 시작되기 전,
저희가 대량 생산과 판매 여부를 최종 결정하기 전에만 유효합니다.

> 가능하시다면 오늘 밤 안에 엽서를 작성해 보내주시겠습니까? 혹은 지금 이 편지를 읽으시는 자리에서 바로 작성하시는 것이 가장 좋을지도 모르겠습니다. 그러면 깜빡 잊으실 일도 없겠지요.
>
> 긴 글 읽어주셔서 진심으로 감사드리며,
> 고객님의 현명한 판단과 따뜻한 협조를 기다리겠습니다.
> 감사합니다.
>
> 진심을 담아,
> 드레이퍼 사 올림

(8) B2B 담당자의 마음을 움직이는 카피라이팅 기술

카피라이팅은 B2C 기업과 소비자 간 거래에만 국한되지 않는다. B2B 기업 간 거래 영역에서도 유용하다. 예를 들어 『전설의 카피라이팅 실천 바이블』의 저자 로버트 콜리어는, B2B 대상의 세일즈 레터를 통해 석탄을 성공적으로 판매한 사례를 남겼다. 다음은 그 일부를 소개한 내용이다.

B2B 거래에서 구매 의사결정을 내리는 주체는 '회사'가 아니라 회사 내 담당자라는 사실을 기억해야 한다. 메시지의 1차 수신자이자 실제로 행동하는 이는 결국 '개인'이다. 따라서 타깃은 '법인'이 아니라 현장에서 판단하고 실행하는 실무자로 설정해야 하며, 메시지도 이들에게 돌아갈 이익이 무엇인지도 설계해야 한다. 즉, 이들이 회사에 제안한

만약 지금보다 가스비를 4분의 1로 줄일 수 있는 방법이 있다면, 한 번쯤 시도하고 싶지 않으십니까?

신시내티의 ○○가스회사는 실질적인 비용 절감을 실현했습니다. 이는 해당 업체 담당자가 직접 보내온 편지에 나온 숫자입니다. 〔정확한 데이터와 비용 절감율 인용〕
인디애나폴리스의 ○○은행을 포함해 업계 내 신뢰받는 여러 기업에서 이미 이 석탄을 사용해 비용을 절감하고 있습니다. 원하신다면 이들의 수치를 기꺼이 보내드릴 수 있습니다.

자유롭게 사용해보십시오.
"귀사는 1입방피트당 가스비로 얼마를 지불하고 계십니까?"
석탄 1파운드당 발생하는 가스량과 가스비를 직접 계산해보시기 바랍니다.

동봉한 엽서를 지금 보내주십시오. 비용은 들지 않습니다. 엽서가 도착하는 즉시, 품질 검사를 마친 파웰턴 석탄 1화차 분량을 발송해드립니다.

만약 당사 석탄이 귀사의 비용을 25% 이상 절감하지 못한다면, 보내드린 석탄에 대해서는 단 1센트도 청구하지 않겠습니다.

반대로 실제로 25~33% 절감 효과를 확인하신다면, 내년도 가스용 숯 계약을 당사와 체결해주시길 바랍니다. 현재 웨스트버지니아주 파웰턴 기준 FOB 가격은 톤당 $1.25입니다.

다시 말씀드립니다. 절감 효과가 없다면 비용은 받지 않습니다.
그러나 효과가 입증된다면, 계약해 주십시오.

어떻게 하시겠습니까?

아이디어가 채택될 경우, 본인 역시 성과 평가나 입지 강화 등 실질적인 이득을 얻는다는 점에 주목해야 한다.

B2B 환경에서는 '리스크 최소화 욕구'도 중요한 포인트다. 실무자는 새로운 제안을 받아들였다가 실패할 경우, 개인의 책임을 떠안게 된다. 따라서 카피라이팅은 단순히 성과를 강조하는 것에 그치지 않고, 실패 가능성을 줄여주고 안전하게 실행할 수 있다는 확신을 심어주는 방향으로 설계되어야 한다.

B2B 문서의 어조는 B2C보다 상대적으로 격식 있고 단정해야 하지만, 이는 업계 특성과 독자 성향에 따라 유연하게 조절해야 한다. 예를 들어 금융, 법률 업계라면 단정하고 공적인 톤이 적절하지만, 게임이나 IT 업계라면 다소 캐주얼한 표현도 효과적일 수 있다.

앞서 언급한 "고객의 머릿속에 있는 말을 사용하라"는 원칙은 B2B에서도 그대로 유효하다. 결국 상대가 누구든 "상대의 언어로 말하는 능력"이 설득력 있는 카피라이팅의 핵심이다.

■ **B2B 카피라이팅의 핵심 포인트**

타깃	B2B 카피라이팅의 핵심 포인트
베네핏	'기업의 이익'뿐 아니라 '담당자 개인의 이익'도 함께 고려 (예: 비용 절감 → 회사 성과 + 담당자의 평판/승진 가능성)

(9) 쓰기 속도가 비약적으로 향상되는 '33분 33초 집중법'

예전의 세일즈 레터는 지금처럼 길지 않았다. '전설의 세일즈 레터' 3대장만 봐도 그렇다. 번역본 기준으로 각 레터의 분량은 다음과 같다.

■ 전설의 3대 세일즈 레터 분량

3대 세일즈 레터	글자 수(일본어)
피아노 카피	2,959
영어 실수	1,383
두 명의 젊은이	2,162

대체로 3,000자 이내로, 블로그 한 편 분량 정도다. 하지만 최근 상세페이지는 고객 후기, 제품 사양, 가격·구매 조건, FAQ 등 다양한 정보를 담기 때문에 보통 2,000~3,000자 이상, 길게는 5,000자를 넘기도 한다. 3,000자라 해도 A4 용지 약 2쪽 분량이어서 한 번에 완성하려면 부담이 크다.

그래서 여기서는 '가장 빠르고 효과적으로 쓰는 방법'을 소개한다. 간다 마사노리도 늘 이 방식을 사용하며, 그 효과는 확실하다.

1) 쓰기 쉬운 부분부터 쓴다

상세페이지는 보통 다음과 같은 구조로 되어 있다.

■ 상세페이지의 기본 구조

헤드라인	프리 헤드 헤드라인 덱 카피
오프닝	
바디카피	베네핏 증거·근거 오퍼 특전 리스크 리버설 (안심 약속) 한정 조건 마감 안내
베네핏	CTA (행동 요청) 추신 (P.S.)

이처럼 여러 파트의 조합으로 구성되기 때문에, 반드시 처음부터 순서대로 쓸 필요는 없다.

예를 들어 가격 안내부터 써도 되고, 상품 설명이나 후기부터 시작해도 된다. 추신 P.S. 문장을 먼저 써두고 나중에 전체 흐름을 맞춰가도 좋다. 오히려 마지막에 어떤 메시지로 마무리할지를 먼저 정해두면 전체 구조를 잡는 데 도움이 되는 경우도 많다. '나는 헤드라인부터 써야 워밍업이 된다'고 느낀다면 그렇게 해도 괜찮다.

결국 중요한 건 "가장 손이 잘 움직이는 부분부터 쓴다"는 점이다.

특정한 순서를 정해두고 그 패턴대로 쓰는 것도 좋고, 상황마다 유동적으로 접근해도 된다. 자신에게 가장 자연스럽고 편한 방식이 정답이다. 쓰기 쉬운 부분을 먼저 쓰면 백지에서 오는 압박이 줄고, 이후에는 이미 작성한 내용을 기준으로 빈칸을 채우는 작업처럼 느껴진다. 이 방식이야말로 전체 작업 속도를 크게 끌어올리는 핵심이다.

2) '33분 33초 집중법'을 활용한다

'33분 33초에 쓴다'라는 말에 고개를 갸웃하는 분도 있을 것이다. 하지만 이 방식은 SP처럼 분량이 많고 복잡한 글을 쓸 때 매우 효과적이다. 미국의 전설적인 카피라이터 유진 슈워츠가 사용했다고 전해지는 방식이 바로 '33분 33초 집중법'이다. 필자기누타는 이 방법을 직접 체험하며 효과를 확인했고, 약간의 변형을 더해 실제 글쓰기 루틴으로 사용 중이다. 구체적인 방법을 소개하겠다.

■ '33분 33초의 법칙': 집중력을 극대화하는 작문 루틴

(1)	타이머를 33분 33초로 설정한다
(2)	타이머가 울릴 때까지 오직 쓰는 데 집중한다
(3)	시간이 되면 미련 없이 멈춘다 (완성 여부 무관)
(4)	5분간 짧은 휴식을 취한다 (타이머 재설정)
(5)	다시 33분 33초를 설정하고 쓰기를 반복한다

이 사이클을 반복하면, 보통 3~4세트2~2.5시간 안에 SP 한 편을 완성할 수 있다. 단, 전제 조건은 무엇을 쓸지 PMM 서치 시트 등가 명확히 정리되어 있어야 한다.

효과를 극대화하는 핵심은 2가지다.

첫째, 절대 '손을 멈추지 말 것'.

막히는 부분이 나오면 그 자리에 '나중에 쓸 부분'이라고 메모만 남기고, 쓸 수 있는 다른 부분으로 바로 넘어간다. 핵심은 '문자화된 무엇인가'를 끊임없이 남기는 것에 있다. 슈워츠는 이 시간을 '커피 마시며 생각하는 시간'으로 써도 된다고 했지만, 실전에서는 타이핑을 멈추지 않는 것이 집중력 유지에 훨씬 효과적이다.

둘째, 반드시 '중간에 끊을 것'.

완결된 문장으로 마무리하고 싶더라도, 33분 33초가 되면 무조건 멈춘다.

여기엔 심리학적 근거가 있다. 바로 '자이가르닉 효과'Zeigarnik Effect이다. 이 개념은 1901년생 구소련 심리학자 블루마 자이가르닉Bluma Zeigarnik이 발견한 것이다. 자이가르닉 효과를 설명할 때 흔히 드는 예가 레스토랑 웨이터의 기억력이다. 웨이터는 손님의 주문을 메모하지 않아도 요리가 서빙되기 전까지는 정확히 기억하지만, 음식이 제공되고 나면 곧바로 잊어버린다. 즉, 인간은 완료되지 않은 일을 오히려 더 또렷이 기억하는 경향이 있다는 것이다.

완성되지 않은 일은 뇌리에 더 강하게 남고, 다음에 다시 시작할 때 자연스럽게 몰입 상태로 진입할 수 있다는 것이다. 반대로, 딱 떨어지게 끝내버리면 뇌가 '작업 종료'로 인식해 다시 집중력을 끌어올리는 데 더 많은 에너지가 든다.

휴식 시간도 마찬가지다. 5분 이상 길게 쉬면 방금 전까지 하던 일을 잊어버려 효과가 떨어진다. 또, 휴식 시간에 머리를 써야 하는 일메일 확인, 뉴스 읽기 등은 금물이다. 휴식 시간은 몸을 움직이거나 차를 마시는 등

뇌를 쉬게 하는 활동만 한다

그렇다면 왜 33분 33초가 되었을까?
이 시간 자체에 특별한 과학적 근거가 있는 것은 아니다. 하지만 수많은 실전 테스트를 해본 결과, 25분은 짧고, 40분은 길다. 30분대 초반이 가장 집중하기 좋고, 지치기 전에 쉴 수 있는 '골든타임'이다. '33분 33초'는 단순한 심리적 기준이지만, 놀라운 생산성을 보장한다.
이 방법은 프레젠테이션 슬라이드 만들기나 각종 자료를 작성할 때도 사용할 수 있다. 무엇보다 지치기 전에 쉬기 때문에 긴 시간 집중력을 유지할 수 있다. 그래서 생산성이 매우 좋아진다.

3) 교정은 나중에 한다
33분 33초 집중 루틴에서는 문장이 어색해도 절대 수정하지 않는다. 교정하려다 보면 한창 떠오르던 아이디어가 순식간에 사라져버린다. 쓰기와 고치기를 철저히 분리하는 것, 이것이 속도와 완성도를 동시에 잡는 핵심이다.
중간에 문장을 다듬고 싶다는 충동이 들더라도, 이를 억누르고 아이디어를 끝까지 밀어붙여야 한다. 그래야 흐름이 끊기지 않고, 초안 완성까지 한 호흡으로 달릴 수 있다.

이 3가지만 지키면, 글쓰기 속도는 극적으로 달라진다.
처음엔 낯설어도 몇 번만 반복해 보면 몰입의 흐름이 체화될 것이다.

(10) 영상에도 통하는 '스토리 차트' 작성법

상세페이지의 핵심은 '다시 안 봐도 한번에 이해되는 글'이다. 독자는 위에서부터 쭉 내려 읽기 때문에, 한 번에 이해되지 않으면 그 지점에서 이탈한다. 이탈을 막으려면 처음부터 끝까지 매끄럽게 연결되는 탄탄한 구조가 필요하고, 이를 돕는 도구가 '스토리 차트'다.

스토리 차트란 글의 주요 흐름만을 뽑아 간단한 포인트로 정리한 '개요도'를 말한다. 완성된 문장보다 훨씬 빠르게 전체 맥락을 파악할 수 있고, 기획 단계에서 핵심만 명확히 정리하면 라이팅 속도도 눈에 띄게 빨라진다.

또한 스토리 차트를 미리 작성하면, 작성 도중에 내용이 엇나가거나 중복되는 문제를 예방할 수 있어 최종 퀄리티가 높아진다. 보통은 SP를 쓰기 전에 스토리 차트를 먼저 작성한다. 이는 단순히 목차를 만드는 것과 다르다. 목차가 구조의 뼈대를 세우는 작업이라면, 스토리 차트는 각 뼈대에 살을 붙일 위치와 크기를 미리 가늠하는 과정이다. 특히 상품 USP, 고객 페인포인트, 혜택, 구매 유도 요소가 어디에 배치되는지가 한눈에 보여야 한다.

예를 들어 유명한 '피아노 카피'를 스토리 차트로 나누면 다음과 같은 구조가 드러난다. 이런 구조 분석을 통해 다른 제품에도 적용할 수 있는 '흐름의 틀'을 얻을 수 있다. 그 틀을 활용하면, 매번 새로 글을 쓰는 부담 없이 검증된 스토리라인을 바탕으로 메시지를 제작할 수 있다. 따라서 카피라이터는 구조 자체를 하나의 자산으로 삼아, 다양한 제품이나 상황에 맞게 변주해 활용할 수 있다.

■ '피아노 카피'의 스토리 차트

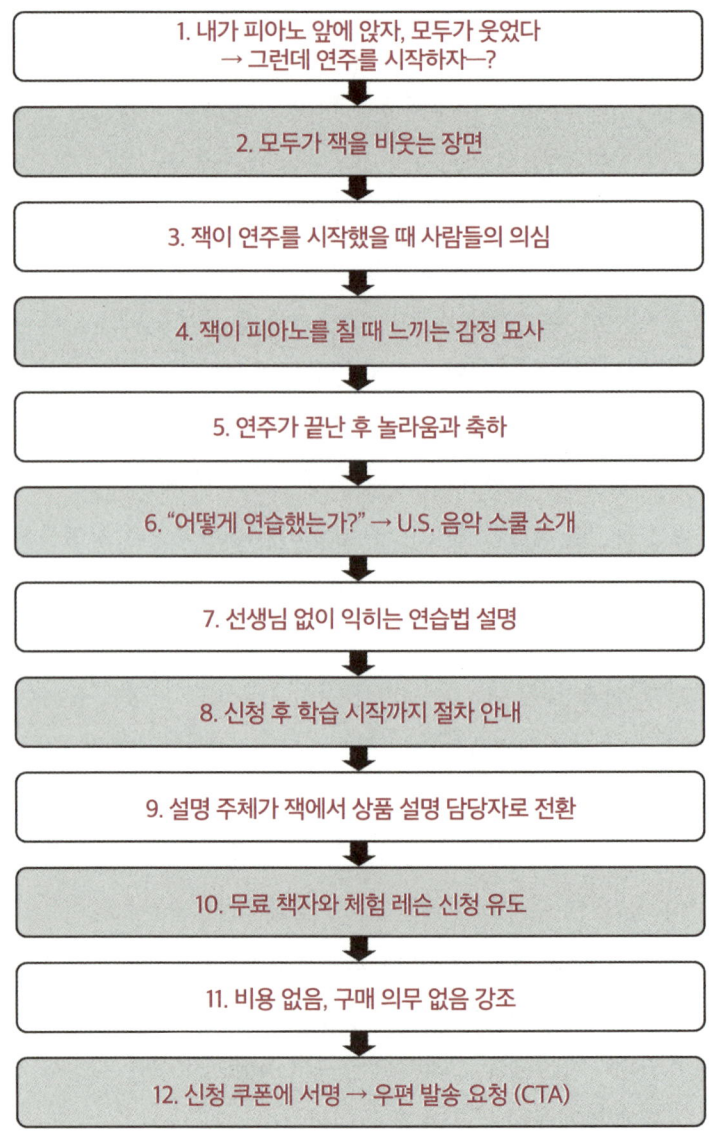

이처럼 총 12개로 나눴지만, 필요에 따라 더 세분화해도 괜찮다. 다만 너무 적게 나누면 흐름이 보이지 않으므로 10~15개 사이가 좋다.

스토리 차트는 독자에게 보여주기 위한 것이 아닌 카피라이터만의 작업 도구이기 때문에, 본인이 보기 쉬운 방식으로 간결하게 작성하면 된다. 단, '문장'이 아닌 포인트 단위로 적는 것이 핵심이다.

예를 들어 위의 "잭을 비웃는 장면"을 "아서의 〈로사리오〉 연주가 끝났다. 실내에는 박수가 울려 퍼졌다…"처럼 완전한 문장으로 적는다면 전체 원고를 다 쓰는 것과 다름없게 된다.

핵심은 '이 구간에서 무슨 이야기를 할 것인지'가 한눈에 보이도록 정리하는 것이다. 직접 손으로 써도 좋고, 포스트잇으로 붙여 순서를 바꾸며 조정해도 좋다.

■ 필자가 사용하는 실례

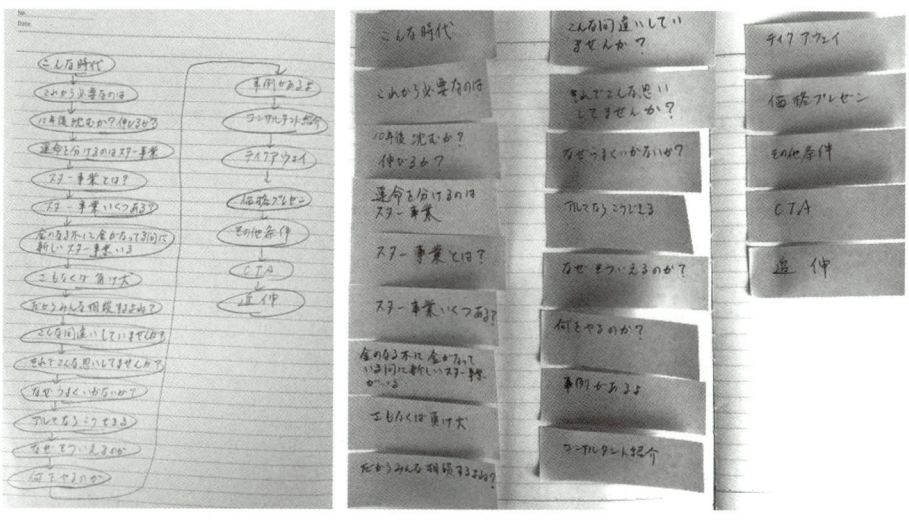

제7장 계약 성사율을 높이는 32가지 라이팅 기술

이처럼 스토리 차트는 상세페이지뿐 아니라 뉴스레터, 블로그 포스트, 프레젠테이션, 심지어 영상 콘텐츠 기획에도 활용할 수 있다. '스토리 차트'는 결국 무엇을, 어떤 순서로, 어떻게 전달할 것인가라는 시나리오 설계이기 때문이다.

특히 영상은 텍스트보다 되돌아보기가 어렵기 때문에 더더욱 철저한 흐름 설계가 필요하다. 그래서 영상 기획 시에도 스토리 차트는 필수 도구다.

스토리 차트 없이 글을 쓰는 건, 지도 없이 여행을 떠나는 것과 같다. '길을 잃지 않는 글쓰기'를 원한다면, 먼저 스토리 차트부터 시작하라.

2. 이해를 넘어, 납득과 행동까지 이끄는 설득 문장 공식

(11) "같은 편"을 만드는 설득 공식: 공통의 적 전략

상세페이지에서는 친근감을 형성하는 것이 매우 중요하다.

독자가 친근감을 느끼는 순간, 그 메시지는 단순한 판매 문구를 넘어 '나를 위한 이야기'로 받아들여진다. 이때 '판매자 vs. 구매자'라는 경계선은 사라지고, 마치 같은 문제를 공유하고 해결책을 찾으려는 동료 관계로 전환된다.

이렇게 형성된 신뢰감은 단순한 호감이 아니라 실제 구매 결정으로 이어지는 강력한 심리적 기반이 된다. 특히 글의 도입부 오프닝에서 친근감을 빠르게 조성하면, 그 뒤에 나오는 정보와 제안이 훨씬 더 설득력 있게 다가온다. 이를 위해서는 작성자가 독자의 문제와 상황을 피상적으로 아는 수준을 넘어, 그들이 실제로 겪는 불편과 감정을 생생하게 이해하고 있다는 인상을 주어야 한다. 작은 공감 문장 하나, 일상에서 쉽게 떠올릴 수 있는 구체적 사례 하나만으로도 "이 글은 내 이야기를 하고 있다"는 느낌을 줄 수 있다. 그러면 제안이 곧 구매 행동으로 이어질 확률이 더욱 높아진다.

대표적인 접근법에는 8가지가 있다.

1) 이야기하듯 쓴다: 말하듯 자연스럽게.

2) 실패를 감싸준다: "당신 잘못이 아니에요."

3) 공통의 적을 만든다: '우리 vs. 문제' 구도 형성.

4) 약점을 드러낸다: 솔직함은 신뢰를 낳는다.

5) 사적인 경험을 공유한다: 이야기엔 온기가 있다.

6) 극적 반전을 보여준다: 위기→전환의 흐름.

7) 전문가처럼 말한다: 용어 한 줄로 신뢰 확보.

8) 수평적 태도를 취한다: '나도 당신과 같은 사람입니다.'

각 기법에는 다음과 같은 특징이 있다.

1번은 '페르소나 설정'에서 설명했듯, 친한 친구에게 이야기하듯 자연스럽게 쓰는 방식이다.

2번과 3번은 이후에 별도로 다룬다.

4번과 6번은 '피아노 카피'나 '두 명의 젊은이'처럼 스토리텔링으로 시작해 독자의 몰입을 유도하는 방식이다.

5번은 지나치게 개인적인 내용이 되지 않도록 주의해야 한다.

7번과 8번은 '고객의 머릿속에 있는 말'을 활용해 독자의 언어와 시선을 반영하는 것이 핵심이다.

설득력이 특히 높은 것은 '정당화'2번와 '공통의 적'3번이다. '공통의 적'은 글쓴이와 독자를 한 편으로 묶어, 제3자를 '적'으로 두어 "글쓴이+독자 vs. 제삼자" 구도를 만든다. 이렇게 하면 문제의 원인이 선명해지고, 유대감이 형성돼 설득력이 높아진다.

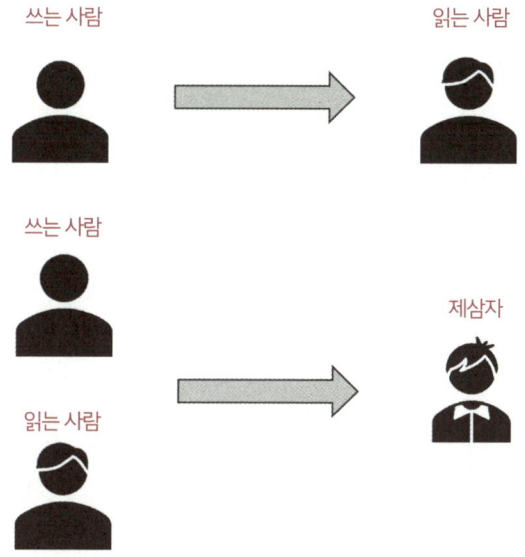

 이렇게 되면 메시지는 '판매자 vs. 고객'이 아니라 '우리가 함께 맞서야 할 문제'라는 구조로 전달된다. '적'의 대상은 반드시 개인이나 기업일 필요는 없다. 사회 제도, 구조, 환경과 같은 보다 추상적인 개념은 오히려 독자에게 위화감을 주지 않으면서 더 강한 공감을 유도할 수 있다.

 예를 들어 과거 한 도지사는 '경유차'가 환경 오염의 주범이라며 규제를 추진한 적이 있다. 이때 "경유차는 환경을 해칩니다"라는 식의 직설적 비난 대신, "아이들을 유해 가스로부터 지켜주세요"라고 표현함으로써, 독자와 말하는 사람 사이에 '공동의 적'이라는 인식과 연대를 자연스럽게 형성한 바 있다.

'정당화'는 이러한 '공통의 적' 설정과 함께 쓰일 때 더욱 강력한 효과를 발휘한다. 이는 독자가 경험한 실패나 문제를 그들의 잘못이 아니라 외부 요인의 탓으로 돌려주는 방식이다.

예를 들면 다음과 같다.

> 다이어트에 실패한 이유는 당신의 의지 부족이 아니라 신진대사 때문이다.

> 노후가 불안한 건 당신의 재무 관리 능력 때문이 아니라 현재의 연금 제도 때문이다.

이런 방식으로 글을 전개하면 독자는 자신의 문제를 '내 탓이 아니다'라고 인식하게 되고, 자연스럽게 분노나 불만을 그 원인 공통의 적으로 돌린다. 그 결과, 글쓴이가 제시하는 해결책에 대한 수용도가 높아진다.

다만, 이러한 기법은 효과가 큰 만큼 주의가 필요하다. '공통의 적'을 설정할 때 실제 인물이나 특정 기업을 직접 지목하면 법적, 윤리적 문제가 생길 수 있고, 과도한 정당화는 책임 회피처럼 보일 수 있다. 따라서 적용 시에는 맥락과 균형을 잘 고려해야 한다.

(12) 읽는 순간, 장면이 살아나는 '시즐' 글쓰기

'시즐' sizzle은 원래 스테이크를 구울 때 나는 '치익 치익' 소리를 의미한다. 이후 카피라이팅 분야에서는 독자의 오감을 자극해 장면이나 감정을 생생하게 떠올릴 수 있게 하는 표현 기법을 뜻하게 되었다.

이 개념을 널리 알린 인물은 세일즈 강사이자 컨설턴트였던 엘마 휠러 1903~1968다. 그는 무려 10만 건이 넘는 판매 문구를 분석하고 1,900만 명에게 실험을 진행한 끝에 『스테이크를 팔지 말고 시즐을 팔아라』 Tested Sentences That Sell라는 책을 집필했다. 휠러는 '시즐'을 단순한 표현의 생동감을 넘어, 고객이 얻을 수 있는 '베네핏'의 본질로 보았다. 케플즈 또한 『광고, 이렇게 하면 성공한다』에서 시즐을 "폭주 기관차처럼 힘 있는 표현"이라 설명하며, 글에 활기를 불어넣는 열정으로 강조한다.

시즐감 있는 문장을 쓰는 가장 쉬운 방법은 의성어와 의태어를 활용하는 것이다. 이는 독자의 감각을 직접 자극해 제품이나 서비스의 느낌을 생생하게 전달한다. 예를 들어 '치익치익'은 고기를 굽는 소리, '아삭아삭'은 채소를 씹는 느낌을 바로 떠올리게 한다.

표현은 같아도 표기 방식에 따라 인상이 달라진다. '쫀득쫀득'은 '쫀득~쫀득'이라고 쓰면 장난스럽고, '쫀득쫀득!'이라 하면 강조와 활력이 느껴진다. 다양한 조합을 실험해 제품 특성과 독자층에 맞는 톤을 찾는 것이 중요하다. 다음은 자주 쓰이는 시즐 표현의 예시다.

■ **시즐감 넘치는 의성어·의태어**

사용 예	표현
구이	치익치익
뜨거운 것	후후
매운 것	쓰읍쓰읍
비	주룩주룩, 후두둑후두둑
눈	펄펄
물방울	똑똑, 뚝뚝
바람	쌩쌩, 씽씽, 휑휑, 솔솔, 휘이잉
천둥	우르릉쾅쾅
알갱이	뽀득뽀득, 토독토독
감촉	부들부들, 매끈매끈
겉모습	맨질맨질
두통	지끈지끈
통증	욱신욱신, 지끈지끈, 콕콕, 쿡쿡, 따끔따끔, 얼얼
두드리기	통통, 쾅쾅, 쿵쿵, 퍽퍽
소란스러움	시끌시끌, 와글와글
박수	짝짝짝
수다	재잘재잘, 주절주절
마시다	꿀꺽꿀꺽, 후루룩
떨다	부들부들, 바들바들
걷다	종종, 뚜벅뚜벅, 터벅터벅, 터덜터덜
식감·촉감	폭신폭신, 끈적끈적, 눅진눅진

식감	쫀득쫀득, 아삭아삭, 사각사각, 바삭바삭
자르다	썩둑썩둑, 숭덩숭덩
떨어지다	하늘하늘, 팔랑팔랑
건강하다·활기차다	팔팔, 펄떡펄떡
심장이 두근거릴 때	두근두근, 쿵쾅쿵쾅
빠르게 움직일 때	후다닥, 휙휙
촉촉한 느낌	촉촉, 보들보들

이 외에도 비유나 상징적 이미지로 시즐감을 표현할 수 있다. 『전설의 카피라이팅 실천 바이블』에 소개된 아래의 진저에일 광고는 시각·미각·감정까지 자극하는 좋은 사례다.

> 이 음료의 제조법은 프랑스 와인처럼 아버지에게서 아들로, 다시 손자에게로 전해졌습니다. 단 세 명만이 진저에일의 깊은 풍미와 청량함을 완성하는 비밀을 압니다. 목을 타고 흐르는 순간, 혀끝에서 톡톡 터지는 기포가 은은한 생강 향과 어우러져, 마치 해발 1,500미터 산 정상에서 마시는 새벽 공기처럼 청명한 자극을 선사합니다.

이처럼 시즐은 단순한 수사법을 넘어, 독자의 감각 회로를 직접 자극해 몰입을 이끌어내는 '체험형 설득 장치'다. 따라서 글의 목적이 '느끼게 만들고 움직이게 하는 것'이라면, 시즐은 필수적으로 체득해야 할 기술이다.

(13) 한 번에 각인시키는 3세트 문장 구조

읽는 리듬을 만들어주는 대표적인 방식 중 하나는 3가지 요소를 나열하는 표현이다.

예를 들어 소고기덮밥 체인 '요시노야'의 유명한 슬로건 "맛있다, 싸다, 빠르다"うまい、やすい、はやい 우마이, 야스이, 하야이로 끝 음을 '이'로 맞췄다—옮긴이처럼, 짧은 단어 세 개로 베네핏을 나열하면 그 자체로 기세와 추진력이 생긴다.

요시노야는 시대 변화와 시행착오를 거치며, 이 세 단어의 순서와 어감을 조정해왔다. 단어를 나열할 때는 단순히 중요도뿐 아니라 음의 리듬도 함께 고려해야 한다.

예를 들어 "빠르다, 쉽다, 편하다"는 자연스럽고 리듬감이 있지만, "쉽다, 편하다, 빠르다"나 "편하다, 빠르다, 쉽다"는 어딘가 어색하다. 이처럼 단어의 의미뿐 아니라 소리의 길이, 어미 리듬, 의미의 고조 순서도 리듬감에 영향을 준다. 읽을 때 입에 감기고 귀에 박히는 조합을 고민해야 한다.

단순한 반복만으로도 기세와 호소력을 끌어올릴 수 있다.

> YES YES YES
> 진짜? 진짜? 진짜?
> Big! Big! Big!

반대로 부정형 3세트도 자주 쓰인다.

> 사람 없음, 물건 없음, 돈 없음
> 걱정 없음, 비용 없음, 조건 없음

이처럼 세 단어를 리듬 있게 나열하면 그 자체로 메시지에 힘이 실린다.

다음으로는 원래 육상 경기의 삼단뛰기에서 유래한 표현인 "홉-스텝-점프"hop-step-jump 방식에 대해 알아보자. 선수가 세 단계—홉한 발로 뛰기 → 스텝다른 발로 디딤 → 점프멀리 도약—를 거쳐 착지하는 방식에서 따온 말이다. 카피라이팅 문맥에서는 단계적으로 완성도를 높이는 3단 구도로 비유한다.

- **홉**Hop: 개념 이해, 상황 파악
- **스텝**Step: 연습, 준비, 적용 시도
- **점프**Jump: 실행, 완성, 목표 달성

예를 들어 독자나 청중이 작은 이해→실습→완전한 도약의 흐름을 따라가도록 메시지를 설계하는 것이다. 이렇게 하면 정보가 논리적으로 연결되고, 단계마다 설득력이 쌓여 마지막 '점프'에서 강하게 임팩트를 줄 수 있다.

이 외에도 다음과 같은 전형적인 3단 구조가 있다.

> 상·중·하
> 대·중·소
> 시작·중간·마무리

마지막으로, 다음과 같은 문장 구조도 매우 효과적이다.

> ○○이 아닙니다.
> ○○도 아닙니다.
> 그것은 ○○입니다.

다음이 효과적인 응용 사례다.

> 고객을 움직이는 문장을 쓰는 데
> 크리에이티브한 재능은 필요 없습니다.
> 시적인 감각도 필요 없습니다.
> 중요한 건 '원리'입니다.
> 원리에 따라 쓰면 됩니다.

이처럼 단정적인 문장을 3단계로 쌓아 올리면, 단순한 "○○가 아니라 ○○입니다"보다 훨씬 더 기세 있고 설득력 있는 메시지를 만들 수 있다.

(14) "안 사면 손해"를 각인시키는 손실 회피형 카피 전략

보통 베네핏은 "이 제품을 사면 어떤 좋은 점이 있는가"를 강조하는 방식이다. 반면 "이 제품을 사지 않으면 어떤 손해가 발생하는가", 즉 '행동하지 않았을 때의 손해'를 강조하는 방식도 매우 효과적이다. 이는 사람들이 새로운 이익을 얻는 것보다 현재의 손해를 피하려는 쪽으로 더 민감하게 반응한다는 심리를 활용한다.

가장 대표적인 방식은 한정성을 강조하는 것이다. "이번 주 안에 신청하지 않으면, 내년까지 대기하셔야 합니다!"처럼 긴급성과 희소성을 자극해 감정적 반응을 유도한다. 외에도 행동하지 않았을 때 생길 수 있는 문제를 강조하면, 베네핏만으로는 떠오르지 않던 새로운 기획 포인트가 발견되기도 한다.

욕실 난방기의 예를 살펴보자.
먼저 베네핏부터 소구하면 다음과 같이 된다.

A: 이 욕실 난방기는 샤워 준비 3분이면 욕실 온도를 25도로 올려드립니다. 특히 아이 목욕이나 어르신 목욕 전엔 필수입니다!

한편, 행동하지 않을 때 입을 수 있는 손실을 말하면 이렇게 된다.

B: 주의! 60세 이상이라면 겨울철 욕실이 위험할 수 있습니다!

B는 '히트 쇼크' 혈압 급변에 의한 심혈관 질환 위험을 언급하며, 욕실 난방기의 필요성을 곧바로 '생존과 안전' 문제로 연결한다.

A는 "있으면 좋겠다"는 인식에 머무는 반면, B는 "없으면 큰일 난다"는 위기의식을 불러일으킨다.

예방 상품은 판매가 어렵다.

대부분 "지금 당장 필요한 건 아니니까"라는 인식 때문이다. 그래서 '예방적 메시지'보다는, 이미 문제가 시작되었다는 가정하에 지금 당장 필요한 '치료 메시지'로 접근해야 행동을 유도할 수 있다.

행동하지 않았을 때 손실 회피 전략은 아래처럼 가격 면에도 사용할 수 있다.

■ **가격에도 적용되는 디메리트 강조 전략**

これらのスキルを独学で身につけようとすれば
毎日3時間以上勉強を続けて3年はかかるでしょう。 ── 이런 스킬을 독학으로 익히려면, 매일 3시간씩 공부해도 3년은 걸립니다.
それが6週間で身につくこの講座の参加費用は ── 그걸 단 6주 만에 익히게 해주는 이 강좌의 가격은?

220,000 円 (税込) ── 220,000엔(세금 포함)

このページから **11月20日(金)** までに
お申し込みの方は ── 이 페이지에서
特別価格 11월 20일(금)까지 신청 시
특별가

181,500 円 (税込) ── 181,500엔(세금 포함)

*출처 알마 크리에이션 주식회사 SP

이처럼 금액 자체보다 시간과 에너지의 낭비를 손해로 인식시키는 것이 핵심이다.

"지금 하지 않으면 더 큰 고생손해, 낭비 등이 따른다"는 메시지가 행동을 이끌어내는 힘이 된다.

(15) 의심을 기회로 바꾸는 반론 처리의 기술

'반론 처리'란 독자가 SP나 세일즈 레터를 읽으면서 "설마 그럴 리가?"라는 의심이나 반감을 품을 만한 지점에 대해, 그 예상 반응을 먼저 제기하고, 곧바로 해소하는 방식을 말한다. 핵심은 독자의 불안을 선제적으로 제거하는 것이다.

예를 들어 "그럴 염려는 전혀 없습니다." "그건 오해입니다." "많은 분이 그렇게 생각하지만, 사실은 다릅니다." 이러한 반론 처리 기술은 특히 고관여 상품일수록 강력한 효과를 발휘한다.

알마 크리에이션의 '10배 목표 발견과 실행 프로그램'의 SP를 살펴보자.

아래는 해당 SP의 핵심 구성 흐름이다. 마지막 부분의 문장 "10배나 성장하고 싶지 않다", "목표는 내가 가장 잘 안다"는 독자의 반론을 직접 언급한 것이다. 그 직후에 이어지는 "사실은…" 문단은 그 반론을 설득력 있게 반박하며, 수용을 유도하는 반론 처리 문장이다.

■ 실제 반론 처리 사례 ("10배 목표 발견과 실행 프로그램" 상세페이지)

17년간 베스트셀러
『비상식적 성공 법칙』은
이제 낡았다?!

기회가 새롭게 열리는 시대,
"이제는 '10배 목표'가 상식입니다."

목표 설정과 실행에서
흔히 하는 3가지 오해

〈오해 1〉
10배 목표를 이루려면,
10배 노력해야 한다.

〈오해 2〉
쉬지 않고 계속 전진해야 한다.

〈오해 3〉
목표만 달성하면 모든 문제가
해결된다.

하지만 이 세 가지가,
오히려 실패를 부르는 착각입니다.

미국 멤피스대학 연구자 마이크 피즐리에 따르면, 목표 달성 실패의 주범은 '노력 부족'이 아니라

완벽주의(Perfectionism).

"완벽을 추구하는 태도가 오히려 압박을 가중시켜 목표 자체를 포기하게 만들었다. 완벽함을 내려놓았을 때, 사람들은 훨씬 더 생산적으로 변화했다."
『Finish: Give Yourself the Gift of Done』, Jon Acuff

당신의 일은 어느 쪽입니까?

루틴을 반복합니까?

아니면

가치를 창조합니까?

매일 비슷한 업무. 익숙한 목표. 이제 그 틀에서 벗어나야 할 때입니다.

창조적 성과를 원한다면, '기존의 목표 설정법'부터 버리십시오.

조금씩 나아가겠다는 그 노력—
오히려 당신의 가능성을
가로막고 있습니다.

創造的な時代で活躍するには
10％改善するよりも

이제는
10％ 향상이 아니라
10배 성장을 선택해야 할 때.

10倍を目指すほうが
もっと楽しくもっと簡単。

더 즐겁고, 더 간단하고, 더 재미있게.
그리고 더 강력한 결과로 돌아옵니다.

そこで、
創造的な仕事で、結果をあげるための

- 회사에 있으면서도 파워 업!
- 경영자·임원 맞춤 설계!

10배 목표 발견과 실행 프로그램
지금 당신 자리에서 비약하라!
Discovery and Action

간다 마사노리

オンライン講座なので
あなたのペースで
新しい時代に飛躍するための
10倍目標を発見でき
達成に向けた「鍵となる行動」の
習慣化を目指します。

「創造的な仕事が価値を生む時代には、
創造的な目標を設定する時間ほど
価値ある時間は、ない」

당신의 속도에 맞춰,
당신의 자리에서 바로 시작할 수 있는
온라인 실행 프로그램.

지금 필요한 건
과거의 연장선이 아닌,
미래를 바꾸는 '10배 목표'입니다.

過去からの
延長線上にある目標で
あなたの会社は、

왜 10배 목표인가?
시대는 창조적 일을 요구합니다.

창조적인 성과는,
창조적인 목표에서 시작됩니다.

新しい成長を生み出せますか？
YES? / NO?

"지금의 목표로 당신의 회사가 새로운 성장을 이룰 수 있습니까?" YES? / NO?

もし答えがNOなら…

대답이 NO라면…

'10배 목표'가 당신을 위해 준비된 답입니다.

新しい目標設定アプローチである「10倍目標」が、あなたには必要です。

「10倍目標」を体験する前は…

10배 목표를 만나기 전, 당신은…

"새로운 시대가 열리고 있다는 건 알겠는데… 작은 목표에 갇혀 한 발짝도 내딛지 못한다."

「新時代の到来で、可能性が広がっているのに…、目標が小さすぎるので、動き出せない」

10배 목표를 경험한 후, 당신은…

「10倍目標」を体験すると…

「一気に世界が広がり、会社のステージを大きく引き上げられるぞ！」

"시야가 단숨에 확 트이고 내 회사의 레벨이 달라졌다!"

「10倍目標発見と実行プログラム」でこれからの新しい時代でずっとずっと生涯、役に立ちつづける知識と技術を速習してください。

새로운 시대엔 새로운 목표 설정 기술이 필요합니다. 지금, 10배 목표 프로그램으로 당신의 내일을 리셋하십시오.

10배 목표
발견과 실행 프로그램

월요일 아침, 단 5분의 변화

창조적인 일을 하는 사람을 위한 단 하나의 습관

목표를 관리하거나 노력으로 밀어붙이는 방식이 아닙니다.

당신 안에 숨어 있던 '진짜 하고 싶은 일'을 꺼내 자연스럽게 몰입 상태로 진입하게 만드는 전혀 새로운 목표 설정법을 빠르게 익힙니다.

반론
"내가 제일 잘 아는데… 굳이 다른 방법을 배울 필요 있을까?"

반론 처리
사실은…
바로 당신 같은 분에게 더 필요합니다.

'10년을 내다보는 목표'를 세우는 순간— 지금껏 보이지 않던 가능성이 보이고, 뜻을 함께하는 사람들이 하나둘 생깁니다.

혼자가 아닌, 함께 이루는 창조적 도약. 그 출발점이 바로 '10배 목표'입니다.

온라인 프로그램 핵심 구성
(총 210분 슬라이드 영상)

Lesson 01
왜 우리는 늘 목표 앞에서 좌절하는가?
실현 가능한 목표 vs. 실패를 부르는 목표

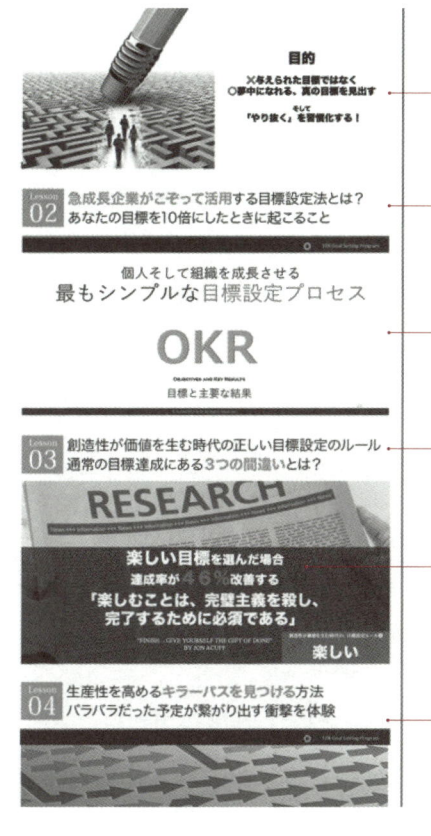

*출처 알마 크리에이션 주식회사 SP

반론 처리는 타이밍이 핵심이다.

반론이 나올 만한 지점에서는 즉시 설명을 덧붙여야 한다. 읽는 사람이 잠시라도 의심을 품는 순간, 그때까지 높아졌던 구매 열의는 급격히 식어버린다. 한 번 의심이 시작되면, 그 뒤에 어떤 매력적인 문장이 쏟아져도 집중은 흐트러지고, 결국 페이지를 이탈하게 된다.

반대로 의심이 생기기 전에 적절하게 반론을 짚고 넘어가면 '이 사람은 고객의 생각을 미리 알고 있다'는 인상을 주며 신뢰를 얻을 수 있다.

(16) 고객 한 마디가 100마디 설득을 대신한다

고객의 목소리를 실을 때는 세 가지를 갖추는 것이 좋다.

- 실명
- 사진
- 직업 회사명이나 직함

이 세 요소만 있어도 신뢰도가 눈에 띄게 높아진다.

예를 들어 다음 페이지는 실제 수강생의 생생한 후기를 활용한 사례다.

가능하다면 여기에 나이, 거주지 ○○시 ○○구 정도까지 더해지면 신빙성은 더욱 올라간다. 물론 "실명은 어렵다", "사진은 부담된다"는 고객도 있을 수 있다. 그런 경우는 가명·사진 미사용도 고려해야겠지만 분명한 건 실명·사진·직업이 갖춰졌을 때 훨씬 강한 설득력을 가진다는 점이다.

■ 효과적인 '고객의 소리' 사례

그리고
수강생의 솔직한 후기입니다.

そして
既に受講された方の感想はこちらです

카피라이팅을 배우면서
내 비즈니스를 컨설팅 받는 느낌!
마스다 유키 님 (판촉물 디자이너 · 프로듀서)

コピーライティングを学べて
自分のビジネスもブラッシュアップできる講座
販促物デザイナー・プロデューサー　増田　ゆき　様

言い回し、流行りの「刺さるワード」、そういう文章術を教わる講座かなと思っていたのですが、蓋を開けてみて驚きました。

「このコピーライティングって、言葉を紡ぐ範疇を超えている……この通りに進めていくと、商品・サービス自体がブラッシュアップされて……あれ？ ビジネスコンサルしてもらっているみたい」と。課題として、自分のビジネスのLPを作ることで、自分のビジネスがどんどん磨かれていく感覚。

そして、講師のフィードバックを受けたり自分が課題に取り組む中で、視点が増えたり変わり、「あれ！ 私のこの商品って、こんなベネフィットがあるんだ！」と、自分のビジネスの内容は変わらないのに、どんどん魅力的な部分を見つけていけて、それを言葉にすることもできました。こんな貴重な体験を、講座開催しょっぱなからさせてもらって、「お得すぎる」と興奮しています！

"처음엔 문장 기술이나 유행하는 '꽂히는 워드'를 배우는 강의라고 생각했습니다. 그런데 막상 뚜껑을 열어보니, 내 비즈니스 자체가 정리되고, 마치 컨설팅을 받는 듯한 체험이더군요.
과제로 직접 상세페이지를 만들다 보면 상품의 본질적인 매력과 베네핏이 자연스럽게 떠오릅니다. 표현을 다듬는 과정에서 '내가 몰랐던 내 비즈니스의 가치'를 새롭게 발견하게 됩니다.
강사의 피드백을 통해 시야가 열리고, 문장을 고쳐 쓰는 만큼 생각도 진화합니다. 강의 초반부터 '이거 진짜다!'는 느낌이 확실히 듭니다."

*출처 알마 크리에이션 주식회사 SP

참고로 다음은 '가명·사진 없음'으로 구성된 예시다. 비교해보면 전달력의 차이를 분명히 느낄 수 있다.

고객은 늘 묻는다. "그거 진짜야?" 그 질문에 먼저 답해주는 방식이 바로 고객의 목소리다.

■ '사진 없음, 가명'은 설득력이 약하다

> **感覚的なコピーから抜け出すきっかけになった！**
> 経営者・マーケティングコンサルタント　山下 由紀（仮名）様
>
> 自分自身の事業だけでなく、クライアント様の広告コピーや商品キャッチフレーズに不安や悩みを感じていた折に、この講座に出会いました。
> これまではコピーの善し悪しの判断が感覚的すぎて改善策も不明瞭でしたが、受講後はそんな問題がすべて解決しました。チェックポイントが可視化できたことで、より効果的な広告戦略をたてられるようになりました。
> また動画で好きな時間に何回も気になるポイントを聞き直しながら学べるのが良かったです。対面セミナーでは、聞き直しはできないですものね。
> 本当にありがとうございました。

*출처 알마 크리에이션 주식회사 SP

"감에만 의존했던 카피, 이제는 달라졌습니다."
마케팅 컨설턴트 야마시타 유키 님 (가명)

내 제품이나 서비스의 광고 문구, 문장 하나하나가 정말 이게 맞는 걸까 고민만 반복하던 시절. 이 강의를 만나고 난 뒤, 막막함이 사라졌습니다.

지금까지는 '이 표현이 꽂히는 것 같아' 같은 직관에만 의존했지만, 이젠 정확한 기준과 프레임이 생겼습니다. 카피 점검 체크리스트가 눈에 보이니, 전략도 더 명확해졌고요.

무엇보다 영상을 반복해서 보고, 궁금한 부분을 다시 확인할 수 있어서 좋았습니다.
한 번 듣고 끝나는 오프라인 강의와는 완전히 달랐습니다.
진심으로 감사합니다.

고객의 직업 표기 방식은 상황에 따라 다르게 선택할 수 있다. 회사명만 적을지, 직종이나 직함까지 포함할지는 TPO에 맞춰 판단하는 것이 좋다. 예를 들어 다음 세 가지 중에서 선택할 수 있다.

A: ㈜×××× 상무이사 → 인지도 높은 회사일 때

B: 식품 체인점 경영자 → 회사명이 알려지지 않았을 때

C: ㈜××××(식품 체인) 상무이사 → 회사명+업종 병기 필요 시

고객 후기를 게시할 때 또 하나 중요한 포인트는 '원문을 그대로 사용하지 않는다'는 점이다. 대부분의 고객은 글쓰기 전문가가 아니기 때문에 문장이 장황하거나 요점이 흐려진 경우가 많다. 이럴 때는 핵심만 추려내고, 이해하기 쉬운 형식으로 편집해야 한다.

단, 의도를 임의로 바꾸는 것은 절대 금물이다. 반드시 고객이 쓴 취지를 유지한 상태로 정리한 뒤, "이렇게 정리해도 괜찮을까요?" 하고 사전 확인을 받아야 한다. 이 확인 과정을 소홀히 하면 불필요한 오해나 문제가 생길 수 있다. 가능하다면 고객과 직접 통화하거나 인터뷰해 핵심 표현, 강조하고 싶은 부분을 구체적으로 끌어내는 방식이 가장 좋다. 이렇게 정리한 후 문장을 작성해 본인의 승인을 받는 것이 안전하다.

고객의 목소리는 많을수록 좋지만, 독자가 전부 읽는 것은 아니다. 그렇기에 주요 포인트에 소제목을 붙이고, 강조하고 싶은 문장에는 색이나 볼드 처리를 하는 편이 전달력을 높이는 데 유리하다. 또한, 손글씨로 작성된 고객 후기는 신뢰도 측면에서 강력한 인상을 준다. 특히 의료, 서비스, 교육 등 사람과의 접점이 많은 업종에서는 손 글씨 후기를 활용하는 것이 효과적이다. 이 경우에도 가독성을 높이기 위해 내용 앞에 요약이나 목차를 붙여주면 더욱 좋다.

■ 손글씨 후기, 신뢰를 더하다

体調不良で辛い毎日 ──── "몸이 달라지니, 삶이 달라졌어요."

症状：お腹の膨満感、胃痛、生理痛、排卵痛、足のむくみ

증상: 복부 팽만감, 위 통증, 생리통, 배란통, 다리 부종

> 例) ひとりずつの施術で落ち着きます。膝痛で階段がつかえなかったのに、すすっと上り下りできるようになりました。痛くなくて、施術してもらえるのが、何よりです。
> 元々、体のゆがみを感じ、でんでん排卵痛、生理痛もひどくなり、体の不調も続いて、しんどくない日の方が少ないぐらい、いつも辛かったのですが、こちらにお世話になってから、体調の良い日の方が多くなりました。
> 膨満感もいつもあり、足のむくみもひどかったのですが、今ではすっかりなくなりました。

※個人の感想であり、成果や成功を保証するものではありません。

예) "무릎 통증 때문에 계단을 오르내릴 수 없었는데, 지금은 무리 없이 움직일 수 있어요. 무엇보다, 아프지 않게 시술해주셔서 정말 안심됩니다."

컨디션 난조로 매일이 괴로웠습니다. 몸의 균형이 무너졌다는 걸 느끼면서도 뾰족한 해결책이 없었죠. 그런데 이곳에 다닌 뒤로, 팽만감과 부종이 사라지고, 몸 상태가 좋아진 날이 점점 늘기 시작했습니다. 생리통도 한결 덜해졌고, 하루하루가 훨씬 편안해졌습니다. (히라카타시 J.I)

※ 이 후기는 개인의 경험이며, 모든 분에게 동일한 효과를 보장하지는 않습니다.

*출처 히라카타 레디스 마사지 'SORA' 웹사이트

(17) 후기 제로에서 시작하는 설득 전략

비즈니스를 처음 시작하거나 신상품·서비스를 출시한 시점에는 고객의 목소리를 확보하기 어렵다. 이럴 때 사용할 수 있는 방법은 두 가지다.

첫째, 고객 후기를 생략한 채로 일단 상세페이지를 발행하고, 일정 수의 후기가 모인 시점에 후속 반영하는 방식이다.

둘째, 정식 판매에 앞서 무료 혹은 할인된 가격으로 체험판을 제공하고, 실사용자의 목소리를 먼저 수집한 뒤 본문에 반영하는 방식이다.

타깃이 신규 고객일 경우에는 고객의 목소리가 사실상 필수이기 때문에 두 번째 방식이 더 효과적이다. 반면 이미 인지도가 있는 기업이나 브랜드라면 첫 번째 방식도 충분히 활용할 수 있다.

비즈니스 자체가 첫 시도이거나 브랜드 인지도가 낮은 상황이라면, 실제 사용자를 통한 피드백 확보는 반드시 필요하다. 만약 체험해줄 사람조차 없다면, 해당 상품이나 서비스는 시장에서 공감받기 어려울 가능성이 높다. 이런 경우에는 상품 자체의 품질이나 메시지를 다시 점검하는 것이 우선이다.

(18) 다음 장면을 미리 보여주며 행동을 끌어내는 '퓨처 페이징'

상세페이지의 마무리 단계에서는 '퓨처 페이징'future paging 기법이 효과적이다. 원래 이 용어는 NLP신경언어 프로그래밍에서 유래했으며, 상대방에게 미래의 모습을 그려보게 하는 심리적 장치다. 예를 들어 강연자가 "지금부터 세 가지 핵심 포인트를 말씀드리겠습니다"라고 말하면, 많은 청중이 즉시 펜을 들고 메모를 시작한다. 이처럼 '앞으로 어떤 정보가 나올지' 예고하는 것만으로도 독자의 몰입도는 크게 높아진다.

카피라이팅에서는 주로 '비포-애프터'before-after 형식으로 퓨처 페이징을 구현한다. 즉, 사용 전과 후의 모습을 대비시켜 독자가 그 효과를 자연스럽게 상상하게 하는 것이다. 이 방식은 단순한 설명보다 훨씬 더 강력한 설득력을 지닌다.

퓨처 페이징을 활용해 독자에게 앞으로 일어날 일을 미리 보여주면, 그들은 그 미래를 간접적으로 체험하게 된다. 특히 '신청 순서'나 '이용 절차'처럼 다음 단계가 뚜렷이 예고되면 행동 전환율이 높아진다는 점은 행동경제학 실험을 통해 입증된 바 있다.

예일대학교에서 진행된 한 실험은 이를 잘 보여준다. 학생들에게 파상풍의 위험성과 대학 의료센터에서의 예방접종 필요성을 설명하는 강연을 들려주었고, 대부분은 "맞겠다"고 응답했다. 하지만 실제로 예방접종을 받은 학생은 단 3%에 불과했다. 이와 달리, 또 다른 학생 그룹에는 동일한 강연과 함께 의료센터의 위치가 표시된 캠퍼스 지도와 개별 시간표를 제공하고, 구체적인 방문 일정을 스스로 계획하게 했다. 이 결과, 예방접종을 받은 비율은 28%로 크게 상승했다. 이는 단지 정보를 제공하는 것을 넘어, '행동의 구체적인 경로'를 제시하는 것만으로도 실제 참여율이 급격히 높아질 수 있음을 보여준다.

  이 실험처럼, 신청 절차를 미리 '퓨처 페이징' 형식으로 안내하면 사용자가 행동에 옮기기 훨씬 쉬워진다. 예를 들어 "다음 버튼을 눌러 이름과 이메일만 입력하면 곧바로 이용할 수 있습니다"처럼, 다음 흐름을 구체적으로 안내하는 것이다. 또한 신청 과정을 'Step 1', 'Step 2'처럼 단계별로 나누거나, "현재 3단계 중 2단계입니다"처럼 전체 진행률을 시각적으로 보여주는 것도 효과적인 퓨처 페이징 전략이다.

  다음 사례는 이러한 'STEP' 구조를 효과적으로 활용한 예다.

■ 단계별 안내를 효과적으로 활용한 사례

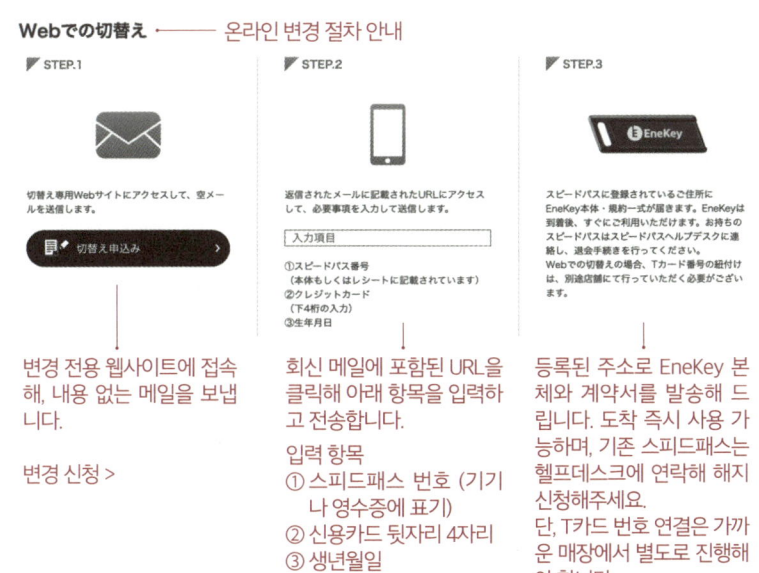

*출처 ENEOS 주식회사 웹사이트

다음 사례는 순서를 흐름 차트로 나타내 얼마나 남았는지를 알 수 있다.

■ 진행 상태를 시각적으로 안내한 사례

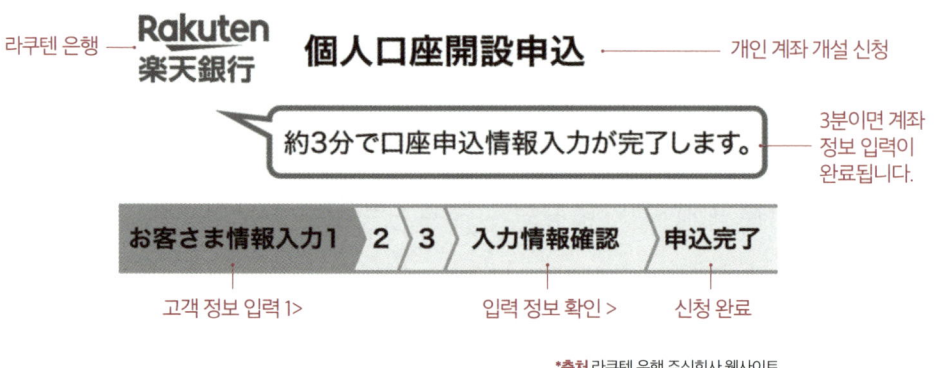

이처럼 앞으로의 과정을 미리 보여주면 사용자는 다음 행동을 예측할 수 있어 훨씬 안심하고 몰입할 수 있다. 이는 설득력 있는 사용자 경험 설계에서 중요한 요소다.

(19) 가격 저항을 무너뜨리는 설득의 글쓰기 기술

고객은 어떤 상품이나 서비스의 가치가 가격보다 높다고 느낄 때 비로소 구매를 결정한다.

판매 방식에는 두 가지 접근이 있다.

① 가격을 낮추는 방법(할인)
② 가치를 높이는 방법

1번은 이해하기 쉽고 빠르지만, 수익성을 떨어뜨린다는 단점이 있다. 따라서 2번, 즉 가치를 높이는 전략을 먼저 고려하는 것이 바람직하다. 이때 주목해야 할 가치는 두 가지다.

- **절대 가치:** 판매자가 설정한 고정된 가격(예: 3,000엔짜리 넥타이)
- **지각 가치:** 고객이 실제로 느끼는 체감 가치(예: "가성비 좋다", "이건 사야 한다")

실제 구매는 고객이 느끼는 가치가 절대 가치를 초과할 때 일어난다. 즉, 동일한 상품이라도 고객이 더 높은 가치를 느끼도록 만들면 할인 없이도 판매가 가능하다.

그렇다면 어떻게 해야 고객의 '지각 가치'를 높일 수 있을까? 다음 세 가지 예시를 통해 구체적으로 살펴보자.

① "1개 무료"가 "25% 할인"보다 강력한 이유

해외여행 중 면세점에서 '넥타이 3개 구매 시 1개 무료'라는 캠페인을 본 적이 있을 것이다. 실제로는 25% 할인과 같은 효과지만, "25% 할인" 문구보다 "1개 무료"라는 표현이 훨씬 강하게 다가온다. 같은 조건인데도 고객의 체감 가치는 전자가 더 크기 때문이다.

② 홈쇼핑의 '특전' 전략

TV 홈쇼핑에서는 다음과 같은 전형적인 구조를 자주 본다.

A: "이제 가격이 궁금하시죠?"
B: "지금 주문하시면 고급 카메라를 단 19,800엔에 드립니다!"
A: "이 가격에 정말 가능한가요?"
B: "게다가 지금 주문하시는 분께는 망원렌즈와 삼각대까지 무료로 드립니다!"

일반적으로는 "그럴 바엔 그냥 싸게 주지…"라고 생각하기 쉽지만, 특전을 덧붙이는 방식이 매출을 더 끌어올리는 전략이라는 사실은 이미 여러 사례를 통해 입증돼 있다. 즉, 덤을 추가하면 고객이 느끼는 가치가 실질 가격 이상으로 올라간다.

③ '사과와 귤 비교' 기법: 비교를 통해 저렴하게 느끼게 하라

이 기법은 더 비싼 대상을 먼저 제시해, 내 상품이 상대적으로 저렴하게 느껴지도록 하는 방법이다.

예를 들어 1시간 온라인 컨설팅 서비스를 10만 원에 판매한다고 하자. 단순히 다른 온라인 강의 3~5만 원와 비교하면 비싸 보일 수 있다. 하지만 "같은 내용을 하루 워크숍에서 직접 들으려면 30만 원 이상 드는 강의인데, 온라인 컨설팅은 단 10만 원"이라고 설명하면 고객은 오히려 합리적 소비를 했다고 느낀다.

여기에 "교통비와 시간을 들이지 않고, 집이나 사무실에서 바로 들

을 수 있다"는 추가 이점을 강조하면 긍정적인 인식은 한층 강화된다.

이처럼 비교를 통해 상대적 가치를 부각시키는 방식을 흔히 '사과와 귤 비교'라고 한다. 단순히 '가격만 제시'하는 것보다 "이 가격이 왜 유리한지"를 명확히 전달하는 편이 구매전환율을 높인다.

중요한 점은 이 모든 설명이 고객의 관점에서 이뤄져야 한다는 것이다. "우리가 얼마나 손해 보면서 팔고 있다"는 식의 표현은 설득력이 없다. 반드시 "이 상품을 구매하면 고객에게 어떤 실질적인 이득이 있는지"를 중심에 두고 전달해야 한다.

고객이 직접 계산하지 않아도, "이건 이득이네"라고 즉시 납득할 수 있도록 만드는 것. 그것이 '비싸 보이지 않게 만드는' 설득의 기술이다.

(20) CTA 활용법: 타이밍과 문구가 매출을 바꾼다

카피라이팅 경험이 부족한 사람이 흔히 저지르는 실수 중 하나는 행동 유도를 위한 CTA Call To Action를 빠뜨리는 것이다.

"신청은 여기로(→ URL 클릭 시 신청 화면으로 연결)"

"0120-×××-×××로 지금 바로 전화 주세요!"

이런 문장이 CTA다.

기업 등 일정 규모 이상의 조직에서는 상세페이지에 CTA 버튼이 빠져 있더라도, 디자이너나 담당자가 나중에라도 발견하고 수정하는 경우가 많아 큰 문제가 되지 않는다. 그러나 개인 사업자나 1인 창업자가 세일즈 레터를 작성할 때는 CTA에 각별히 신경 써야 한다.

무엇보다 CTA에서 중요한 것은 '눈치 보지 말고 분명하게 말하는 것'이다. 독자에게 원하는 행동이 있다면, 그 행동을 구체적이고 직접적으로 요청해야 한다. 이는 상세페이지뿐 아니라 모든 커뮤니케이션에 해당한다.

예를 들어 아래와 같은 표현을 종종 볼 수 있다.

"설명회는 13시부터입니다. 바쁘신 가운데 죄송하지만, 여러분의 양해와 협조 부탁드립니다."

하지만 CTA 관점에서 이 문장을 재구성하면 이렇게 달라진다.

> 설명회는 13시부터 시작됩니다. 중요한 안내가 먼저 있으니, 12시 55분까지 회의장에 입장해 주시기 바랍니다.

"정각 5분 전까지 도착해달라"는 의미를 전달할 때도, 모호한 '5분 전'이 아니라 '12시 55분'처럼 구체적인 시간을 명시하는 것이 좋다. '5분 전'이라고만 하면 독자가 한 번 더 생각해야 하지만, 정확한 시간을 제시하면 혼동 없이 바로 행동으로 이어진다.

실제 상세페이지에서 자주 사용되는 CTA는 다음과 같다.

"지금 구매하세요!" "신청은 여기로!" "1년간 무료로 체험하세요!"

예를 들어 아래는 일본 야요이 주식회사 웹사이트의 실제 CTA 사례다.

■ '1년간 무료로 체험하세요!'

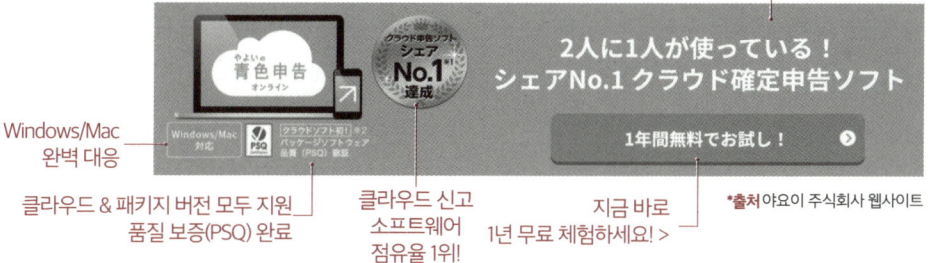

이 CTA는 단순한 행동 유도 이상의 역할을 한다. 혜택1년 무료과 기대 효과체험를 동시에 전달하면서 클릭 욕구를 자극하는 것이다. CTA 문구는 이처럼 좀 더 창의적이고 정교하게 구성할 수도 있다. 예컨대 20세기 초 미국의 세일즈 레터인 '피아노 카피'에서는 다음과 같은 CTA가 사용되었다.

> 프랭크 크레인의 서문이 담긴 무료 책자『홈 뮤직 레슨』을 보내주세요. 체험 수업과 상세 안내서도 함께 보내주시기 바랍니다. 다음 코스에 관심이 있습니다.

이 문장은 단순한 행동 촉구를 넘어서, 독자의 기대감을 높이고, 나아가 읽는 사람이 스스로 선언하도록 유도한다. 이는 오늘날에도 유효한 심리적 유도 기법이다. 단순한 "신청은 여기로"보다 훨씬 설렘을 유발하는 표현이다.

마지막으로, 아래와 같은 형식의 CTA도 효과적이다.

"지금 바로 시작하고 싶습니다. 무료 체험을 신청합니다."

이처럼 독자의 행동을 선언형 문장으로 유도하는 CTA는 몰입감을 높이고 실질적 전환율도 끌어올릴 수 있다. CTA는 단순한 버튼 문구가 아닌, 독자의 마음을 움직이는 마지막 한 마디다.

■ 독자가 스스로 '선언'하게 만드는 CTA 사례

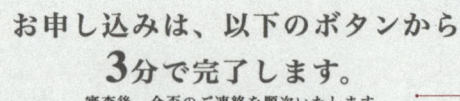

*출처 알마 크리에이션 주식회사 SP

여기서 주목할 점은 마지막 CTA 문장이 '나'의 결심을 드러내는 선언형 문장이라는 것이다.

단순히 '신청하기'가 아니라 "임팩트 컴퍼니로 다시 태어나기 위한 실천회에 신청합니다"처럼 독자가 직접 자신의 행동을 말하게 만드는 방식이다.

다음은 같은 원리의 또 다른 사례다.

저렴하게 구매하기 ▶
(주문은 간단 입력으로 완료)

배송 무료

*출처 아사히 그룹 식품 주식회사 '아사히 카루피스 웰니스숍' 웹사이트P

CTA 버튼의 위치에 대해서는 다양한 의견이 있다.

"최대한 빨리 보여줘야 한다."

"페이지 중간이 가장 자연스럽다."

"설명이 끝난 마지막에 제시해야 한다."

하지만 정답은 정해진 게 아니다. CTA는 독자의 '관심 수준'에 따라 위치가 달라져야 한다.

CTA는 일종의 '프러포즈'와 같다. 처음 만난 자리에서 "저랑 결혼해주세요"라고 하면 당황스러울 수밖에 없다. 반대로, 오랜 시간 교제해 온 상대가 계속 망설이기만 해도 답답해진다. 즉, 독자가 '마음이 생긴 순간'에 CTA를 제시하는 것이 가장 효과적이다. 또한 CTA를 너무 자주 반복해서 보여주는 것도 금물이다. 과도한 CTA는 오히려 신뢰를 떨어뜨리고 이탈률을 높일 수 있다.

타깃에 따라 CTA 위치는 달라져야 한다. 예를 들어 신형 아이폰을 판매하는 경우를 생각해보자.

애플의 열성 팬에게는? 별다른 설명 없이 가격과 CTA만 바로 보여줘도 된다. "지금 바로 예약하세요!"

현재 안드로이드 사용자라면? 안드로이드와의 차이점, 아이폰의 장점 등을 충분히 설명한 뒤에 CTA를 제시하는 것이 좋다.

스마트폰 자체가 처음인 사용자라면? 스마트폰으로 할 수 있는 일부터 설명하고, 그다음 아이폰의 강점을 소개한 뒤, 마지막에 CTA를 배치해야 한다.

이처럼 CTA의 위치는 독자의 브랜드 이해도, 구매 의사 수준, 사용자 경험 유무 등에 따라 달라져야 한다.

카피라이팅에서 가장 중요한 것은 흐름이다. CTA 버튼은 독자의 리듬을 끊지 않으면서도, 행동을 유도할 '결정적인 순간'에 자연스럽게 등장해야 한다. CTA는 단순한 버튼이 아니다. 그건 결심을 유도하는 마지막 한마디이자, 설득의 완성이다.

3. 우아하게 끝내야 오래 남는다
-문장 완결 기술

(21) 상세페이지, 최적의 길이는?

정답은 명확하다. "전달할 정보를 빠짐없이 담되, 불필요한 군더더기 없이 가장 짧게."

카피라이팅에서 가장 중요한 것은 흐름이다. CTA 버튼은 독자의 리듬을 끊지 않으면서도, 행동을 유도할 '결정적인 순간'에 자연스럽게 등장해야 한다. CTA는 단순한 버튼이 아니다. 그건 결심을 유도하는

마지막 한마디이자, 설득의 완성이다.

"전달해야 할 내용을 충분히 담을 만큼 길고, 독자가 흥미를 잃지 않을 만큼 짧아야 한다."

정해진 분량은 없다. 글의 적정 길이는 제품이나 서비스, 독자의 관심도에 따라 달라진다. 기능이 단순한 상품이라면 3,000자로 충분할 수도 있다. 억지로 5,000자로 늘릴 필요는 없다. 반대로, 설명해야 할 내용이 많다면 10,000자라도 괜찮다. 억지로 7,000자로 줄이는 것이 오히려 문제다.

단, 어떤 경우든 '장황한 글'은 무조건 금물이다. 최대한 압축했는데도 10,000자가 필요하다면 그것이 바로 최적의 길이다. 게다가 지금은 모바일 중심의 시대다. 글자 수뿐만 아니라 '얼마나 스크롤해야 하는가' 역시 중요한 고려 요소다. 이미지, 동영상, 인터랙티브 요소가 들어간다면 스크롤 압박은 더욱 커진다.

결국 핵심은 하나다. "진짜 필요한 내용만 남기고, 나머지는 과감하게 덜어내라."

(22) 집중력 '8초 시대'에 통하는 편집 기술

글을 쓰는 사람은 한 글자라도 아끼려고 심혈을 기울인다. 하지만 독자는 그런 정성만큼 글을 집중해서 읽어주지 않는다. 종이 매체가 주류였던 시절에는 정보가 다소 많더라도 흥미만 있다면 어느 정도는 읽었다.

하지만 지금은 다르다. 현대인의 집중력은 '8초'. 금붕어보다 짧다. 2015년 마이크로소프트 캐나다 연구팀의 조사 결과, 인간의 평균 집중 시간은 2000년 '12초'에서 2013년 '8초'로 급격히 줄어들었다. 그 이후로는 더 짧아졌을 가능성이 크다.

예를 들어 "프리랜서를 위한 세금 환급 방법"처럼 '돈이 돌아온다'는 강력한 동기가 있으면 어렵더라도 읽는다. 하지만 일반적인 '광고'는? 헤드라인이 아무리 좋아도 글자만 줄줄이 나열된 글은 스마트폰 시대에 끝까지 읽히지 않는다. 이것은 단순히 "긴 글이냐, 짧은 글이냐"의 문제가 아니다. 앞서 말했듯이, 글의 길이는 본질이 아니다. 중요한 것은, "필요한 정보를 가장 짧고, 가장 읽기 쉽게 전달하는 것."

결국 지금 필요한 것은 '압축'이 아니라 '편집'이다.

보기 쉬운 것 = 믿기 쉬운 것.

이 관계는 행동경제학에서 말하는 '인지 용이성'으로 설명된다.『생각에 관한 생각』에 따르면, "눈에 잘 들어오는 정보는 더 쉽고, 더 신뢰할 만하며, 더 친숙하게 느껴진다". 즉, 상세페이지에서 인지 용이성을 높이는 것이 곧 클릭율과 전환율을 높이는 길이다.

이를 위한 방법을 몇 가지 살펴보자.

1) 줄바꿈을 자주 한다. (압박감 없이 술술 읽히게)
2) 문장을 짧게 끊는다.
3) 폰트 크기와 스타일로 강약을 준다. (볼드, 컬러 등 활용)
4) 화면 구성을 분할한다. (섹션별 구획)
5) 충분한 행간을 확보한다. (여백도 정보다)

그러면 하나씩 살펴보자.

(23) 줄 바꿈만 잘해도 클릭률이 달라진다

인지 용이성을 높이는 가장 기본적인 방법은 바로 '줄 바꿈'이다. 상세페이지는 물론, 이메일이나 SNS 글에서도 어디서 줄을 바꿀지는 생각보다 매우 중요하다. 줄 바꿈만으로도 글의 읽힘 정도가 확연히 달라진다. 실제 페이스북 광고 테스트 사례를 보자. 광고 문구는 동일하다. 단 하나의 차이점은 '줄 바꿈 유무'다.

■ **A: 줄 바꿈 있음**

간다 마사노리

인터넷에서의 집객을
워드프로세서 감각으로, 게다가 거의 무료로
누구나 효율적으로 할 수 있게 된 것을
아시나요?...더 보기

간다 마사노리가 직접 전하는 단칼해법!
『디지털 시대의 집객술 - 경영자는 이 3가지만 하십시오』
이미 810개 기업이 실천 중인, 두 번 다시 열리지 않을
구체적인 노하우 시리즈.

지금이 마지막 기회입니다. (환불 보장)

자세히 보기

■ B: 줄 바꿈 없음

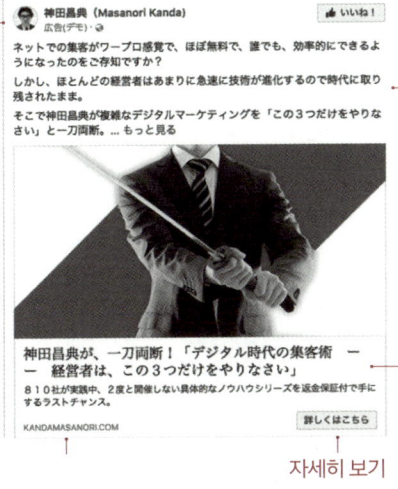

인터넷에서의 집객을 워드프로세서 감각으로, 게다가 거의 무료로 누구나 효율적으로 할 수 있게 된 것을 아시나요? 하지만 대부분의 경영자는 너무나 빠르게 진화하는 기술 때문에 시대에 뒤처진 채로 있습니다. 그래서 간다 마사노리가 복수의 디지털 마케팅을 '이 3가지만 하십시오'라고 일도양단... 더 보기

간다 마사노리가 직접 전하는 단칼해법!
『디지털 시대의 집객술 - 경영자는 이 3가지만 하십시오』
이미 810개 기업이 실천 중인, 두 번 다시 열리지 않을 구체적인 노하우 시리즈.

지금이 마지막 기회입니다. (환불 보장)

A와 B를 테스트해 본 결과, 어떤 차이가 났을까?

광고	클릭 수
A: 줄 바꿈 있음	921
B: 줄 바꿈 없음	598
합계	1,519

　줄 바꿈이 있는 광고 A안가 줄 바꿈 없는 광고 B안보다 54% 더 많은 클릭을 유도했다.

　줄 바꿈은 단순한 '디자인' 요소가 아니라 '전략'이다. 적절한 위치에서 끊어주면 문장은 겉보기에도 읽기 쉬울 뿐 아니라 실제로도 끝까지

읽힌다. 반대로 아무 생각 없이 줄을 나누거나, 의미가 매끄럽지 않게 끊어버리면 오히려 독자의 흐름을 방해한다.

■ NG 사례

> 25년 전 어느 화창한 늦봄 오후,
> 두명의 젊은이가 같은 대학을 졸업했습니다.
> 그들은 매우 닮아 있었습니다.
> 두 사람 모두 보통 학생보다 성적도 좋고, 성품도
> 좋았지요. 그리고 대학을 졸업한 대부분의 젊은이가
> 그렇듯 그들 역시 장래에 대한 커다란
> 꿈에 부풀어 있었습니다.

■ OK 사례

> 25년 전 어느 화창한 늦봄 오후,
> 두 명의 젊은이가 같은 대학을 졸업했습니다.
> 그들은 매우 닮아 있었습니다.
> 두 사람 모두 보통 학생보다 성적도 좋고, 성품도 좋았지요.
> 그리고 대학을 졸업한 대부분의 젊은이가 그렇듯,
> 그들 역시 장래에 대한 커다란 꿈에 부풀어 있었습니다.

NG 사례를 보면, "두"와 "명의 젊은이가", "성품도"와 "좋았지요"처럼 의미 단위가 부자연스럽게 끊어지는 문제가 발생한다. 이는 읽는 리듬을 깨뜨리고, 독자에게 불필요한 피로감을 준다. 이처럼 줄 바꿈은 단순히 디자인 요소가 아니다. 독자의 몰입도와 이해도를 좌우하는 글쓰기 기술이다.

문제는 모바일 시대에 더욱 복잡해진다. '리스폰시브 디자인'이란, 디바이스 화면 크기에 따라 글의 표시 형태가 자동으로 최적화되는 기능이다. 그런데 디바이스마다 줄 바꿈 위치가 달라지기 때문에, 의도하지 않은 어색한 끊김이 생길 수 있다.

■ 동일한 문장, 디바이스별 표시 차이

방금 구운 하이디의 빵과 맛있는 요리를 즐길 수 있습니다.

주인이 전하는 말

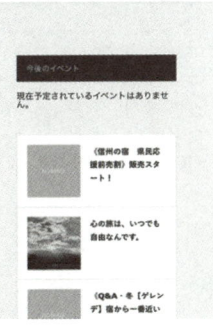

"맛있네요!"라는 고객의 미소.
소중한 '사람·일·물건'과 이어지는 기쁨을 맛보면서
자연의 선물을 충분히 즐기실 수 있습니다.

음식을 통해 몸과 마음이 건강해지기를 바라는 마음으로, 매번 손수 구운 빵과 훈제 연어, 베이컨, 생햄, 그리고 수제 잼과 스위츠를 정성스럽게 준비하고 있습니다.

*출처 나가노현·미네노 하라고겐 '후레지루(펜션) 웹사이트(이하 동일)

제7장 계약 성사율을 높이는 32가지 라이팅 기술

■ **태블릿과 스마트폰에서의 리스폰시브 디자인 표시 예**

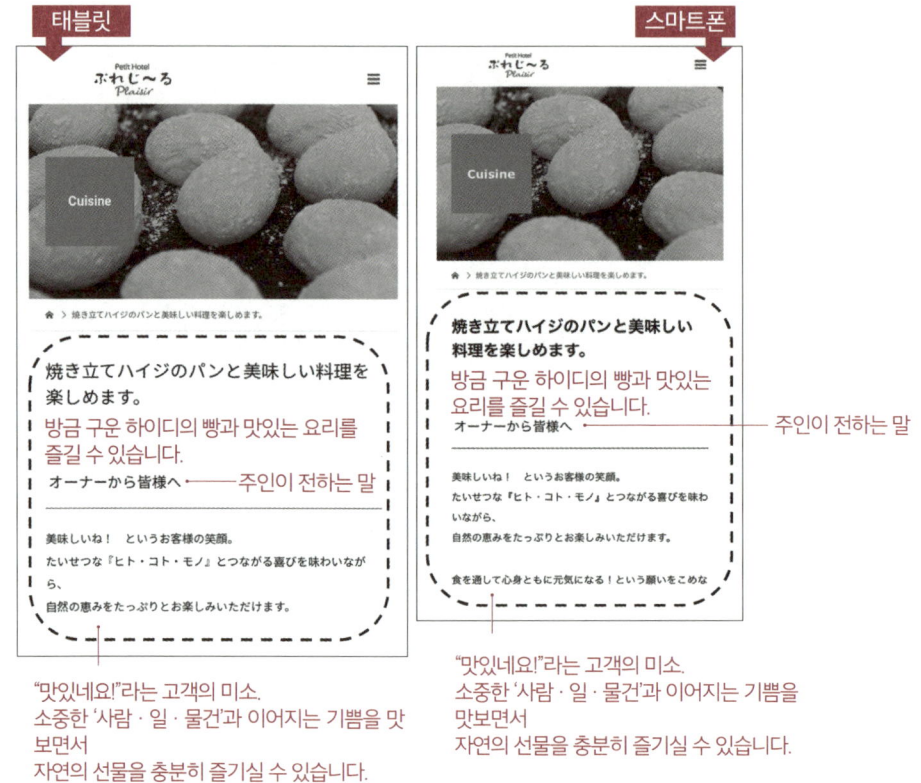

이처럼 기기마다 의도하지 않은 줄 바꿈이 발생한다.

이 문제를 피하기 위해 메일에서는 보통 한 줄에 20자 이하로 짧게 끊는 방식을 쓴다. 이는 스마트폰 등장 이전, 피처폰 시절의 유산이기도 하다. 짧게 끊으면 화면이 작아도 자연스럽게 읽히고, 시각적으로도 부담이 덜하다. 하지만 상세페이지는 다르다. 폰트 크기, 문자 간격, 섹션 디자인에 따라 너무 잦은 줄 바꿈은 오히려 가독성을 해친다. 결국 최적의 줄 바꿈에는 정해진 정답이 없다.

- 디바이스별 표시 상태
- 폰트 크기
- 줄 간격
- 독자의 읽기 습관

이 모든 요소를 고려해, 직접 여러 디바이스에서 확인하고 최적화하는 수밖에 없다.

줄 바꿈은 단순히 '보기 좋게'의 문제가 아니다.

"어디서 끊느냐에 따라 글의 설득력도, 클릭률도, 전환율도 달라진다."

(24) 스마트폰 시대, '읽는 문장'에서 '보는 문장'으로

인지 용이성을 높이는 두 번째 방법은 문장을 짧게 만드는 것이다.

스마트폰이 정보 소비의 중심이 되면서, 과거와는 완전히 다른 글쓰기 방식이 요구된다. 웹 이전에는 정보의 주요 채널이 TV, 라디오, 신문, 잡지, 책이었다. 정보는 상대적으로 느리게 유통되었고, 긴 글도 자연스럽게 소화됐다. 하지만 지금은 정보의 갱신 속도와 소비 속도가 상상 이상으로 빠르다.

따라서 과거 세일즈 레터의 아이디어를 차용할 수는 있겠지만, 문장 구조는 반드시 지금 시대에 맞게 재구성해야 한다. 즉, 문장을 가능한 한 짧게 다듬고, 핵심만 남기는 것이 필수다.

앞에서 소개한 전설의 세일즈 레터 「두 명의 젊은이」 사례를 다시 보자.

■ **원문 (PC용, 한 줄 글자 수 35자 기준)**

> 25年前のあるうららかな晩春の昼下がり、2人の若者が同じ大学を卒業しました。彼らはとてもよく似ていました。2人とも平均的な学生より成績がよく、人柄もよく、そして大学を卒業した大半の若者がそうであるように、彼らは将来に向け大きな夢に満ちていました。
> 最近、この2人は卒業25周年の同窓会で大学にやってきました。
> 彼らは今でもとてもよく似ていました。2人とも幸せな結婚をしていました。2人とも子どもが3人いました。さらにわかったことですが、2人とも卒業後は同じ中西部のメーカーに勤め、今でもそこで働いていたのです。
> しかし違いが一つありました。
> 一人はその会社の小さな部署の管理職でした。
> もう一人はその会社の社長でした。

25년 전 어느 따뜻한 봄날 오후, 두 젊은이가 같은 대학을 졸업했다. 둘은 놀라울 정도로 비슷한 처지였다. 성적도 우수했고 인품도 훌륭했다. 대학을 갓 졸업한 다른 청년들처럼 미래에 대한 원대한 꿈도 있었다.
최근 이들은 졸업 25주년 동창회에서 재회했다.
여전히 두 사람은 많이 비슷했다. 둘 다 행복한 결혼 생활을 하고 있었고, 자녀도 3명씩 두었다. 졸업 후 같은 중서부 제조회사에 입사해 지금까지 일하고 있는 것까지 같았다.
하지만 결정적인 차이가 하나 있었다.
한 사람은 작은 부서의 관리자였고, 다른 한 사람은 사장이었다.

■ **스마트폰 화면에서의 표시 (한 줄 20자 기준)**

25年前のあるうららかな晩春の昼下がり、2人の若者が同じ大学を卒業しました。彼らはとてもよく似ていました。2人とも平均的な学生より成績がよく、人柄もよく、そして大学を卒業した大半の若者がそうであるように、彼らは将来に向け大きな夢に満ちていました。

最近、この2人は卒業25周年の同窓会で大学にやってきました。

彼らは今でもとてもよく似ていました。2人とも幸せな結婚をしていました。2人とも子どもが3人いました。さらにわかったことですが、2人とも卒業後は同じ中西部のメーカーに勤め、今でもそこで働いていたのです。

しかし違いが一つありました。

一人はその会社の小さな部署の管理職でし

— 25년 전 어느 따뜻한 봄날 오후, 두 젊은이가 같은 대학을 졸업했다. 둘은 놀라울 정도로 비슷한 처지였다. 성적도 우수했고 인품도 훌륭했다. 대학을 갓 졸업한 다른 청년들처럼 미래에 대한 원대한 꿈도 있었다.
최근 이들은 졸업 25주년 동창회에서 재회했다.
여전히 두 사람은 많이 비슷했다. 둘 다 행복한 결혼 생활을 하고 있었고, 자녀도 3명씩 두었다. 졸업 후 같은 중서부 제조회사에 입사해 지금까지 일하고 있는 것까지 같았다.
하지만 결정적인 차이가 하나 있었다.
한 사람은 작은 부서의 관리자였고, 다른 한 사람은 사장이었다.

물론 스마트폰에서는 사용자의 디바이스 화면 크기나 폰트 설정에 따라 한 줄에 표시되는 글자 수가 달라진다. 여기서는 실험적으로 한 줄 글자 수를 20자로 설정해 같은 내용을 확인해보았다. 당연히 한 줄에 들어가는 글자가 줄어들수록 화면은 세로로 더 길어질 수밖에 없다.

종전 세일즈 레터처럼 긴 문장을 그대로 유지하면, 스크롤 횟수는 기하급수적으로 늘어난다.

그 결과, 독자는 본문을 꼼꼼히 읽기보다는 중요한 부분까지 건너뛰며 대충 훑어보게 된다. 또한 시각적인 관점에서도 A4 용지와 스마트폰 화면은 전혀 다르다. 한 번에 눈에 들어오는 정보량 자체가 스마트폰이 훨씬 불리하다. 줄 바꿈을 활용하면 가독성은 어느 정도 개선되지만 문제는 문장 분량 자체는 전혀 줄어들지 않는다는 점이다. 결국 줄을 더 많이 나누면 그만큼 스크롤해야 하는 횟수도 자연스럽게 늘어난다.

SP를 스마트폰 환경에 최적화하려면 단순히 레이아웃만 바꿔서는 충분하지 않다. 글 자체의 분량을 과감히 줄이는 작업이 반드시 필요하다. 그중 한 가지 방법이 바로 다음 페이지의 B처럼 문장을 최대한 짧고 직관적으로 표현하는 방식이다. A가 전통적인 SP 스타일이라면, B는 '읽는 글'이 아니라 '보는 글'로 전환한 형태다.

■ '읽기보다 보는' 감각으로 바꾼 예시

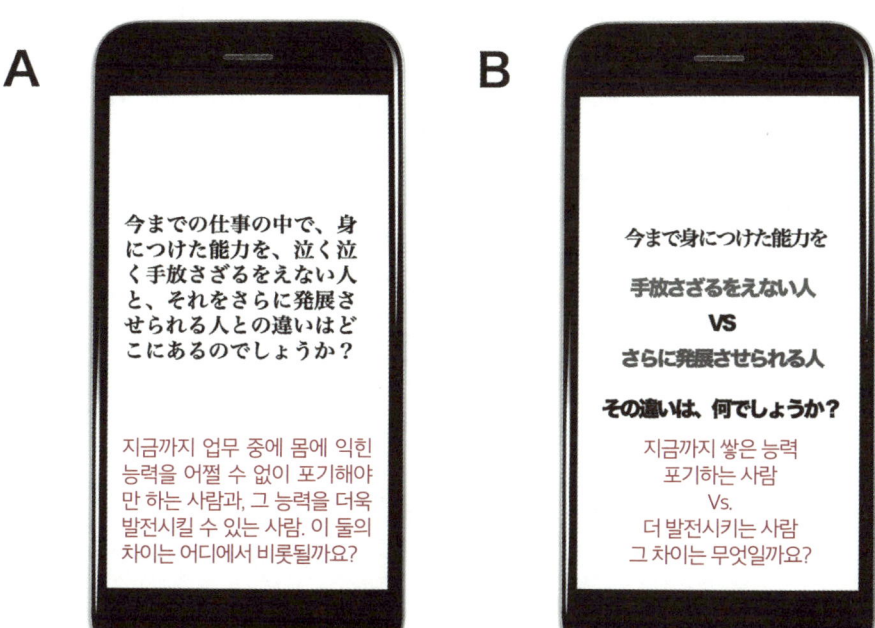

이처럼 문장을 스마트폰 기준으로 재구성하면 가독성이 좋아지고, PC에서도 시원한 화면 구성으로 보인다.

(25) 폰트를 나눠 쓰고, 강약을 조절하라

인지 용이성을 높이는 세 번째 방법은 폰트를 적절히 나누고, 시각적 강약을 조절하는 것이다. 상세페이지를 만들 때 자주 듣는 질문이 있다.

"어떤 폰트를 쓰는 게 좋나요?"

정답은 명확하다.

"시인성이 높은 폰트, 즉 잘 보이고 쉽게 읽히는 폰트."

다만, 어떤 폰트가 시인성이 높은지는 게시 매체나 사용 환경에 따라 달라진다. 예전에는 종이 인쇄물은 명조체, 웹이나 모바일 화면은 고딕체가 좋다고 했지만, 지금은 그 경계가 많이 흐려졌다. 웹에서도 명조체를 쓰고, 인쇄물에서도 고딕체를 사용하는 경우가 많다.

특히 중요한 것은 두 가지다.

얇은 폰트는 피한다. 너무 두꺼운 폰트도 피한다.

얇은 폰트는 화면에서 선이 가늘어져 가독성이 떨어지고, 흐릿한 인상을 준다. 반대로 지나치게 두꺼운 폰트는 답답하고 부담스럽게 느껴질 수 있다. 폰트는 시대와 함께 달라지기 때문에 고를 때는 우선 누가 봐도 '읽기 좋은가'를 기준으로 하자.

폰트는 몇 가지가 적당할까? 기본 2종류, 많아도 3종류 이내가 적당하다. 실제로는 같은 폰트의 보통체와 굵은체를 조합해서 사용하므로 체감상 4~6종류처럼 보일 수 있다.

일반적인 구성은 다음과 같다.

- 헤드라인과 서브헤드 → 고딕체 (강조용)
- 본문, 설명 글 → 명조체 (가독성 중심)

하지만 이것이 절대적인 규칙은 아니다. 디자인의 성격과 분위기에 맞게 유연하게 선택하면 된다. 폰트를 한 가지로만 구성하면, 강조가 어렵고 화면 전체가 밋밋해진다. 특히 상세페이지처럼 독자의 '행동'을 유도해야 하는 글에서는 강약의 구분이 반드시 필요하다.

디자인을 디자이너에게 전적으로 맡긴다고 해도, 카피라이터는 반드시 어느 부분을 강조할 것인지, 어떤 톤과 무드로 전달할 것인지 명확하게 지시해야 한다. 최소한, 기본체, 굵은체, 강조용 폰트 이렇게 3종 이상의 구분은 필수다. 그래야 글의 리듬과 설득력이 시각적으로도 살아난다.

내가 자주 쓰는 강조법 중 하나는 조사의 크기를 줄이는 방법이다. 아래와 같이 '으로'와 '을'을 작게 하고, 나머지를 크게 하면 강약이 표시되어서 임팩트가 커진다.

■ 한 단계 더: '조사'를 작게 써서 강약 주기

デジタルでもない。アナログでもない。
全く新しい発想で
やり抜く力を習慣化

─ 으로
─ 을

디지털도 아니다. 아날로그도 아니다.
완전히 새로운 발상'으로'
끝까지 해내는 힘'을' 습관화

(26) 효과적인 이미지와 캡션 사용법

인지 용이성을 높이는 네 번째 방법은 사진과 캡션을 효과적으로 활용하는 것이다.

우편 세일즈 레터에서 웹 기반의 SP로 전환되면서 가장 크게 달라진 부분 중 하나가 바로 사진 사용법이다. 세일즈 레터 시절에도 상품 사진은 사용했지만, 지금의 SP는 훨씬 더 많은 이미지를 활용하며, 디자인 요소의 비중도 훨씬 높다.

앞서 설명했듯, SP는 본질적으로 '리스폰스 광고'다. 즉, 클릭, 신청, 구매 같은 직접 반응을 유도하는 것이 목적이다. 그런데 사진과 디자인에만 치우치면, 어느 순간 '이미지 광고'로 변질된다. 이렇게 되면 SP의 본래 목적이 흐려진다. 따라서 이미지는 어디까지나 본문을 보완하는 '정보 전달 도구'로 사용해야 한다. 특히 스마트폰 환경에서는 텍스트보다 이미지가 직관적으로 더 강력하게 작동하는 경우가 많으므로 주의해야 한다.

사진을 쓸 때는 반드시 "말로 설명하는 것보다 더 직관적으로 이해되는가?"라는 기준을 충족해야 한다. 예를 들어 제품의 크기를 설명하는 상황을 보자. 텍스트로 쓰면 이렇게 된다. "이 수첩의 크기는 세로 14.2cm × 가로 7.1cm × 두께 1.2cm로 매우 쓰기 편한 크기입니다." 숫자는 구체적이지만, '왜 쓰기 편한 크기인지'는 감이 오지 않는다.

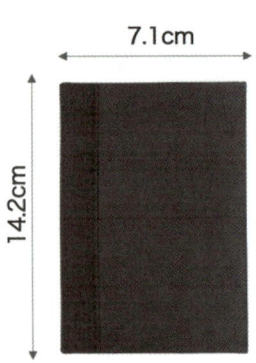

사진으로만 보여주면 어떨까?

크기는 눈에 들어오지만, 여전히 '직관적 크기 체감'은 어렵다.

다른 사진도 마찬가지다. 손에 들고 있지만, 제품인 수첩이 아닌 일반 노트로 보인다. 이 상태로는 '무엇을 말하려는지' 전혀 전달되지 않는다. 실제로 다수의 SP에서는 이렇게 '있으나 마나 한' 이미지를 쉽게 볼 수 있다.

하지만 아이폰과 나란히 놓인 사진에 "아이폰과 비슷한 크기"라는 문구가 붙으면 상황은 완전히 달라진다. 보는 순간 '아, 이 정도 크기구나!' 즉각 이해된다. 이렇게 사진을 보완하는 문장을 '캡션'이라고 한다.

この手帳のサイズは
iPhoneとほぼ同じ
縦14.2cm×横7.1cm×厚1.2cm

이 수첩 사이즈는 아이폰과 비슷한 크기
가로 14.2cm×세로 7.1cm×두께 1.2cm

*출처 알마 크리에이션 주식회사 강좌

캡션은 단순히 사진 설명을 넘어, 이미지 전달력을 극대화하는 장치다.

또 다른 사례를 보자.

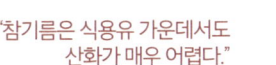

"참기름은 식용유 가운데서도 산화가 매우 어렵다."

「ゴマ油は、食用油の中でも非常に酸化しにくい」という事実に着目。

*출처 산토리 웰니스 주식회사 웹사이트

제7장 계약 성사율을 높이는 32가지 라이팅 기술

이 광고 속 이미지는 단순히 제품만 보여주는 것이 아니라 '참기름이 왜 좋은지'를 과학적으로 입증하고 있다는 인상을 준다. 연구 장면을 함께 보여줌으로써, 참기름의 항산화 특성이 단순한 마케팅 문구가 아니라 과학적 근거를 바탕으로 한 것임을 시각적으로 강화하는 효과가 있다. 즉, "이 제품은 품질이 뛰어납니다"에 관한 긴 설명 없이도, '연구+제품'이라는 이미지 조합만으로 설득력이 배가된다.

(27) 적절한 행간이 가독성을 결정한다

인지 용이성을 높이는 다섯 번째이자 마지막 방법은 바로 적당한 행간을 유지하는 것이다. 행간이 너무 좁으면 답답해서 읽기 어렵고, 반대로 너무 넓으면 텍스트가 느슨해 보이며 시선의 흐름이 끊긴다.

행간은 단순히 미적인 요소가 아니라 가독성에 직결되는 핵심 설계 포인트다. 특히 폰트 크기에 따라 적정 행간의 인상도 달라진다. 큰 폰트일수록 넓은 행간이 필요하고, 작은 폰트는 지나치게 넓으면 오히려 시선이 튕긴다.

「피아노 카피」를 사례로 살펴보자.

먼저 아래처럼 큰 폰트일 경우다.

〈적정 행간〉
**내가 피아노 앞에 앉자, 모두가 웃었습니다
그런데 치기 시작하자 ……**

〈좁은 행간〉: 답답하다

**내가 피아노 앞에 앉자, 모두가 웃었습니다
그런데 치기 시작하자……**

〈너무 넓은 행간〉: 느슨하다

내가 피아노 앞에 앉자, 모두가 웃었습니다

그런데 치기 시작하자……

다음으로 본문의 경우다.

〈적당한 행간〉

아서의 〈로사리오〉 연주가 끝나고

박수가 터졌다.

나는 이 순간을 나의 화려한 데뷔 무대로

만들기로 했다.

〈좁은 행간〉

아서의 〈로사리오〉 연주가 끝나고
박수가 터졌다.
나는 이 순간을 나의 화려한 데뷔 무대로
만들기로 했다.

〈넓은 행간〉

아서의 〈로사리오〉 연주가 끝나고

박수가 터졌다.

나는 이 순간을 나의 화려한 데뷔 무대로

만들기로 했다.

결국 헤드라인이든 본문이든, 폰트 크기와 무관하게 너무 촘촘하거나 너무 들쭉날쭉한 행간은 가독성을 해친다. 적당한 여백은 정보를 빠르게 이해하게 하고, 시선 흐름을 자연스럽게 유지하게 한다.

지금까지 정리한 인지 용이성 5대 법칙을 다시 정리해보자.

1. 줄 바꿈 위치를 신경 쓴다.
2. 문장을 짧게 다듬는다.
3. 폰트를 나눠 쓰고, 강약을 조절한다.
4. 사진과 화면 배치를 효과적으로 활용한다.
5. 적당한 행간으로 시선 흐름을 안정시킨다.

이 5가지만 지켜도, 독자가 자연스럽게 읽고, 이해하고, 행동하게 만드는 SP를 완성할 수 있다.

(28) 문장은 반드시 묵혀서 다듬는다

문장을 잘 다듬는 가장 효과적인 방법은 '묵히는 것'이다.
상세페이지를 완성했다면, 바로 제출하거나 발행하지 말고 최소한 하룻밤은 묵혀라. 하룻밤 자고 다시 보면, 어제는 근사해 보였던 문장이 어딘가 어색하거나 민망하게 느껴지는 경우가 놀랍도록 많다. 특히 밤늦게 쓴 글을 아침에 다시 읽으면, 생각보다 훨씬 상태가 심각한 경우가 흔하다.

수정과 교정 과정에서도 원리는 같다. 시간을 두고 다시 보면 처음에는 보이지 않던 논리적 불일치나 문장의 이질감이 훨씬 더 선명하게 드러난다. 우리가 남의 글에서 어색함을 쉽게 눈치채는 이유는 '타인의 시선'으로 보기 때문이다. 시간을 두고 글을 묵히면, 자신의 문장도 마치 타인의 글처럼 낯설게 바라볼 수 있다.

기본적인 맞춤법이나 오탈자는 워드나 문서 도구에서 잡아낼 수 있다. 하지만 문장 구조의 어색함, 논리적 흐름의 단절, 리듬감의 깨짐은 절대 툴로 걸러지지 않는다. 결국 마지막은 자신의 눈과 주변 스태프의 꼼꼼한 확인이 필요하다.

다음 날 보는 것도 좋지만, 이틀 후에 다시 보면 훨씬 더 객관적이다. 물론 마감이 있으니 무한정 시간을 늘릴 순 없다. 하지만 "밤을 새워 원고를 마치고, 곧바로 제출한다"는 것만큼은 피해야 한다. 최소한 3일, 가능하다면 5일 정도는 문장을 다듬는 시간을 확보하는 것이 좋다. '그렇게까지 시간을 들여야 하나?'라고 생각할 수 있지만, 그렇다고 5일 내내 그 글만 붙들고 있다는 뜻은 아니다. 문장을 묵히는 과정은 대개 완성 직후에 진행된다. 처음부터 끝까지 글을 통으로 읽으며 어색하거나 부자연스러움이 느껴지는 부분을 발견할 때마다 수정하는 방식이다. 한 번에 60분 정도씩 시간을 잡고, 이를 3~5일 정도 반복한다.

이 과정을 거치면 글은 점점 더 매끄럽게 다듬어진다. 독자가 읽을 때 불편하거나 걸리는 부분이 없는지 세심하게 살피면서, 글을 읽는 사람의 입장에서 다시 검토하는 것이다. 마치 거친 조각품을 사포로 정성스럽게 문지르면 표면이 반짝이고 매끈하게 변하는 것처럼, 문장도 그렇게 완성된다.

만약 도저히 하룻밤 묵힐 시간이 없다면, 최소한 몇 시간이라도 거리를 두는 것이 좋다. 그동안은 의도적으로 글과 멀어져야 한다. 산책을 하거나, 운동을 하거나, 샤워를 하거나, 전혀 다른 일을 하면서 머리를 식히는 것이 효과적이다. 예로부터 샤워 중이나 욕조에 몸을 담그고 있을 때 좋은 아이디어가 떠오른다는 말이 있듯이, 이렇게 뇌를 잠시 리셋하고 나서 다시 글을 보면 생각지도 못한 부분이 새롭게 보이기 마련이다.

(29) 피드백을 받을 때 반드시 기억해야 할 것

카피라이팅 실력을 빠르게 키우는 가장 효과적인 방법은 다른 사람의 피드백을 받는 것이다.

특히 초보 단계에서는 스스로 무엇이 좋고, 무엇이 부족한지 객관적으로 판단하기 어렵다. 물론 베테랑 카피라이터에게 직접 피드백을 받을 수 있다면 이상적이겠지만, 그런 기회는 드물다. 결국 대부분은 주변 사람에게 의견을 구하게 된다. 문제는 여기서 생긴다. '누구에게 피드백을 받을 것인가.' 이 선택이 결과를 결정한다. 타깃과 전혀 상관없는 사람의 의견은 오히려 독이 될 수 있다. 그런 의견을 바탕으로 레터를 수정하면, 엉뚱한 방향으로 흘러갈 가능성이 높다.

이해를 돕기 위해 이메일 마케팅의 평균 개봉률을 보자. 보통

20~30% 수준이다. 이 말은 나머지 70~80%는 처음부터 관심조차 없다는 뜻이다. 따라서 의견을 구할 때도, 타깃에 해당하는 소수—10명 중 2~3명 정도—의 관심 있는 사람이 아니면 제대로 된 피드백이 될 수 없다.

자신이 쓴 글을 남에게 보여주는 일은 생각보다 심리적 부담이 크다. 카피라이팅으로 생계를 이어가는 전문가조차도 피드백을 구하는 경우는 의외로 드물다. 당신만 그런 게 아니다. 대부분이 그렇다. 그래서 용기 내어 피드백을 받는 것만으로도 실력은 크게 달라진다. 단 한 번의 피드백 경험이 큰 깨달음을 주고, 그 순간 실력이 눈에 띄게 성장한다. 혹시 비판을 받더라도 그것은 어디까지나 '카피가 부족한 것'이지, 당신이라는 사람 자체가 부정당하는 것은 아니다.

"도전하는 사람은 반드시 성장한다." 이 점을 꼭 기억해야 한다. 이것은 단순한 위로가 아니라 실제 경험을 통해 증명된 사실이다.

아무리 'PMM 서치 시트'로 철저하게 고객 정보를 조사하고, 'You 메시지'를 적용해 단어 하나까지 신중하게 골랐다 해도, 실제로 시장에 공개하기 전까지는 어떤 반응이 나올지 알 수 없다. 오히려 '이건 된다'며 확신했던 카피가 반응 없이 묻히고, 반대로 시간에 쫓겨 마감 직전에 간신히 완성한 문장이 예상 밖의 반응을 얻는 일도 흔하다. 결국 해보지 않으면 알 수 없다.

아무리 고객의 시선을 의식하며 글을 써도, 자신의 사고 틀에서 완전히 벗어나기는 쉽지 않다. 그래서 베테랑 카피라이터뿐만 아니라 타깃과 가까운 일반인의 피드백이 반드시 필요하다. 그것이 글을 객관화하는 가장 현실적이고 강력한 방법이다.

(30) 혼자서도 할 수 있는 가장 강력한 교정 기술

주변에 타깃에 가까운 사람이 있어 바로 피드백을 받을 수 있다면 좋겠지만, 그렇지 않은 경우에는 어떻게 해야 할까? 이럴 때 가장 효과적인 방법은 바로 '소리 내어 읽기', 즉 음독이다. 음독은 묵독보다 속도는 느리지만, 대신 훨씬 꼼꼼하게 읽을 수 있다. 그리고 다음 세 가지 강력한 효과가 있다.

① 발음하기 어려운 부분이 쉽게 드러난다.
② 문장이 지나치게 긴 부분을 바로 알아챌 수 있다.
③ 어투나 말투에서 어색한 부분을 잡아낼 수 있다.

하나씩 살펴보자.
① 발음하기 어려운 문장은 틀림없이 어색하다.
발음이 자연스럽지 않은 문장은 대부분 '평이한 말', '구어체 원칙'에서 벗어난 표현이다. 즉, 사람들이 실제로는 그렇게 말하지 않는다는 신호다.

② 문장이 길면 반드시 문제가 생긴다.
소리 내어 읽다가 숨이 차거나, 한 번에 읽히지 않는 부분이 있다면 그 문장은 지나치게 긴 것이다.
이런 문장은 대부분 구조적으로도 문제가 있다. 주어와 술어가 멀리 떨어져 있거나, 수식어가 중첩돼 의미가 뿌옇게 흐려진다. 논리적으로는 맞을 수 있지만, 읽히지 않는 문장은 결코 좋은 문장이 아니다.

가장 먼저 해야 할 일은 문장을 나누는 것이고, 멈칫하는 부분에는 쉼표나 줄 바꿈을 넣어 자연스럽게 끊어준다.

다음 문장에서는 ①과 ②가 동시에 일어나고 있다.

"그들에게는 상당히 닮았다고 생각할 법한 공통점이 수없이 많이 존재하는 것이 눈에 띄는 경향이 있었습니다."

이 문장을 소리 내어 읽어보면 특히 '상당히 닮았다고 생각할 법한'과 '존재하는 것이 눈에 띄는' 부분이 발음하기 불편하다. 무엇보다 문장이 지나치게 장황하고 어수선하다.

결국 이렇게만 써도 충분하다.

<mark>그들은 매우 많이 닮아 있었습니다.</mark>

간단한 것을 괜히 어렵게 쓰는 습관은 반드시 버려야 한다. 카피라이팅에서 이런 표현은 '백해무익'이다. 잘 나가는 카피는 언제나 평이하고, 쉽게 읽히며, 즉각적으로 이해된다.

③ 말의 어색함도 음독이 잡아준다.

맞춤법 검사 프로그램은 오탈자나 문법 오류는 잘 잡아내지만, 말투의 부자연스러움이나 흐름의 어색함까지는 잡아주지 못한다. 예를 들어 "상당히 닮았다"는 표현은 명백히 어색하지만, 맞춤법 검사기는 이를 오류로 인식하지 않는다. 이처럼 프로그램으로 잡히지 않는 어색함은 오직 '자신의 귀로 듣는 것', 즉 음독으로만 발견할 수 있다.

(31) 베테랑도 실수한다: 완성 후 셀프 체크리스트

완성한 상세페이지는 공개하기 전에 반드시 전체 흐름을 다시 한번 점검해야 한다. 특히 처음 쓸 때는 글을 완성하는 데만 몰두하다 보니 전체적인 균형을 놓치는 경우가 많다.

이건 초보자만의 문제는 아니다. 경험이 쌓인 베테랑도 주의해야 한다. 익숙함이 자만으로 이어지면, 감각에만 의존한 판단이 실수를 만든다. 헤드라인만 잘 써도 마치 SP가 잘 완성된 것 같은 착각에 빠지기 쉽다. 하지만 헤드라인 외에도 반드시 체크해야 할 것이 있다.

- 베네핏은 명확하게 전달되고 있는가?
- CTA는 적절하게 배치되어 있는가?
- 증거와 신뢰 요소는 충분한가?

특히 '왠지 괜찮은 것 같다'는 막연한 감에 의존하면, 결국 소구력이 약한, 전환율 낮은 SP가 만들어진다.

또 하나 자주 발생하는 문제는 기존 고객에 익숙해져 있다가, 신규 고객을 위한 레터를 쓰려 하면 어색해진다는 점이다. 신규 고객에게 반드시 필요한 '이거 믿을 만한데?', '이 정도면 사야겠는데?' 싶은 강력한 증거나 수치가 빠져 있는 경우도 많다. 이런 레터는 신규 고객에게 전혀 먹히지 않는다.

SP 초보자들이 가장 자주 저지르는 실수는 가격과 CTA를 빠뜨리는 것이다. 믿기 어려울지 모르지만, 실제 카피라이팅 강좌에서 첨삭한 수많은 사례를 보면, 이 핵심 요소가 빠진 경우가 적지 않다. 글을 쓰다 보면 디테일에만 집중하게 되고, 정작 가장 중요한 요소를 빼먹는 것이다.

이 문제를 해결하기 위해 우리가 개발한 것이 바로 'PMM 셀프 체크 시트'이다. 원래는 카피라이팅 강좌에서 수강생들이 제출한 SP를 평가하기 위해 만든 도구다. 한 번에 50명 이상이 제출하는 경우도 있기 때문에, 일정하고 공정한 기준이 필요했다. 그렇지 않으면 평가자의 컨디션이나 감각에 따라 평가가 들쭉날쭉해진다.

수많은 실전 첨삭 경험을 바탕으로, "임팩트 있는 SP는 무엇을 갖춰야 하는가?"를 체계화한 결과물이 바로 이 체크 시트다. 이는 자신이 쓴 상세페이지를 스스로 점검할 때도 쓰이고, 팀원이나 후배의 작업물을 검토할 때도 매우 유용하다.

이 체크리스트는 "완성 후 점검용"으로 가장 효과적이지만, 숙련자라면 처음부터 이 항목을 머릿속에 넣고 기획 단계부터 활용할 수도 있다. '느낌'이 아니라 '구조'로 쓰는 글쓰기 습관. 이것이 전환율을 결정한다.

■ PMM 셀프 체크리스트

	체크 항목	체크
타깃	신규 고객용인가, 기존 고객용인가?	☐
	고객의 '현상 유지 편향'은 강한가, 약한가?	☐
헤드라인	B 읽는 사람에게 실질적인 유익(베네핏)이 있는가?	☐
	T 믿을 만한가?	☐
	R 즉각적인 반응을 끌어내는가?	☐
	N 숫자나 구체성이 담겨 있는가?	☐
	U 차별화된 특징이 드러나는가?	☐
	T 현재 주목받는 이슈인가?	☐
	S 새로운 관점이 담겨 있는가?	☐
	S 서사가 담겨 있나?	☐
시작 문장이 어색하거나 걸리지 않는가?		☐
메시지가 누구를 향하는지 분명히 드러나는가?		☐
고객의 아픔(페인 포인트)을 정확히 찔렀는가?		☐
상품·서비스가 무엇이며, 어떤 문제를 해결하는지 선명하게 전달되는가?		☐
고객이 얻을 수 있는 핵심 베네핏이 단번에 보이는가?		☐
오퍼(제안)는 충분히 매력적인가?		☐
신뢰를 뒷받침할 증거(리뷰·데이터·인증 등)가 제시되어 있는가?		☐
희소성·한정성이 명확하게 드러나는가?		☐
리스크 리버설(환불 보장 등 불안 해소 장치)이 있는가?		☐
마감일이나 제한 조건이 구체적으로 제시되었는가?		☐

가격과 조건이 명확히 전달되는가?	☐
CTA(Call To Action)가 분명한가?	☐
CTA의 노출 타이밍과 위치가 적절한가?	☐
레터 전체의 핵심 아이디어가 일관되게 유지되는가?	☐
상단부터 하단까지 읽는 흐름이 끊김 없이 자연스러운가?	☐
타깃이 혼재되어 있지 않은가? (신규 고객과 기존 고객 대상 메시지가 섞이지 않았는가?)	☐

4. 팔리는 기획을 만드는 역발상

(32) 상품보다 먼저 SP를 쓰라-기획이 달라진다

보통 상세페이지는 완성된 상품이나 서비스에 맞춰 제작한다.

하지만 실제 현장에서는 오히려 상품 개발과 동시에 SP를 만드는 경우가 더 많다. 상품의 윤곽이 어느 정도 잡힌 시점에서 SP를 미리 작성하면, "PMM을 어떻게 설정할 것인가?", "어떤 베네핏을 강조할 것인가?" 이런 고민이 자연스럽게 따라오기 때문이다. 그 과정에서 상품 자체도 더욱 정교하게 다듬어진다. 즉, SP 작성은 곧 상품 개발의 연장선이 된다.

우리의 무대 뒤 작업을 조금 공개해보겠다. 바로 〈고객을 창조하는 카피라이팅 강좌〉가 탄생하게 된 과정이다. 이 강좌는 온라인 영상과 라이브 세션을 결합한 하이브리드 형태로, 처음에는 오프라인 라이브 강좌로만 운영하다가 이를 기반으로 온라인 버전을 새롭게 기획했다. 당초 콘셉트는 "60일 만에 마케팅 카피라이팅을 마스터하는 강좌"였고, 메인 메시지는 매우 직관적이었다.

"그 강의를 이제 온라인으로 들을 수 있습니다."

실제로 오프라인 강좌의 만족도가 매우 높았기 때문에, "이제 직접 방문하지 않아도 됩니다"라는 점이 강력한 판매 포인트였다. 그때 제작한 SP가 아래 예시다. 지면 관계상 퍼스트뷰^{처음 눈에 들어오는 부분만} 소개하지만, 실제로는 마지막 CTA까지 완성된 상태였다.

■ SP 사례 — '라이브 강좌를 온라인으로'

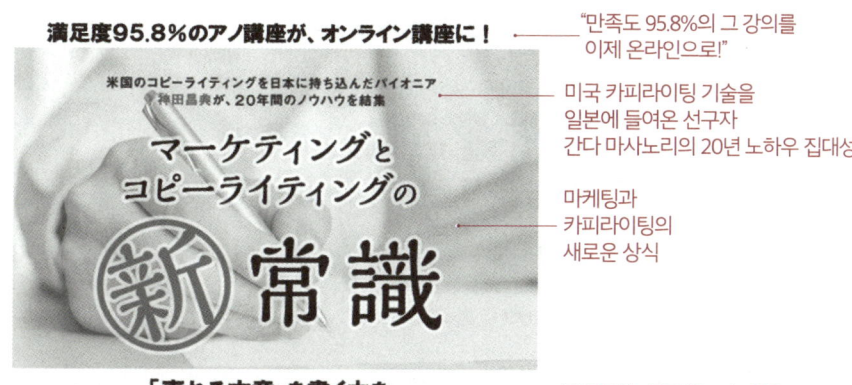

*출처 알마 크리에이션 주식회사 SP

이 SP를 만들고 나니, "카피라이팅 스킬 자체의 가치와 베네핏을 좀 더 전면에 내세우는 게 좋겠다"는 생각이 들었다. 그 아이디어를 반영해 제작한 것이 다음 SP이다.

■ SP 사례 — 카피라이팅 스킬의 베네핏을 전면에

あなたは**今の仕事だけを このまま**ずっと**続けていきますか**？ ─── 지금 하는 일을
이대로 쭉 계속할 수 있을까요?

そして、その仕事は、
生涯現役で**社会**に**貢献**できる**スキル** ─── 그리고 그 일이…
をあなたにもたらしてくれますか？　　　　　당신의 커리어에 얼마나 오래
　　　　　　　　　　　　　　　　　　　　　힘이 되어줄까요?

もし、あなたが、
どんなに社会が激しく変化しようとも、　　　　세상은 빠르게 변합니다.
変化に左右されない不変のコアなスキル ─── 어떤 변화가 와도 흔들리지 않는,
を身につけたいと思っているなら、、、　　　　평생 써먹을 수 있는 확실한 스킬.

　　　　　　　　　　　　　　　　　　　　　혹시 그런 기술을
　　　　　　　　　　　　　　　　　　　　　지금 준비해야 한다고 느낀 적 없나요?

あるいは、
年をとっても社会に貢献し続けられるスキル ─── 지금까지의 커리어를 살리면서도,
を今のうちに身につけたいと思っているなら、、、 스스로를 브랜딩하고,
　　　　　　　　　　　　　　　　　　　　　타인에게도 가치를 전달할 수 있으며,

今の仕事の**経験**を**活か**せて、
自分も**他人**も**プロデュース**できる。 ─── 시간과 장소의 제약 없이
　　　　　　　　　　　　　　　　　　　　　유연하게 할 수 있는 일.

しかも、
働く時間と**場所**の**制約がなく** ─── 게다가,
　　　　　　　　　　　　　　　　　　　　　시대가 바뀌어도 사라지지 않는 일.
100年以上**続**いている**仕事**
があるのをご存知ですか？　　　　　　　　　그런 직업이 있다는 사실, 알고 계셨나요?

それは、
マーケティング・コピーライター ─── 바로,
です。　　　　　　　　　　　　　　　　　　마케팅 카피라이터입니다.

聞いたことない！ ─── 혹시… 처음 듣는 직업인가요?

*출처 알마 크리에이션 주식회사 SP

이번에는 오히려 '카피라이팅'이라는 단어를 전면에 내세우지 않는 것이 더 효과적일지도 모른다는 생각이 들어, 그 방향으로 다시 SP를 만들게 된다.

■ '카피라이팅'을 전면에 내세우지 않은 SP

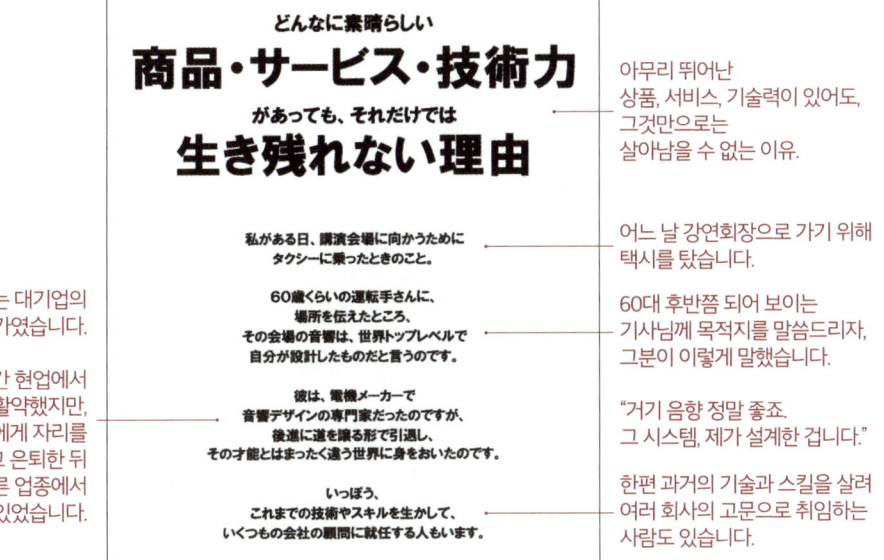

*출처 알마 크리에이션 주식회사 SP

이 SP를 만들면서, 기존 콘셉트에 대한 큰 변화를 떠올렸다. 처음에는 '라이팅 스킬을 배우는 과정', 즉 '라이터 육성'이 중심이었다. 하지만 이 접근은 타깃이 '글쓰기를 좋아하는 사람'으로 한정되는 단점이 있었다. 시장 규모가 좁아지는 것이다.

그래서 콘셉트를 이렇게 바꿨다. "단순한 글쓰기가 아니라 고객을

끌어오고 비즈니스를 키우는 기술" 다시 말해, '고객을 창조하는 기술'
로 전환한 것이다.

■ 최종 SP 문안

콘셉트가 바뀌면서 SP와 강좌 구성 역시 완전히 달라졌다. 원래는 '60일 집중 교육'처럼 탄탄하게 구성된 커리큘럼을 강조하는 구조였지만, '기술 습득'이라는 방향으로 바꾸면서 기간을 30일로 단축하고, 더 가볍게 접근할 수 있는 이미지로 리포지셔닝했다. 만약 강좌를 모두 만든 다음 SP를 제작했더라면, 콘셉트가 바뀌었을 때 강좌 전체를 수정하면서 할 일이 많아졌을 것이다.

하지만 강좌 기획과 SP 제작을 병행하면, 후반 작업에서 수정할 부담 없이 훨씬 더 자연스럽고 정교하게 제품과 메시지를 완성할 수 있다. 실제로 이번 사례에서는 SP가 먼저 완성되었고, 그에 맞춰 강좌의 내용과 구성이 결정되었다.

이 방식을 실행하려면 빠르게 카피를 뽑아낼 수 있는 능력, 즉 고도의 기획력이 필요하다.

SP 전체를 다 쓰지 않더라도, 상품 개발 단계에서 반드시 함께 고민해야 할 것이 있다. 바로 PMM, 즉 "누가, 무엇을 해서, 어떻게 되었나." 이 질문을 상품 기획과 동시에 풀어가야 한다. 그래야 상품 자체가 '팔리게 설계된 상품'으로 완성된다.

이 장의 포인트

1. 읽는 순간 사게 만드는 '팔리는 문장' 완성법
- 카피는 고객을 끌어모으는 메시지다. 표현과 톤을 어떻게 잡느냐에 따라 모이는 고객이 달라진다.
- 베네핏은 단순한 기능 설명이 아니다. "그 결과 고객에게 어떤 변화가 생기는가?"라는 질문을 끝까지 밀고 가야 한다.
- 페르소나를 설정하라. 글은 불특정 다수가 아니라 특정 인물에게 말을 건네듯 써야 한다.
- 고객의 언어를 그대로 사용하라. 실제 고객이 쓰는 말, 검색어, 질문 속에 힌트가 숨어 있다.
- 커머셜 인사이트를 언어화하라. 아직 고객이 말로 표현하지 못한 욕구를 대신 드러내는 것이 카피라이터의 역할이다.
- 사람을 움직이는 세 가지 열쇠는 공감·수치·권위다. 이 요소가 담길 때 설득력이 배가된다.
- 베낄 때는 틀을 베끼지 말고, 아이디어의 구조를 베껴라. 겉모습이 아니라 사고의 방식에서 배워야 한다.
- B2B 카피는 다르게 설계해야 한다. 타깃과 베네핏의 구조가 소비자용과는 다르다.
- 쓰기 속도를 높이는 세 가지 원칙: 쓰기 쉬운 것부터 시작하라, 33분 33초 안에 초안을 완성하라, 교정은 나중에 하라.
- 스토리 차트를 먼저 그려라. 글을 쓰기 전 논리 구조를 시각화하면 훨씬 빠르고 효과적으로 완성할 수 있다.

2. 이해를 넘어, 납득과 행동까지 이끄는 설득 문장 공식
- 정당화와 '공통의 적' 만들기는 독자에게 친근감을 주고, 자연스럽게 같

은 편이라는 인식을 심어준다.
- 시즐감을 주려면 의성어·의태어를 적절히 활용해 장면이 생생하게 떠오르도록 한다.
- '맛있다, 싸다, 빠르다' 같은 '3단어 세트'는 리듬과 임팩트를 만들어 독자의 기억에 강하게 각인된다.
- 지금 행동하지 않으면 생길 불이익을 보여주면 설득력은 훨씬 강해진다.
- 반론이 예상되는 부분에는 반론 처리를 곧바로 배치하라. 의구심을 해소해 신뢰를 높이는 효과가 있다.
- 고객 후기는 신뢰의 핵심 증거다. 실명, 사진, 직업까지 포함하면 힘이 커지고, 핵심을 간결히 정리하면 전달력이 배가된다.
- 후기가 없다면 먼저 체험 기회를 제공하라. 실제 피드백을 받아 그대로 활용하면 된다.
- '퓨처 페이싱'은 행동 유도의 비밀 병기다. 구매 후 달라질 미래를 미리 보여주면 독자는 자연스럽게 따라온다.
- 가격 거부감을 낮추려면 비교를 활용하라. 더 비싼 대안과 나란히 보여주면 상대적 합리성이 부각된다.
- CTA는 '자기 선언형'으로 쓰는 것이 가장 강력하다. "나는 지금 시작한다"는 결심을 고객 스스로 말하게 하고, '살 마음'이 무르익은 순간에 배치해야 전환율이 높아진다.

3. 우아하게 끝내야 오래 남는다 - 문장 완결 기술
- SP와 세일즈 레터의 최적 길이는 "전달할 정보는 충분히 담되, 불필요한 부분은 최대한 덜어낸 것"이다.
- 스마트폰 시대에 잘 읽히는 편집 5법칙:
  ① 줄 바꿈은 의미 단위로 끊는다.
  ② 문장은 최대한 짧게 쓴다.

③ 폰트로 강조와 완급을 조절한다.
④ 이미지·그래픽을 활용해 시각적으로 전달한다.
⑤ 보기 편한 행간을 유지한다.
- 줄 바꿈은 단순한 디자인이 아니라 전략이다. 잘 끊긴 문장은 읽기 쉽고, 구매 전환에도 직접적인 도움을 준다.
- 문장은 읽는 것이 아니라 보는 것이다. 스마트폰에서는 짧게 끊어야 눈에 잘 들어온다.
- 폰트는 2~3종을 적절히 나눠 쓰라. 가독성과 리듬이 동시에 살아난다.
- 텍스트로 설명이 어렵다면 이미지가 답이다. 직관적으로 보여주는 편이 훨씬 강력하다.
- 행간은 지나치게 좁거나 넓지 않게. 한눈에 읽히는 적당한 간격이 중요하다.
- 문장은 반드시 묵혀야 한다. 시간이 지나야 어색함이 드러난다.
- 피드백은 타깃과 가까운 사람에게만 구하라. 엉뚱한 의견은 오히려 독이 된다.
- 혼자 교정할 때는 소리 내어 읽기. 소리로 들으면 부자연스러움이 즉시 드러난다.
- 최종 점검은 PMM 셀프 체크 시트로 구조화하라. '감'이 아니라 '체계'로 완성도를 높이는 마지막 단계다.

4. 팔리는 기획을 만드는 역발상
- 상품보다 먼저 SP를 써라. 기획 단계에서 카피와 상품을 동시에 개발하면, 처음부터 '팔리게 설계된 상품'이 탄생한다.
- SP 작성 과정에서 "누구에게, 무엇을, 어떻게 제공해 어떤 변화를 일으킬 것인가PMM"를 고민하면, 카피와 상품이 함께 정교해진다.

칼럼

글이 아니다, 기술이다:
프로 카피라이터로 사는 법

카피라이터는 다양한 이름으로 불린다. 일반적으로는 '카피라이터'라고 하지만, 세일즈에 특화된 글을 쓴다는 점을 강조해 '세일즈 카피라이터' 또는 '세일즈 라이터'라고 부르기도 한다. 알마 크리에이션에서는 한 걸음 더 나아가, 단순히 글을 쓰는 것을 넘어 PMM, 즉 팔리는 구조까지 설계하는 역할을 중시해 '마케팅 카피라이터'라는 용어를 사용한다.

카피라이팅 실력이 충분하다면, 클라이언트로부터 유상으로 카피 작업을 의뢰받아 '프로 마케팅 카피라이터'로 독립해 일하는 것도 가능하다. 나(기누타) 역시 회사원에서 독립해 지금은 카피라이팅만으로 생계를 유지하고 있다. 이 글에서는 바로 그 '프로 마케팅 카피라이터'가 되기 위해 필요한 기술과 역할에 대해 이야기한다.

1. 마케팅 카피라이터가 하는 일

프로 마케팅 카피라이터는 단순히 상세페이지만 쓰는 사람이 아니다. 생각보다 훨씬 폭넓은 일을 한다. 작업의 종류는 라이팅 난이도에 따라 크게 7단계로 나눌 수 있다. 아래로 갈수록 더 높은 기술과 경험이 필요하다.

① 블로그, 기사형 콘텐츠 작성
② 전단지 카피 작성
③ 이메일, 인터넷 광고용 카피
④ SP·세일즈 레터 작성

⑤ 온라인 강좌, 영상 시나리오 작성
⑥ 비즈니스 모델 구축 컨설팅
⑦ 마케팅·카피라이팅 교육 및 코칭

보통은 여러 가지를 병행한다. 가장 흔한 조합은 '이메일 광고 + SP'다. SP를 쓴 사람이 이메일이나 광고 문구까지 함께 쓰면, 메시지의 일관성이 유지돼 전환율이 훨씬 높다. 보수는 케이스마다 차이가 커서 고정된 시세가 있다고 말하기 어렵다. 대략적인 기준은 다음과 같다.

■ **카피라이팅 업무 보수 예시 (2021년 기준)**

	단가	글자당 단가
블로그·기사	3만~6만 원 (3,000자 정도)	10~20원
전단	15만~30만 원 (1,500자 정도)	100~200원
세일즈 메일	20만~30만 원 (1,200자 정도)	170~250원
SP·세일즈 레터 (디자인 제외)*	150만~200만 원 (8,000자 정도)	190~250원

* SP는 프로젝트별로 진행한다면 단가 300만~1,000만 원 이상이 가능하며, 성과형 보수(매출의 일정 비율)로 계약하는 경우도 있다. (1,000엔=1만 원)

나 역시 처음에는 클라우드 소싱 사이트에서 일을 찾았다. 블로그나 기사 작성과 비교하면, 전단·세일즈 메일·SP 같은 '매출에 직결되는 글쓰기'는 단가가 압도적으로 높다. 그만큼 높은 설득력과 상업적 성과가 요구된다.

2. 프로로 살기 위해 필요한 기술

마케팅 카피라이터는 흔히 문과 계열 직업처럼 보이지만, 실제로는 '기술직' 혹은 '기능직'에 가깝다. 카피라이터는 글을 파는 사람이 아니라 라이팅이라는 기술을 파는 사람이다. 프로그래머, 엔지니어, 의사, 목수처럼 기술을 제공하고 대가를 받는다. 당연히 실력 없이는 프로로 설 수 없다.
이 책은 카피라이팅 경험이 없는 사람도 실습하며 배우도록 설계되어 있다. 동시에 이미 활동 중인 베테랑에게도 적용되는 고급 기술까지 담고 있다. 결국 이 책을 읽고 따라 하는 사람보다 한 단계 더 높은 실력을 갖추지 않으면 프로로 돈을 벌 수 없다.

그렇다면 어떻게 기술을 갈고닦을까? 정확한 방법으로 충분한 시간과 분량을 소화하면 누구나 잘할 수 있다. 사람마다 속도는 다르지만, 확실히 늘어난다.

처음 '카피라이팅'이라는 기술과 '카피라이터'라는 직업이 있다는 걸 알았을 때, 한 가지는 분명했다.
"이건 글을 쓰는 일이 아니라 기술이다."
기술 없이는 절대 프로로 설 수 없다. 그래서 처음 6개월은 일을 구할 생각조차 하지 않았다. 오직 기술을 갈고닦는 데만 몰두했다. 10개월쯤 지나서야 처음으로 유료 의뢰를 받았고, 그로부터 다시 10개월 뒤, 20년 넘게 다닌 직장에 사표를 냈다.
지식만으로는 부족했다. 실전이 필요했다. 그래서 클라우드 소싱 사이트에 등록했고, 지인 가게 카피도 써주면서 현장 감각을 익혔다. 그렇게 하다 보니 자연스럽게 좋은 클라이언트를 만나고, 일이 끊임없이 이어졌다. 결국 답은 하나였다. 실력. 그리고 사람.

카피라이팅을 제대로 배우고 싶다면 방법은 단 하나다.
"낭독과 필사." 이 두 가지가 기본 중의 기본이다.
훈련에 쓸 교재는 세 가지.
「피아노 카피」「영어 실수」「두 명의 젊은이」
모두 3,000자 미만, 사진 한 장 없는 텍스트뿐이라 훈련용으로 완벽하다.

먼저 낭독. 2~3번이 아니다. 무조건 20번.
여기서 90%가 탈락한다. 나 역시 그랬다. "이걸 꼭 해야 하나? 너무 유치한 거 아닌가?" 하지만 10번쯤 넘어가면 달라진다. 문장 안에 숨어 있던 리듬과 흐름이 귀에 꽂히기 시작한다.

다음은 필사.
처음엔 손으로 7번 베껴 쓴다.
연속으로 하지 않아도 된다. 다만 손목은 아플 것이다. 그건 당연하다.
그리고 마지막으로 컴퓨터로 3번 더 타이핑.
손글씨와 키보드, 두 가지 모두 몸에 새겨야 한다.

여기까지 해내는 사람은 극히 드물다.
하지만 차이는 바로 여기서 갈린다.
"남들이 절대 하지 않는 것을 끝까지 해내는 사람."
그것이 아마추어와 프로를 가르는 결정적 기준이다.

제8장

인터넷에서
매출을 만드는
카피라이팅 무기들

인터넷을 활용한 마케팅을 온라인 마케팅, 그렇지 않은 방식을 오프라인 마케팅이라 부른다. 인터넷이 등장하기 전에는 오프라인 마케팅이 전부였다. 오프라인 시대의 주요 고객 접점은 우편으로 발송하는 다이렉트 메일, 신문·잡지 광고 등이었다. 이후 팩스를 이용한 팩스 DM도 등장했다.

하지만 오늘날에는 인터넷의 등장으로 고객에게 접근하는 방법이 훨씬 다양해졌다. 홈페이지, 상세페이지는 물론, 이메일, SNS, 동영상 등 수많은 채널이 있다. 특히 인터넷 광고는 오프라인 광고에 비해 훨씬 저렴하고 누구나 손쉽게 시작할 수 있다.

8장에서는 온라인에서 활용되는 카피라이팅 기법을 체계적으로 정리해 살펴본다.

1. 인터넷 마케팅의 전체 구조

(1) 온라인 vs. 오프라인, 본질적 차이

온라인과 오프라인의 차이는 다음 표와 같다.

■ 온라인과 오프라인

	온라인	오프라인
광고 형태	인터넷 광고 (네이버, 구글, 페이스북, 유튜브 등)	옥외 광고, 간판, 종이 전단, 신문·잡지·TV·라디오 광고 등
메시지 전달 수단	이메일, SNS (페이스북, 인스타그램, X, 라인 등) 블로그, 유튜브 등	다이렉트 메일(우편, 엽서), 팩스, 전단 배포 등
메시지 전달 시간	거의 즉시	평균 1~3일 (우편 기준)

온라인의 가장 큰 강점은 압도적인 전달 속도다.

클릭 한 번이면 수천 명에게 즉시 도달하고, 반응을 바로 확인해 즉각 개선할 수 있다. 특히 온라인 광고는 데이터를 기반으로 정교하게 타깃을 설정해 같은 비용으로 더 높은 효율을 기대할 수 있다. 반면 오프라인은 발송과 배송 절차로 보통 1~2일이 소요된다.

또한 오프라인 광고는 신문·잡지의 게재 일정에 맞춰야 하지만, 인터넷 광고는 원고만 준비되면 곧바로 집행 가능하다. 참고로, 다이렉트 메일과 인터넷 광고의 비용 변화 추이는 다음과 같다.

■ 다이렉트 메일 광고비와 인터넷 광고비 추이

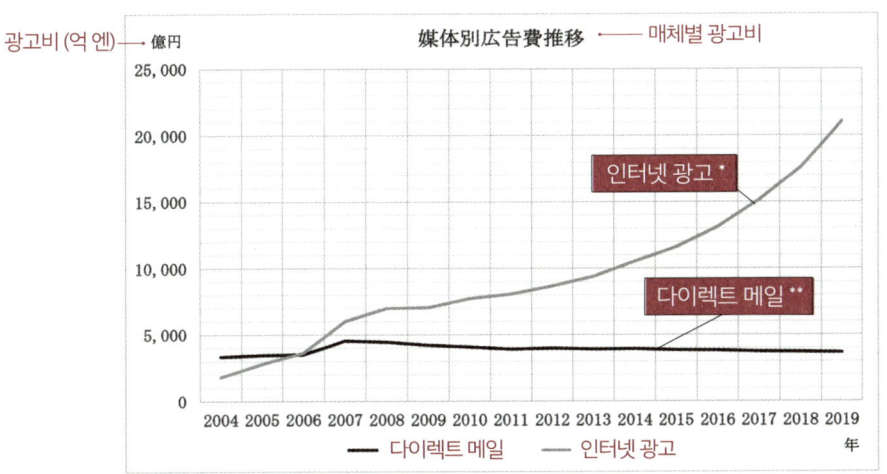

* 다이렉트 메일 광고비는 우편 요금 및 배달 비용을 포함함.
** 인터넷 광고비는 웹사이트 및 앱 내 광고 게재비, 광고 제작비(배너 광고 등), 기업 홈페이지 중 상품·서비스·캠페인 관련 제작비 포함.

*출처 주식회사 덴츠가 발표한 〈일본의 광고비〉 데이터를 바탕으로 저자 작성

인터넷 광고는 해마다 급증하는 반면, 다이렉트 메일은 점진적으로 감소하고 있다. 그럼에도 완전히 사라지지 않고 꾸준히 활용되고 있다. 최근에는 온라인과 오프라인을 결합한 마케팅 전략이 주목받고 있다. 오프라인 매체는 여전히 유효한 수단으로 활용된다.

> 칼럼

종이는 죽지 않았다: 오프라인 카피의 5가지 설득의 기술

오프라인 매체는 지금도 일정한 효과를 발휘한다. 오프라인만의 독자적인 기술이 존재하기 때문이다. 여기 그 대표적인 방법을 소개한다.

① 뉴스레터

뉴스레터란 판매자가 고객에게 정기적으로 보내는 소규모 잡지 형태의 인쇄물이다. 과거에는 고객과 지속적으로 소통할 수 있는 수단이 거의 '편지'에 한정되어 있었기 때문에 뉴스레터는 필수 도구로 여겨졌다. 지금은 이메일이나 블로그가 그 역할을 상당 부분 대체했지만, 종이 신문과 잡지가 여전히 존재하듯, 종이 형태의 뉴스레터도 여전히 효과가 있다. 특히 미용실처럼 재방문이 중요한 점포형 비즈니스에서는 고객과의 관계를 유지하는 강력한 도구로 활용된다.

뉴스레터를 작성할 때 가장 중요한 포인트는 직접적인 판매나 즉각적인 반응을 기대하기보다는 고객과의 관계 구축에 초점을 맞추는 것이다. 핵심은 독자로 하여금 "이 사람, 나를 잘 알고 있네"라는 심리적 공감을 불러일으키는 것이다. 세일즈 레터처럼 '사람을 움직이기 위한' 글은 독자의 시선에서 쓰는 것이 기본이다. 반면 뉴스레터는 상대를 강하게 설득하는 것이 목적이 아니므로, 개인적인 이야기나 소소한 관심사도 괜찮다. 오히려 자신의 모습을 자연스럽게 드러내면 독자에게 친근감을 줄 수 있다.

블로그 역시 마찬가지다. 블로그의 성격이나 목적에 따라 자기 노출이 중요한 경우도 있고, 직접적인 행동 유도가 중요한 경우도 있다. 다만, 지나

친 자기 자랑은 오히려 반감을 살 수 있으니 균형이 필요하다. 기본 원칙은 '누군가에게 읽히는 글'은 항상 독자의 시선을 의식해야 한다는 것이다. 독자에게 유용한 정보를 함께 제공하면 좋은 뉴스레터가 된다.

과거에는 뉴스레터 발행 빈도가 많을수록 좋다고 여겼다. 하지만 지금은 뉴스레터가 고객 소통의 메인인지, 아니면 블로그·SNS 같은 채널을 보완하는지에 따라 빈도가 달라진다. 또 하나 실무적인 문제는 주소 확보다. 주소를 알지 못하면 뉴스레터를 보내기가 어렵다. 하지만 미용실처럼 고객이 직접 방문하는 업종이라면 점포에서 건네거나 비치해두는 방식으로도 충분히 활용할 수 있다.

뉴스레터의 본질적인 강점은 '종이 매체'라는 물성이다. 이 강점이 효과를 발휘하는 경우에만 활용하면 된다. 즉, 디지털 채널로 충분히 커버 가능하거나 주소 확보가 어렵다면 억지로 사용할 필요는 없다. 참고로 뉴스레터에는 무료로 제공되는 관계 강화형 외에도, 주식 투자처럼 독자가 돈을 내고라도 보고 싶은 정보를 제공하는 유료 뉴스레터도 있다. 특히 미국은 유료 뉴스레터 시장이 매우 크고 활발하다.

② 티저 카피

티저Teaser란 말 그대로 '맛보기', '호기심을 자극하는 것'을 뜻한다. 원래는 미국에서 다이렉트 메일 봉투 겉면에 적는 흥미로운 문구를 가리켰다. 수신자가 봉투를 열게 만드는 장치였으며, 성패는 철저히 "얼마나 열리느냐"에 달려 있었다. 봉투가 곧장 쓰레기통으로 가면, 안에 아무리 뛰어난 세일즈 레터가 있어도 소용이 없었다. 그래서 카피라이터들은 시선을 끌 문구를 넣기 위해 온갖 고민을 쏟아부었.

오늘날 이메일 마케팅에서 '메일 제목'이 그 역할을 한다. 메일을 열게 만드는 강력한 동기가 필요하며, 이것이 디지털 시대의 티저 카피다.

③ 그래버

종이 다이렉트 메일을 보낼 때, 봉투 안에 모래시계, 나침반, 작은 장난감 자동차 같은 작은 물건을 함께 넣는 방법이 있다. 봉투가 울퉁불퉁해지면서 "안에 뭐가 들었지?"라는 호기심이 생기고, 자연스럽게 개봉 확률이 높아진다. 이 기법을 '그래버'Grabber라고 부른다. 단어 그대로 '붙잡다', '끌어당기다'는 의미다.

예를 들어 봉투 안에 모래시계를 넣었다면, 세일즈 레터에는 이렇게 쓴다.

> 이 편지 안에 작은 모래시계를 넣었습니다.
> 첫째, 당신이 이 봉투를 열어보길 바랐기 때문입니다.
> 둘째, 제안의 마감이 얼마 남지 않았음을 상기시켜 드리고 싶었기 때문입니다.

단, 이 기법은 유머와 센스가 뒷받침되어야 효과가 있다. 남용하거나 억지로 활용하면 오히려 역효과가 날 수 있다.

④ 리프트 노트 (리프트 레터)

다이렉트 메일 봉투 안에는 메인 세일즈 레터 외에 '리프트 노트'Lift Note 또는 '리프트 레터'라는 별도의 쪽지를 함께 넣는다.

'Lift'는 들어 올린다는 뜻으로, 전환율구매율을 끌어올린다는 의미에서 유래한 이름이다. 리프트 노트에는 보통 권위 있는 인물의 추천사, 개발자의 메시지, 고객 후기 등을 담는다. 또한 메인 레터와 구분되도록 다른 크기, 색상, 용지를 사용하는 경우가 많다. 시각적으로도 잘 띄게 설계하는 것이다.

⑤ 백 슬립

백 슬립Buck Slip은 리프트 노트와 비슷하지만, 더 작고 간결한 형태다. 지폐 크기의 쪽지에 신청 방법, 프로모션 요약, 오퍼의 핵심 포인트 등을 담는다. 크기가 작기 때문에 자연스럽게 시선을 끌고, 메인 레터나 리프트 노트에서 강조한 내용을 다시 한번 각인시키는 역할을 한다.

■ 다이렉트 메일 광고비와 인터넷 광고비 추이

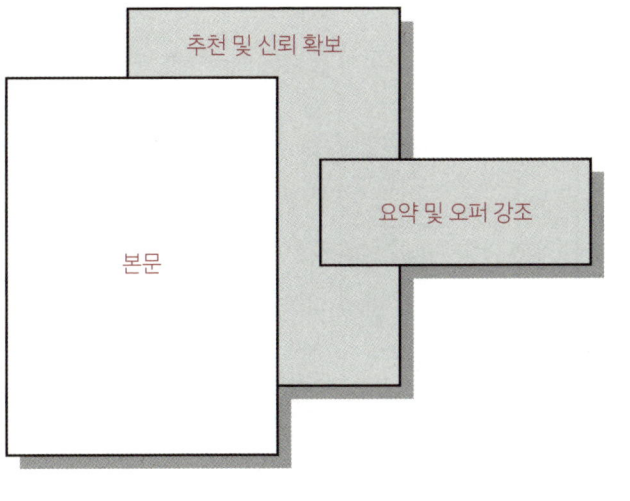

(2) 광고·콘텐츠·메시지: 인터넷 마케팅 흐름 해부

인터넷 마케팅은 각 과정이 빠르게 연동되므로, 개별 단계보다 전체 흐름으로 이해해야 한다. 크게 세 가지 방식이 있다.

① 광고나 콘텐츠에서 바로 상세페이지 SP로 연결해 즉시 판매
② 기존 고객 리스트에 메일을 보내 SP로 유도해 판매
③ 광고·콘텐츠로 메일 주소를 먼저 확보한 뒤, 이후 메일로 SP에 연결해 판매 이후 구조는 ②와 동일

이 세 가지 흐름을 도식화하면 한눈에 이해할 수 있다.

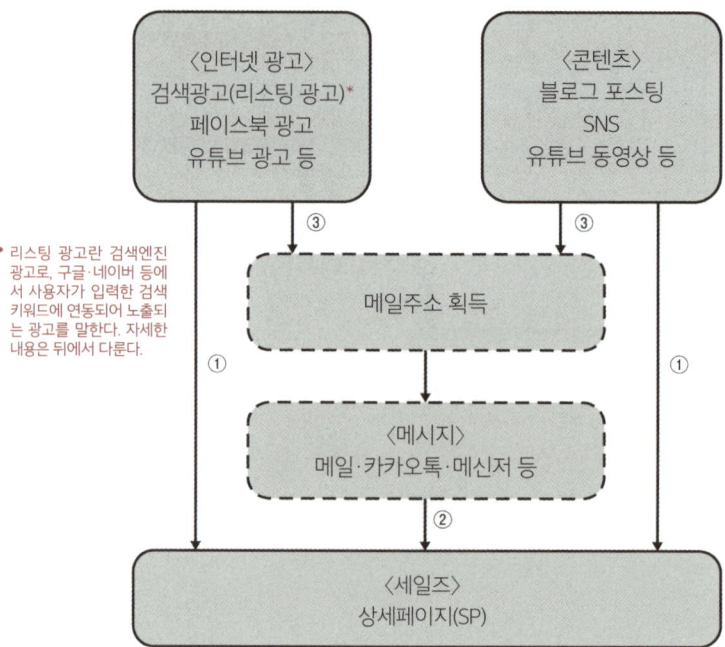

* 리스팅 광고란 검색엔진 광고로, 구글·네이버 등에서 사용자가 입력한 검색 키워드에 연동되어 노출되는 광고를 말한다. 자세한 내용은 뒤에서 다룬다.

인터넷 광고, 콘텐츠, 메시지의 특징을 정리하면 다음과 같다.

■ 인터넷 광고, 콘텐츠, 메시지의 차이점과 특징

	인터넷 광고	콘텐츠	메시지(메일, 카톡 등)
대상	불특정 다수	불특정 다수	메일 주소 등으로 확보된 특정 대상
특징	• 페이스북 광고 등은 타깃 설정 가능 • 비용 지불 후 노출	• 타깃이 자발적으로 찾아와야 노출 • 오픈형 플랫폼	• 사전에 메일 주소 등 연락처 확보 필요 • 발신자가 원하는 타이밍에 직접 메시지 발송 가능

메일이나 카카오톡 같은 메시지 채널의 가장 큰 강점은 발신자가 능동적으로 메시지를 보낼 수 있다는 점이다. 덕분에 긴급한 프로모션이나 리마인드, 특정 행동을 유도하는 데 특히 효과적이다.

반면 인터넷 광고는 아무리 비용을 들여도 최종 노출 여부가 고객 행동에 달려 있다. 사용자가 웹을 탐색하거나 특정 플랫폼을 사용할 때만 광고가 보이므로, 발신자가 원하는 순간을 완전히 통제할 수는 없다. 블로그나 유튜브 같은 콘텐츠 채널은 더 수동적이다. 사용자가 검색하거나 추천을 통해 찾아 들어와야만 노출된다.

결국 중요한 것은 어느 한쪽을 선택하는 것이 아니라 각 채널의 성격을 이해하고 적절히 조합하는 전략적 시각이다. 메시지는 빠른 반응과 관계 유지를, 광고는 확장과 유입을, 콘텐츠는 신뢰 구축과 장기적 자산화를 담당하는 식이다.

(3) 인터넷 광고의 힘: 클릭 하나가 매출을 만든다

과거 이미지 광고의 주요 매체는 텔레비전 CF, 지하철 액자 광고, 역사 내 포스터, 거리의 옥외 광고, 신문과 잡지 등이었다. 반면 다이렉트 리스폰스 마케팅 DRM에 활용되는 광고 매체는 신문과 잡지 정도에 한정되어 있었다.

그러나 인터넷의 등장으로 광고 환경은 급격히 바뀌었다. 이제는 몇천 원 단위의 소액으로도 광고를 집행할 수 있게 된 것이다. 더불어 광고에서 상세페이지로 직접 유도해 바로 구매로 연결할 수 있는 구조가 가능해졌다. 이로 인해 인터넷 광고는 고객 확보를 위한 가장 효과적이고 효율적인 수단으로 자리 잡았다.

인터넷 광고는 그만큼 형태가 다양하고, 높은 수준의 운용 기술이 요구된다. 여기서는 실무자가 반드시 알아야 할 기본 개념만 정리한다.

- 페이스북(인스타그램) 광고
- 리스팅 광고(검색 연동형 광고)

특히 페이스북 광고는 타깃팅 기능이 매우 정교하다. 나이, 거주지, 직업, 취미 등 사용자 데이터를 바탕으로 특정 조건에 맞춘 광고 노출이 가능하다. 예를 들어 'JR ○○역 반경 2킬로그램 이내에 거주하는 30대 남성'처럼 매우 세밀하게 타깃을 설정할 수 있다.

반면 리스팅 광고는 사용자가 검색창에 입력한 키워드에 연동되어 광고가 노출된다. 검색어는 곧 사용자의 관심사를 의미하므로, 관련 상품이나 서비스를 제안할 경우 전환율이 높아진다. 예를 들어 사용자가 구글에 '원격 근무'를 검색하면, 검색 결과 상단에 '광고' 표시와 함께 관련 구인 사이트 광고가 노출된다. 이것이 바로 리스팅 광고다.

■ **리스팅 광고의 사례**

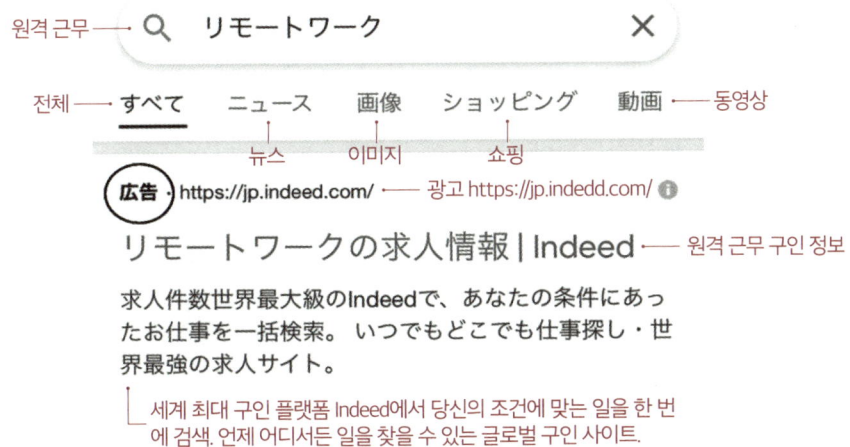

전통적인 이미지 광고는 지하철 역사에 걸리는 포스터처럼 타깃 여부와 상관없이 모든 사람에게 노출된다. 이런 광고의 목적은 주로 브랜드 인지도 확보다. 흥미가 있든 없든 일단 눈에 띄는 것이 중요하다.

반면 리스폰스 광고는 광고를 본 사람이 즉각 행동(구매 또는 신청)으로 이어지지 않으면 의미가 없다. 관심 없는 사람에게 굳이 노출할 필요도 없다. 또한 전통적인 옥외 광고는 건당 비용이 고정되어 있지만, 인터넷 광고는 과금 방식이 훨씬 유연하며, 보다 효율적으로 예산을 활용할 수 있다.

여기서는 기본적인 클릭 과금과 임프레션 과금만 기억해두자.

- **클릭 과금:** 'PPC'Pay Per Click라고 불리며 광고가 클릭될 때만 비용 발생.
- **임프레션 과금:** 광고가 화면에 노출된 횟수에 따라 비용이 부과

클릭 과금은 광고가 아무리 노출돼도 클릭되지 않으면 비용이 발생하지 않는다. 인터넷 광고는 플랫폼에 따라 다르다. 예를 들어 구글 광고는 노출 수에 제한이 있는 반면, 페이스북 광고는 노출 수 제한 없이 예산만큼 계속 송출된다.

페이스북처럼 노출 제한이 없는 광고는 메일 마케팅과 유사한 방식으로 활용할 수 있다. 다만 광고 자체에 상세한 내용을 모두 담을 수 없기 때문에, 광고에서 상세페이지로 자연스럽게 유도하는 구조가 필요하다.

2. 메일 카피라이팅

(1) DM에서 이메일로: 여전히 강력한 세일즈 채널

메일과 메일 매거진은 기본적으로 같은 개념이다. 굳이 구분하자면, 단발성으로 발송하는 것이 '메일', 정기적으로 발송하는 것이 '메일 매거진'이다. 다만 메일 매거진도 비정기적으로 발송하는 경우가 많아, 이 둘을 엄밀히 나누는 것은 큰 의미가 없다. 또 일부에서는 다수의 수신자에게 일괄 송신하는 것을 메일 매거진이라고 정의하기도 하지만, 실제 실무에서는 두 개념이 거의 동일하게 사용된다.

전통적인 DM다이렉트 메일이 수행해온 고객 접점 기능은 현재 메일이나 카카오톡 같은 메신저, 그리고 SNS가 대신하고 있다. 이들 툴의 가장 큰 강점은 판매자 측에서 원하는 타이밍에 직접 고객에게 메시지를 보낼 수 있다는 점이다. 인터넷 광고 역시 유효한 접점 도구이긴 하지만, 광고가 노출되기까지는 상대방이 볼 때까지 수동적으로 기다려야 하는 한계가 있다. 반면 메일과 메신저는 판매자가 능동적으로 원하는 시점에 고객에게 다가갈 수 있는 푸시형 툴이다.

메신저가 보편화되면서 메일 활용 빈도는 다소 줄었지만, 여전히 메일은 신뢰성과 효율성 면에서 강력한 세일즈 도구로 활용된다. 특히 메신저는 사용자에 의해 차단당하기 쉽고, 상품이나 서비스에 가입할 때 메일 주소 등록 비율이 아직은 더 높다는 점에서 중요성은 여전하다. 다만 메일이든 메신저든, 발송하려면 사전에 확보된 고객 리스트가 반드시 필요하다. 이 점은 두 채널 모두 같다.

■ HTML 메일

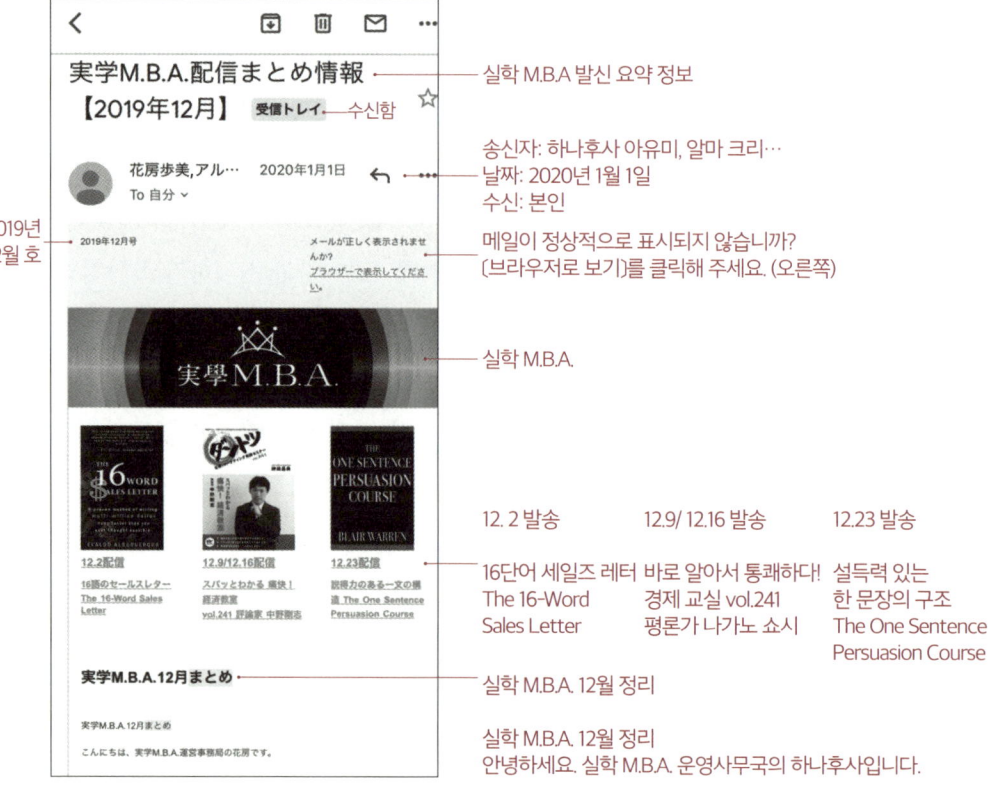

■ 텍스트 메일

Text 検証 - 実学M.B.A.配信まとめ情報【2019年12月】	검증용 - 실학 M.B.A 발신 요약 정보
受信トレイ	수신함
花房歩美,アルマ・ク… 12:53 To 自分 ∨	송신자: 하나후사 아유미, 알마 크리… 시간: 12:53 수신: 본인
【実学M.B.A.：2019年12月号】	【실학 M.B.A: 2019년 12월 호】
こんにちは、実学M.B.A.運営事務局の花房です。	안녕하세요. 실학 M.B.A. 운영사무국의 하나후사입니다.
新年あけましておめでとうございます。	새해 복 많이 받으세요.
2020年は、聴いて、学んで、ビジネスに繋げるオンラインサロンでさらに繋がるそんな実学M.B.A.を目指してまいりますので、引き続きよろしくお願いいたします。	2020년은 듣고 배우고, 그것을 비즈니스로 연결하는 온라인 살롱으로 더욱 발전하는 실학 M.B.A가 되겠습니다. 앞으로도 많은 관심 부탁드립니다.
12月の5週目は「パーソナル・コンサルティング」をお届けする予定でしたが、機器のトラブルで再収録が必要となりました。	12월 마지막 주에는 '퍼스널 컨설팅'을 제공할 예정이었지만, 시스템 문제로 인해 재촬영 및 등록이 필요하게 되었습니다.
次回、来年3月のタイミングで今回のご質問・ご相談と合わせて改めて収録の上、お届け致します。	다음 회차는 내년 3월을 예정하고 있으며, 이번 질문 및 상담 내용과 함께 다시 녹화 후 보내드리겠습니다.

(2) 메일을 살리는 포인트: 발신자와 제목

메일에서 가장 중요한 요소는 단연 '발신인'과 '제목'이다. 제목의 중요성은 누구나 알고 있지만, 의외로 간과되기 쉬운 것이 바로 '발신인 표기'다. 정확히 말하면, 여기서 발신인은 단순히 메일을 보낸 사람이 아니라 수신함에 표시되는 발신자명을 의미한다. 즉, 발신인과 제목은 메일을 여는 사람에게 곧바로 "누구로부터 왔는가", "어떤 용건인가"를 명확히 전달하는 역할을 한다.

대부분의 메일 발송 툴에서는 보낼 때마다 발신인 표기를 자유롭게 할 수 있다. 그런데도 이를 대충 설정하는 경우가 많은데, 사실 발신인 표기는 개봉률을 결정짓는 가장 강력한 요소 중 하나다.

동일한 제목이라도 발신인 표기에 따라 개봉률은 확연히 달라진다. 다음 예시를 보자.

A: 간다 마사노리 → 개인 이름만 표기
B: 간다 마사노리(알마 크리에이션) → 개인 이름 + 회사명
C: 알마 크리에이션 → 회사명만 표기
D: 브레인 스타 속보 → 메일 매거진 이름만 표기

이 네 가지 중 보통 A와 B의 개봉률이 가장 높다. 다만 A처럼 개인 이름만 표기하는 방식은 발신자의 인지도가 충분히 높을 때만 효과적이다. 리스트 전체가 발신자를 알고 있어야 한다는 전제가 필요하다. 실제로 우리 회사도 A 방식을 전체 리스트에 쓰는 경우는 거의 없다. 더구나 잘 알려지지 않은 직원 이름만으로 발송하면 비효율적일 뿐 아니라 불쾌감이나 클레임으로 이어질 위험도 크다. 실제로 담당자가 회사명을 빼고 이름만 넣어 보냈다가 "누구신데 메일을 보내느냐"는 항의를 받은 사례도 있었다.

또 하나 주의할 점은, 남성 이름으로 여성 중심 리스트에 보내거나,

여성 이름으로 남성 중심 리스트에 보내는 것이다. 의외의 주목 효과가 있을 수 있지만, 대체로 바람직하지 않다. 잘못된 타깃이 몰리거나 불필요한 오해를 살 수 있기 때문이다.

결국 카피라이팅의 본질은 고객과의 신뢰 구축이다. 단기적인 효과를 노린 얄팍한 수법은 금물이다. 반응률이 높다는 이유만으로 테크닉에 의존하기보다, 장기적인 신뢰와 관계 구축의 관점에서 지금의 선택이 유효한지 늘 점검해야 한다.

발신인 다음으로 중요한 것이 바로 '제목'이다. 제목을 쓸 때는 이 책에서 소개하는 공식인 'BTRNUTSS' 버터넛을 적극 활용하자.

■ 제목의 역할과 'BTRNUTSS' 공식

Benefit	베네핏(혜택)
Trust	신뢰성
Rush	긴급성
Number	숫자 활용
Unique	독자성
Trendy	화제성
Surprise	의외성
Story	스토리

발신인과 제목은 메일 수신함에서 거의 동시에 노출된다. 보이는 방식은 메일 클라이언트 아웃룩, 지메일, 네이버 메일 등나 디바이스 PC, 스마트폰에

따라 다르지만, '누구로부터 왔는가'와 '무슨 용건인가'는 항상 한 번에 인지된다. 따라서 발신인과 제목은 별개로 생각하지 말고 반드시 세트로 기획해야 한다.

■ 컴퓨터에서 보이는 방식

☐ ☆ アルマ・クリエイション	受信トレイ	ウェビナーの活用法 - 10億円を売り上げたウェビ...
☐ ☆ 神田昌典,（ブレイン・ス	受信トレイ	「第四世代マーケティング」無料オンライン講座...
☐ ☆ ブレイン・スター速報	受信トレイ	神田昌典NYレポート - 先月ニューヨークで開催さ...
☐ ☆ ブレイン・スター速報	受信トレイ	最新マーケティング「オンボーディング」- 今後日...

☐☆ 알마 크리에이션	수신함	배너 활용법: 10억 엔 매출을 올린 성공 사례
☐☆ 간다 마사노리(브레인 스	수신함	'제4세대 마케팅' 무료 온라인 강좌 안내
☐☆ 브레인 스타 속보	수신함	간다 마사노리 NY 리포트:지난달 뉴욕 현장...
☐☆ 브레인 스타 속보	수신함	최신 마케팅 '온보딩' - 앞으로 주목해야 할...

■ 스마트폰에서 보이는 방식

ブレイン・スター速報   9月18日 ── 브레인 스타 속보 9월 18일
神田昌典NYレポート   간다 마사노리 NY 리포트
─◎ブレイン・スター速報は、送付... ☆

ブレイン・スター速報 2   9月11日 ── 브레인 스타 속보 2 9월 11일
AI時代の広告に必要なこと   AI 시대의 광고에 필요한 것
─◎ブレイン・スター速報は、送付... ☆

アルマ・クリエイション 2   9月4日 ── 알마 크리에이션 2 9월 4일
ウェビナーの活用法   배너 활용법
◎ブレイン・スター速報は、送付... ☆

다음으로 메일의 글자 수와 읽는 사람이 느끼는 방식은 대체로 다음 표와 같다.

■ 메일 글자 수 이미지

글자 수 기준	독자의 인식	작성 시 포인트
500자 미만	짧고 가볍게 읽힘	핵심만 간결하게 전달
500~800자 정도	부담 없고 적당한 길이	일반적인 정보 전달에 적합
800~1,200자 정도	약간 길지만 충분히 읽음	메시지를 명확하게 전달
1,200~1,500자 정도	다소 길게 느껴짐	재미 없으면 중간 이탈 → 전달력과 몰입도 균형 필요
1,500자 이상	매우 길다고 느껴짐	읽는 콘텐츠로 인식 → 정리가 부족하다는 신호일 수 있음

블로그 포스팅이라면 3,000자 정도도 자연스럽지만, 메일은 1,500자를 넘기면 '읽을거리'로 인식되어 부담스럽게 느껴진다. 일반적인 메일은 500~1,200자, 많아도 1,500자 이내를 기준으로 삼는 것이 적절하다.

또한 메일의 목적은 크게 두 가지로 나눌 수 있다.

■ 메일의 목적은 두 종류

목적	내용
정보 제공	독자에게 유용한 정보를 전달해 관계를 유지하고 신뢰를 쌓는다.
세일즈	제품·서비스를 소개하고, 관심을 유도해 상세페이지로 이동시켜 계약 성사로 이어지게 한다.

정보 제공 목적의 메일은 굳이 장황하게 쓸 필요가 없다. 핵심만 담고, 빠르게 블로그나 외부 페이지로 유도하는 것이 효과적이다.

■ 본문 137자로 구성된 메일 예시

　　　　　　　　　　코로나 이후 사회는 어떻게 변할까
新型コロナ、鎮静化後の社会　受信トレイ ×　— 수신함
　　　　　　　　　　　　　　　　　　　　　브레인 스타 속보
ブレイン・スター速報 <info@almacreations.jp> メーリングリストの登録解除　　메일링 리스트
To 自分 ▼

連日、様々な情報が飛び交う新型コロナ問題。　　연일 넘쳐나는 코로나 관련 정보.
今回の出来事は、沈静化したとしても、　　　　　하지만 이번 사태가 진정되더라도,
過ぎ去れば終わりではない。　　　　　　　　　　그저 '지나가는 일'로 끝나지 않습니다.

このウイルスという見えない敵との戦いは、　　이 바이러스와의 싸움은
大規模な社会変革の引き金になる。　　　　　　사회 대전환의 신호탄입니다.

リーダーやマーケッターが考えを巡らせるべき　リーダーや마케터라면 반드시 알아야 할
未来への大きな2つの潮流について　　　　　　'미래를 향한 두 가지 흐름'에 대해
神田昌典が日経MJで解説 ☞　　　　　　　　　　간다 마사노리가 닛케이 MJ에서 해설합니다.

🔗 www.kandamasanori.com/media/12065/ 🔗

메일 본문 안에 모든 정보를 담으면, 독자가 어느 정도 읽었는지 파악하기 어렵다. 반면 위와 같이 링크를 걸어두면, '더 알고 싶다'는 사람만 클릭하게 된다. 클릭률을 통해 관심도와 반응을 정밀하게 측정할 수 있다.

메일만으로 세일즈를 끝내는 경우도 있지만, 일반적으로는 "메일 → SP 이동 → 세일즈 완료"의 구조가 일반적이다. 메일을 열지 않으면 SP에도 연결되지 못한다. 또한, 메일을 열었더라도 본문 중간에서 이탈하면, 링크까지 도달하지 못해 SP는 의미가 없어진다. 따라서 메일의 개봉률과 링크 클릭률은 SP의 성과에 직접적인 영향을 준다.

■ SP로 유도하는 링크(URL) 삽입법

> 神田昌典の「2022」講演
> の詳しい講演内容とお申し込みは
> こちらをご覧ください。
> ☞ www.2022.almacreations.jp/2021

간다 마사노리 '2022' 강연 상세한 강연 내용과 신청은 아래 링크를 확인해주세요.

앞서 설명한 것처럼, 디자인이 가능한 HTML 메일에서는 URL을 굳이 노출하지 않고, 텍스트에 하이퍼링크 형태로 삽입할 수 있다. 이 경우, 특정 텍스트를 클릭하거나 터치하면 원하는 페이지로 바로 이동된다. 예를 들면, 위의 URL을 하이퍼링크로 변환하면 다음과 같다.

■ SP로 유도하는 하이퍼 링크

> 神田昌典の「2022」講演
> の詳しい講演内容とお申し込みは
> <u>こちらをご覧ください。</u> ☞

간다 마사노리 '2022' 강연 상세한 강연 내용과 신청은 [여기에서 확인하세요]

'여기에서 확인하세요' 부분에 밑줄이 생기고, 링크가 설정되어 있다. 테스트 결과, 하이퍼링크만 사용하는 것보다 URL이 직접 노출되는 쪽이 클릭률이 더 높았다. 그래서 일부러 URL을 본문에 그대로 표기하는 방식을 선택해 활용하고 있다.

(3) 개봉률·클릭률로 읽는 고객 심리

세일즈 메일에는 반드시 넘어야 할 3가지 관문이 있다.

- **개봉:** 메일을 열 것인가?
- **본문:** 메일 내용을 읽을 것인가?
- **클릭:** 상세페이지 링크를 클릭할 것인가?

이 세 단계를 통과해야 비로소 전환으로 이어진다. 따라서 메일이 얼마나 개봉되고, 링크가 얼마나 클릭되는지 정확히 파악하는 것이 마케팅의 출발점이다. 이 수치를 모른다면 전략을 세울 수조차 없다.

- **개봉률:** 메일을 연 사람의 비율. 단, 메일을 '읽었다'는 의미는 아님.
- **클릭률**(CTR, Click Through Rate)**:** 메일 안에 포함된 링크(예: SP 링크)를 클릭한 사람의 비율.

이 데이터를 파악하려면 메일 발송 및 분석 시스템이 필요하다.

$$개봉률(\%) = \frac{개봉\ 수}{송신\ 수} \times 100$$

메일을 10,000통 송신해서 2,000명이 개봉한 경우, "(개봉수 2,000÷송신수 10,000)×100=20.0%"이다. 따라서 개봉률은 20.0%가 된다.

송신 수	개봉 수	개봉률
10,000	2,000	20.0% (2,000÷10,000×100)

또, 메일 안의 링크를 클릭한 비율을 클릭률 혹은 CTR Click Through Rate이라고 한다. 여기에는 2가지 관점이 있다.

① 전체 송신 수 대비 클릭률

$$\frac{클릭\ 수}{송신\ 수} \times 100$$

② 개봉자 대비 클릭률

$$\frac{클릭\ 수}{개봉자\ 수} \times 100$$

아래가 그 예다.

	송신 수	개봉 수	클릭 수	클릭률
①	10,000		200	2.0% (200÷10,000×100)
②		2,000	200	10.0% (200÷2,000×100)

일반적으로 클릭률은 ① 송신 수 대비 클릭률을 의미한다. 하지만

② 개봉자 대비 클릭률_{클릭 수 ÷ 개봉 수}을 함께 보면 메일의 본문이 얼마나 효과적으로 작동했는지 판단할 수 있다.

링크를 클릭했다는 것은 단순히 메일을 연 것만이 아니라 본문에 흥미를 느끼고 더 알고 싶다고 판단했음을 의미한다. 반대로, 개봉만 하고 클릭하지 않은 사람은 제목이나 발신인에 끌려 열어봤지만, 본문을 읽고 더 이상 볼 필요 없다고 판단한 것이다. 예를 들어 1만 통 송신 → 2,000명 개봉 → 200명 클릭이라면, 8,000명은 열지 않았고, 개봉한 2,000명 중 1,800명은 클릭하지 않았다. 이 수치는 단순한 반응률을 넘어 "메일 본문이 얼마나 설득력 있었는지"를 보여주는 지표다.

◎ **업종별 평균 개봉률**

그렇다면 목표로 삼을 평균 개봉률은 어느 정도일까? 업종 평균은 대략 20~30% 수준이다. 단, 개봉률을 해석할 때 고려해야 할 2가지 주의점이 있다.

① 텍스트 메일은 측정 불가
 → 개봉률과 클릭률은 HTML 메일만 확인 가능하다.
② 분모의 영향
 → 비율은 전체 리스트 수에 따라 크게 달라진다.

예를 들어
케이스 1: 열성팬 10명에게 송신 → 개봉률 30%
케이스 2: 전체 리스트 10,000명에게 송신 → 개봉률 15%

수치만 보면 케이스 1이 더 좋아 보인다. 하지만 열성팬 10명에게 보냈는데 3명만 개봉한 것이라면 심각한 문제다. 애초에 이 정도라면 70~100%가 개봉됐어야 한다. 반면 케이스2는 개봉률은 낮지만 절대 개봉 수는 1,500명으로 훨씬 많다. 그러므로 비율만으로 성과를 판단하는 것은 위험하다.

- 우량 고객 비율이 높은 리스트 → 개봉률 상승
- 충성도 낮은 신규 리스트 → 개봉률 하락

앞서 "어느 쪽이 개봉률이 높을까?"라는 질문은 이 문제를 짚은 것이다. 겉으로 드러나는 숫자만 보면 쉽게 착각하기 때문이다. 데이터는 맥락 없이 해석하면 오히려 판단을 흐릴 수 있다. 리스트의 상태와 질을 반드시 함께 고려해야 한다.

이제 이를 바탕으로 업종별·국가별 평균 개봉률과 클릭률 데이터를 살펴보자. 미국 메일 발송 플랫폼 벤치마크사의 2020년 자료에 따르면, 평균 개봉률은 20~30%, 평균 클릭률은 2~3% 수준이다.

■ 벤치마크사의 데이터(2020년 판)

업종별	평균 개봉률	평균 클릭률
광고/마케팅/PR/미디어/디자인	18.28%	2.09%
건축·건설	22.09%	2.34%
관광/엔터테인먼트	24.61%	2.93%
교육(대학/성인)	29.90%	2.69%
컨설턴트/HR	18.95%	1.82%
파이낸스	22.41%	1.98%
의료	21.49%	2.63%
보험	20.02%	2.12%
제조/물류/엔지니어링	16.52%	1.25%
NPO/행정	29.27%	3.68%
부동산	17.85%	1.82%
소매/서비스	17.62%	1.87%
교육(초중고)	34.81%	5.55%
테크/IT	20.62%	1.50%
피트니스	28.13%	3.04%
기타	23.06%	2.20%

● 2021년 기준 한국에서 이메일 마케팅 평균 오픈율은 회사·단체 기준 12.9%, 개인은 21.8%, 평균 클릭률은 각각 2.1%, 5.4%다. 정보 전달형 메일은 오픈율 17.2%, 클릭률 3%, 반면 구매 유도 메일은 오픈율 8.5%, 클릭률 1.2%로 낮다. 또 다른 조사에 따르면 오픈율 23.24%, 클릭률 11.28%로 글로벌 평균(오픈율 21.8%, 클릭률 2.62%)을 크게 상회한다. 특히 자동화 이메일은 일반 메일 대비 오픈율이 1.6배, 클릭률은 3.8배 더 높다. 자동화 이메일이란, 예를 들어 가입 환영 메일, 장바구니 이탈 안내, 생일 쿠폰 메일, 구매 후 후기 요청 메일처럼 고객 행동이나 시점에 맞춰 자동으로 발송되는 맞춤형 이메일을 말한다. 한국은 특히 정보성 뉴스레터와 자동화 이메일에서 높은 반응률을 보이는 시장이다.—편집주

국가별	평균 개봉률	평균 클릭률
아프리카	17.85%	1.16%
브라질	16.89%	1.46%
중앙아메리카	23.45%	1.67%
중국	11.57%	0.62%
유럽	25.35%	2.83%
프랑스	33.71%	3.87%
독일	34.71%	4.52%
인도	8.59%	0.64%
이탈리아	31.11%	3.35%
일본	35.59%	4.47%
멕시코	21.01%	1.82%
중동	17.66%	1.48%
오세아니아	29.04%	3.08%
포르투갈	26.65%	2.61%
러시아	15.42%	1.48%
남아메리카	25.90%	1.74%
동남아시아	21.83%	2.00%
스페인	32.55%	4.50%
타이완	16.51%	1.82%
영국	24.88%	2.88%
미국/캐나다	24.39%	2.47%

*출처 벤치마크사 웹사이트

개봉률과 클릭률은 비율만으로 판단하지 말고 절대 수치와 리스트 상태를 함께 분석해야 한다. 다른 회사와 비교하는 것보다 자사 데이터의 변화 추이를 꾸준히 모니터링하는 것이 더 중요하다.

(4) 스텝 메일 전략: 왜 1회 발송은 실패하는가

판매 캠페인은 일반적으로 1~2주 내에 마감을 설정해야 계약 성사율이 높다. 이는 책의 앞 부분 '마감' 항목에서 설명한 아래 그래프에서도 확인할 수 있다.

■ 마감일까지의 계약 성사 추이

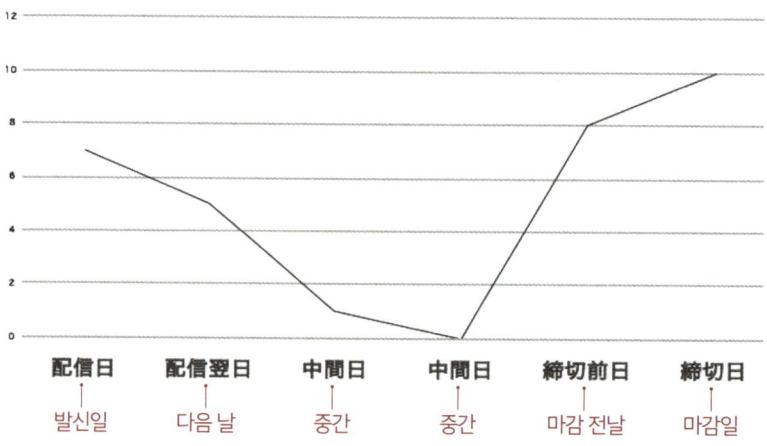

*출처 벤치마크사 웹사이트

하지만 마감날 혹은 마감 전날에 리마인드 메일을 보내지 않고 그냥 기다리기만 하면 마지막 상승세가 둔해지는 것은 당연하다. 한 번의 판매 기간에 여러 번 메일을 보낼 필요가 있다. 적어도 발신일과 마감일 직전으로 두 번은 보내자. 종이로 된 다이렉트 메일 시대에 발견된 방법으로 '스텝 메일'이 있다.

마감 전날이나 당일에 리마인드 메일을 보내지 않고 기다리기만 하면, 마지막 구매 상승세가 둔화된다. 따라서 한 번의 캠페인 기간에 메일을 최소 2회 이상 발송해야 한다.

- 발신일 1회
- 마감 전날 또는 당일 1회 → 필수

이 전략은 이미 종이 다이렉트 메일 시대부터 검증된 방법, 즉 '스텝 메일'Step Mail에서 유래했다. 스텝 메일이란 같은 사람에게 일정 간격으로 연속해서 보내는 메일을 말한다. 보통 3회, 많게는 5~7회 발송하며, 문구, 톤, 메시지를 바꿔 반복 노출한다.

미국 카피라이터 댄 S. 케네디는 실제로 채무 독촉장을 세 통으로 나눠 보내는 심리 효과에서 착안해 스텝 메일 기법을 발전시켰다. 그 결과, 메일을 1회만 보낼 때보다 3회 보낼 경우 반응률이 2~3배 높아진다는 사실이 입증됐다. 스텝 메일은 단순 반복이 아니라 시점별 심리 변화를 고려해 설계하는 것이 핵심이다. 전체 구매의 44%가 마감 전날과 마감 당일에 집중된다.

■ 캠페인 데이터 사례

- 기간: 2020년 6월 24일~7월 1일(8일간)

상품: 고객을 창조하는 카피라이팅 강좌*

날짜	구매자 수	이틀 단위 비율
6/24(수) 시작일	19명	26%
6/25(목)	27명	
6/26(금)	14명	14%
6/27(토)	11명	
6/28(일)	15명	16%
6/29(월)	14명	
6/30(화) 마감 전날(리마인드 메일)	20명	44%
7/01(수) 마감일	59명	
기간 합계	179명	

*에센셜 편, 어드밴스 편, 마스터 편 합계

기간이 짧아도 처음과 마지막 구매 집중 현상은 분명히 드러난다. 만약 캠페인 기간이 2주 이상이면, 중간에도 반드시 리마인드 메일을 보내야 성과가 올라간다.

◎ **리마인드 메일을 보내는 타이밍**

당사는 리마인드 메일을 '마감 전날'에 발송한다. 마감 당일에 보내면, 메일을 늦게 확인해 신청 시점을 놓치는 사례가 많기 때문이다. 실제로 메일 송신 후의 시간 경과 별 개봉 현황을 보면 다음과 같다.

■ 메일 개봉 시간 데이터

• 발송 일시: 2021년 2월 1일 9시

날짜	시간	송신 후 경과	누적 비율
2/1	~9:59	1시간	42%
	~10:59	2시간	53%
	~11:59	3시간	60%
	~12:59	4시간	66%
	~13:59	5시간	69%
	~14:59	6시간	72%
	~15:59	7시간	74%
	~16:59	8시간	75%
	~17:59	9시간	77%
	~23:59	15시간	85%
2/2	~8:59	24시간	88%

　2월 1일 오전 9시에 메일을 발송했을 때, 당일 자정까지 개봉한 비율은 85%였다. 만약 이 메일이 마감 당일이었다면, 나머지 15%는 제시간에 확인하지 못했을 것이다. 24시간이 지나도 개봉률은 88%에 불과해, 발송 직후 곧바로 읽지 않는 사람이 적지 않음을 보여준다. 이 데이터는 오전 9시 발송 기준이지만, 오후나 저녁에 보내더라도 대체로 9시간 경과 후 80% 안팎의 개봉률을 기록하는 경향은 비슷하다. 즉, 메일을 보냈다고 곧바로 읽을 것이라 기대해선 안 된다.

　또 한 가지 흔한 걱정은 "같은 사람에게 여러 번 보내면 지겹지 않을까?" 하는 것이다. 실제로 동일한 내용을 그대로 반복하면 반감이 생기지만, 메시지와 톤을 달리하면 이 문제는 크게 줄어든다. 실제 해지율은 발송당 평균 0.02%, 많아야 0.05% 수준으로, 신규 구독자 유입과 전환 성과를 고려하면 충분히 허용 가능한 범위다. 결국 중요한 것은 적절한 타깃에게 적절한 메시지를 보내는 것이며, 이를 가능하게 하는 핵심 전략이 다음 장에서 다룰 '세그멘테이션'이다.

(5) 세그멘테이션: 피로감을 줄이고 반응을 높이기

세그멘테이션Segmentation이란, 메시지 전달 대상을 여러 그룹으로 나누는 작업을 말한다. 이는 크게 두 가지 방식으로 구분된다.

| ① | 타깃을 나눈다 | 타깃별로 다른 상세페이지를 제작한다. |
| ② | 리스트를 나눈다 | 메일 송신 대상자를 그룹화해 다른 메시지를 발송한다. |

타깃을 좁힐수록 메시지는 더 강하게 '꽂힌다'.
SP의 수가 많을수록 전환율이나 계약 성공률도 높아진다.

7,000개 이상의 회사 이상에서 벤치마크 데이터를 정리한 미국 허브스팟사의 조사에 따르면, SP가 10~15개인 기업은 10개 미만인 기업보다 전환율이 55% 높다. SP가 40개 이상이면 전환율은 무려 500% 증가

한다 출처: The Conversion Code.

먼저 타깃 세분화와 관련된 구체적인 방법을 살펴보자. 예를 들어 기업 대상 세미나를 판매하는 경우다. 고객층은 다음과 같이 폭넓다.

- 나이 20대 초반~50대 초반
- 남성:여성=6:4

20대 여성 직장인(일·취미·연애 관심)과 50대 남성 직장인(정년 후 생활 관심)은 관심사와 니즈가 전혀 다르다. 이들을 하나의 SP로 설득하기는 어렵다. 따라서 타깃별로 SP와 메시지를 나누는 세그멘테이션이 반드시 필요하다.

■ 타깃과 소구 포인트

	타깃	소구 포인트 예시
①	20대 남성	평생 같은 회사에 다니는 삶, 정말 멋질까요?
②	30~40대 여성	더 나은 환경에서, 더 보람 있게 일하고 싶지 않나요?
③	30~40대 여성	알찬 세컨드 커리어, 지금부터 준비해보시겠습니까?

타깃은 더 세분화할수록 효과가 크다. 상세페이지의 수가 많을수록 전환율이 높아진다는 점은 이미 다양한 데이터로 입증되어 있다. 이는 각 SP가 명확한 타깃을 향해 적중하는 메시지를 전달하기 때문이다. "이건 내 이야기다"라고 느낄 때 계약 성사 확률은 확연히 높아진다. 물

론, SP를 많이 만들수록 시간, 노력, 비용이 들 수밖에 없다. 그래서 현실적으로는 메인 타깃을 크게 두세 그룹으로 나누어 SP를 차별화하는 전략이 효과적이다.

위쪽 SP는 '사장이라면'이라는 프리헤드를 통해 경영자를 타깃으로 하고 있다. 반면 아래쪽 SP는 '시간과 장소에 구애받지 않고 원격으로 일할 수 있다!'는 메시지로 부업을 찾는 개인을 대상으로 한다.
두 SP는 프리헤드와 헤드라인 일부만 다르고, 바디카피는 타깃에 어긋나지 않도록 일부만 조정했다. 그 외의 구성과 내용은 거의 동일하다. 이처럼 타깃별 SP를 제작할 때 모든 문구를 새로 쓸 필요는 없다. 핵심 메시지를 타깃에 맞춰 조금씩 조정하는 것만으로도 충분한 차별화 효과를 얻을 수 있다. '완전히 새로운 콘텐츠'보다는 '핵심 메시지의 정밀한 조율'이 타깃에게 더 큰 울림을 준다.

다음으로 '② 리스트를 나눈다'는 것이 의미하는 바를 알아보자. '창업 세미나 판매 메일'을 보낼 때 리스트를 어떻게 세분화할 것인지에 대해 살펴본다.

■ '경영자'(위)와 '개인'(아래) 타깃으로 제작한 SP 비교

— 사장이라면 이것만은 반드시 알아두세요.

— AI 시대에도 풍요로움을 유지하는 단 하나의 기술.

— 고객, 자금, 인재를 끌어들이는 공통 자원은?

— 강연회장으로 향하는 택시 안에서 벌어진 일

— 시간과 장소에 얽매이지 않고 원격으로 일한다!

— AI 시대에도 풍요로움을 유지하는 단 하나의 기술.

— 일본 톱 마케터* 간다 마사노리가 전하는 고객·자금·인재를 모으는 공통원리란?

*출처 알마 크리에이션 주식회사 SP

제8장 인터넷에서 매출을 만드는 카피라이팅 무기들 | **485**

■ **리스트와 소구 포인트**

	리스트	소구 포인트 예시
①	과거 창업 세미나 참가자	이번 세미나의 주제는 바로 이것입니다
②	자료만 다운로드하고 세미나는 미참가자	안전하고 실현 가능한 창업의 길이 있습니다
③	①, ② 외의 일반 직장인	회사원으로서의 한계, 지금 느끼고 계시지 않나요?

①번 그룹은 이미 관심도가 매우 높은 타깃이다. 세미나 참가에 대한 심리적 저항도 적다. 따라서 이번 세미나의 주제와 확실한 베네핏을 명확하게 전달하는 것이 가장 효과적이다.

②번 그룹은 관심은 있지만 아직 행동으로 옮기지 않았다. 참가에 대한 심리적 허들(불안, 망설임)을 낮추는 설득이 필요하다.

③번 그룹은 창업 자체에 대한 관심이 적다. 직장인의 한계나 문제점을 인식하게 만들어 관심을 환기시키는 것부터 시작해야 한다.

세그멘테이션에서 자주 하는 실수는 '그냥 그룹만 나누면 된다'고 생각하는 것이다. 하지만 진짜 목적은 리스트별로 최적화된 메시지를 매칭하는 것이다. 예를 들어 '과거 세미나 참가자'를 다시 세분화할 수도 있다.

- 10월 1일 세미나 참가자
- 10월 20일 세미나 참가자
- 11월 15일 세미나 참가자

세미나는 주제에 맞는 메시지로 조정해야 효과가 있다. 단순히 그룹만 나누고 같은 내용을 일괄 발송하면 의미가 없고 효율도 떨어진다. 핵심은 메시지가 현재 타깃과 얼마나 맞아떨어지는가다. 스텝 메일도 세그멘테이션을 적용하면 반복 발송의 피로감을 줄일 수 있다. 이제 실제로 어떤 방식으로 활용할지 살펴보자.

■ 세그멘테이션으로 '지겨움'을 줄이는 방법

송신 대상자	메일 발송 전략
1번째 메일	리스트 전체
2번째 메일	1번째 메일 미개봉자만
3번째 메일 (마감 리마인드)	1번째와 2번째 메일 개봉자만

두 번째 메일은 '첫 번째 미개봉자'만 대상으로 하면 된다. 이렇게 하면 단순히 메일을 놓쳤거나 스팸 필터에 걸린 사람을 보완할 수 있다.

세 번째 메일은 '1, 2번째 모두 개봉한 사람'에게만 발송한다. 이들은 이미 일정 수준 이상의 관심 고객이기 때문이다. 물론 지금까지 열지 않았던 사람이 마지막 메일에서 갑자기 신청하는 경우도 전혀 없진 않다. 그러나 무작정 반복 발송하면 피로감과 거부감이 커진다. 그래서 우리는 관심도가 낮은 대상에게는 억지로 메일을 보내지 않는다.

결국 본질은 하나다. 적절한 타깃에게, 적절한 타이밍에, 적절한 메시지를 보내는 것. 이것이 세그멘테이션의 핵심이다.

3. 광고 성과를 높이는 테스트

(1) A/B 테스트

카피를 쓸 때, 사전 조사와 단어 선택을 아무리 철저히 해도 결국 예상만으로는 한계가 있다. 진짜 답은 고객의 실제 반응 속에 있다. 이미 1923년, 클로드 홉킨스가 『나의 광고 인생』*My Life in Advertising*에서 고객 반응을 테스트하는 방법을 소개했다. 이후 미국 광고계의 전설적인 카피라이터 데이비드 케플즈는 수십 년간 메시지를 테스트하고, 반응 데이터를 체계적으로 축적하며 재현성을 높이는 방식을 발전시켰다.

이 과정에서 가장 대중화된 방법이 바로 'A/B 테스트'다. 이는 A안과 B안을 동시에 테스트해, 반응이 더 좋은 쪽을 선택하는 방식을 말한다. 예를 들어 본문은 동일하게 유지한 채 헤드라인이나 이미지 등 일부만 바꿔 반응을 비교한다. 이처럼 작은 차이가 고객 행동에 큰 변화를 일으키는 경우가 많다. 어떤 표현은 클릭률을 두 배로 끌어올리고, 어떤 색상은 전환율을 확연히 개선한다. 물론 한 번에 두 군데 이상 변경하는 '멀티 바리에이트 테스트'도 있다. 하지만 이 방식은 어느 요소가 실제로 효과를 냈는지 명확히 파악하기 어렵다는 단점이 있다.

케플즈가 활동하던 당시에는 종이 세일즈 레터를 이용해 우편 회신 수로 A/B 테스트 효과를 측정했다. 그만큼 테스트에 상당한 시간과 비용이 소요됐다. 반면 디지털 환경에서는 A/B 테스트가 훨씬 빠르고 정교하다. 특히 마케팅 오토메이션MA 도구를 활용하면, 반응 측정부터 최적화까지의 전 과정을 즉각적이고 자동화된 방식으로 실행할 수 있다.

결국 카피라이팅에서의 정답은 '내가 생각한 것'이 아니라 '고객의 반응'이다. 예를 들어 메일 제목을 기준으로 하거나, 전체 리스트를 일정 비율로 나누어 A/B 테스트를 진행한다. 그 결과 개봉률이 높은 쪽을 '승자'로 설정하고, 남은 리스트에는 승자 메일만 자동으로 발송하는 방식이다. 사람이 수작업으로 하면 수많은 시간과 노력이 들지만, 자동화 덕분에 지금은 훨씬 손쉽게 실행할 수 있다.

아래는 케플즈가 신문 광고의 표제를 바탕으로 진행한 A/B 테스트이다.

■ 케플즈가 실행한 신문 광고 A/B 테스트 사례

| A안 |
습기 퇴치는
제습도 되는 신형 에어컨으로

| B안 |
시원하게 푹 잘 수 있는 방법
— 열대야도 문제없다

결과는? B안이 A안 대비 문의량이 2.5배 더 많았다. 이처럼 단순히 표제 하나를 바꾸는 것만으로도 반응률에 큰 차이가 발생한다는 강력한 데이터를 얻을 수 있다.

다이렉트 메일DM 시대에는 회신 엽서응모권, 신청서를 동봉해 신청 수나 자료 요청 건수로 고객 반응을 확인했다. 신문이나 잡지 광고에서는 회신용 주소의 사서함 번호나 쿠폰 번호를 매체별로 다르게 설정했다. 예를 들면, A 잡지는 쿠폰 코드 123, B 잡지는 456, C 잡지는 789로 구분해, 고객이 쿠폰을 잘라 동봉해 회신하면 어느 매체를 통해 반응이 발생했는지 바로 확인할 수 있었다. 이를 통해 매체별 광고 효과도 비교해 측정할 수 있었던 것이다.

(2) 광고 테스트 사례

광고 메시지는 실제로 테스트해 보기 전에는 효과를 알 수 없다. 좋다고 판단한 문안이 의외로 반응이 없고, 별 기대하지 않았던 문안이 오히려 좋은 성과를 내는 경우도 있다. 여기서는 우리가 직접 진행한 A/B 테스트 사례를 몇 가지 소개한다.

| 사례 1 |

다음은 웹 배너 광고 A: 얼굴 사진 포함 / B: 얼굴 사진 없음의 A/B 테스트 결과이다. 광고는 전국 강연회를 홍보하는 용도로, 야후 메인 화면 우측 상단 영역 등에 게재되었다.

■ A: 얼굴 사진 포함

— 책만 읽은 사람은 아직 진짜 충격을 모른다..

— 간다 마사노리

— 전국 순회 강연회 세미나

— 도쿄 · 오사카 · 나고야 · 후쿠오카 · 오카야마 · 니가타 · 나가노 · 구마모토 · 이시카와 · 도쿠시마 · 나가사키 · 후쿠시마

2015년 1월 10일부터 2월 15일까지 신청 접수 중

■ B: 얼굴 사진 없음

— 책만 읽은 사람은 아직 진짜 충격을 모른다.

— 간다 마사노리

— 전국 순회 강연회 세미나

도쿄 · 오사카 · 나고야 · 후쿠오카 · 오카야마 · 니가타 · 나가노 · 구마모토 · 이시카와 · 도쿠시마 · 나가사키 · 후쿠시마

2015년 1월 10일부터 2월 15일까지 신청 접수 중

광고	CTR(클릭률)	CVR(계약 성사율)
A: 얼굴 있음	0.171%	1.25%
B: 얼굴 없음	0.150%	0.37%
차이	1.14배 ↑	3.38배 ↑

* CTR(Click Through Rate): 광고 노출 횟수(임프레션 수) 대비 클릭 비율
* CVR(Conversion Rate): 광고를 클릭한 사람 중 실제로 강연회를 신청한 비율

    CTR만 보면 A안이 B안보다 약간 높은 수준 1.14배이지만, CVR에서는 A안이 무려 3.38배 더 높게 나타났다. 즉, 얼굴이 포함된 광고가 훨씬 더 신뢰를 준다는 것이다. 한편, 이를 참고해 얼굴 사진을 넣었다가 오히려 CVR이 하락했다는 사례도 있었다. 확인해 보니, 인상이 거칠고 위협적인 폭주족 스타일의 사진이었다. 이처럼 얼굴 사진이라고 해서 무조건 효과가 좋은 것은 아니다.

    핵심은 '신뢰감을 주는 이미지'인지 여부다. 광고에 얼굴을 쓸 경우, 반드시 타깃이 신뢰하고 호감을 가질 수 있는 사진을 선택해야 한다.

| 사례 2 |

    다음은 페이스북 광고에서 진행한 A/B 테스트 사례다. 간략히 언급했던 '줄 바꾸기'의 중요성을 구체적으로 살펴보자. 광고 내용은 디지털 마케팅 강좌에 대한 것이며, A안은 줄바꿈이 있는 구성, B안은 줄바꿈 없이 한 문장으로 연결된 구성이라는 점만 다르고, 나머지 문안과 이미지, 링크는 동일하다.

■ A: 줄 바꿈 있음

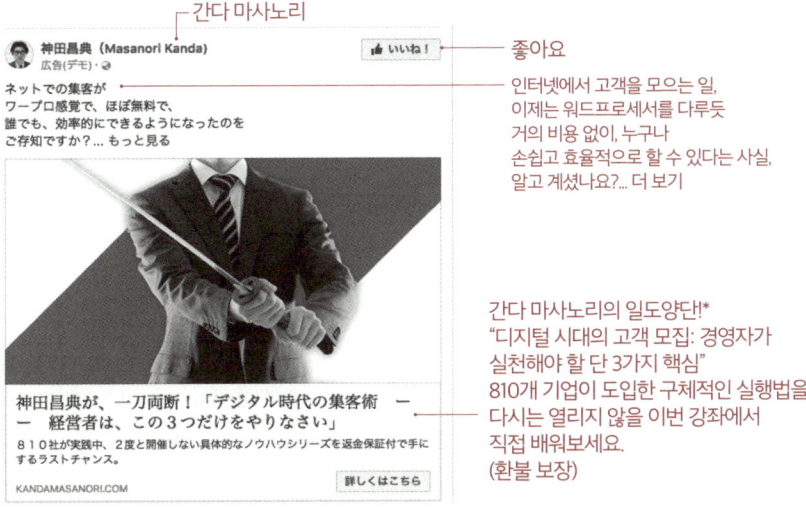

* 칼로 무엇을 대번에 쳐서 두 도막을 내듯 머뭇거리지 아니하고 선뜻 결정하는 것을 의미한다.-편집자

■ B: 줄 바꿈 없음

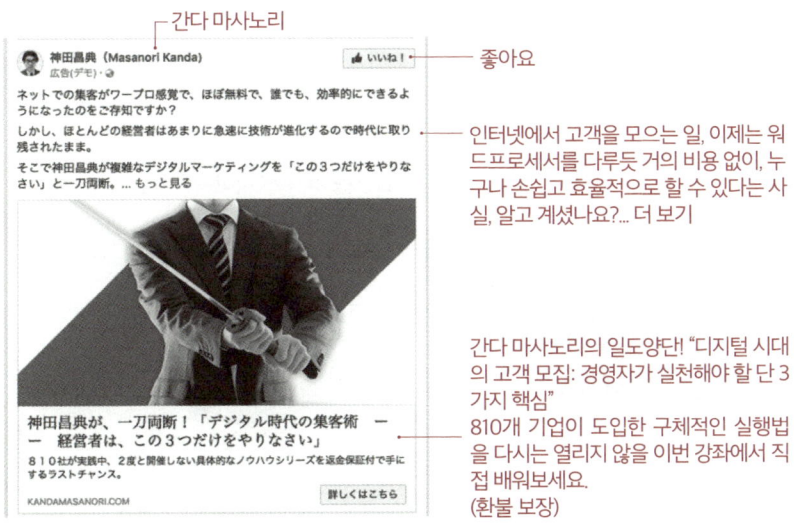

A/B 테스트 결과는 다음과 같다.

광고	CTR(클릭률)	CVR(전환율)
A: 줄 바꿈 있음	2.28%	11.73%
B: 줄 바꿈 없음	1.94%	7.02%
차이	1.18배 ↑	1.67배 ↑

줄바꿈이 있는 A안은 클릭률에서 1.18배, 전환율에서는 1.67배 더 높은 수치를 보였다. 이는 시각적으로 읽기 편한 구성이 클릭을 유도할 확률을 높이고, 콘텐츠 이해도를 높여 행동까지 이어진다는 것을 의미한다.

다음 또 다른 광고를 보자. 같은 광고에서 '일도양단'이라는 문구에 맞춰 검을 든 이미지(A)를 사용했고, 이를 '경영자는 이 3가지만 하십시오'라는 문구에 맞춘 '3가지 포인트' 강조 이미지(B)로 바꿔 반응을 비교했다.

■ A: '일도양단' 이미지 ■ B: '3가지만' 이미지

A/B 테스트 결과는 다음과 같았다.

광고	CTR(클릭률)	CVR(전환율)
A: 일도양단	1.12%	26.46%
B: 3가지만	1.74%	17.30%
차이	(B) 1.55배↑	(A) 1.53배↑

B안은 클릭률이 더 높았다. 검 이미지보다 '3가지 핵심'이라는 메시지가 '진입 장벽'을 낮추었기 때문이다. 반면 A안은 클릭률은 낮지만, 전환율은 월등히 높았다. '검을 든 이미지'는 일부에게 거부감을 줄 수 있으나, 일단 클릭한 사용자는 보다 강한 관심을 가지고 전환까지 이어지는 경향을 보였다.

| 사례 3 |

예전의 A/B 테스트는 주로 화면 구성이나 카피 일부만 바꿔서 A안과 B안을 비교하는 방식이었다. 하지만 요즘은 기술이 발달하면서, 여러 개의 광고 카피를 동시에 테스트하는 것도 가능해졌다.

다음 사례는 이미지나 디자인은 그대로 두고, 문구만 다르게 넣은 6종류의 광고 카피를 테스트한 결과다. 목적은 〈사람을 움직이는 말 365〉라는 메일 매거진 구독을 유도하는 것. 아래는 테스트에 사용된 카피 6가지다. 여기서 퀴즈를 내도록 하겠다. 가장 많이 클릭한 것CTR이 높은 것은 무엇이었을까?

■ 어느 것이 가장 많이 클릭 되었을까?

	카피
A	이상하게도, 매일 그날에 꼭 맞는 문장이 도착한다. 간다 마사노리가 전하는 하루 한 줄 메시지
B	지금까지 15만 명, 5,500개 기업이 구독한 간다 마사노리의 매일 메시지
C	글로벌 마케팅 어워드 'ECHO상' 심사위원 간다 마사노리가 전하는 하루 한 줄
D	『성공자의 고백』 저자, 경영자와 창업가들이 매일 읽는 메시지
E	경영 컨설턴트, 작가, 국제 마케터 간다 마사노리의 매일 인사이트
F	지난 20년간 250명 이상의 리더들과 대담해 온 간다 마사노리가 전하는 변화의 언어

A

이상하게도,
매일 그날에 꼭 맞는 문장이 도착한다.
간다 마사노리가 전하는 하루 한 줄 메시지

사람을 움직이는 말 365

B

지금까지 15만 명, 5,500개 기업이 구독한
간다 마사노리의 매일 메시지

사람을 움직이는 말 365

C

글로벌 마케팅 어워드 'ECHO상' 심사위원
간다 마사노리가 전하는 하루 한 줄

사람을 움직이는 말 365

D

『성공자의 고백』 저자,
경영자와 창업가들이 매일 읽는 메시지

사람을 움직이는 말 365

E

경영 컨설턴트, 작가, 국제 마케터
간다 마사노리의 매일 인사이트

사람을 움직이는 말 365

F

지난 20년간 250명 이상의
리더들과 대담해 온
간다 마사노리가 전하는 변화의 언어

사람을 움직이는 말 365

*출처 알마 크리에이션 주식회사 SP

결과는 아래와 같다.

■ 최종 결과

	카피	CTR	CVR
A	이상하게도, 매일 그날에 꼭 맞는 문장이 도착한다. 간다 마사노리가 전하는 하루 한 줄 메시지	0.67%	43.82%
B	지금까지 15만 명, 5,500개 기업이 구독한 간다 마사노리의 매일 메시지	0.75%	43.14%
C	글로벌 마케팅 어워드 'ECHO상' 심사위원 간다 마사노리가 전하는 하루 한 줄	0.45%	19.20%
D	『성공자의 고백』 저자, 경영자와 창업가들이 매일 읽는 메시지	0.60%	19.31%
E	경영 컨설턴트, 작가, 국제 마케터 간다 마사노리의 매일 인사이트	0.79%	41.43%
F	지난 20년간 250명 이상의 리더들과 대담해 온 간다 마사노리가 전하는 변화의 언어	0.74%	38.37%

클릭률 기준으로는 E안 0.79%이 가장 높았고, C안 0.45%이 가장 낮았다 약 1.76배 차이.

전환률 기준으로는 A안 43.82%이 가장 높고, C안 19.20%이 가장 낮았다 약 2.28배 차이.

각 광고에 대한 평가는 다음과 같다.

■ 광고 평가

광고	평가
A	매일 발송되는 메일 매거진의 특징을 명확히 드러내 CVR이 높게 나타났다.
B	누적 실적을 강조해 CTR과 CVR 모두 높은 수준을 기록했다.
C	'ECHO상'에 대한 인지도가 낮아 CTR, CVR 모두 저조했다.
D	경영자·기업가로 타깃을 좁혀 반응이 제한적이었다.
E	'간다 마사노리'라는 인물을 직관적으로 드러내 CTR, CVR 모두 양호했다.
F	상담 실적이 관심을 끌며 평균 이상의 결과를 보였다.

CTR 클릭률이 중요하다면 E안, CVR 전환률을 중시한다면 A안, 균형형을 원한다면 B안이 기준이 될 수 있다. CTR·CVR 수치는 광고의 조건 페이스북/배너, 유료/무료, 타깃 설정 등에 따라 달라지므로 서로 다른 사례 간 비교는 의미 없다. 각 사례 내에서 어떤 패턴이 더 효과적인지를 판단 기준으로 삼아야 한다.

4. 동영상 세일즈 카피: 보이는 말, 들리는 말

인터넷 영상 보급 덕분에 과거 막대한 비용이 필요했던 TV 광고나 홈쇼핑 같은 영상 세일즈를 이제는 누구나 손쉽게 활용할 수 있게 되었다. 통신 환경의 고속화와 함께, 영상 중심 세일즈는 앞으로 더욱 가속화될 것이다.

영상이라고 해서 카피라이팅과 무관한 것은 아니다. 결국 영상 세일즈도 사람의 마음을 움직여야 하며, 이는 "사람이 사람에게 물건을 파는" 원리로 텍스트 광고와 다르지 않다. 따라서 성공적인 영상 세일즈에도 카피라이팅 기술은 필수다.

영상에서도 SP나 세일즈 레터처럼 '누구에게 말할 것인가'를 분명히 해야 한다. 모두에게 말하려 하면, 아무에게도 제대로 전달되지 않는다. 또한 '어떻게 말할까'보다 '무엇을 말할까'가 더 중요하다는 원칙도 그대로 적용된다.

영상은 표정, 자세, 목소리 톤, 말투 등 시청각 요소가 더해지므로 표현 방식의 비중이 훨씬 크다. 텍스트는 다소 어렵더라도 흥미가 있으면 끝까지 읽히지만, 영상은 흥미를 잃는 순간 곧바로 이탈로 이어진다. 아무리 매끄럽게 말해도 내용이 빈약하면 행동을 끌어내기 어렵다.

또한 메시지가 흔들리거나 주제가 자주 바뀌면, 결국 무엇을 말하려는지 흐려진다. 따라서 "무엇을, 어떤 순서로 말할 것인가"를 정리한 스토리 차트 시나리오를 사전에 마련해야 한다.

영상 세일즈의 대표 사례는 홈쇼핑이다. "그게 다가 아닙니다", "지금 바로 전화 주세요" 같은 문구는 CTA Call To Action와 카피라이팅 기법의 정수를 보여준다. 홈쇼핑은 'PASBECONA' 프레임에 정확히 들어맞는 구조로 설계돼 있다.

다음은 그 사례로, 높은 절단 가위를 판매한 홈쇼핑 광고다.

■ '높은 가지 절단 가위' 홈쇼핑 광고의 구성 분석

*출처 트랜스 코스모스 주식회사 (유튜브 공식 채널)

이 홈쇼핑 영상은 'PASBECONA' 프레임을 따라 효과적으로 짜여 있다. 아래 표를 보면 메시지 전달 구조와 설득 전략이 어떻게 배치되었는지 한눈에 알 수 있다.

■ **PASBECONA 프레임에 따른 구성 예시**

높이 자란 나뭇가지, 직접 자르기엔 너무 힘들다. 전문가를 불러도 금세 다시 자라 반복 비용 발생. 정원이 지저분하면 이웃의 눈총까지.	**Problem(문제 제시)**
사다리를 들고 자르려다 "앗, 위험해!" 정원 손질이 고역인 사람이라면 누구나 겪는 고민.	**Affinity(공감 유도)**
이럴 땐 '높은 가지 절단 가위'가 해결책.	**Solution(해결책 제시)**
키가 작아도 안전하고 쉽게 가지를 자를 수 있다. 정원은 늘 깨끗하게 유지, 이웃의 칭찬은 덤.	**Benefit(이득 설명)**
"저처럼 작은 체구에도 잘 쓰고 있어요." 여러 고객의 생생한 사용 후기 등장.	**Evidence(신뢰 증거)**
알루미늄 재질로 무게는 단 1kg. 길이는 최대 3m까지 자유 조절.	**Contents(제품 정보)**
이 제품을 7,800엔에 제공. 추가로 가정용 가위 3종 세트까지 무료 증정.	**Offer(구매 제안)**
단, 지금부터 30분 이내에 전화하신 분에 한함.	**Narrow(한정 조건)**
"지금 바로 0120-xxx-xxx으로 전화 주세요!"	**Action(행동 촉구)**

이 광고는 단순한 제품 소개를 넘어, '무엇을, 어떤 순서로 말할 것인가'를 철저히 계산한 '스토리 차트'의 예시이기도 하다. 만약 PASBECONA보다 더 세분화된 구조로 시나리오를 구성한다면, 메시지 흐름과 설득력은 더욱 강해진다. 이처럼 사전 기획된 시나리오 구조는 영상 세일즈의 성공을 좌우하는 핵심 도구다. 하고 싶은 말이 자연스럽게 전달되고, 시청자의 행동까지 유도할 수 있게 된다.

또한, 이 광고 내용을 PMM의 '누가Who · 무엇을 해서Do · 어떻게 되었나Result?' 프레임에 따라 정리하면 다음과 같다.

- **누가:** 정원을 단정하게 유지하고 싶지만, 손질이 번거로워 늘 애를 먹던 사람이
- **무엇을 해서:** 키가 작아도 손쉽게 사용할 수 있는, 가볍고 길이 조절이 가능한 가지 절단 가위를 사용함으로써
- **어떻게 되었나?:** 사다리에서 떨어질 위험 없이 안전하고 편하게 가지를 손질할 수 있게 되었고, 덕분에 정원을 항상 깔끔하게 유지할 수 있게 되었다. 그 결과, 이웃의 곱지 않은 시선에서도 벗어나게 되었다.

영상 세일즈의 또 다른 방식은 라이브 방송을 활용한 무료 온라인 세미나다. 이 방식은 과거에도 있었지만, 당시에는 오프라인 장소를 대여해 고객을 직접 모으는 대면 형식이었다. 그러나 이제는 누구나 온라인 발신 환경만 갖추면, 장소에 구애받지 않고 간편하게 세미나를 진행할 수 있다. 다음 페이지에서는 실제 우리가 운영한 온라인 세미나의 진행 흐름을 소개한다.

■ 무료 온라인 세미나에서 자연스럽게 세일즈로 연결하는 방식

간다 마사노리 × 기누타 준이치

무조건 팔리는
카피
단어장

영업 초보를
'영업 달인'으로 바꾸는
667단어+2,000구절
모르면 절대
팔리지 않는다!
(20년 실전 연구의 집대성)

페이스북 광고
→ 사전 시청 등록 유도

서적 출판 기념
무료 온라인 강좌

원격 근무로
성과가 오르는 카피의 힘

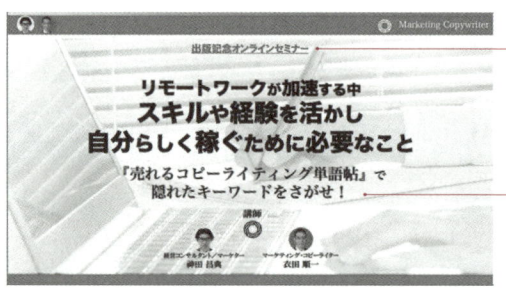

출판 기념 온라인 세미나

온라인 라이브 세미나 개최

재택 근무 시대,
'카피라이팅'이 성과를 좌우한다
『무조건 팔리는 카피 단어장』에서
지금 당신에게 필요한
결정적 키워드를 찾아라!

고객을 창조하는
카피라이팅 강좌

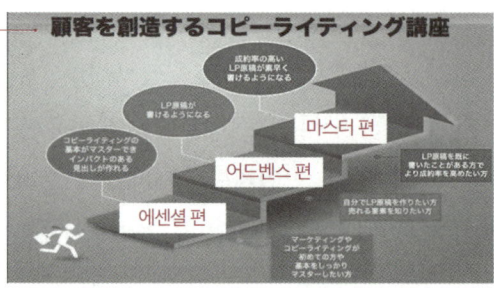

세미나 마지막에 세일즈

세미나 마지막에는 유료 강좌로 자연스럽게 연결되는 세일즈 페이지로 안내한다. 그렇다면 실제 온라인 세미나에서, 세일즈 타이밍 이후 어느 정도의 이탈이 발생할까? 우리가 직접 집계한 실제 이탈률 데이터를 공개한다.

■ 무료 온라인 세미나 운영 및 세일즈 성과 분석

- 세미나 일시: 2020년 4월 28일(화) 19:00~21:20
- 전송 방법: 줌(Zoom) 라이브 방송

시간	시청 인원수	
19:00	740명	세미나 시작 직후
19:13	835명	(빠르게 증가)
19:39	917명	최대 시청자 수(개시 40분)
20:40	855명	본 세미나 종료 무렵
20:45	759명	세일즈 파트 시작 직후 (11% 감소)
21:20	492명	전체 종료 시점 (총 35% 감소)

실제 운영 결과, 세일즈 파트가 시작된 직후 이탈한 참가자는 약 10%였으며, 최종적으로는 전체의 30~40%가 이탈했다. 즉, 전체 참가자의 60~70%는 세일즈 내용까지 끝까지 시청했다는 뜻이다.

이 온라인 세미나의 세일즈 흐름은 다음과 같은 수치로 요약할 수 있다.

온라인 세미나 등록 수	3,697명	
이 중 페이스북 유입	2,135명	
페이스북 광고비	806,377엔	
세미나 당일 실시간 참가자	1,167명	
재시청 포함 총 시청자 수	3,184명	
고객 획득 비용(CPA)	321명	CPA*=2,512엔 (806,377엔÷321명)
매출(세금 별도)	16,774,000엔	이 시점의 LTV* =52,255엔 (16,774,000엔÷321명)

*CPA=고객 획득 비용
**LTV=고객 생애 가치(72쪽)

　미국에서는 세미나 도중 상품 소개를 자연스럽게 끼워 넣는 방식이 흔하지만, 일본 시장에서는 다소 낯선 방식이다. 그래서 우리는 세미나 파트와 세일즈 파트를 명확히 분리하여 진행했다. 세미나 종료 시점에 다음과 같은 안내 멘트를 전한다.

　"더 깊이 배우고 싶은 분들을 위해 관련 상품을 소개하겠습니다. 관심 있는 분은 계속 시청해주세요. 오늘 함께해주셔서 감사합니다."

　이후 본격적인 세일즈 파트로 전환한다.

　'고객에게 상품을 소개했더니 떠나버렸다'는 생각에 낙담할 수도 있다. 그러나 우리 전략은 모든 고객을 붙잡는 것이 아니라 우리와 가치를 공유할 수 있는 고객과의 거래에 집중하는 데 있다. 이러한 접근이 오히려 높은 LTV를 가진 충성 고객 확보로 이어진다.

5. FAQ

　FAQ는 단순히 '자주 묻는 질문'을 모아둔 코너가 아니다. 고객의 궁금증을 대충 해소하는 공간으로만 여기고, "답만 알면 되지"라는 식으로 무성의하게 응대하면 오히려 역효과를 낳는다. FAQ에서 형성된 부정적인 인상은 곧 기업과 상품·서비스 전체 이미지로 직결되기 때문이다.

　간다 마사노리가 감수한 『대답만 했을 뿐인데 회사가 살아났습니다』에서도 "고객의 질문에 성실히 답하기만 해도 집객 구조가 완성된다"고 강조한다. FAQ야말로 디지털 시대의 가장 손쉬운 변혁 도구인 셈이다.

　이때 유용한 개념이 바로 '경험 공학'이다. 『고객이 기업에게 원하는 단 한 가지』에서는 경험 공학을 이렇게 정의한다.

　"주의 깊게 선택한 말투로 대화를 설계하고, 고객이 어떻게 받아들일지를 개선하는 기술."

　가장 기본이 되는 원칙은 '긍정적인 말투'다. 이는 인상을 부드럽게 만들 뿐 아니라 '얼터너티브 포지셔닝Alternative Positioning, 대안 포지셔닝'을 가능하게 한다. 즉, 고객이 원하는 1순위가 불가능할 경우, 그에 상응하거나 더 나은 대안을 제시해 긍정적인 경험으로 전환하는 전략이다.

　다만 경험 공학을 적용하려 하면 흔히 이런 반론이 나온다.

"불가능한 건 명확히 밝혀야 한다. 애매하게 돌려 말하면 혼란을 준다."

이런 태도가 FAQ 문장 곳곳에 "불가합니다", "삼가주시기 바랍니다" 같은 부정형 표현을 남발하게 만든다. 하지만 부정형 표현은 독자에게도, 기업에도 도움이 되지 않는다.

따라서 부득이하게 제약을 언급해야 할 때는 반드시 긍정적인 대안까지 함께 제시해야 한다. 이것이 얼터너티브 포지셔닝의 핵심이다.

◎ 나쁜 예(완전 부정형)

- ABC 카드는 사용할 수 없습니다.
- ABC 카드 결제는 삼가주시기 바랍니다.

◎ 좋은 예(경험 공학 적용)

- ABC 카드는 현재 사용이 어렵습니다.
- 대신 DEF, GHI, JKL 카드를 이용하실 수 있습니다.

이 장의 포인트

- 인터넷을 활용한 마케팅은 온라인 마케팅, 우편 발송 등 인쇄물을 활용하는 방식은 오프라인 마케팅이라 부른다.
- 온라인 광고는 TV나 신문 광고보다 훨씬 저렴하며, 고객 반응과 효과를 빠르게 확인할 수 있어 효율성이 높다.
- 메일 라이팅의 성패는 '보내는 사람'과 '제목'에 달려 있다. 제목은 반드시 'BTRNUTSS' 기준으로 점검해야 한다.
- 메일의 '개봉률'과 '클릭률'을 통해 독자가 얼마나 메일을 읽었는지, 어느 정도 관심을 가졌는지 파악할 수 있다.
- 메일의 평균 개봉률은 20~30% 수준이며, 이 수치는 발송 대상 리스트 구성에 따라 달라진다. 타사와의 비교보다 자사 내 과거 데이터와의 비교가 더 유의미하다.
- 메일은 한 번보다 여러 번, 특히 마감 전날에 발송하는 것이 효과적이다. 단, 반복 발송으로 인한 피로감을 줄이기 위해서는 '세그멘테이션'을 통해 발송 대상을 정교하게 좁히는 전략이 필요하다.
- 마케팅 효과는 A/B 테스트를 통해 객관적으로 검증해야 한다.
- '한정'에는 인원, 수량, 기간, 자격 제한 등이 있다. 놓치게 될지도 모른다는 위기감이 구매 행동을 자극한다.
- 영상 세일즈에도 PASBECONA 구조를 적용하면 효과적이다.
- FAQ에서는 부정 표현을 가능한 한 피하고, 불가피할 경우에도 대안얼터너티브 포지셔닝을 제시해 긍정적인 인상으로 마무리한다.

제9장

간다 마사노리 카피라이팅 조언 29가지

간다 마사노리가 처음 카피라이팅을 접한 것은 1995년이었다. 외국계 제조사에서 근무하던 그는, 6개월 안에 성과를 내지 못하면 해고되는 상황에 몰려 있었다. 그런 절박한 어느 날, 우연히 서점에서 한 잡지 기사를 보고 카피라이팅의 세계에 발을 들이게 되었다. 이 일화는 이 책의 「간다 마사노리 서문」에도 등장한다.

이후 25년 동안 그는 일본 현장에서 숱한 시행착오를 거치며, 100년 넘게 전해져 온 카피라이팅의 원칙을 자신의 책과 강의를 통해 꾸준히 전달해왔다.

많은 카피라이터가 일정 성과를 낸 후에는 컨설팅이나 경영에 집중하고, 직접 카피를 쓰는 일에서는 멀어지기도 한다. 하지만 간다 마사노리는 달랐다. 자사 경영과 외부 컨설팅을 병행하면서도 지금까지 줄 곧 실무 현장에서 직접 카피를 써왔다. 그리고 앞으로도 그럴 것이다. 그는 아이디어가 떠오르면 반드시 그것을 SP상세페이지의 형태로 문자화한다. 간다에게 카피를 쓰는 행위는 단순한 작업이 아니라 자기 탐구의 필수 도구라고 할 수 있다.

드디어 마지막 장이다. 여기서는 간다 마사노리의 카피라이팅에 관한 조언을 직접 추려 소개한다. 어떤 시대에도 변하지 않는, 반드시 마음에 새겨야 할 카피라이팅 불변의 원칙들이다. 카피라이팅은 스포츠나 예능처럼 '기술'이다. 지식으로 아는 것과 실제 현장에서 쓸 수 있는 것은 다르다. "이건 알지" 하고 지나치기보다는, 이 장에 소개된 말들을 그때그때 다시 읽어보길 바란다. 분명 새로운 통찰이 생길 것이고, 당신의 카피라이팅 실력도 실전에 맞게 한층 더 단단해질 것이다.

1 '좋은 상품'이라는 사실만으로는 고객이 몰려들지 않는다. 하지만 그 '좋음'을 효과적으로 전달하는 능력과 고객 유치율 사이에는 분명한 상관관계가 있다.

"정말 좋은 상품인데, 한번만 써보면 다 알 텐데…."

이런 말을 하는 사람을 자주 본다. 하지만 이런 생각은 마케팅에서 가장 중요한 본질을 놓치고 있다. 고객은 사용해 보기 전까지 그 상품이 얼마나 좋은지 알 수 없다. 그래서 핵심은 '좋은 상품'이라는 사실을 어떻게 100% 전달할 수 있느냐에 달려 있다. 이 매력을 있는 그대로, 정확하게 끌어내어 표현하는 것이 바로 카피라이팅이다.

100% 미만이면 소구력이 떨어지고, 100%를 넘으면 사실을 과장하게 된다. 과장된 광고는 고객의 실망을 부르고, 재구매로 이어지지 않는다. 사실에 기반해 "이거다!" 하고 자신 있게 말할 수 있다면, 그것은 100%의 전달이라 해도 좋다.

그런데도 여전히 카피에 매력이 없다고 느껴진다면? 그때는 '어떻게 말할까' 이전에 '무엇을 말할까'를 점검하라. 카피라이팅의 힘은 결국 콘텐츠 그 자체에서 나온다. 상품이나 서비스가 본질적으로 부족하다면, 메시지가 아무리 뛰어나도 소용없다.

2. 광고를 '보게 만드는 것'과 '보고 나서 행동하게 만드는 것'은 전혀 다른 일이다.

20년이 훌쩍 지난 문장이지만, 오늘날의 SP상세페이지나 세일즈 레터 구조를 정확히 짚고 있다. 여기서 말하는 '광고'는 이미지 광고가 아니라 행동을 유도하는 리스폰스 광고를 뜻한다.

먼저, 사람의 시선을 끌어 '광고를 보게 만드는' 데 가장 결정적인 요소는 헤드라인이다. 헤드라인에서 실패하면 이후 메시지는 읽히지도 않는다. 다시 기회를 잡을 '패자부활전'은 없다.

반대로 헤드라인이 뛰어나다고 해서 그 광고가 반드시 구매로 이어지는 것도 아니다. 카피라이팅은 단순한 문장 기술이 아니라 사람의 심리를 꿰뚫는 정교한 설계 작업이기 때문이다.

헤드라인의 역할은 '관심을 끄는 것'까지다. 그 이후는 바디카피의 몫이다. 바디카피는 고객이 상품의 베네핏을 충분히 이해하도록 차분하게 안내하고, 가격 이상의 가치를 납득시켜야 하며, 구매에 대한 불안과 저항을 해소하는 장치리스크 리버설도 담아야 한다.

그리고 마지막으로, 구체적인 행동을 유도하는 강력한 CTACall to Action가 들어가야 비로소 구매로 이어진다. 즉, 광고는 보이게 만들고, 읽히게 만들고, 이해시키고, 안심시키고, 행동하게 만들어야 비로소 '성과'를 낸다.

> **3** 콜리어가 정리한 문장의 본질은 '사람을 움직이기 위한 호소의 기술'이다.

카피라이팅은 사람의 심리를 조작하거나, 말장난으로 속여서 물건을 파는 기술이 아니다. 상품이나 서비스로 실현하고자 하는 비전을 이루기 위해, 그 뜻에 공감하고 함께할 서포터를 모으는 행위, 그것이 바로 카피라이팅의 본질이다.

앞서 언급했듯이, "당신의 메시지에 따라 모이는 고객이 달라진다." 결국 핵심 질문은 이것이다. 어떤 사람을 끌어들이고 싶은가? 누구와 함께 일하고 싶은가? 이 기준이 분명해야 메시지가 제대로 힘을 갖는다. 방향 없이 던진 말은 누구에게도 닿지 않는다. 그러나 명확한 기준 위에서 메시지를 던질 때, 단순한 판매 관계를 넘어 신뢰로 이어지는 관계가 만들어진다.

카피라이팅은 결국 당신이 어떤 사람을 원하고, 어떤 가치를 함께 이루고 싶은지를 분명히 밝히고, 그들에게 제대로 '호소'하는 일이다. 즉 카피라이팅은 '팔기 위한 기술'이 아니라 '함께하기 위한 언어'다. 상품과 고객을 잇는 다리가 되고, 신뢰와 공감을 바탕으로 지속 가능한 관계를 세워가는 것이야말로 카피라이팅의 핵심이자 출발점이다.

4. 카피라이팅은 '말의 연금술'이다. 하지만 그만큼 위험하기도 하다.

인간 본성에 기초한 말의 힘을 이해하게 되면, 어려운 이론을 배우지 않아도 누구든 비즈니스를 즐길 수 있게 된다. 그 효과는 마치 '현대의 연금술'처럼 보일 만큼 강력하다. 그러나 이 힘은 양날의 검이다. 선한 영향력을 퍼뜨리는 백마술이 될 수도 있지만 대중을 오도하는 흑마술로 전락할 수도 있다.

사람을 불쾌하게 만드는 메시지는, 비록 일시적으로 반응이 좋더라도 절대 써선 안 된다. 말에는 타인을 움직일 힘이 있고, 그 영향은 예상 밖의 방향으로 퍼질 수 있기 때문이다.

카피라이팅의 양면성을 상징하는 일화가 있다. 한 카피라이터가 지인의 음식점 홍보 전단을 써줬다. 첫날부터 대성공. 줄까지 섰다. 그러나 정작 가게 주인은 표정이 어두웠다. 처음 내는 가게였기에 준비도 미흡했고, 접객도 엉망이었기 때문이다. 몰려든 손님들로 서비스는 엉망이 되었고, 평판은 추락했다. 결국 장사는 첫날만 북적였을 뿐, 이후로는 손님이 뚝 끊겼다.

이처럼 카피라이팅은 양날의 검이다. 잘 쓰면 좋은 고객을 끌어들이지만, 잘못 쓰면 브랜드를 해치는 위험한 도구가 될 수 있다. 마케팅 컨설팅 현장에서 "목표 고객 수는 어느 정도인가요?"라고 물으면, "가능한 한 많이요"라는 답이 돌아오는 경우가 많다. 그러나 정말 그만큼 감당할 준비가 되어 있는지, 재고와 대응력은 충분한지 판단하는 것 역시 마케팅 카피라이터의 역할이다. "팔기만 하면 된다, 팔고 난 뒤는 상관

없다"는 생각은 결국 신뢰를 무너뜨리고, 브랜드를 망친다.

　일본에서도 한때 카피라이팅은 마치 '흑마술'처럼 제한된 일부에게만 전수됐다. 간다가 초기형 'PESONA 법칙'을 활용하던 시절, 그 핵심인 '문제 자극하기'Agitation 기법은 극소수 회원에게만 공개됐다. 그러나 이 기법이 무분별하게 퍼지면서, 간다는 그 위험성에 위기를 느꼈고 한동안 카피라이팅에서 거리를 두기도 했다.

　하지만 이후 책과 세미나를 통해 말의 책임과 윤리를 강조하면서 건강한 방향으로 흐름이 바뀌기 시작했다. 그는 다시 한번 확신하게 된다. 제대로 사용한다면, 이만큼 강력하고 선한 영향력을 발휘할 수 있는 기술은 없다. 그래서 간다는 지금도 카피라이팅에 깊이 몰입하고 있다.

> **5** 미국식 카피라이팅은 단기적으로 확실한 매출 효과를 내지만, 그만큼 자극적이고 강압적인 면이 있어 때론 부작용을 초래한다. 광고 문구 자체가 누군가에게 상처를 주거나 불쾌감을 준다면 장기적으로는 오히려 독이 될 수 있다.

일반적으로 마케팅 분야에서 미국은 일본보다 5년 정도 앞서 있다고 평가된다. 따라서 최신 미국식 노하우를 빠르게 받아들이면 마치 '미래의 무기'를 현재에 활용하는 것과 같은 효과를 가져온다.

그러나 그는 단순 모방을 경계한다. 무엇을 그대로 쓰고, 무엇을 수정하거나 배제해야 할지 엄격히 구분한다. 예컨대 미국식 문구인 'Warning!'이나 'Don't ○○'○○하지 마세요! 같은 경고형 표현은 직역하면 과도한 위기감을 불러온다. 또한 미국에서는 세미나 시간 대부분을 상품 판매에 할애해도 자연스럽지만, 강한 거부감을 일으키는 나라도 있다.

미국식 카피라이팅은 단기간에 매출을 폭발적으로 끌어올릴 수 있지만 자극적이고 강압적인 어투 탓에 부작용을 낳기도 한다. 광고 문구가 누군가를 불쾌하게 하거나 상처를 준다면 장기적으로는 독이 된다. 불만, 악성 댓글, 부정적 입소문 같은 후폭풍이 따라올 수도 있다.

결국 간다는 미국과 일본의 문화적 맥락, 소비자 기질의 차이를 철저히 고려한 후, 있는 그대로 수용할 것, 수정해서 사용할 것, 아예 배제할 것을 신중하게 나누며 전략을 세운다. 이처럼 최신 기법을 들여올 때 언제나 '문화적 번역'이 병행되어야 한다.

6 '고객 시점에서 생각하라'고 하면서도, 정작 우리는 고객의 언어로 말하지 않는다.

메시지는 'You 메시지'고객 중심와 'Me 메시지'자기 중심로 나뉜다.

대부분의 회사가 "고객 관점"을 외치지만, 실제 커뮤니케이션은 여전히 "우리 이야기"에 머무는 경우가 많다. 문제는 누구나 의식하지 않으면 금세 'Me 메시지'로 기울 수 있다는 점이다. 그래서 늘 겸허한 자세로 '내가 지금 자기중심적으로 말하고 있지는 않은가?'를 점검해야 한다.

'이젠 괜찮다'고 자만하는 순간, 메시지는 가장 위험한 상태로 빠지게 된다. 이를 방지하려면, 발송 전에 신뢰할 수 있는 동료나 파트너와 상호 피드백을 나누는 것이 좋다.

우리는 지금도 매일 "이 부분은 Me 메시지가 좀 강한데요?", "여기 베네핏이 잘 안 느껴져요" 같은 의견을 주고받는다. 혼자 끙끙대지 말고, 다른 사람의 눈을 빌리는 것. 그것이 좋은 카피를 만드는 지름길이다.

7. "이런 세계가 있었다니!" 세일즈 라이팅을 처음 접했을 때 느끼는 충격은 대부분 비슷하다.

우리는 누구나 말 한마디로 상황이 풀리거나 꼬이는 경험을 한 적이 있다. 표현 하나로 오해를 사거나, 반대로 상대의 마음을 단번에 열기도 한다. 말의 힘이 크다는 사실은 어렴풋이 알고 있었지만, '말에는 사람을 움직이는 원리와 구조가 있다'는 걸 처음 깨달았을 때의 충격은 잊을 수 없다. 나기누타도 처음 카피라이팅을 배웠을 때 그 감동을 지금도 생생히 기억한다.

카피라이팅은 단지 매출을 올리는 기술이 아니다. 상품과 서비스, 그리고 그것을 대하는 내 태도까지도 돌아보게 만든다. 잘 쓴 카피 한 문장은 단순히 '구매'를 이끌어내는 데서 멈추지 않는다. 고객이 "이건 내 이야기다"라고 느끼게 만들고, 장기적으로는 충성 고객을 만들어낸다.

실무에서 이 '첫 충격'은 구체적인 변화로 이어진다.

- 기존 홍보 문구를 고객 언어로 바꿨을 뿐인데 반응률이 두 배로 뛰기도 하고,
- 무심코 쓰던 "저희 회사는…" 문장을 "당신은…"으로 바꾼 것만으로 신규 고객의 눈길을 끌기도 한다.
- 심지어 상품 자체가 카피 작성 과정에서 더 매력적으로 리뉴얼되는 경우도 흔하다.

이 감동과 충격은 한 번으로 끝나지 않는다. 현장에서 카피를 쓰고, 반응을 확인하고, 다시 고치고 다듬는 순간마다 우리는 또다시 "말의 힘"을 새롭게 체감한다.

> **8** 내가 전하고 싶은 것은 단순한 기술이 아니다. 불에 탄 들판 한 가운데 서 있더라도, 다음 날 아침, 종이와 펜 하나로 다시 일어설 수 있는 힘이다.

카피라이팅의 본질은 단순한 문장 기술이 아니다.

사람이 지갑을 여는 구조, '팔리는 흐름'을 설계하는 기술이다. 사람의 구매 행동을 이끄는 심리 메커니즘은 지난 100년간 거의 변하지 않았다. 데구치 하루아키는 『철학과 종교 전사』哲学と宗教全史에서 "인간의 뇌는 1만 2천 년 전과 거의 달라지지 않았다"고 말한다.

그 말이 사실이라면, 앞으로도 구매 행동의 원리는 쉽게 바뀌지 않는다. 상품이나 서비스는 시대에 따라 달라지겠지만, 사람의 마음을 움직이는 구조는 변하지 않는다. 그래서 카피라이팅은 어떤 시대에도 통한다.

만약 전 재산을 잃고 아무것도 없는 상태에서 다시 시작해야 한다 해도, 이 기술이 있다면 사람을 모을 수 있다. 모인 사람은 자금을 끌어오고 자금은 제품을 만들며 제품은 다시 이익을 낸다. 이 선순환을 가능하게 하는 '첫 불씨'가 바로 카피라이팅이다.

앞날이 불투명한 시대, 누구나 불안을 느낀다. 하지만 아무리 모든 것이 무너진 듯 보여도, 펜과 종이 혹은 키보드 하나만 있으면 다시 시작할 수 있다. 카피라이팅은 그래서 단순한 직업 기술이 아니라 생존 기술이자 재건 기술이다. 이것이 내가 진짜 전하고 싶은 메시지다.

> **9** 세일즈 라이팅이 인간성을 키우는 이유는 '자기 중심'이 아닌 '상대 중심'의 사고를 훈련하기 때문이다.

카피라이팅에서는 흔히 'You 메시지'와 'Me 메시지', '읽는 사람의 시선'과 '쓰는 사람의 시선', '상대 중심'과 '자기 중심'이라는 표현을 쓴다.

하지만 본질은 하나다. 얼마나 고객의 입장에서 생각할 수 있느냐는 것이다. 진짜 '꽂히는 말'은 고객의 머릿속에 있다. 문제는 그 고객조차 스스로 인식하지 못하는 경우가 많다는 점이다. 그래서 더 어렵고, 그래서 더 철저한 관찰과 공감이 필요하다.

항상 스스로에게 이렇게 질문해보자.

"이 말은 고객 눈에 어떻게 비칠까?"

"이 상품은 고객의 삶에 어떤 변화를 줄 수 있을까?"

"고객이 얻는 핵심 베네핏은 무엇인가?"

이런 질문을 반복하다 보면, 자연스럽게 객관적인 시선을 갖게 되고, 고객의 마음을 움직이는 카피가 탄생한다. 다양한 고객의 입장을 이해하려는 노력은 곧 자신의 시야를 넓히는 일이기도 하다. 이것은 단순히 '남 눈치 보기'와는 다르다. 또한, 하고 싶은 말을 하지 말라는 뜻도 아니다. 중요한 건 '내 말'이 아닌 '상대에게 닿는 말'이 되도록 상대를 주어로 두고 말하는 것이다.

> **10** 단 한 문장만 바꿔도 괜찮다. 업무에서 자주 쓰는 익숙한 문장 하나를 바꾸는 것과 같은 작은 시도가 인생을 한층 풍요롭게 해줄 창을 여는 열쇠가 된다.

그 첫걸음을 가장 쉽게 내딛는 방법은 '경험 공학'을 활용하는 것이다. 즉, 말투 하나에도 주의를 기울여, 상대방이 어떻게 해석할지를 고려하며 표현을 바꾸는 일이다. 같은 의미라도 "~할 수 없습니다" 대신 "~하실 수 있는 방법은…"이라고 바꾸는 순간, 메시지는 전혀 다른 색을 띤다. 작은 뉘앙스 차이가 곧 관계의 온도를 바꾼다.

이 과정에서 시점은 '내가 말하는 것'에서 '상대가 읽는 것'으로 전환된다. 그러다 보면 점점 읽는 사람의 베네핏을 찾아내는 일이 즐거워진다. "조금이라도 도움이 될까?"라는 마음으로 문장을 고쳐 쓰는 순간, 쓰는 이의 시야도 함께 넓어진다.

카피라이팅은 결국 '상대에게 도움이 되는 글을 쓰겠다'는 태도에서 출발한다. 이 태도는 단지 글을 잘 쓰는 데 그치지 않고, 인간관계와 비즈니스 전반을 더 단단하게 만든다. 오늘, 단 한 문장을 바꿔보겠다는 당신은 이미 카피라이팅이라는 넓은 바다에 발을 담근 셈이다. 작은 시도가 쌓일수록 그 바다는 점점 더 깊어지고 넓어진다.

> **11** DM을 쓰는 사람은 반드시 '문장을 자기 것으로 만들려는 노력'을 해야 한다.

 스와이프 파일실제 성과가 입증된 SP나 세일즈 레터 모음을 활용하면 소구력 있는 카피를 빠르게 쓸 수 있다.
 하지만 자신의 상품과 고객의 니즈·원츠를 연결하는 PMM Positioning, Match, Message이 스와이프 파일과 제대로 맞아떨어지는지를 반드시 확인해야 한다. 스와이프 파일을 지나치게 의식하면 상품명만 바꿔 끼운 뒤, 형식에 맞춰 억지로 끼워넣으려는 오류에 빠지기 쉽다. 이럴 경우 본래 목적―즉, 상품·서비스의 진짜 매력을 독자에게 전달하는 것―은 사라지고, 겉모양만 번지르르한 '틀 맞추기'에 그치고 만다.
 훌륭한 카피는 따라 읽고, 손으로 써보며 체화할 필요가 있다. 하지만 어디서 본 문장을 그저 복붙하는 것으로는 효과를 낼 수 없다. 카피라이팅의 원리를 바탕으로, 당신만의 상품·서비스에 맞춰, 당신의 말로 표현하라. 결국 팔리는 글은 언제나 '자기 말'에서 시작된다.

12 전단은 인간성을 감출 수 없다.

이 말은 전단뿐 아니라 SP, 세일즈 레터, 심지어 일상적인 문장 하나하나에도 그대로 적용된다.

문장은 쓰는 사람의 '인간성'을 고스란히 드러낸다. 뿐만 아니라 글을 쓸 때의 감정 상태까지 그대로 묻어난다. 예민한 상태에서 쓴 글은 날카롭고 뾰족하게 느껴지고, 마음이 평온하고 여유로울 때는 자연스레 따뜻하고 배려 깊은 문장이 나온다.

나기누타는 지금까지 800명이 넘는 사람에게 3,500건 이상의 카피 피드백을 해왔다. 그 결과, 쓰는 사람이 망설이거나 조심스러워할 때 그 흔적이 문장에 어떻게 남는지를 이제는 손금 보듯 읽어낼 수 있다.

물론 카피라이팅에는 기술과 원칙이 있다. 하지만 궁극적으로 그 문장은 '사람'으로 드러난다. 잔기술보다 중요한 것은 결국 글에 스며드는 '사람 냄새'다. 나 역시 더 나은 문장을 쓰기 위해, 기술보다 인간성을 갈고닦는 데 게을리하지 않으려 한다.

13 문장은 그저 정보만 전달하는 수단이 아니다. 감정을 전하기 위해 존재한다.

글쓰기는 단순히 정보를 전달하는 일이 아니다. 핵심은 '어떤 감정을 전달하고 싶은가', '독자에게 어떤 마음이 전해지길 바라는가'를 생각하며 쓰는 데 있다.

고객의 고민을 부모의 마음으로 헤아려 보자. 그 힘든 상황을 이해하고, 이 상품이나 서비스가 그 고민을 덜어주길 바라는 마음으로 글을 쓴다면, 자연스레 문장 속에 진심이 녹아든다. 이를 위해 어려운 기교는 필요 없다. 쉬운 말, 진심 어린 표현이면 충분하다. 앞에서 말했듯, 문장은 인간성을 감출 수 없다. 따라서 '감정을 담아 쓰겠다'는 의식만으로도, 단어 하나, 말투 하나에 당신의 마음이 배어든다. 그렇게 해서 비로소 당신만의 언어, 당신만의 문장이 완성된다.

> **14** 세일즈 레터에서는 '고객이 듣고 싶은 말'을 해야 한다. 그런데 대부분은 '자기가 하고 싶은 말'만 한다.

난방 기기를 할머니에게 판매하던 일화를 기억해보자. 카피라이팅을 모르는 사람일수록 자기가 하고 싶은 말만 늘어놓는다. "이 상품은 이런 점이 뛰어나요. 이런 기능도 있어요. 저런 것도 가능합니다." 하지만 이 방식으론 고객 마음에 아무런 울림도 주지 못한다. 지금 이 순간에도 곳곳에서 이런 세일즈가 반복되고 있다.

진짜 카피는 항상 'You 메시지'에서 출발해야 한다. 고객은 무엇을 듣고 싶어 할까? 그 질문에서 시작해야 한다. "추운 겨울, 전기세 걱정 없이 방 안을 따뜻하게 지켜드립니다"라는 말은 고객의 현실적 고민에 꽂힌다. 반대로 "최신 난방 기술을 탑재했습니다"라는 말은 그저 판매자의 자랑일 뿐이다.

카피라이팅은 기능을 설명하는 기술이 아니라 고객이 원하는 결과를 보여주는 기술이다. 기능 function 을 나열하지 말고, 그 기능이 주는 이익 benefit 을 번역해 전달해야 한다. '난방 기기'의 기능은 발열량이지만 고객이 듣고 싶은 건 "전기료는 절감되고, 손주가 감기 걱정 없이 잘 잔다"는 메시지다.

15 도대체 왜 반응이 없을까? 문장이 길어서가 아니다. 한마디로, 재미가 없기 때문이다.

많은 초보 카피라이터가 "글이 길어서 안 읽는 것 같다"고 말한다. 하지만 사실은 정반대다. 문장이 길어서가 아니라 재미가 없어서 안 읽는 것이다. 독자는 길이에 그렇게 민감하지 않다. 재미만 있으면 5천 자든, 1만 자든 끝까지 읽는다. 반대로 아무리 짧아도 재미가 없으면 첫 줄에서 멈춘다.

카피의 적정 길이는 단 하나 '전달할 정보를 충분히 담은 가장 짧은 길이'이다. 즉, 길이에 집착할 게 아니라 흥미와 몰입을 어떻게 설계할 것인가에 집중해야 한다.

그렇다면 어떻게 해야 독자가 끝까지 읽을까? 여기서 필요한 것이 이야기 구조와 리듬이다. 단순히 정보를 나열하는 대신, 다음 문장이 궁금해지도록 끌어당겨야 한다. 이때 유용한 도구가 바로 스토리 차트다. 기승전결을 미리 설계해두면, 글은 자연스럽게 독자를 끌어간다. 독자가 "그다음은 어떻게 될까?"라는 질문을 품게 만드는 것이다. 이를 위해 의도적으로 문장을 끊거나 질문형 문구를 넣거나 의외성을 심는 전략이 필요하다.

16   고객은 이제 자신이 무엇을 원하는지도 모른다.

간다 마사노리의 첫 책 『저예산으로 우량고객을 사로잡는 방법』小予算で優良顧客をつかむ方法, 1998은 25년이 지난 지금도 여전히 유효하다. 오히려 오늘날에는 그 메시지가 더 절실하다. 고객은 상품과 정보의 홍수 속에서 방향을 잃고 있기 때문이다.

온라인 쇼핑몰, SNS, 유튜브, 광고 배너, DM까지 선택지는 끝없이 쏟아진다. 그러나 선택지가 많아질수록 오히려 고객은 무엇을 원하는지조차 모르게 된다.

바로 이 지점에서 마케팅 카피라이터의 역할이 드러난다. 카피라이터는 단순히 "상품의 장점"을 전달하는 사람이 아니라 고객 머릿속의 흐릿한 고민을 명확한 언어로 대신 표현하는 사람이다. 고객 스스로 정리하지 못한 욕구를 한 문장으로 찔러주는 것이다.

예컨대 다이어트를 원하는 사람은 체중 감량보다 "자신감을 회복하고 싶다"는 욕구가 더 크다. 투자를 고민하는 사람도 "돈을 벌고 싶다"보다 "불안을 줄이고 싶다"는 감정이 앞선다. 이때 카피가 "당신이 두려운 건 실패가 아니라 기회를 놓치는 것 아닙니까?"라고 묻는 순간, 무의식은 즉각 반응한다. 즉 카피라이팅은 단순한 정보 전달이 아니라 고객의 '내면 언어'를 발견하는 과정이다. "그래, 내 얘기야"라는 공감이 생기는 순간, 고객은 비로소 문제를 인식하고 해답을 찾는다. 결국 카피라이터는 상품 설명자가 아니라 고객의 마음 해석자이자 욕구 번역자다.

> **17** 고객이 생각하고 있는 말을 먼저 꺼내라. 그러면 행동이 따라온다. 마음의 잠금장치를 여는 말 한마디를 찾아라. 소비자의 심리 상태에 딱 맞아떨어지는 말은 그들을 움직이게 한다.

사람이 어떤 상품을 살 때는 반드시 '갖고 싶다'는 감정이 먼저 일어난다. 하지만 그 감정은 일상에서 쉽게 억눌린다. '지금은 참자', '굳이 이게 필요할까?' 하는 식의 자제심이 작동하는 것이다.

이때 중요한 것이 바로 마음의 자물쇠를 여는 말 한마디다. 즉, 고객의 내면에 딱 맞아떨어지는 카피. 고객 스스로도 자각하지 못했던 욕망을 정확히 짚어주는 순간, 그 말은 '맞아, 이거야!'라는 반응을 이끌어내며 감정을 흔들고 행동으로 이어지게 만든다.

핵심은 단순히 고객의 머릿속 말을 반복하는 것이 아니라 그 안에 잠들어 있던 욕구를 언어화하는 것이다. 그 말이 욕구의 핵심을 정확히 찌를 때, 고객은 마음의 자물쇠를 열고 스스로 움직이게 된다.

> **18** 고객이 가격만 묻는 이유는, 당신이 가격 외에 판단 기준을 제시하지 않았기 때문이다.

계속 강조하지만 당신의 메시지에 반응하는 고객이 모인다. 당신이 '저렴함'을 강점으로 내세우면, '가격'에 민감한 고객들만 끌려온다. 만약 "우리 고객은 왜 항상 가격만 따질까?"라고 느낀다면, 당신의 광고 문구부터 점검해보자. 혹시 "타사보다 저렴합니다", "지금이 가장 저렴한 기회입니다" 같은 메시지만 반복하고 있진 않은가?

가격을 이야기하는 것이 문제는 아니다. 핵심은 그 전에 '이 상품이 어떤 가치를 주는지', 즉 베네핏을 충분히 전달했느냐는 점이다. 고객은 먼저 그 베네핏에 공감해야 가격에 대한 비교가 의미를 갖는다. 가치를 이해한 다음에야 비로소, "이 가격이면 정말 괜찮네"라는 반응으로 연결될 수 있다.

19 "우리 업계에서는 안 돼"라는 생각이 아이디어의 싹을 자른다.

잘된 마케팅 사례를 봐도 "우리 업계에서는 저런 건 못 써"라며 단정 짓는 사람이 의외로 많다.

하지만 그 순간, 발상의 문은 닫혀버린다. 예를 들어 '피아노 카피'를 보고 "이건 음악계니까 가능하지"라고 넘겨버리면, "웨이터가 나에게 프랑스어로 말을 걸었을 때", "내가 회사를 차리겠다고 말했더니", "내가 사법시험을 보겠다고 했더니" 같은 기발한 응용은 애초에 떠오르지도 않는다.

조금만 시선을 비틀면 얼마든지 자신만의 방식으로 적용할 수 있다. "이걸 우리 업계에서 어떻게 응용할 수 있을까?"라는 관점으로 접근하면 지금껏 발견하지 못했던 아이디어의 원석들이 모습을 드러낼 것이다.

실제로 뛰어난 카피라이터는 특정 업계의 문법에 갇히지 않는다. 식당 사례에서 배운 것을 교육 업계에, IT 업계에서 발견한 인사이트를 뷰티 업계에 적용한다. 업계마다 고객의 언어와 문화는 다르지만, 사람의 심리 원리는 크게 다르지 않다. 결국 중요한 것은 "그 원리를 어떻게 번역할 것인가"다. 이 질문을 붙잡는 순간, 당신의 업계에서도 전혀 새로운 방식이 열릴 수 있다.

20 고객은 '가장 신뢰할 수 있는 곳'에서 산다.

　기능이나 가격보다 고객이 더 중요하게 여기는 것은 '신뢰'다. 결국 많은 고객이 가장 믿을 수 있는 회사를 선택한다. 그렇다면 당신이 할 일은 단 하나다. 당신의 회사가 기존 고객에게 어떤 점에서 좋은 평가를 받았는지, 그 이유를 고객의 시선으로 파악하고 그 내용을 신규 고객에게도 정확히 전달하는 것이다.

　한 번이라도 당신에게서 구매한 고객이 있다면 '왜 수많은 선택지 중 당신을 택했는가?'를 생각해보자. 그 이유에는 반드시 실마리가 있다. 설령 '우연히'라 하더라도 '무엇이 그 우연을 가능하게 했는가?', '어떤 계기로 처음 알게 되었는가?'를 추적하면 유사한 잠재고객에게 접근할 수 있는 힌트를 얻게 된다. 고객이 반복적으로 언급하는 강점이 있다면, 그것은 경쟁사와 차별화되는 당신만의 무기일 수 있다.

　"무엇이 달랐기에 좋았는가?" 그 질문 속에 독자성과 경쟁우위가 숨어 있다. 항상 이 시선을 유지하면 비즈니스는 훨씬 더 흥미롭고 즐거워질 것이다.

> **21** 고객이 상품을 산다는 것은 '자신이 안고 있는 문제를 해결한다'는 것이다. 여기에 더하자면 '지금의 나'에서 '새로운 나'로 변화한다는 뜻이다.

구매 행위는 단순한 소비가 아니다. 고객에게는 현재의 불편을 해소하거나 이상적인 미래에 한 걸음 더 다가가기 위한 선택이다. 결국 당신이 제공하는 상품·서비스는 그들의 문제를 풀어주는 해결책이자, 막연히 꿈꿔온 이상을 현실로 끌어내는 도구다.

두 경우 모두 본질은 같다. 고객은 '지금'에서 '미래'로 이동한다. 카피라이팅은 바로 이 전환의 순간을 설계하는 기술이다. 당신의 문장이 현실과 이상 사이의 간극을 드러낼 때, 그 틈은 감정적 긴장으로 바뀌고, "지금 이걸 사야 한다"는 욕망이 깨어난다.

그러나 여기에는 늘 강력한 장애물이 존재한다. 바로 '현상 유지 편향'이다. 인간은 본능적으로 변화를 꺼리고, 익숙한 현재에 머무르려 한다. 아무리 나은 미래가 눈앞에 보여도, '지금 괜찮은데 굳이 바꿀 필요 있나?'라는 저항이 자동으로 작동한다.

따라서 진짜 카피라이팅은 단순히 베네핏을 나열하는 데 그치지 않는다. 고객이 붙잡고 있는 현재의 안전지대를 흔들고, 변화하지 않았을 때의 손실과 놓치는 기회를 선명히 보여주어야 한다. 바로 그때 고객은 두려움을 넘어 행동한다.

22   감정을 고려하지 않는 비즈니스는 결국 성과를 놓친다.

　대부분의 회사는 비즈니스를 진행할 때 '인간의 감정'을 배제한 채 논리만으로 접근한다.

　하지만 그렇게 해서는 애초에 얻을 수 있었던 매출과 효율을 놓치고 만다. 이유는 명확하다. 구매란 본질적으로 감정의 결과이며, 이후에 논리로 그것을 정당화하는 행위이기 때문이다. 아무리 상품·서비스가 우수하고, 그 장점과 기술적 강점을 논리적으로 잘 설명한다 해도 고객의 감정을 건드리지 못하면 결코 구매로 이어지지 않는다.

　실제로 세상에는 아무리 훌륭한 상품이라도 팔리지 않는 경우가 있고, 별 특징 없는 상품이지만 잘 팔리는 경우도 있다. 이는 곧, 니즈만으로는 부족하며, 고객의 감정적 욕망인 '원츠'에 연결되지 않으면 부가가치는 창출되지 않는다는 사실을 보여준다.

　예를 들어 다이어트는 체중 감량_{니즈} 때문이지만 실제로는 자신감 회복이나 외모 개선_{원츠} 때문에 지갑이 열린다. 또 투자도 단순히 돈을 벌려는 니즈보다, 불안에서 벗어나고 싶다는 원츠가 더 큰 동기가 된다.

> **23** 마케팅 카피라이터란 마케팅 전략의 깊이를 바탕으로 상품·서비스의 진정한 가치를 포착하고, 그것을 필요로 하는 고객에게 정확히 연결되는 이야기와 메시지를 만들어내는 사람이다.

상품의 가치는 설명만으로는 살아나지 않는다. 그것을 말로 구조화해야 한다. 구조화란 흐릿한 아이디어나 감각적 매력을 체계적인 언어로 재편성하여 누구든 공감할 수 있는 논리와 감정의 틀을 갖추게 만드는 과정이다. 이 과정에서 단순한 설명은 이야기로 변하고, 이야기는 곧 감정을 움직여 행동을 유도하는 힘을 가진다.

예를 들어 그는 상품의 본질을 단순한 설명이 아니라 고객이 공감할 수 있는 가치 언어로 구조화한다. 즉 커피를 두고 "카페인 95mg 함유"라고 하면 단순한 데이터다. 하지만 "아침을 깨워주는 첫 번째 스위치"라고 말하면, 기능이 곧 하루의 시작이라는 가치로 전환된다. 또 운동화를 "내구성이 좋다"라고 표현하는 대신, "끝까지 달리게 해주는 두 번째 엔진"으로 구조화하면 고객은 단순한 신발이 아닌 '지속하는 힘'을 떠올린다.

이처럼 카피라이터는 상품의 기능·특징을 고객이 공감할 수 있는 가치의 언어로 구조화한다. 단순한 설명이 이야기가 되고, 이야기는 곧 감정을 건드려 행동으로 이어진다.

24. 고객 타깃이 명확하지 않으면, 감정적 연결도 없다.

'되도록 많은 사람에게, 많이 팔고 싶다.'

많은 기업이 이렇게 생각한다. 물론 자연스러운 생각이다. 하지만 더 많은 사람에게 도달하고 싶다면, 오히려 타깃을 명확히 좁히는 것부터 시작해야 한다. 고객 타깃이 모호하면, 고객은 그 브랜드에 대해 '이건 나와는 상관없는 이야기'라고 느끼게 된다. 그 결과, '이 회사는 내게 딱 맞는 곳'이라는 커뮤니티 의식과 감정적 유대도 생기지 않는다.

타깃을 좁히는 것은 나머지 고객을 버리는 일이 아니다. 세그멘테이션 전략처럼, 여러 개의 정밀한 타깃을 설정하고 그에 맞춰 메시지를 커스터마이즈하면 된다. 그렇게 하면 각 타깃은 '이건 나를 위한 메시지다'라고 느끼고, 자연스럽게 구매 행동으로 이어진다.

결국, 이처럼 섬세하게 타깃을 나누고 맞춤형 메시지를 전달하느냐 마느냐가 비즈니스 성패를 가르는 결정적 요소가 된다.

25 '있으면 좋다'로는 부족하다. '없으면 안 된다'로 느끼게 해야 팔린다

 이 메시지는 USP고유 판매 제안를 강화하는 관점을 설명한다. 요즘처럼 유사한 상품과 서비스가 넘쳐나는 시대에, '우리만의 차별점'만으로는 부족하다. 물론 USP는 여전히 중요하다. 하지만 고객 입장에서 '있으면 좋겠는 정도'의 상품은 굳이 지갑을 열게 만들지 않는다.

 핵심은 이것이다. 당신의 상품이나 서비스가 고객에게 '없으면 곤란한 존재'로 인식되도록 만들어야 한다. 즉 '있으면 좋은 수준'을 넘어 '없으면 불편하고 반드시 필요한 존재'로 포지셔닝할 방법을 고민해야 한다. 이때 고객은 상품을 선택하는 것이 아니라 불편과 손실을 피하기 위해 필수적인 무언가를 확보한다는 심리로 움직인다. 바로 그 순간, 행동은 자연스럽게 일어난다.

26 비즈니스의 본질은 단순한 세 가지 과정을 꾸준히 반복하는 것이다.

① 잠재고객을 비용 대비 효과적으로 끌어모은다.
② 그들과 계약을 맺어 실제 고객으로 전환시킨다.
③ 기존 고객이 반복 구매하도록 유도해 충성 고객으로 성장시킨다.

이 구조는 리드 → 프론트엔드 → 백엔드의 고객 여정과, LTV_{고객 생애 가치}와 CPA_{고객 획득 비용} 간의 관계를 명확히 보여준다. '비용 대비 효과적으로 모은다'는 것은, 단순히 저비용으로 광고를 집행하는 차원이 아니라 LTV가 CPA를 확실히 상회하는 구조를 설계하는 것을 의미한다. 즉 단기 수익이 아니라 고객 생애 동안의 전체 수익 곡선을 고려해야 한다는 뜻이다.

또한 고객을 육성한다는 관점에서 충성도 높은 '팬 고객'을 늘려가는 전략이 중요하다. 이런 팬 고객이 자발적으로 신규 고객을 소개하게 되면, CPA는 급감하고 수익성은 자연스럽게 향상되는 선순환 구조가 만들어진다. 더 나아가 팬 고객은 단순 반복 구매자가 아니라 브랜드를 대신 홍보해주는 '비용 제로의 세일즈맨' 역할을 한다. 결국 비즈니스 성장은 신규 고객 확보에서 출발하지만, 진정한 안정성은 기존 고객을 어떻게 관리·육성하느냐에 달려 있다.

> **25** 카피라이팅은 단지 물건을 팔기 위한 문장이 아니다. 말 한 줄이 회사의 방향을 바꾸고, 조직 전체에 생기를 불어넣는 힘이 있다.

간다 마사노리의 카피라이팅은 단순히 '팔렸다'는 결과를 목표로 하지 않는다. 말을 만들어가는 과정 자체가 자사혹은 자기 자신를 깊이 들여다보는 절호의 기회이며, '가치를 제대로 전달한다'는 목표에 도달하기 위해 조직 내 변화를 이끌어내는 계기로 기능한다.

이는 직원 수나 조직 규모와는 무관하다. 핵심은 고객의 인식에 변화를 일으키고, 그로 인해 행동을 바꾸게 하는 간명한 전달력을 갖추는 것이다. 이 능력이 바로 마케팅 카피라이터에게 필요한 자질이다.

여기까지 읽었다면, 카피라이팅이 단순한 판매 기술을 넘어선다는 점을 실감했을 것이다. 더 나아가 그 말은 상품 개발, 브랜드 전략, 조직 문화까지 영향을 미친다.

오늘부터는 이렇게 자문해보자. "나는 내 카피로, 나 자신과 고객의 성장을 얼마나 도울 수 있는가?"

> **28** 고객이 오지 않으면 회사는 문을 닫는다. 어떤 사업이든, 새로운 고객을 꾸준히 유입시키지 않으면 결국 무너진다. 작은 라면 가게든, 도요타나 소니 같은 대기업이든 예외가 없다.

이 문장은 '고객 창조'의 중요성을 강조하고 있다. 이와 관련해 피터 드러커는 이렇게 말했다. "기업이란 무엇인가를 이해하려면, 목적부터 생각해야 한다. 기업의 목적은 기업 내부가 아니라 외부, 즉 사회에 있다. 그러므로 기업의 유일하게 유효한 목적은 '고객 창조'다."

드러커는 또한 이렇게 덧붙였다. "기업이 고객을 창조하는 존재라면, 기업이 반드시 수행해야 할 핵심 기능은 두 가지다. 하나는 마케팅이고, 다른 하나는 혁신이다. 이 두 가지야말로 기업가 정신의 핵심이다."

예전부터 세일즈 레터는 '인쇄된 영업사원'이라 불려왔다. 오늘날도 마찬가지다. SP나 세일즈 레터 등, 카피라이팅 기술은 바로 '고객을 만드는 도구'다. 아무리 비전이 훌륭하고 사회적 가치가 높아도, 고객이 없고 비즈니스로 성립되지 않으면 그저 좋은 말에 불과하다.

가치 있는 아이디어를 실제 수익 모델로 구현하고, 그 가치를 사람들에게 전달해 지속 가능하게 만드는 데 카피라이팅은 여전히 핵심적인 역할을 한다.

29   말의 힘을 아는 사람은, 그 힘을 어디에 쓰느냐에 대해 반드시 자문해야 한다.

이 책의 독자라면, 읽기 전에도, 읽은 후에도 '말의 힘을 어디에 어떻게 쓸 것인가'를 스스로에게 물어보길 바란다.

수많은 사람에게 메시지를 전달하는 자리에 있다는 건, 단순한 판매자가 아닌 '교사'로서의 자각을 갖는 일이다. 이 자각이 생긴다면, 우리는 매출을 올리면서도 더 나은 사회를 만드는 말, 공공성과 윤리를 품은 표현을 선택하게 될 것이다. 그럴 때, 리스폰스 광고는 단순한 반응 유도 도구를 넘어 시대를 바꾸는 메시지 플랫폼이 된다. 말은 현실을 흔들고 때로는 의식을 새롭게 만든다. 말의 힘을 아는 사람은 창조의 책임도 함께 짊어진다.

백 년 전, 사람들이 세일즈 레터를 우편으로 보낼 때와는 달리 지금 우리는 단 한 줄의 문장으로 전 세계에 순식간에 메시지를 전할 수 있는 시대에 살고 있다. 이제는 누구나 하나의 매체이며, 그 누구라도 더 나은 세상을 위한 언어의 씨앗을 뿌릴 수 있는 시대다.

시대가 어떻게 바뀌든, 사람을 돕고 사회를 움직이는 힘은 여전히 카피라이팅의 본질이다. 말로 사람을 조종하는 것이 아니라 내 안의 진짜 가치를 언어로 구조화해 세상과 연결하는 것. 앞으로의 백 년, 카피라이팅을 이어갈 사람은 바로 지금 이 글을 읽고 있는 당신이다.

나 가 며

카피라이팅은 당신의 가능성이다

"어떻게 말할까보다, 무엇을 말할까가 훨씬 더 중요하다."

이 말은 이 책 전반에 걸쳐 반복 등장하는 존 케플즈의 문장으로, 카피라이팅의 본질을 단숨에 꿰뚫는 통찰이다. 하지만 동시에, '어떻게 말할까'를 모르면 '무엇을 말할까' 역시 보이지 않는다는 것도 사실이다. 표현의 '서랍'이 없으면, 생각의 '번뜩임'도 탄생하지 않는다.

이 책은 수년간 축적된 '어떻게 말할까'에 대한 원리와 기술을 체계적으로 정리하는 동시에, '무엇을 말할까', 즉 PMM 자체에 대한 통찰도 깊이 파고든다. 계속 강조했듯, 팔리는 것은 아이디어이고, 아이디어란 PMM이며, 그 PMM을 표현하는 도구가 바로 '말'이다.

단순히 지식을 나열한 책은 아니다. 성과가 입증된 다양한 사례를 바탕으로, 스마트폰과 영상 중심의 시대에도 통하는 실전형 카피라이팅의 원칙과 기술을 담은 최초의 실전서라고 자부한다. 이 책의 내용을 제대로 소화하면, 간다 마사노리가 서문에서 말한 네 가지 능력, 즉 판단력, 사고력, 표현력, 전달력이 자연스럽게 몸에 배게 된다. 이 네 가지 힘은, 자기 의지로 삶을 이끄는 진짜 힘이 된다.

'집에서 할 수 있는 일'에서 '천직'으로

코로나19 이후 재택근무가 빠르게 확산되며, '어디서 일하느냐'보다 '어떻게 일하느냐'가 더 중요한 시대가 되었다. 나 역시 처음 마케팅 카피라이터로 독립하게 된 계기는 뇌성마비를 앓는 아이를 돌보며 아내의 부담을 덜고 싶었기 때문이었다. 반드시 집에서 할 수 있는 일을 해야만 했던 절박한 상황이었다.

만약 그 시절에 지금처럼 재택근무가 보편화되어 있었더라면 어쩌면 회사를 그만두지 않았을지도 모른다. 그랬다면 카피라이팅이라는 놀라운 기술을 만날 일도, 간다 마사노리와의 인연도, 이 책을 통해 독자를 만날 기회도 없었을 것이다.

물론 지금은 대기업에서도 재택근무가 일상이 되었지만, 사람의 마음을 움직이는 말의 원리를 전하고 그로 인해 상품과 서비스가 팔리며, 클라이언트와 함께 그 성과를 기뻐하는 경험은 어떤 조직에서도 쉽게 얻을 수 없는 특별한 보람이다. 글을 통해 누군가의 문제를 해결하고, 때로는 삶을 바꾸는 순간을 곁에서 목격할 수 있다는 점은 이 직업의 축복이다.

무엇보다 나는 이 일이 너무도 즐겁다. 몸이 좋지 않은 날에도 카피를 쓰고 있노라면 어느새 컨디션이 나아질 정도다. 누군가는 이렇게 말할지도 모른다. "일이 취미인가 봐요." 하지만 나에겐 조금 다르다.

카피라이팅은 생계를 위해 억지로 견디는 노동도, 여유 있을 때 즐기는 취미도 아니다. 숨 쉬듯 자연스럽고, 살아 있음을 느끼게 해주는 '나다운 일'이며 나의 천직이다.

태도가 인생을 만든다

솔직히 말해, '세일즈 카피라이터'라는 직업이 있다는 사실을 처음 알았을 때 나는 적잖이 놀랐다. 당시에는 이미지 광고 분야에서 활약하는 카피라이터는 익숙했지만, 판매에 직접 연결되는 문장을 쓰는 전문 직업이 있다는 사실은 잘 알려져 있지 않았기 때문이다. 그래서 철저히 조사했다. 그 결과, 미국에서는 이미 100년 이상 카피라이팅이 하나의 전문직으로 자리 잡아 왔으며, 자긍심을 가질 만한 분야임을 알게 되었다. 그리고 일본에도 이 분야의 선구자인 간다 마사노리가 이미 당시 20년 가까이 실무에서 활동하고 있다는 사실을 알았고, 나는 이 일을 인생의 새로운 가능성으로 삼기로 결심했다.

"앞으로 100년 동안 꾸준히 읽히는 '백 년의 책'을 함께 만들어봅시다." 이 책의 출간 프로젝트는 다이아몬드사의 데라다 요우지 편집장의 격려에서 시작되었다. 이 말은 나에게 큰 울림이었다. 그 이후로 나는 단순한 기술서가 아니라 시대를 관통할 원칙과 통찰을 담은 책을 만들어야겠다는 각오를 다졌다. 편집 과정에서 데라다 편집장에게서는 카피라이팅뿐 아니라 책이 지녀야 할 본질에 대한 통찰과 철학을 배울 수 있었다.

이 책에서 언급한 『광고, 이렇게 하면 성공한다』 서해문집, 1998, 『전설의 카피라이팅 실천 바이블』 The Robert Collier Letter Book, 『성공하는 다이렉트 마케팅 방법』 Successful Direct Marketing Methods, 『최강의 카피라이팅 바이블』 最強のコピーライティングバイブル 등 '황금 클래식 시리즈'로 불리는 책들을 편집한 것도 데라다이다. 그의 깊은 이해와 확고한 지지 없이는

이 책 또한 세상에 나오지 못했을 것이다.

또한 이번 책의 표지와 본문 디자인을 맡아준 히로타 기요코는 '황금 클래식 시리즈' 전권에 참여한 분으로, 이번에도 훌륭한 결과물을 선보였다. 교정 작업을 맡아 섬세하게 문장을 다듬어준 가토 요시히로와 미야가와 사키에게도 깊이 감사한다. 저자가 놓친 부분까지 꼼꼼히 살펴준 덕분에 이 책의 완성도가 한층 높아졌다. 이처럼 카피라이팅이라는 언어의 기술을 깊이 이해하고 존중하는 분들과 함께 이 책을 완성할 수 있었음에 깊이 감사한다.

그리고 공동 집필자 간다 마사노리, 나의 새로운 도전을 지지해준 가족, 늘 웃는 얼굴로 함께해준 알마 크리에이션의 따뜻한 동료들에게도 진심으로 고마운 마음을 전한다. 무엇보다 이 책을 손에 들어준 독자, 그리고 자신의 재능을 갈고닦으며 회사와 사회에 기여하는 진짜 마케터가 되기 위해 카피라이팅과 마케팅 공부를 멈추지 않는 알마 크리에이션의 모든 독자들에게 진심을 담아 경의를 표한다.

카피라이팅은 당신의 가능성이다

이 책에서 소개한 카피라이팅 기술을 비즈니스와 일상 속에서 꼭 한 번 써보길 바란다. 그리고 그 결과, 꿈꾸는 더 나은 미래에 한 걸음 다가가기를 바란다. 만약 그렇게 해서 얻은 성공에 이 기술이 작게나마 보탬이 되었다면, 그 경험을 주변 사람에게도 전해주었으면 한다. 당신의 손에서 시작된 말의 힘이 또 다른 사람에게 전해질 때, 카피라이팅은 다음 세대로, 다음 세기로 이어질 수 있다.

카피라이팅은 단지 상품이나 서비스를 팔기 위한 기술이 아니다. 그 본질은, 제품과 서비스에 숨겨진 가치를 발굴하고, 그것을 가장 설득력 있는 방식으로 전달하는 과정이다. 이 과정을 통해 우리는 단지 경제적인 성공을 넘어, 자신의 재능과 가능성을 표현하는 깊은 기쁨을 경험하게 된다. 경제적 풍요와 더불어 마음의 충만함까지 함께 얻을 수 있는 길, 그것이 바로 카피라이팅이 가진 진짜 힘이다.

마음의 여유는 타인을 향한 배려로 이어진다. 당신이 삶의 자리에서 더 풍요로워질수록, 지금보다 더 어렵고 약한 사람들에게 손을 내밀 수 있게 된다.

이 시대는 당신의 재능과 말이 더 많은 기회를 만들 수 있는 놀라운 무대다. 카피라이팅이 당신의 인생을 더 넓고 깊게 만들어주기를, 그리고 그것이 다시 사회 전체의 풍요로움으로 이어지기를 진심으로 바란다. 더불어 살아가는 이 세계가, 서로를 배려할 수 있는 여유 있는 곳이 되기를 희망한다.

기누타 준이치

참고문헌

*국내 미출간 도서는 원서명과 함께 소개한다.
**순서는 일본 원서를 따랐다.

『광고, 이렇게 하면 성공한다』
(존 케이플즈 저, 서해문집)

『전설의 카피라이팅 실천 바이블』The Robert Collier Letter Book
(로버트 콜리어 저, 간다 마사히로·사이토 노리코 역, 다이아몬드사)

『최강의 카피라이팅 바이블』最強のコピーライティングバイブル
(요코타 이사오 저, 간다 마사노리 감수·해설, 다이아몬드사)

『돈이 되는 말의 법칙』
(간다 마사노리 저, 살림출판사)

『무조건 팔리는 카피 단어장』
(간다 마사노리·기누타 준이치 저, 동양북스)

『금단의 세일즈 카피라이팅』
(간다 마사노리 저, 두드림미디어)

『고객을 불러오는 10억짜리 세일즈 레터&카피라이팅』
(댄 S. 케네디 저, 리텍콘텐츠)

『저예산으로 우량고객을 사로잡는 방법』小予算で優良顧客をつかむ方法
(간다 마사노리 저, 다이아몬드사)

『60분 간·기업 단독 1위 프로젝트』60分間・企業ダントツ化プロジェクト
(간다 마사노리 저, 다이아몬드사)

『90일 만에 당신의 회사를 고수익 기업으로 바꿔라』
(간다 마사노리 저, 경칩)

『입소문 전염병』
(간다 마사노리 저, 한국경제신문i)

『불변의 마케팅』
(간다 마사노리 저, 두드림미디어)

『마케팅 저니』マーケティング・ジャーニー
(간다 마사노리 저, 일본 경제 신문 출판)

『더 마케팅』Successful Direct Marketing Methods, Eighth Edition
(밥 스트롱·론 제이콥스 저, 간다 마사노리 감역, 사이토 노리코 역, 다이아몬드사)

『궁극의 마케팅 플랜』The Ultimate Marketing Plan
(댄 S. 케네디 저, 간다 마사노리 역, 사이토 노리코 역, 동양경제신문사)

『숨은 키맨을 찾아라!』The Challenger Customer
(브랜트 애덤슨·매튜 딕슨·팻 스피너·닉 토먼 저, 간다 마사노리·리브 컨설팅 일본어판 감수, 미키 도시야 역, 실업의일본사)

『성약의 코드』The Conversion Code
(크리스 스미스 저, 간다 마사노리·사이토 노리코 역, 실업의일본사)

『환대 망상』The Effortless Experience
(매튜 딕슨·닉 토마스 저, 간다 마사노리·리브 컨설팅 일본어판 감수, 안도 다카코 역, 실업의일본사)

『대답만 했을 뿐인데 회사가 살아났습니다』
(마커스 셰리단 저, e비즈북스)

『과학적 광고』
(클로드 C. 홉킨스 저, 거름)

『어느 광고인의 고백』
(데이비드 오길비 저, 서해문집)

『첫 문장에 반하게 하라)』
(조셉 슈거맨 저, 북스넛)

『USP 유니크 세일링 프로포지션』*Reality in Advertising*
(로저 리브스 저, 가토 요이치 감역, 곤도 다카후미 역, 우미토츠키사)

『포지셔닝』
(알 리스·잭 트라우트 저, 을유문화사)

『설득의 심리학』
(로버트 치알디니 저, 21세기북스)

『스테이크를 팔지 말고, 시즐을 팔아라!』*Tested Sentences That Sell*
(엘마 호일러 저, 고마이 스스무 역, 팬롤링)

『웹 세일즈 마케팅 습득 핸드북』ウェブセールスライティング習得ハンドブック
(데라모토 다카히로 저, 다이렉트출판)

『광고의 마술』*The Advertising Solution*
(그레이크 심슨·브라이언 커츠 저, 오마치 도모코 역, 다이렉트 출판)

『넛지』
(리처드 탈러·캐스 선스타인 저, 리더스북)

『행동 경제학: 경제를 움직이는 인간 심리의 모든 것』
(도모노 노리오 저, 지형)

『생각에 관한 생각』
(대니얼 카너먼 저, 김영사)

『경영의 실제』
(피터 F. 드러커 저, 한국경제신문사)

『결정판 드러커 명언집』決定版 ドラッカー名言集
(피터 F. 드러커 저, 우에다 아쓰오 편역, 다이아몬드사)

『STICK! 스틱!』Made to Stick
(칩 히스·댄 히스 저, 웅진지식하우스)

『철학과 종교 전사』哲学と宗教全史
(데구치 하루아키 저, 다이아몬드사)

『*Do You Make These Mistakes in English?──The Story of Sherwin Cody's Famous Language School*』
(Edwin L.Battistella, OXFORD UNIVERSITY PRESS)

『*The 16-Word Sales Letter*™──*A proven method of writing multi-million-dollar copy faster than you ever thought possible*』
(Evaldo Albuquerque, Independently published)

『*The Victory Lab──The Secret Science of Winning Campaigns*』
(Sasha Issenberg, Crown)

『*Confessions of an Advertising Man*』
(David Ogilvy, Southbank Pub)

특별부록 ①

카피라이팅
원천 기술 100개

카피 한 줄이 매출을 바꾼다.
하지만 감이나 센스만으로는 오래 버틸 수 없다.
잘 팔리는 카피에는 반드시 재현 가능한 원리와 구조가 숨어 있다. 헤드라인 하나로 시선을 붙잡고, 베네핏으로 욕망을 자극하며, 증거와 심리 법칙으로 신뢰를 쌓고, 마지막 행동까지 끌어내는 100가지 '원천 도구'를 망라했다.
100개의 원천 기술은 카피를 쓰는 모든 순간에 빛을 발한다. 매출 구조를 설계하고, 고객 심리를 꿰뚫고, 글의 리듬과 길이를 조율하며, 마지막 행동 버튼을 누르게 하기까지, 여기에 다 있다.

1. 잘 팔리는 구조 만들기 (매출 시스템 최적화)

1. 상품·서비스의 특징을 베네핏으로 변환하는 기술 …47, 48, 45
2. 베네핏을 깊이 파고들어 구매 욕망을 증폭시키는 기술 …325, 49
3. 고객의 니즈필수와 원츠욕구를 구분해 적중시키는 기술 …50, 203
4. 리드→프론트엔드→백엔드 흐름으로 매출 구조를 설계하는 기술 …74
5. 첫 방문 고객도 쉽게 사는 프론트엔드 상품을 만드는 기술 …75, 79
6. 투스텝 마케팅으로 고객 관계 형성과 판매를 단계적으로 나누는 기술 …77
7. 업세일·크로스세일로 객단가를 끌어올리는 기술 …83
8. 다운세일로 구매 기회를 잃지 않게 하는 기술 …85
9. 8가지 오퍼를 구분해 상황별 제안 전략을 세우는 기술 …170
10. CVR전환율로 광고·카피 성과를 수치로 관리하는 기술 …77, 79
11. LTV로 고객의 평생가치를 산출해 장기 수익을 예측하는 기술 …80
12. CPA로 신규 고객 획득 비용을 계산해 효율을 판단하는 기술 …81
13. 광고비 대비 확실한 수익 구조LTV > CPA 구조를 만드는 기술 …82
14. 증거·데이터로 판매 메시지의 신뢰성을 확보하는 기술 …166, 342
15. 특전을 활용해 가치를 실제보다 높여 보이게 하는 기술 …171, 400
16. 리스크 리버설환불 보장 등로 구매 불안을 제거하는 기술 …172
17. 한정성을 설정해 "놓치면 손해" 심리를 자극하는 기술 …178
18. 마감데드라인으로 즉각적인 행동을 유도하는 기술 …181
19. '돈이 되는 5가지 질문'으로 핵심 카피 포인트를 찾는 기술 …273

20. 고객의 목소리에서 자사 강점과 차별점을 끌어내는 기술 …390, 300
21. 고객 후기가 없을 때도 신뢰를 확보하는 대체 전략 …395, 166, 308
22. 현상 유지 편향을 고려해 노려야 할 시장을 선별하는 기술 …288
23. 직접·간접 경쟁을 분석해 포지셔닝 지점을 설정하는 기술 …295
24. USP독자적 강점를 찾아 경쟁 불가 영역을 만드는 기술 …296
25. 니치 전략으로 틈새시장에서 강력히 자리 잡는 기술 …299
26. 세그멘테이션으로 정밀 타깃팅 메시지를 만드는 기술 …482
27. 고객을 단발 구매자가 아닌 충성 고객으로 육성하는 기술 …87
28. 인터넷 기반으로 마케팅-세일즈 흐름을 자동화하는 기술 …458, 495
29. 온라인 광고로 즉각 반응을 유도하는 기술 …460
30. 메일 개봉률·클릭률을 분석해 성과를 개선하는 기술 …472
31. 스텝 메일을 활용해 점진적 설득·계약 성사율을 높이는 기술 …479
32. A/B 테스트로 실제 반응 기반 최적화를 실행하는 기술 …488
33. 온라인 세미나를 매출로 연결하는 기술 …505

2. 읽히는 글쓰기 (관심 끌기 & 구조 설계)

34. 표현의 배경 아이디어에서 핵심 메시지를 도출하는 기술 …201, 351
35. 상품·서비스를 한마디 정의로 압축하는 기술 …306, 278
36. PMM을 심플하게 정리하는 기술 …207, 313
37. PMM 서치 시트로 정보를 빠짐없이 모으는 기술 …274
38. PMM 서치 시트에서 핵심 포인트를 추출하는 기술 …275, 315
39. PMM 기반으로 완성도 높은 SP를 작성하는 기술 …315, 436
40. PESONA 법칙으로 6단계 설득 구조를 만드는 기술 …225
41. PASBECONA로 논리적 상세페이지를 설계하는 기술 …229
42. PASBECONA 템플릿으로 빠른 SP 제작을 실현하는 기술 …235
43. 타깃 그룹별로 맞춤형 SP를 작성하는 기술 …483, 210

44. 현상 유지 편향 정도에 따라 중점 설득 포인트를 조절하는 기술 ⋯291
45. SP를 헤드라인·오프닝·바디·클로징 4파트로 구조화하는 기술 ⋯146
46. 각 구성 요소의 임팩트·볼륨 밸런스를 최적화하는 기술 ⋯256
47. 스토리 차트로 설득력 있는 흐름을 만드는 기술 ⋯367
48. 15개 패턴으로 도입부를 다채롭게 설계하는 기술 ⋯93
49. 66개 틀로 도입부 아이디어를 확장하는 기술 ⋯94~115
50. 도입부 틀을 실제 카피에 적용하는 기술 ⋯122
51. BTRNUTSS 8요소로 강렬한 도입부를 만드는 기술 ⋯128~134
52. BTRNUTSS 체크리스트로 도입부를 객관적으로 평가하는 기술 ⋯135
53. 프리헤드·헤드라인·덱 카피로 헤드라인 3단 강화하는 기술 ⋯157
54. 헤드라인에서 오프닝으로 자연스럽게 연결하는 기술 ⋯161

3. 설득 심리 & 메시지 강화

55. 고객 리뷰·후기를 신뢰감 있게 편집하는 기술 ⋯390
56. 구매 확률을 올리는 CTA 문구 작성 기술 ⋯404
57. 클릭을 유도하는 CTA 버튼 배치 기술 ⋯405
58. 추신 P.S. 문구로 행동을 다시 촉구하는 기술 ⋯188
59. 고객의 문제·아픔을 정확히 표현하는 기술 ⋯284
60. 서브헤드로 가독성과 메시지 전달을 강화하는 기술 ⋯192
61. 블릿 포인트로 장점·혜택을 직관적으로 전달하는 기술 ⋯195
62. You 메시지 고객 중심으로 공감형 문장을 쓰는 기술 ⋯205, 349
63. 고객의 망설임을 미리 대응해 해소하는 기술 ⋯383, 310
64. 페르소나를 설정해 타깃 맞춤형 카피를 쓰는 기술 ⋯328
65. 고객 머릿속 언어를 그대로 활용하는 기술 ⋯331
66. 디지털 툴로 고객 심리를 탐색하는 기술 ⋯333~336
67. 커머셜 인사이트로 상식을 깨뜨려 각성시키는 기술 ⋯338

68. 조건을 달아 적합한 고객만 끌어들이는 기술 …225, 253, 281
69. 이상적인 고객에게 정확히 꽂히는 메시지를 쓰는 기술 …324
70. 하고자 하는 말을 하나로 압축하는 기술 …212, 278, 306
71. 사람을 움직이는 3대 동인을 담는 기술 …341~345
72. 포지셔닝을 명확히 표현하는 기술 …294, 300~302
73. B2B 전용 라이팅 기술 …359
74. '33분 33초 집중법'으로 쓰기 속도를 높이는 기술 …364
75. 디메리트를 강조해 "없으면 곤란하다"로 전환하는 기술 …381, 546
76. '정당화·공통의 적'으로 친근감을 강화하는 기술 …371
77. 시즐감으로 생생한 장면을 전달하는 기술 …375
78. 3개 세트 문장으로 리듬과 힘을 주는 기술 …378
79. 가격 저항을 줄이는 가치 표현 기술 …398, 312
80. 퓨쳐 페이징으로 미래 상황을 상상하게 하는 기술 …395
81. 사진·캡션으로 시각적 설득력을 강화하는 기술 …422
82. 반론 처리로 고객 의심을 사전 차단하는 기술 …383
83. 메일 발신자·제목으로 개봉률을 높이는 기술 …465
84. 메일 문자 수를 조절해 읽기 효율을 높이는 기술 …469
85. 행동경제학 법칙을 카피에 응용하는 기술 …141, 285

4. 글쓰기 완성도 & 실행력

86. 감정을 담아 독자의 마음을 움직이는 기술 …343, 528
87. 문장을 묵혀두고 다듬어 완성도를 높이는 기술 …426
88. 혼자서도 효율적으로 교정하는 기술 …430
89. 과하지 않으면서도 충분한 분량으로 상세페이지를 쓰는 기술 …407, 530
90. 폰트 구분으로 강약과 리듬을 주는 기술 …420
91. 모바일 친화적으로 짧고 간결한 문장을 쓰는 기술 …415~419

92. 줄바꿈으로 가독성과 전환율을 높이는 기술 …410~413
93. 행간 조절로 인지 용이성을 높이는 기술 …424
94. 피드백을 반영해 카피를 개선하는 기술 …428, 525
95. 스와이프 파일로 검증된 카피를 벤치마킹하는 기술 …67, 351, 526
96. PMM 셀프 체크 시트로 상세페이지 완성도를 점검하는 기술 …433~436

5. 응용·확장

97. PASBECONA를 기획서·제안서·프레젠테이션에 응용하는 기술 … 260~263
98. 카피 작성과 상품 개발을 동시에 진행하는 기술 …436~441
99. 영상 세일즈에 PASBECONA를 활용하는 기술 …501~505
100. FAQ를 다듬어 신뢰와 만족을 높이는 기술 …507

특별부록 ②

카피라이팅
필수 용어 105개

이 책의 핵심 용어들을 목적과 효과별로 재분류해, 실무자가 당장 활용할 수 있는 빠른 가이드로 만들었다.
"지금 더 클릭을 얻으려면?", "구매 전환을 높이려면?"처럼 목적에 맞춰 내 카피에 무엇이 부족한지 곧바로 확인할 수 있다.

■ 관심 끌기 (Attention)

독자의 눈길을 멈추게 하고, 글을 끝까지 읽고 싶게 만드는 장치. 첫인상과 이탈 방지의 핵심 요소.

1. 헤드라인 Headline ···155, 146
세일즈 레터의 가장 앞에 오는 큰 제목. 독자가 읽을지 말지 결정하는 '첫 관문'.

2. 오프닝 Opening ···161
상세페이지·세일즈 레터에서 헤드라인 다음에 독자를 사로잡는 첫 문장. 본문 읽기 여부를 좌우한다.

3. 퍼스트 뷰 First View ···437, 91
상세페이지에 들어왔을 때 사용자가 가장 먼저 보는 화면. 첫인상과 이탈 여부를 좌우한다.

4. 서브헤드 Subhead ···192~193
상세페이지 및 세일즈 레터 중간에 배치되는 소제목. 긴 글을 쉬어 가며 읽게 하고, 핵심 메시지를 강조한다.

5. 덱 카피 Deck Copy ···157
헤드라인 바로 아래 배치되어 헤드라인을 보충 설명하는 짧은 문장. 독자의 관심을 이어준다.

6. 티저 카피 Teaser Copy ···456
궁금증을 자극해 다음 내용을 읽고 싶게 만드는 문구. (예: "이제껏 본 적 없는 방법이 있습니다…")

7. 시즐감 Sizzle ⋯375
글을 읽는 사람이 장면을 눈앞에 생생히 떠올릴 수 있게 하는 표현.
(예: "갓 구운 빵에서 김이 모락모락 나는 모습")

8. 프리헤드 Prehead ⋯157
헤드라인 위에 배치되어 보충 설명이나 맥락을 제공하는 문구. 관심을 유도해 헤드라인으로 자연스럽게 연결한다.

9. 바디카피 Body Copy ⋯162, 146
오프닝 뒤에 이어지는 본문. 상품 설명·베네핏·증거·오퍼·조건을 구체적으로 풀어내 독자를 설득한다.

10. 도입부 Lead-in ⋯91, 124
메시지 본문으로 들어가는 시작 부분. 읽힐지 건너뛸지가 결정되는 관문.

11. 블릿 Bullet ⋯195
항목별 나열 방식. 장점·혜택을 짧고 강렬하게 나열해 가독성과 설득력을 높인다.

■ 신뢰 구축 (Trust & Credibility)

"믿을 만하다"는 확신을 주는 장치. 구매를 가로막는 불안·의심을 제거하는 단계.

12. 증거 Evidence ⋯166, 308
판매자의 주장이 사실임을 보여주는 것. 고객 후기, 추천사, 데이터 등이 대표적이다.

13. 고객의 목소리 ⋯390, 300
기존 고객의 후기, 추천, 체험담을 활용해 판매자의 주장을 뒷받침하는 것. 신뢰도와 설득력이 크게 올라간다.

14. 리스크 리버설 Risk Reversal ⋯172
고객이 느끼는 구매 불안·리스크를 제거하는 장치로서 "안심 약속" 장치라고 할 수 있다. (예: 환불 보장, 무료 체험)

15. 반론 처리 Objection Handling ⋯383
고객이 품을 만한 의문·거부감을 미리 제기하고, 바로 반박·설명을 덧붙여 설득력을 높이는 기법.
16. FAQ Frequently Asked Questions ⋯507
독자들이 자주 묻는 질문과 답변을 모아둔 것. 구매를 가로막는 불안과 의심을 줄여주는 장치.

■ 욕구 자극 (Desire)

단순한 정보 전달을 넘어서, "지금 꼭 사고 싶다"는 욕구를 불러일으키는 심리적 트리거.

17. 베네핏 Benefit ⋯45, 325
고객이 상품·서비스를 구매했을 때 실제로 얻는 이익·가치.
(예: "체중 감량"이 아닌 "날씬해진 후 자신감을 얻는 것")
18. USP Unique Selling Proposition ⋯296
"여기서만 얻을 수 있는 강점". 즉, 경쟁사에는 없는 차별화된 매력 포인트.
19. 니즈 Needs **vs. 원츠** Wants ⋯50, 203
니즈는 생존이나 필수적인 '필요', 원츠는 더 갖고 싶은 '욕구'. 보통은 원츠가 강하지만, 절박한 니즈 앞에서는 니즈가 우선한다.
20. 문제·이상·아픔 Problem / Pain Points ⋯284~287
고객의 불편·결핍·욕구를 정확히 짚어내 표현하는 것이 세일즈 성공의 핵심.
21. 포지셔닝 Positioning ⋯294, 300~302
시장 속에서 자사의 위치. 경쟁사와 어떻게 다른지, 어떤 이미지를 점유할지를 명확히 하는 전략.
22. You 메시지 ⋯205, 349
고객 중심의 메시지. "당신에게 이런 이익이 있습니다"처럼 독자에게 초점을 맞춘 표현.

23. Me 메시지 ⋯ 205, 349
판매자 중심의 메시지. "우리 회사는 ~합니다"처럼 자기 이야기에 집중한 표현이다.

24. 손실 회피성 Loss Aversion ⋯ 285, 381
행동경제학의 원리. 사람은 무언가를 얻을 때의 기쁨보다 잃었을 때의 고통을 약 2배 크게 느낀다. 카피에서는 "지금 놓치면 손해"라는 메시지에 활용된다.

25. 프라이밍 효과 Priming Effect ⋯ 141, 95
특정 단어나 이미지를 먼저 접하면, 그와 관련된 행동·선택이 촉진되는 심리 효과.

26. 커머셜 인사이트 Commercial Insight ⋯ 337
고객이 당연하다고 믿던 상식을 깨뜨리는 새로운 관점을 제시하는 것. "아, 내가 틀렸었네"라는 충격이 곧 구매 동기로 이어진다.

27. 니치 Niche ⋯ 299
남들이 하지 않는 틈새시장. 규모는 작지만 경쟁이 적고 집중도가 높다.

28. 한정 ⋯ 178
→ "마감 임박", "한정 수량"처럼 놓치면 안 된다는 위기감을 자극해 행동을 촉구하는 기법.

29. BTRNUTSS 버터넛 ⋯ 126, 135
카피 도입부를 강력하게 만드는 8가지 요소를 말한다. Benefit혜택, Trust신뢰성, Rush긴급성, Number숫자 활용, Unique독자성, Trendy화제성, Surprise의외성, Story스토리.

30. 퓨처 페이징 Future Pacing ⋯ 396
고객이 상품을 사용했을 미래 상황을 상상하도록 유도하는 기법.
("이제 당신은 3개월 뒤 달라진 삶을 살고 있을 것입니다.")

31. 현상 유지 편향 Status Quo Bias ⋯ 288
사람은 새로운 선택보다 현재 상태를 유지하려는 경향이 강하다는 행동경제학 이론. 카피에서는 "지금 바꾸지 않으면 손해"라는 메시지가 효과적.

32. 행동 경영학 ⋯141, 285
경제학에 심리학을 접목한 학문. 사람들이 실제로 어떻게 선택·행동하는지를 설명하며, 카피라이팅의 원리를 뒷받침한다.

33. 사과와 귤 비교 ⋯400
전혀 다른 상품을 비교해 상대적으로 저렴해 보이게 만드는 수법.
(예: "커피 한 잔 값으로 얻는 건강")

■ **행동 촉구 (Action)**
고객이 실제로 구매·등록·신청 등 원하는 행동을 하도록 이끄는 최종 스위치.

34. CTA Call To Action ⋯186, 402
"지금 구매하세요", "무료로 등록하세요"처럼 독자가 당장 행동하도록 이끄는 문구.

35. 특전 Bonus/Benefit ⋯171, 400
구매 가치를 높이기 위해 제공하는 추가 혜택.
(예: 사은품, 무료 배송, 멤버십 혜택)

36. 클로징 Closing ⋯185, 146
거래·계약을 마무리하는 순간. 카피에서는 구매 버튼 클릭, 서명 등 행동을 확정짓는 단계.

37. 마감 Deadline ⋯181
"오늘 자정까지", "3일 한정"처럼 마감을 설정하면 계약 성사율이 높아진다. 긴급성과 행동 유도에 효과적이다.

38. 조건 Condition ⋯178, 253
구매 자격, 수량 제한 등을 붙여 '한정성'을 강화하는 장치. 고객에게 선택 기준을 명확히 준다.

39. 추신 P.S. ⋯188
세일즈 레터 끝에 넣는 마지막 설득 문장. 행동을 다시 촉구하거나 핵심 이점을 강조한다.

40. 오퍼 Offer ⋯169, 293
가격·조건·특전을 포함한 구체적 제안. 고객이 행동할지 말지를 결정하는 핵심 요소.

41. 다이렉트 리스폰스 마케팅DRM ⋯43, 52
고객에게 직접 반응(클릭, 구매, 신청 등)을 얻는 마케팅 방식. 즉각적인 행동을 유도한다.

42. SP Sales Page, 판매페이지 ⋯70, 80
웹 버전 세일즈 레터. 광고 클릭 후 도착하는 페이지로 구매나 등록 같은 액션을 유도한다.

■ **고객 관계 유지·강화 (Customer Retention & Nurturing)**
한 번의 구매로 끝나지 않고, 지속 거래·충성 고객으로 발전시키는 관계 관리 전략.

43. 고객의 정의 ⋯87, 81
고객은 단계별로 다르다. 예비 고객 → 일반 고객 → 재구매 고객 → 단골 고객 → 충성 고객. 각 단계에 맞는 메시지가 필요하다.

44. 고객 육성 Customer Nurturing ⋯88, 78
단발성 구매자가 아니라 충성 고객(팬)으로 발전시키는 과정. 반복 거래와 관계 강화 전략.

45. 리스트 List ⋯216, 206
고객 명단. 타깃팅된 리스트가 곧 자산이다.

46. 타깃 Target ⋯328, 210
판매자가 겨냥하는 고객층. 연령, 성별, 관심사 등으로 그룹화해 메시지를 맞춘다.

47. 페르소나 Persona ⋯327
타깃 고객층 안에서 대표적인 가상의 개인을 설정해, 마치 그 사람에게 말하듯 카피를 쓰는 방법.

48. 예비 고객 Prospect ⋯87, 74
일정한 관심이 있어, 구매 가능성이 있는 사람. 잠재 고객이라고도 한다.

49. 리드 Lead ⋯75
구매 가능성이 있는 사람. 즉, 잠재 고객과 같은 의미.

50. 옵트인 Opt-in ⋯458, 464
고객이 자발적으로 메일 수신을 허락하는 것. 스팸을 피하고 신뢰 기반 마케팅을 가능하게 한다.

51. 마케팅 Marketing ⋯44
세일즈를 유리하게 만드는 전략과 활동 전반. 고객을 찾고, 유지하고, 키우는 모든 과정.

52. 온라인/오프라인 ⋯452
판매 채널 구분. 웹 기반온라인 vs. 우편·대면 등 물리적 수단오프라인. 두 채널을 결합하면 효과가 극대화된다.

53. 마케팅 카피라이터 ⋯207, 445
단순히 글만 쓰는 게 아니라 마케팅적 사고로 세일즈를 설계하는 카피라이터.

54. 인쇄된 영업맨 Salesmanship in Print ⋯52, 80, 549
세일즈 레터가 곧 '영업사원 역할'을 한다는 비유적 표현. 온라인·오프라인을 막론하고 24시간 일하는 판매원.

■ **매출 확장·수익 극대화 (Revenue Growth & Monetization)**
기존 고객을 기반으로 업세일·교차판매·가격 전략으로 매출을 키우는 방법.

55. 간접 경합 ⋯295
업종은 다르지만 고객의 선택에서 경쟁 관계가 성립하는 경쟁사.
(예: 영화관 vs.. 게임방 - 같은 '여가 경쟁')

56. 업세일 Upsell ⋯83
기본 상품보다 더 비싸고 고급스러운 상품·서비스를 추가 판매하는 전략.
(예: 기본 패키지 구매자에게 프리미엄 패키지 권유)

57. 크로스 세일 Cross-sell ···83~85
기본 상품과 관련된 다른 상품을 함께 판매하는 것. (예: 휴대폰 케이스 + 액정 보호필름)

58. 다운세일 Downsell ···85, 77
기본 상품보다 저렴한 상품을 제안해 고객이 완전히 이탈하지 않도록 하는 전략. (예: 프리미엄 대신 보급형)

59. 프론트엔드 Frontend, 집객 상품 ···74~76
신규 고객이 부담 없이 살 수 있는 저가 상품/서비스. 이후 백엔드 판매로 연결한다.

60. 미들 엔드 Middle End ···75, 177
프론트엔드저가와 백엔드고가의 중간 가격대 상품. 고객을 점진적으로 끌어올린다.

61. 백엔드 Backend, 이익 상품 ···75, 305
초기 상품 뒤에 판매되는 고가·고수익 상품/서비스.
(예: 저렴한 입문 세미나 → 고액 코칭 프로그램)

62. 직접 경합 ···295
같은 업종·업태에서 직접 경쟁 관계에 있는 회사. (예: 코카콜라 vs. 펩시)

63. '누가·무엇을 해서·어떻게 되었나?' ···207, 313
PMM의 핵심을 요약한 틀. 누가타깃, 어떤 제안오퍼을 해서, 어떤 이득베네핏을 얻게 하는가를 명확히 한다.

■ **도구 & 실행 방법 (Tools & Techniques)**
카피라이팅을 더 빠르고 정확하게 실행·검증하기 위한 실무 도구와 방법론.

64. A/B 테스트 ···488
광고나 카피의 일부만 다르게 만든 두 버전을 동시에 테스트해 어느 쪽이 더 효과적인지 검증하는 방법.

65. PMM Product Market Matching, 상품-시장 적합도 …199~207
상품의 가치와 고객 니즈가 딱 맞아떨어지는 지점. 히트 카피가 탄생하는 출발점.

66. PMM 서치 시트 …274, 270
상세페이지를 쓰기 전, 상품과 시장의 접점을 명확히 잡아내어 상품의 본질을 드러내기 위한 사전 리서치 도구.

67. PMM 셀프 체크리스트 …434
PMM을 위한 완성된 카피를 점검하는 도구. 빠뜨린 요소가 없는지 스스로 확인할 수 있다.

68. PESONA 법칙 …224
PESONA 법칙은 설득 카피의 전형적인 흐름을 여섯 단계로 정리한 공식이다. 핵심은 독자가 문제를 '발견'하고, 그 문제를 '자신의 일'처럼 느끼며, 자연스럽게 '해결책'으로 끌려가도록 길을 만들어주는 데 있다.
Problem 문제→ Empathy 공감→ Solution 해결→ Offer 제안→ Narrow 한정→ Action 행동.

69. PASBECONA 파스비코나 …229
상세페이지와 세일즈 레터를 위한 확장형 9단계 공식. PESONA를 바탕으로, 친근감·혜택·증거·내용 구성을 보강해 설득의 완결성을 높인다.
Problem 문제→ Affinity 친근→ Solution 해결→ Benefit 혜택→ Evidence 증거→ Contents 내용→ Offer 제안→ Narrow 적합→ Action 행동

70. 스텝 메일 Step Mail …479, 487
한 사람에게 여러 차례 순서대로 발송하는 메일 시리즈. 신뢰 형성과 점진적 설득에 유리하다.

71. 스토리 차트 Story Chart …367
세일즈 레터를 쓰기 전에 글의 흐름과 전개 순서를 개요 형식으로 정리한 것. 구조적 일관성을 확보한다.

72. 세그멘테이션 Segmentation …210, 482
고객을 몇 개 그룹으로 나누어 각 타깃에 맞는 메시지를 전달하는 전략.
(예: 연령, 관심사, 소비 패턴별)

73. 투스텝 마케팅 Two-step Marketing …71, 77
먼저 잠재 고객을 모으고1단계, 이후 본격적으로 판매하는2단계 방식. 관계 구축 후 세일즈라는 점이 특징.

74. 스와이프 파일 Swipe File …67, 351
성과가 입증된 카피 모음집. 영감을 얻거나 학습할 때 참고 자료로 활용.

75. 세일즈 레터 Sales Letter …52, 44
판매 목적으로 작성된 편지나 글. 전통적인 카피라이팅의 기본 양식.

76. 경험공학 Experience Engineering …507, 530
고객이 콘텐츠를 어떻게 받아들이는지 연구·개선하는 기법. UX 관점의 카피 최적화에 활용.

77. 돈이 되는 말을 찾아내는 5가지 질문 …273
PMM제품-시장 적합도의 핵심을 드러내는 질문법. "왜 이 상품을 쓰나?", "고객이 진짜 원하는 건 뭔가?" 같은 질문을 통해 돈이 되는 메시지 포인트를 발굴한다.

78. 아이디어 …201, 545
카피 전체를 지탱하는 핵심 컨셉. 모든 문장과 메시지가 여기서 출발한다.

79. 피드백 Feedback …428, 525
타인에게 카피를 보여주고 의견·반응을 듣는 과정. 특히 숙련자의 피드백은 실력 향상에 큰 도움이 된다.

80. 필사 …448, 47
성공한 세일즈 레터를 손으로 직접 베껴 쓰며 학습하는 방법. 리듬·구조·어휘 감각을 몸에 익힌다.

■ 지표 & 측정 (Metrics & Analytics)
성과를 숫자로 확인하고 개선할 수 있게 하는 데이터 기반 판단 기준.

81. 매출총이익 Gross Profit ···80
매출에서 원가를 뺀 금액. 고객 평생가치LTV를 계산할 때 기초가 되는 수치.

82. LTV Life Time Value ···79
한 고객이 평생 얼마의 매출과 이익을 가져다줄지를 수치로 계산한 것. 고객 가치를 판단하는 지표 중 하나다.

83. CPA Cost Per Acquisition ···80
신규 고객 한 명을 얻는 데 들어간 비용. 마케팅 효율을 측정하는 핵심 지표.

84. CTR Click Through Rate ···472
광고나 링크를 본 사람 중 실제로 클릭한 비율. '개봉률'과 함께 성과 분석의 기본 지표이다. (예: 100명이 보고 10명이 클릭했다면 CTR=10%)

85. CV Conversion ···78
광고의 최종 목표 달성. 꼭 '구매'가 아니어도, 메일주소 등록·앱 설치 등 원하는 행동을 이끌어낸 것.

86. CVR Conversion Rate ···79
방문자 중 실제로 전환CV으로 이어진 비율. 일반적으로 '계약 성사율'로 부른다.

87. 개봉률 Open Rate ···472
발송한 메일 중 실제로 열린 비율. 이메일 마케팅 성과를 가늠하는 첫 지표.

88. 객단가 Average Revenue Per Customer ···83
고객 한 명이 평균적으로 지출한 금액. 매출 규모와 LTV 계산에 필수.

89. 재구매율 Repeat Purchase Rate ···80, 85
고객이 얼마나 반복 구매하는지를 나타내는 지표. LTV 산출과 고객 충성도를 판단하는 핵심 기준이다.

■ **사례 & 인물 (Cases & Masters)**
전설적 카피와 거장들의 통찰. 실제 성공 사례에서 배우는 영감과 교훈.

90. 이미지 광고 ···40, 43
브랜드나 기업의 이미지를 각인시키는 광고. TV·지하철 광고처럼 직접 반응을 얻기보다 인식을 쌓는 데 초점.

91. 페이스북 광고 ···460
유저의 나이·성별·관심사 등 속성을 활용해 정밀 타깃 설정이 가능한 대표적 인터넷 광고.

92. 리스폰스 광고 Response Advertising ···41
고객의 직접 반응구매·문의·신청 등을 얻는 광고. 이미지 광고와 대비되는 개념.

93. 반응형 웹디자인 Responsive Web Design ···413
기기 화면 크기에 맞춰 자동으로 조정되는 웹 디자인. 모바일·PC 어디서든 최적화.

94. 캡션 ···423
사진이나 영상 아래 붙는 짧은 설명 문구. 메시지의 임팩트를 높인다.

95. 인터넷 광고 ···460
구글·페이스북 같은 온라인 플랫폼을 통한 광고. 타깃팅과 데이터 기반 운영이 강점.

96. HTML 메일 ···464
텍스트뿐 아니라 이미지·디자인을 담을 수 있는 메일 형식. 뉴스레터나 프로모션 메일에 활용한다.

97. 메일 매거진 E-mail Newsletter ···463
정기적으로 발송되는 메일. 읽힐지 여부가 곧 마케팅 성과를 좌우한다.

98. 리서치 Research ···269
세일즈 레터를 쓰기 전 시장·경쟁사·고객 정보를 조사하는 과정. 성공 카피의 80%는 준비 단계에서 결정된다.

99. '영어 실수' 세일즈 레터 ···53, 61, 161, 448
"당신은 영어에서 이런 실수를 하지 않나요?"라는 문구로 유명한 전설적 카피. '문제 제기 → 공감 → 해결책 제시'의 교과서적 사례.

100. '피아노 카피' 세일즈 레터 ···45, 55, 147, 368
"내가 피아노 앞에 앉자 모두가 웃었습니다. 그런데 치기 시작하자…"라는 헤드라인으로 유명한 카피. 놀라움과 반전으로 주목을 끈 사례를 상징한다.

101. '두 명의 젊은이' 세일즈 레터월스트리트 저널 ···46, 64, 102
두 청년의 인생 궤적을 대비시킨 전설적 세일즈 레터. 스토리텔링의 힘을 보여주는 교과서적 사례.

102. 존 케플즈 John Caples ···45, 196, 490
미국의 전설적 카피라이터1900~1990. 저서 『광고, 이렇게 하면 성공한다』로 유명하다. 직접 반응 광고Direct Response의 대가.

103. 데이비드 오길비 David Ogilvy ···62, 156, 196
'광고의 아버지'라 불리는 전설적 인물(1911~1999).

104. 댄 S. 케네디 Dan S. Kennedy ···343, 479
미국 카피라이터1954~2020. 직접 반응 마케팅의 권위자.

105. 로버트 콜리어 Robert Collier ···196, 351
미국 카피라이터1885~1950. 『The Robert Collier Letter Book』 저자. 성공철학과 세일즈 레터의 거장.

옮긴이 김지윤

가톨릭대학교 철학과 및 일본어과를 졸업했다. 세이신여자대학교에서 교환 유학 후 와세다대학교대학원 일본어 교육학과에서 공부했다.

글밥아카데미를 수료하고 현재 바른번역 소속 번역가로 활동 중이다. 옮긴 책으로 『죽을 때까지 나를 다스린다는 것』, 『카를 융, 인간의 이해』, 『운을 부르는 부자의 말투』, 『부자의 습관』, 『어느 날 내가 중독에 빠진다면』, 『강박장애를 이겨내 정신과 의사입니다』, 『칭찬이 불편한 사람들』 등이 있다.

카피라이팅의 정석

1판 1쇄 발행 2025년 10월 28일

지은이 간다 마사노리 · 기누타 준이치
옮긴이 김지윤
발행인 박명곤 **CEO** 박지성 **CFO** 김영은
기획편집1팀 채대광, 백환희, 이상지, 김진호
기획편집2팀 박일귀, 이은빈, 강민형, 박고은
기획편집3팀 이승미, 김윤아, 이지은
디자인팀 구경표, 유채민, 윤신혜, 권지혜
마케팅팀 임우열, 김은지, 전상미, 이호, 최고은

펴낸곳 (주)현대지성
출판등록 제406-2014-000124호
전화 070-7791-2136 **팩스** 0303-3444-2136
주소 서울시 강서구 마곡중앙6로 40, 장흥빌딩 10층
홈페이지 www.hdjisung.com **이메일** support@hdjisung.com
제작처 영신사

ⓒ 현대지성 2025

※ 이 책은 저작권법에 따라 보호받는 저작물이므로 무단 전재와 복제를 금합니다.
※ 잘못 만들어진 책은 구입하신 서점에서 교환해드립니다.

"Curious and Creative people make Inspiring Contents"
현대지성은 여러분의 의견 하나하나를 소중히 받고 있습니다.
원고 투고, 오탈자 제보, 제휴 제안은 support@hdjisung.com으로 보내 주세요.

현대지성 홈페이지

이 책을 만든 사람들
기획 · 편집 채대광 **표지 디자인** 구경표 **본문 디자인** 김한희